Lothar Böhnisch | Heide Funk
Soziologie – Eine Einführung für die Soziale Arbeit

Studienmodule Soziale Arbeit

Herausgegeben von
Heinz-Jürgen Dahme | Ronald Lutz | Ria Puhl |
Regina Rätz | Wolfgang Schröer | Titus Simon |
Mechthild Wolff

Die Reihe „Studienmodule Soziale Arbeit" präsentiert Grundlagentexte und bietet eine Einführung in basale Themen der Sozialen Arbeit. Sie orientiert sich sowohl konzeptionell als auch in Inhalt und Aufbau der Einzelbände hochschulübergreifend an den jeweiligen Studienmodulen.

Lothar Böhnisch | Heide Funk

Soziologie – Eine Einführung für die Soziale Arbeit

BELTZ JUVENTA

Der Autor / die Autorin

Lothar Böhnisch, Dr. rer. soc. habil., bis 2009 Professor für Sozialpädagogik und Sozialisation der Lebensalter an der Technischen Universität Dresden, lehrt Soziologie an der Freien Universität Bozen/Bolzano.

Heide Funk, Dr. rer. soc., war bis 2010 Professorin für Soziologie und Geschichte der Sozialen Arbeit im Fachbereich Soziale Arbeit an der Hochschule Mittweida.

MIX
Papier | Fördert gute Waldnutzung
FSC® C089473
FSC www.fsc.org

Bibliografische Information der Deutschen Nationalbibliothek

Die Deutsche Nationalbibliothek verzeichnet diese Publikation in der Deutschen Nationalbibliografie; detaillierte bibliografische Daten sind im Internet über http://dnb.d-nb.de abrufbar.

www.beltz.de · www.juventa.de
Druck und Bindung: Beltz Druckpartner GmbH & Co. KG, Hemsbach
Printed in Germany

ISBN 978-3-7799-2215-5

Inhalt

Kapitel 1
Zum Verhältnis von Soziologie und Sozialer Arbeit

Diese Einführung in die Soziologie ist für den Fachdiskurs in der Sozialen Arbeit und Sozialpädagogik geschrieben. Sie ist geleitet von einer wissenschaftlichen Haltung, nach der soziologisches Denken und Wissen dazu dienen kann, Fragestellungen an die Alltagspraxis von Sozialer Arbeit und Sozialpädagogik zu entwickeln. Soziologisch geleitete Fragestellungen und Hypothesen sind geeignet und notwendig, wenn es darum geht, die eigene Praxis gesellschaftlich zu verorten, Handlungsweisen im Interesse der KlientInnen zu erweitern und Handlungsperspektiven kritisch zu hinterfragen.

Sozialpädagogik/Sozialarbeit bewegen sich auf den ersten Blick in zwei verschiedenen Welten: Der Zugang der Sozialarbeit zur Praxis ist unmittelbar und personenbezogen. In der Soziologie geht es um die Möglichkeit der Erkenntnis wie auch um die der Beeinflussung von Strukturen, in denen die Menschen handeln, die aber unabhängig von ihnen existieren, und die erhalten bleiben, auch wenn die Menschen, die sich in ihrem Handeln daran orientieren, wechseln. Auch sozialer Wandel wird zugleich strukturell vorangetrieben und von Menschen getragen. Wenn eine soziologische Untersuchungsperspektive Soziale Einrichtungen und die Praxis der Sozialen Arbeit und Sozialpädagogik in den Blick nimmt, fragt sie nicht einfach nach Ursachen der Problemlagen und Möglichkeiten der Hilfe, sondern nach der sozialstrukturellen Einbettung ihrer Praxis – angefangen von der Definition sozialer Probleme über die strukturelle Rahmung der Praxis: Wie einzelne Personen zu KlientInnen werden, wie Probleme von der Sozialarbeit im Unterschied zu anderen Institutionen aufgenommen und bearbeitet werden und worin ihre Wirkung sichtbar werden kann. Soziologisch stellt sich hier die Frage, wie im Wandel von gesellschaftlichen Strukturen soziale Probleme freigesetzt, definiert und der Sozialarbeit neben anderen Fachdisziplinen überantwortet werden. Von der Sozialen Arbeit werden sie als Bewältigungsprobleme aufgenommen, über die dann Aufgaben der Hilfe und Unterstützung definiert werden. Sozialpädagogische Interventionen entwickeln sich also – soziologisch gesehen – als institutionelle Reaktionen auf kritische Lebenskonstellationen, wie sie Einzelnen in den modernen industriekapitalistischen Gesellschaften „strukturell“ zur Bewältigung aufgegeben sind und je biografisch erlebt werden. Erst in diesem Reflexions-Zusammenhang gewinnen soziologische Konzepte ihre Relevanz für Theorie und

Praxis der Sozialen Arbeit und können alternative Wirkungs-Dimensionen und Grenzsetzungen in den Blick kommen.

Soziologische Reflexivität bezieht sich aber nicht nur analytisch auf das Verhältnis zur Gesellschaft und die sozialstrukturelle Verortung der Praxis. Sie hat auch eine Entlastungsfunktion, insofern sie ihre Zuständigkeit für die Lösung psychosozialer Probleme relativieren kann, indem sie diese ins Verhältnis zu den gesellschaftlichen Bedingungen setzt. Gleichzeitig stellt sie eine Herausforderung für die Praxis dar, wenn sie die Sozialarbeit zwingt, über die biografischen Befindlichkeiten ihrer KlientInnen hinauszuschauen, um diese im sozialstrukturellen Kontext thematisieren und bearbeiten zu können. Daraus lassen sich – im Einzelfall – Einschränkungen im Zugang und in der Reichweite der Intervention einschätzen.

Industriekapitalistische Gesellschaften wurden in der Soziologie seit ihren Anfängen bis heute meist wie selbstverständlich mit nationalstaatlichen Gesellschaften gleichgesetzt. Im Zeitalter der Globalisierung ist diese begrenzte Definition nicht mehr haltbar. Nationalstaatliche Gesellschaften sind in einen transnationalen Sog von Entgrenzungen geraten, in deren Folge sich auch die Bedingungen der Entstehung, Wahrnehmung und Definition sozialer Probleme verändert haben. Die Sozialpädagogik/Sozialarbeit wird davon tangiert, insofern sie sich – bis in die jüngere Phase der Professionalisierung hinein – national- und sozialstaatlich verstanden und zugeordnet hat. Mit der Erosion des sozialstaatlichen Rahmens und der Auflösung/dem Umbau seiner Institutionen muss sich die Soziale Arbeit wieder neu um ihren gesellschaftlichen Bezug bemühen. Sozialpädagogik und Soziale Arbeit brauchen soziologische Reflexivität also auch dort, wo sich – über die Analyse des Verhältnisses von Individuum und Gesellschaft hinaus – die gesellschaftlichen Bedingungen ihres Status und ihrer Disziplin selbst verändern. Denn sie hat sich in und zusammen mit dem Sozialstaat entwickelt. Mit einer Erosion des sozialstaatlichen Rahmens ist es für praktische und theoretische Fragen von zentralem Interesse, wie sozialstaatliche Prinzipien weiter gelten können. Das heißt zu fragen, welche *historisch-gesellschaftlichen Bedingungen* hinter der Entwicklung des Sozialstaats stehen, ob und wie diese – und nicht so sehr die institutionelle Form des Sozialstaates – weiter wirken. Eine Soziologie des Sozialstaates, die hier von der Sozialpädagogik reflexiv genutzt wird, kann keine Institutionenlehre sein, sondern muss die historisch-gesellschaftlichen Hintergrundbedingungen einer sozialpolitischen Entwicklung aufschließen, in deren Verlauf der Sozialstaat zwar die (durchgesetzte) epochale Form darstellte, das grundlegende sozialpolitische Prinzip aber auch bei Erosion der sozialstaatlichen Form weiter wirkt.

Heute wird oft das, was die Soziologie als Strukturwissenschaft aufgreift, in der gesellschaftlichen Realität zunehmend ausgeblendet, gleichsam von der Struktur in die Person verlagert. Das geschieht, wenn z.B. soziale, also gesellschaftlich bedingte Konflikte in die privaten Beziehungen und die Einzelnen hinein verschoben werden. Gerade die Kategorie des Sozialen Konflikts (vgl. 3.3) ist für die moderne Soziale Arbeit und ihre gesellschaftliche Legitimation besonders wichtig. Nur über die Veröffentlichung und Austragung sozialer Konflikte werden soziale Benachteiligungen und Belastungen sichtbar und können angemessene Hilfeformen dafür verhandelt und in neue gesellschaftliche Antworten transformiert werden. In einer zunehmend ökonomisierten Gesellschaft werden soziale Konflikte verdeckt, in einer Welt der Konkurrenz und des Mithaltens eher geleugnet. Neoliberale Diskurse und „Sachzwänge" bestimmen das Feld und gegen eine öffentliche Diskussion solcher Konflikte stehen mediale Aufmerksamkeitsschwellen, aber auch Grenzen innerhalb des professionellen Selbstverständnisses. Also ist es wichtig, die Soziologie sozialer Konflikte aus einer entsprechend kritischen Perspektive zu befragen: Was bedeutet es, wenn soziale Konflikte auf die Ebene der Person verschoben werden? Wo brechen sie an anderer Stelle wieder auf, und wie lassen sie sich aus sozialpädagogischer Sicht gesellschaftlich thematisieren?

Vorsicht ist aber bei der Verwendung von soziologischen Konzepten geboten, die in den gegenwärtigen Gesellschaftsdiskursen en vogue sind, und die in der Sozialen Arbeit oft einfach methodisch-programmatisch übernommen werden. Oder sie werden verdinglicht, so als ließen sich daraus *unmittelbar* und ohne eine Einordnung in den dazugehörenden sozialen Kontext Anhaltspunkte für wirksame Hilfe ablesen. Es geht also im Verhältnis von Soziologie und Sozialer Arbeit vor allem auch um die methodologische Frage, *wie* sich die Sozialpädagogik/Sozialarbeit der Soziologie bedienen soll. Denn es war schon immer problematisch, in die sozialpädagogische Analyse soziologische Versatzstücke einfach einzubauen.

Soziologische Konzepte in Spannung zur Spezifik des sozialpädagogischen Zugangs zu bringen, sehen wir also als eine Kernaufgabe dieser Einführung in die Soziologie an. Inwieweit uns die Soziologie hier entgegen kommen kann, ist erst einmal ungewiss. Denn auch sie ist sich ihres Gegenstandes nicht mehr sicher. Die gesellschaftlichen Entgrenzungs- und sozialen Entbettungsprozesse seit Beginn des 21. Jahrhunderts (vgl. 4.3) haben auch den Rahmen soziologischer Theoriebildung gesprengt. Das bedeutet, dass die Sozialpädagogik/Sozialarbeit ihre eigene kritische Distanz zu soziologischen Diskursen entwickeln und ihre eigenen Fragen an die Soziologie stellen muss: Kann die Soziologie diese Entbettungsprozesse überhaupt reflektieren und darin einen – gerade für die Soziale Arbeit wichtigen – Bezug zum Alltag wieder herstellen? Wie wird das Verhältnis von Individuum und Gesellschaft unter diesen neuen Bedingungen definiert? Kann die Soziologie uns zeigen, wie die damit verbundenen sozialen Prozesse unser Bild von diesem Verhältnis und damit auch unsere Vorstellungen von der „Person" als gesellschaftlichem Subjekt verändern?

Die Notwendigkeit einer doppelten Reflexivität im Verhältnis von Sozialpädagogik und Soziologie wird am Beispiel der Soziologie sozialer Ungleichheit (vgl. 3.4) augenfällig. Neben das traditionelle Konzept der vertikalen sozialen Ungleichheit ist das der horizontalen Ungleichheit getreten. Es beschreibt die Wirklichkeit einer neokapitalistischen Gesellschaft, in der das Risiko, in prekäre Lebenslagen zu geraten, bis in die Mitte der Gesellschaft reicht. Angesichts solchermaßen erweiterter Problemlagen könnte man den Schluss ziehen, dass sich die Aufgaben der Sozialen Arbeit auf dieser Entwicklungslinie in der Mitte der Gesellschaft etablieren und sie selbst ihren eigenen professionellen Randstatus verlieren könnte. Dagegen zeigen sozialpsychologische Befunde, dass sich die Mittelschichten aus Angst vor sozialem Abstieg nun erst recht von sozialen Randgruppen abgrenzen (Heitmeyer 2010) und dabei auch auf Distanz zur Sozialen Arbeit gehen.

Soziologisches Wissen und soziologische Konzepte bewegen sich generell auf unterschiedlichen Ebenen und leisten hier jeweils auch Unterschiedliches. Fragen der Rahmung und Einbettung der Sozialen Arbeit bewegen sich auf einer gesellschaftlichen Ebene. Unterhalb dieser Ebene haben wir es mit soziologischen Konzepten zu tun, die Gesellschaft und Individuum miteinander vermitteln, wie z.B. Institution, Sozialisation und Lebenslauf. Schließlich versuchen wir auf der Ebene von Biografie und sozialem Verhalten das Subjekt von der soziologischen Seite her zu erfassen. In dieser Mehrdimensionalität ist auch die vorliegende Einführung aufgebaut. Um dabei den Blickwinkel der Sozialarbeit einnehmen zu können, haben wir die soziologischen Bezüge des zentralen Konzepts der sozialen Hilfe in den Mittelteil eingeordnet und dieses – in gleichsam sich erweiternden konzentrische Kreisen – in gesellschaftliche Felder und Lebensbereiche eingebunden. Die jeweils bedeutsamen Konzepte und Sichtweisen werden für sich dargestellt und – auch wenn dies nicht durchgängig möglich ist – aufeinander bezogen.

Dabei soll immer die Mahnung mitschwingen, dass soziologische Konzepte und Aussagen in der Anwendung grundsätzlich nicht verdinglicht werden dürfen. Für die sozialarbeiterische Praxis sind sie erst einmal hypothetisch und können so nur als erste Erweiterung der Wahrnehmungs- und Handlungsperspektive für den Einzelfall gelten. Deshalb braucht es Übersetzungswege zwischen den Sichtweisen und Aussagen der Soziologie und der Welt der Sozialen Arbeit. In diesem Sinne werden wir immer wieder fragen, wie die Soziale Arbeit auf soziologische Zusammenhänge trifft, was der soziologische Zugang klären und wie dieses Wissen genutzt werden kann; welche kritischen Perspektiven in den soziologischen Konzepten enthalten sind und wie sie sich entfalten können.

Kapitel 2
Soziologie als kritische Disziplin

Grundfragen der Soziologie entstanden im Zusammenhang mit der Entwicklung der bürgerlichen Gesellschaft in der Spannung zum Staat und – damit verbunden – der Einsicht in die Veränderbarkeit von Herrschaft in der Zeitenwende vom 18. zum 19. Jahrhundert in Westeuropa. Gesellschaftliche Zugehörigkeit und subjektive Individualität wurden als wesentliche Erfahrungsbezüge in ihrer Spannung zueinander freigesetzt und bedeutsam. Es entwickelten sich sozialwissenschaftliche Fragen zu Strategien der Beeinflussung der Individuen im Verhältnis zu gesellschaftlichen Entwicklungen, wie z.B. der Bevölkerungsentwicklung, sowie neue Vorstellungen einer systematisch – auch mit Gewalt – durchgesetzten Regulierbarkeit von Lebensverhältnissen auf der Basis staatlich organisierter Macht, aber auch Gesellschaftsentwürfe aus der Gegenwelt Sozialer Bewegungen (vgl. 14.2) heraus. Damit verschärften sich die Konflikte um die Frage, mit welcher Legitimation und in welchem Interesse sich gesellschaftliche Entwicklungsperspektiven durchsetzen. Heute haben sich zwar die Interessen wie die Freiheiten in der Formulierung sozialer Probleme pluralisiert, soziale Konflikte sind aber eher verdeckt oder undeutlich geworden. Zugleich entstehen immer wieder blinde Flecken an der Schnittstelle gesellschaftlicher Probleme und der Verwehrung von Handlungsmöglichkeiten. Wie lässt sich unter diesen Bedingungen der Anspruch einlösen, diesen Zusammenhang aus einer kritischen Distanz heraus zu erfassen, wo wir obendrein selbst auf vielfache Weise in Gesellschaft verstrickt sind. Wir selbst – ob als WissenschaftlerInnen oder PraktikerInnen der Sozialen Arbeit – sind auch dieser gesellschaftlichen „Unübersichtlichkeit“ (Habermas 1985) ausgesetzt. Wo lassen sich hier die Konflikt- und Interessenlagen der Personen, die KlientInnen der Sozialarbeit werden, überhaupt wiederfinden? Diese Unübersichtlichkeit der gesellschaftlichen Wirklichkeit mit ihren Widersprüchen und Brüchen kann nicht mit linearen Erklärungsmodellen aufgeschlossen werden, sie muss bereits im methodologischen Zugang berücksichtigt werden können. Deshalb steht die Wahrnehmung von gesellschaftlichen Brüchen und Konflikten in der Konfrontation mit Leiden und der Erfahrung von Unrecht im Fokus der soziologischen Betrachtung und ist von *den Grundsätzen der kritischen Theorie* geleitet; sowohl in ihrem gegenwärtigen als auch in ihrem historischen Kontext, in dem sie sich spezifisch entwickeln und wandeln. Diesen auf epochale Entwicklungen gerichteten zweiten Zugang kann man über die *historisch-soziologische Methode* gewinnen. Für die Soziale Arbeit ergeben sich dabei Fragen, wie sich die in gesellschaftlichen Entgrenzungen und Schließungen aufgeladenen Widersprüche und Konflikte in den Befindlichkeiten und Betroffenheiten der Subjekte widerspiegeln, bzw. darin vermittelt sind. Dies kann mit einem erweiterten *ethnomethodologischen Zugang* versucht werden. Schließlich sehen wir auch, dass in gesellschaftlichen Konfliktkonstellationen das Problem der anhaltenden Ungleichheit der Geschlechter eine zentrale Rolle spielt und im Alltag auch so erfahren wird. Wir brauchen deshalb immer auch einen *geschlechtsreflexiven* Zugang zur geschlechtshierarchische Struktur der Gesellschaft und den in die Geschlechterverhältnisse eingeschlossenen Erfahrungen.

2.1 Kritische Theorie(n)

„Als Soziologie taugt kritische Theorie [...], wenn sie die soziologischen Begriffe dynamisiert und darin auch das geschichtliche Geworden-Sein dieser Begriffe erfasst: Auch wenn das Ganze, die gesellschaftliche Totalität, der Sozialforschung nicht unmittelbar gegeben ist, so ist es doch die Gewalt des totalen Zusammenhangs" (Behrens 2009, S. 216), die unter den herrschenden Bedingungen des globalen Kapitalismus die Menschen unter Zwang setzt.

Die zentralen Konzepte der kritischen Theorie sind die der Totalität, der Dialektik und der Ideologie. Totalität meint, dass man soziale Phänomene nicht für sich, sondern vor dem jeweiligen historischen und gesellschaftlichen Gesamtzusammenhang deuten und auf diesen beziehen muss. Dieser allgemeine und umfassende historische Hintergrund ist nicht eindeutig strukturiert, sondern in sich ambivalent. Geschichte bewegt sich nicht linear, sondern in sich widersprüchlich und mithin dialektisch. Fortschritt und Zerstörung von Lebensgrundlagen liegen in der Krise der Moderne eng beieinander. Gesellschaftliche Widersprüchlichkeit erfahren die Menschen entsprechend zwiespältig und folgen gleichzeitig einem ihnen auferlegten Streben nach Normalisierung. Ohne die Möglichkeit der konstruktiven Bearbeitung von Ambivalenzen entwickelt sich bei einzelnen ein Bewältigungshandeln, das sich jenseits der vorgeblich herrschenden Normalität bewegt. Deshalb muss die Gesellschaft vor allem mit den Befindlichkeiten und Verhaltensmustern der Subjekte konfrontiert werden, die aus der Sicht der herrschenden Normalität als abweichend oder pathologisch etikettiert werden. Im Lichte eines widersprüchlichen gesellschaftlichen Hintergrundes können solche Verhaltenskontexte dann neu, jenseits des unmittelbaren Anscheins bewertet und eingeordnet werden.

Die Entgrenzungsdynamiken, Ambivalenzen und verdeckten Widersprüche, die gerade die Sozialpädagogik/Sozialarbeit besonders berühren, machen soziologische Zugangsweisen notwendig, die solche verdeckten und widersprüchlichen sozialen Konstellationen aufschließen können. Entgrenzungen berühren die Soziale Arbeit vor allem dort, wo im Sozialstaat nationale Folgeprobleme der globalisierten Ökonomie (z.B. Arbeitslosigkeit) zusammen mit fiskalischen Krisen erzeugt werden, die die Lebensbedingungen einer steigenden Zahl von Menschen sowie die sozialen Gestaltungskräfte – und damit auch die Spielräume der sozialen Dienste – einengen. Ambivalenzen und Widersprüche sind bis zur Undurchsichtigkeit miteinander verzahnt, wenn z.B. soziale Ungleichheit zwar sozialpolitisch bekämpft, zugleich von einer liberalistischen Wirtschaftsprogrammatik aber als ökonomische Differenzierungs- und Antriebskategorie genutzt wird. KlientInnen der Sozialen Arbeit werden zugleich effizient behandelt und darin aber auch diszipliniert. Als Erschwerung für eine breite sozialstaatliche Diskussion über soziale Ungerechtigkeit bringt die Globalisierung gesellschaftlich nicht nur sozialstrukturelle, sondern auch normative Brüche hervor. Es hat sich eine neue Gleichzeitigkeit des Gegensätzlichen entwickelt, das nebeneinander herläuft und scheinbar nicht mehr in gesellschaftlichen Konflikten ausgetragen werden kann: Die vom Siegeszug der Digitalisierung angetriebene Globalisierung hat ihre eigene Sprache und Ideologie ausgebildet. Es ist die Programmatik eines digitalen Kapitalismus, der die ökonomische und soziale Welt in ein Punktefeld der Optimierung aufgelöst und darüber eine Dynamik der Macht entfaltet hat, die über die kulturellen und sozialen Traditionen der nationalen Gesellschaften hinweg einen eigenen Kosmos ausbildet (vgl. 4.3 und 4.4). Im sozialwissenschaftlichen Diskurs wird dieser Prozess mit dem Begriff der *Entbettung* beschrieben: Ökonomische Standortentscheidungen und ihre sozialen Folgen werden im weltweit inszenierten Wettbewerb der Unternehmen, Regionen und Kommunen ohne Rücksicht auf lokale Traditionen und soziale Verhältnisse getroffen. Die soziale Welt wird dadurch permanent in Atem gehalten, dem hegemonialen Sog der neuen Bewegungsformeln *Mithalten, Marktfähigkeit, Machbarkeit* scheint sie nicht entgehen zu können. Die in der Globalisierung beschleunigte Entgrenzung von Raum und Zeit hat den epochalen Kompass des 20. Jahrhunderts unbrauchbar gemacht, ein Magnetfeld aufgebaut, in dem er scheinbar immer wieder unkontrolliert ausschlägt. Die Ausnutzung transnationaler Differenzen gelingt meist nur jenen MigrantInnen, die für das Einwanderungsland ökonomisch interessant oder zumindest nützlich sind. Andere unterliegen Prozessen gesellschaftlicher Schließung und geraten in Zonen der Illegalität.

Das jeweils empirisch-konkret Vorfindbare und darin scheinbar Eindeutige ist unter diesen Bedingungen relativ und erhält erst in der Dialektik der historisch-gesellschaftlichen Rückbindung seine objektive Wirklichkeit. Die Konfrontation mit der gesellschaftlichen Totalität lässt die einzelne soziale Erscheinung in ihrer ambivalenten Entwicklungslogik hervortreten. In diesem Sinne ist auch der Zugang zum einzelnen Menschen zu suchen: Die Subjekte empfinden und agieren in widersprüchlichen Konstellationen, und die andere Wirklichkeit erschließt sich erst aus der Erkenntnis ihrer widersprüchlichen und darin verdeckten historisch-sozialen Konstellation: Wenn Sozialhilfe-EmpfängerInnen dazu neigen, schon in den ersten zehn Tagen des Monats einen großen Teil ihres Geldes auszugeben, kann ihnen dies als mangelnde Planungskompetenz und Selbstkontrolle angelastet werden. Vor einer widersprüchlichen gesellschaftlichen Hintergrundkonstellation erkennen wir dahinter überfordernde Konflikte: Sie sind Arme in einer reichen Gesellschaft, in einer Wohlfahrtsgesellschaft, in der Armut in einer Form sozial reguliert ist, dass Arme nicht nur keinen Status haben, sondern sich so inszenieren müssen, als könnten sie mit den anderen mithalten. Das verbleibende Medium der Teilhabe in dieser reichen Gesellschaft ist für sie der – wenn auch noch so begrenzte – Konsum. In kaum öffentlich thematisierten Konflikten bewegen sich auch Arbeitslose, die in einer Gesellschaft, die Selbstwert und Status zentral über Arbeit definiert, trotz Qualifikation keine Arbeit bekommen, in ihrer Existenzsicherung unter Druck geraten und zusätzlich negativ sanktioniert werden, wenn sie nicht aus eigener Kraft ihre Lage verändern. Arbeit ist Teil der gesellschaftlichen Widersprüchlichkeiten, die es Menschen verwehren, zu ihrem vollen Menschsein zu gelangen: Es wird ihnen dadurch vorenthalten, dass Menschsein allein über Arbeit (und nicht auch als bestimmt zur Muße und Freiheit von belastender Arbeit) definiert wird und sie gleichzeitig zu Opfern einer Gesellschaft macht, die trotz wirtschaftlichen Wachstums immer weniger gut organisierte und entlohnte Arbeit anbietet. Den Betroffenen selbst bleibt diese widersprüchliche Struktur unbewusst. Wenn sie sich den Erfahrungen von Ausgrenzung und Entwertung nicht in offenem Widerspruch stellen können oder konstruktive Lösungen bereitstehen, bleiben ihnen nur Selbstentwertung, lähmende Verdrängung der inneren Konflikte oder aggressive Abspaltungen. Die Artikulation und Veröffentlichung von Erfahrungen und Anhaltspunkten, in denen sich diese Konflikte und der eingeschränkte Status von Hilfe-EmpfängerInnen manifestieren, ist daher für alle Beteiligten ein risikoreiches Unterfangen.

In der Kritischen Theorie ist ein zwingendes Gebot zur Selbstreflexivität enthalten. In diesem Sinne ist sie Ideologiekritik. Indem sie die geistigen Ausdrucksformen der kapitalistischen Gesellschaft – ihre sozialen Ideen, normativen Ordnungen und Legitimationen – mit den ihr gegenläufigen immer wieder verdeckten sozialen Tatsachen von Ausbeutung, Ausgrenzung und Entwertung konfrontiert, zeigt sie nicht nur auf, wie sich diese Manifestationen von der sozialen Wirklichkeit entfernt haben, sondern auch, wie solche Manifestationen ihr zuwiderlaufende Erfahrungen nicht mehr zulassen, verschleiern. Die Kritik steigert sich zur negativen Dialektik, wenn sie feststellt: Auch „befreiende Alternativen werden vom Räderwerk der Industrie verschluckt" (Horkheimer/Adorno 1969, S. 123). Oder anders: Der Kapitalismus vermarktet heute die Bekämpfung der Probleme, die er selbst erst verursacht hat. Dafür werden von der kapitalistischen Kulturindustrie

Techniken entwickelt, die bei den Individuen entsprechende Bedürfnisse erzeugen, so dass sie sich in einer entfremdeten gesellschaftlichen Situation wohlfühlen können: „Die Gewalt der Kulturindustrie (zeigt sich) in ihrer Einheit mit dem erzeugten Bedürfnis [...], nicht im einfachen Gegensatz zu ihm“ (ebd.). Wie sehr diese kritische Erkenntnis in der gegenwärtigen gesellschaftlichen Situation zu Anfang des 21. Jahrhunderts weiter und noch subtiler zutrifft, werden wir später (vgl. 13.5) behandeln.

In ähnlich umfassender Perspektive, aber auf seinen Ansatz „eines radikalen Konstruktivismus“ aufbauend, untersuchte Michel Foucault das gesellschaftliche Phänomen der „Diskurse“ nach den „in sie eingebauten Machtstrukturen“ (Gehring 2007, S. 19). Diskurse sind Denk- und Kommunikationssysteme, die ihre Sicht auf Ereignisse und ihre Interpretationen auch praktisch durchsetzen. Differenziert betrachtet kann man sie als „Summe institutionalisierter und interpersoneller ‚Texte‘ und Dialoge (verstehen), und diese wieder als konkrete bedeutungstragende soziale Handlungen, als Einzelfälle einer sozio-kulturellen, politischen und ideologischen Praxis, die gesellschaftliche Systeme und Strukturen bestimmen“ (Matuschek u.a. 1995, S. 45). In ihnen bildet sich der Wandel gesellschaftlicher Machtmuster bis hin zu modernen Formen der Disziplinierung ab, die in alle Lebensbereiche einziehen, indem sie unsere Bilder vom Menschen und Möglichkeiten der Regulierung unserer Lebensbedingungen von Grund auf mitbestimmen. So haben sich seit dem 19. Jahrhundert bis heute Machtformen entwickelt, die darauf ausgerichtet sind, Leben nach rationalisierten, messbaren Prinzipien zu optimieren. „Gemeint ist nicht einfach eine verkehrte Ethik, sondern eine neue Ökonomie der Wertsteigerung und der Qualitätsverbesserung, die auf biologische Indienstnahme des Einzelkörpers im Zeichen der *public health* und der Qualität der Reproduktion hinausläuft, aber keineswegs nur auf Repressionen, sondern auch auf ein neues System von Angeboten und Chancen“ (Gehring 2007, S. 21 f.). Es fordert von den einzelnen an den eigenen Fähigkeiten und der Steigerung seiner/ihrer Lebenskräfte zu arbeiten. Diese gehen – strukturell – eine Verbindung mit Herrschaftsformen ein, sodass sich eine Form des Regierens entwickeln kann, die auf Selbstregulierung abzielt. „Man muss die Wechselwirkung zwischen diesen beiden Technikformen – Herrschaftstechniken und Selbsttechniken – untersuchen. Man muss die Punkte analysieren, an denen Herrschaftstechniken über Individuen sich der Prozesse bedienen, in denen das Individuum auf sich selbst einwirkt. Und umgekehrt muss man jene Prozesse betrachten, an denen die Selbsttechnologien in Zwangs- und Herrschaftsstrukturen integriert werden.“ (Foucault zit. Nach Lemke 2000, S. 264) Für die Soziale Arbeit folgt z.B. daraus, dass sie auch ihre eigenen Diskurse, einschließlich der Selbstäußerungen der KlientInnen, ihre professionellen Interpretationen und die an sie herangetragenen gesellschaftlichen und institutionellen Anforderungen kritisch nach ihren unterschiedlichen Zwecken und Machtasymmetrien zu befragen hat (vgl. White 2007, Kessl 2010).

2.2 Historisch-soziologische Ansätze

Die moderne Sozialpädagogik/Sozialarbeit hat sich mit und in der Industriegesellschaft entwickelt. Ihre je gegenwärtige Situation baut nicht nur auf den vorgängigen Entwicklungskonstellationen auf, diese scheinen auch immer wieder durch und verweisen auf historische und gesellschaftliche Bedingtheit der Sozialen Arbeit. In ihrer historischen Rekonstruktion des Gegenwärtigen verweist die historisch-soziologische Methode auf nicht eingelöste gesellschaftliche Ziele: Sie „ist der Erinnerung dessen mächtig, was mit dem heute täglich zu Verwirklichenden und tatsächlich Erreichten einst intendiert war" (Habermas 1978, S. 303). Wenn wir von der *Historizität* sozialer Phänomene sprechen, dann ist das Historische nicht das Vergangene, sondern der je epochale, raum-zeitlich bestimmbare Kontext einer Entwicklung des Sozialen. „Wenn man davon ausgeht, dass frühere Ereignisse und Strukturen spätere Ereignisse und Strukturen ‚beeinflussen', so ist dies weder deterministisch oder notwendig noch absolut zufällig der Fall". Es geht vielmehr um das Erkennen „strukturierter Möglichkeiten und Chancen" (Schützeichel 2009, S. 280).

Historisch-soziologische Analysen haben mit dem Aufstieg des neuen Kapitalismus und seiner Entgrenzungsdynamik zu Anfang des 21. Jahrhunderts wieder an Bedeutung gewonnen. Dass dies lange Zeit nicht so war, hängt mit der wissenschaftspolitischen Entwicklung der Soziologie in der zweiten Hälfte des 20. Jahrhunderts zusammen. Volker Kruse (1994) machte in diesem Zusammenhang auf zwei Einschnitte aufmerksam: Zum einen darauf, dass die Protagonisten der historisch-soziologischen Richtung der 1920er Jahre angesichts des Hitlerfaschismus emigrieren mussten und sich im Ausland nicht schulbildend weiterentwickeln konnten. Zum anderen wurde in den 1950er und 1960er Jahren in West-Deutschland die amerikanische Soziologie disziplinführend. Sie bestach durch ihren Anspruch, auf der methodologischen Grundlage der Verbindung von theoretischen Gesetzlichkeiten und empirischer Sozialforschung eine „überzeitliche" strukturfunktionale Theorie der modernen Gesellschaft aufzubauen, die von historischen Hintergrundannahmen und -relativierungen abstrahieren konnte. Wissenschaftssoziologisch und darin auch historisch-kritisch betrachtet fällt also die disziplinäre Hauptphase dieser sich positivistisch verstehenden Soziologie in eine Zeit, in der die Struktur der industriekapitalistischen Moderne gefestigt und epochal so weitreichend schien, dass man glaubte, sie als System aus dieser historisch-epochalen Struktur abstrahieren und kausalbegrifflich sezieren begründen zu können.

Karl Mannheim (1964) hat in den 1920er Jahren mit seinen „Principia media" ein Strukturkonzept für die historisch-soziologische Analyse herausgearbeitet, mit dem sich Entwicklungspfade und Magnetfelder der Entwicklung einer Gesellschaft bzw. gesellschaftlicher Bereiche bestimmen lassen. Principia media erfassen epochale Grundmuster, die so viel Ausstrahlungskraft haben, dass sie unterschiedliche gesellschaftliche Bereiche – Soziales, Ökonomie, Kultur – durchdringen und binden. In ihnen lassen sich Entwicklungen bündeln, Vergangenes, Gegenwärtiges und Zukünftiges aufeinander beziehen. Für eine historische Einordnung der Sozialpädagogik/Sozialarbeit kann das Problem der *sozialen Integration* als ein solches Principium medium gelten. Unter dem Begriff der Integrationsproblematik stellen sich Fragen wie: Was hält die Gesellschaft zusammen, wie wird individuelle Zugehörigkeit hergestellt, welcher Art sind die dafür bedeutsamen Strukturen und Prozesse und welchen Ort hat hier die Soziale Arbeit? In unterschiedlichen Integrationsmechanismen entfalten sich gesellschaftlich widersprüchliche Funktionen und setzen Bedingungen und Chancen sozialpädagogischer Interventionen.

Emile Durkheim fasste die Integrationsproblematik der industriekapitalistischen Moderne zu Ende des 19. Jahrhunderts in die Schlüsselbegriffe „organische Solidarität" und „mechanische Solidarität" (Durkheim 1988). Im Unterschied zur mechanischen Solidarität bindet die organische Solidarität die Individuen nicht direkt an die Gesellschaft, sondern sie integriert sie über arbeitsteilig organisierte Tätigkeitsbereiche, primär im Modus der Erwerbsarbeit. So entsteht ein Netz abstrakter wechselseitiger Abhängigkeiten. Die Arbeitsteilung ist zwar auf Integration ausgerichtet, setzt aber zugleich fortlaufend Probleme sozialer Desintegration frei. Durkheim kann systematisch aufzeigen, wie die Arbeitsteilung in ihrer Freisetzungslogik der *Individualisierung* (vgl. 5.7) die Lebensbereiche der Menschen immer stärker auseinander dividiert, sie aber gleichzeitig – in abstrakter gegenseitiger Abhängigkeit – stärker aufeinander angewiesen macht. Die daraus resultierenden Integrationsprobleme erweisen sich als ein Dauerphänomen der industriekapitalistischen Moderne. Ulrich Beck knüpft an diese Perspektive an, wenn er in den 1980er Jahren die Individualisierung als einen „historisch widersprüchliche[n] Prozess der Vergesellschaftung" verstanden wissen will (Beck 1986, S. 119, vgl. 5.7). Die in diesem Prozess freigesetzten konkreten unmittelbaren Abhängigkeitsbeziehungen, wie Fürsorge und Pflege, werden aber – so die feministische Kritik – in diesem Konzept übergangen.

2.3 Das Ethnomethodologische Paradigma

So wie wir gesellschaftliche Entwicklungen nur aus der Geschichte heraus verstehen können, um zu ihren Strukturmustern zu kommen, ist das soziale Handeln der einzelnen Menschen erst aus den Daseins-Bedingungen seiner Alltäglichkeit zu erschließen. Die *ethnomethodologische* Perspektive, die wir in diesem Sinne hier ebenfalls als kritischen soziologischen Ansatz einführen, könnte man auch als „Soziologie des selbstverständlichen Alltagshandelns" bezeichnen. Bei ihrer Entstehung wandte diese sich kritisch gegen die strukturfunktionalistische Soziologie der 1950er und 1960er Jahre (vgl. Garfinkel 1967) und fragte, wie sich Gesellschaft im Alltagshandeln immer wieder neu herstellt und im subjektiven Erleben spiegelt und verändert. Insofern spricht man auch von der Ethnomethodologie als einer „Theorie des Verstehens“, die danach fragt, „wie Menschen ihre soziale Welt wahrnehmen und sinnhaft aufbauen, und ihre Antwort lautet: Die Menschen wenden bestimmte Verfahren an, die Strukturen, die sie selbst fortlaufend schaffen, als erklärbar darzustellen“ (Abels 2009, S. 87).

Alltag und *Normalität* sind Schlüsselbegriffe des ethnomethodologischen Ansatzes. Alltag wird als die Sphäre des Erlebens und Handelns, als Ereignisbereich des täglichen Lebens, als jedermann verfügbare Wissensform (Alltagswissen), den entsubjektivierten Zweckwelten der Institutionen gegenüber gestellt. Die Alltagstheorie kann somit als Institutionenkritik formuliert werden. Die Alltagsnormalität wird als Grundwelt des Selbstverständlichen empfunden, die nicht mehr thematisiert werden muss (vgl. Berger/ Luckmann 1972), weil sie in „Vertrautheit“ (vgl. Grathoff 1991) eingebunden ist.

In der kritischen ethnomethodologischen Diskussion ist allerdings auch deutlich geworden, dass die Selbstverständlichkeiten der Grundwelt eben nicht so selbstverständlich sind. So hat Garfinkel (1967) die sozialen Umstände und Konstellationen in den Vordergrund gerückt, in denen sich Menschen interpersonal völlig erwartungswidrig verhalten. Situationen, in denen anderen signalisiert wird, dass es dieses gemeinsame Wissen so selbstverständlich gar nicht gibt, sondern dass man sich darüber entweder konfliktreich verständigen muss oder Verstehen unmöglich wird. Die Tücke des Alltags besteht darin, dass er ein Nebeneinander von sozial konstruktiven und sozial destruktiven Elementen im Sinne der Erweiterung oder Verengung von Lebensperspektiven enthält, auf die situativ unterschiedlich zurückgegriffen werden kann.

In einer Kritik des Alltagslebens wird herausgestellt, dass der Alltag gleichwohl einen zentralen Bezug zur Gesellschaft hat. Die alltägliche Grundwelt ist so etwas wie der „soziale Kitt“ (Leithäuser 1978) der Gesellschaft und hat eine entsprechende Integrationsfunktion. In dieser gesellschaftlichen Wechselwirkung kann der Alltag aber auch verarmen, indem er zunehmend in den Verwertungszusammenhang und Verwertungszwang des Kapitals gerät. Die Grundwelt des Alltags wird dadurch entleert, verkommt zu Ritualen und Klischees. Die Kritik zeigt, wie unsere Alltagswelt voll von gesellschaftlichen Widersprüchen ist, und wie selbstverständlich von uns erwartet wird, dass wir diese Widersprüchlichkeit individuell bewältigen und versuchen, ein normales Alltagsleben zu führen. Normalität lebt aber nicht nur von der Vertrautheit des Selbstverständlichen, Geteilten und Wiederkehrenden, sondern auch von der „konstitutive(n) Fähigkeit zur Typisierung“ (Grathoff 1991, S. 346). Typisierung bedeutet, dass die Menschen dazu tendieren, um der Selbstverständlichkeit und Vertrautheit willen dingliche und soziale Phänomene weniger nach ihrer inneren Struktur und Logik (wie bei der wissenschaftlichen Typisierung), sondern gemäß den Bedingungen der Aufrechterhaltung von Normalität zu typisieren. Auch die Dimension der Typisierung hat ihr Doppelgesicht: Über Typisierungen werden Menschen verglichen, bewertet, der eigenen Gruppe als zugehörig empfunden oder sozial ausgeschlossen. Gerade die Sozialpädagogik/Sozialarbeit hat es mit Opfern solcher alltäglichen Typisierungen und Etikettierungen zu tun, kommt aber selbst immer wieder in Zwänge und Widersprüche von verschiedenen alltagsbezogenen und möglichen wissenschaftlichen Typisierungen, wenn sie ihre KlientInnen in „Fälle" einordnen muss (vgl. 8.2).

Zum einen will die Soziale Arbeit das „Verstehen" des Alltagshandelns ihrer KlientInnen in der Fallarbeit zum methodischen Mittelpunkt machen. Wenn sie nach den hinter dem Verhalten liegenden Antrieben, subjektiven Bedeutungen und versteckten Botschaften sucht, kann die soziologische Ethnomethodologie aufklären, wie die soziale Wirklichkeit einer Person oder einer Gruppe in ihrem ethnischen und/oder milieugebundenen Kontext von den Menschen „gemeint" ist. Zum anderen kommen die PraktikerInnen selbst aus eigenen Welten, die eben nicht direkt, sondern über Organisations- und Professionskulturen zu den KlientInnen hin vermittelt sind. Insofern können ethnomethodologische Zugänge jene Selbstreflexivität vermitteln, die immer vor allem dort gebraucht wird, wo die Sozialpädagogik/Sozialarbeit sich in „andere Welten" begibt, die zudem meist verdeckten Machtbeziehungen unterliegen. SozialarbeiterInnen müssen hier zuerst die Welt der KlientInnen vor Abwertung und Indienstnahme schützen. Wenn z.B. in der Stadtentwicklung und Gemeinwesenarbeit bürgergesellschaftliche Projekte initiiert werden und man sich beklagt, dass trotz allen guten Willens die Bevölkerung eines sozial randständigen Stadtteils wieder einmal außen vor geblieben ist bzw. Probleme und Wünsche einbringen wollte, die nun gar nichts mit der Projektidee zu tun haben, dann dominiert hier nur eine Sicht: Die aus der Mittelschicht stammende Initiativgruppe war an einer ‚effektiven' Planung und Organisation des Bürgerprojekts orientiert. „Effektivität als Modus, möglichst viel in kurzer Zeit zu beschließen, scheint für die BewohnerInnen […] nicht im Vordergrund zu stehen. Der Begriff der Effektivität verführt vielmehr dazu, ihr Engagement als ineffektiv zu beschreiben, zu fragen, wieso sich die BewohnerInnen […] überhaupt engagieren? Um ihre Form von Engagement zu beschreiben und zu verstehen, wieso sie sich auf die beschriebene Art engagieren, sind andere Begriffe notwendig" (Munsch 2003, S. 268). Zunächst könnte man feststellen, dass diese Gruppe aus den Spielräumen und Verwehrungen ihrer Lebenslage (vgl. 6.2) heraus agiert. Da diese von beständiger Ungewissheit bestimmt ist, erscheint ihr Verhalten und Handeln eher situativ als planerisch, eher direkt als vermittelt und eher typisiert als differenziert (vgl. Esser 2001). Sie entwickeln für sich einen signifikant anderen Kommunikations- und Verständigungsmodus. Es sind erzählte alltägliche Bewältigungshandlungen, die sich vor allem auf die prekären Lebensbedingungen beziehen lassen, die sich für sie in der Gruppe der Gleichbetroffenen sozial verdichten und so – wenn auch immer noch unvermittelt – zu Interessen werden. Aus ihrer Lebenssituation heraus haben sich soziale Praktiken entwickelt, „embodied practices" (Garfinkel 1967), deren man sich im alltäglichen Handeln verständig versichert. So bringen sie einen festen inkorporierten Rahmen von Hintergrunderwartungen mit, die es zu verstehen und auch vor Abwertung und Nicht-Anerkennung zu schützen gilt. So wie sich diese Interessen aber in einem anderen (gesellschaftlich unterlegenen und deswegen als umwegreich bewerteten) Kommunikationsmodus entwickeln, spiegeln sie das Wissen über die eigene Lebenslage und die Widerständigkeit angesichts geringer Chancen zur Einlösung von Ansprüchen wider. Ihre eigenen Inhalte, ihr Erfahrungswissen über die Grenzen und Chancen der Umsetzung sind schon an dieser Stelle blockiert. Ein Verständigungsprozess verlangt, hinter die scheinbar überlegene Form der Interessenformierung zurückzugehen und sich auf andere Perspektiven, Handlungsoptionen u.U. auch Interessenkonflikte einzulassen. Dabei muss sich ein ethnografisches Vorgehen den Dimensionen von Ausgrenzung – rassistisch-ethnisierenden Zuschreibungen, geschlechts- und klassenspezifischen Diskriminierungen und den damit zusammenhängenden, oft aber verdeckten Hierarchiebildungen – stellen. Diese lassen sich aber erst in der ethnografischen Untersuchung von „situierten Problematiken" (Binder/Hess 2011, S. 49) im Alltagshandeln der Betroffenen erfassen. Denn die Prozesse der Diskriminierung verlaufen am jeweiligen Ort, innerhalb von Institutionen und in unmittelbaren Interaktionen jeweils anders. An einer deutschen Hauptschule – um ein weiteres Beispiel zu bringen - wirken sie in Verbindung mit scheinbar neutralen, individuell verliehenen Leistungsnachweisen. „Obwohl eng mit Ethnizität und Geschlecht verbunden, sind klassenbedingte Ausschlussmechanismen für SchülerInnen deutlich schwerer zu erfassen. Diese erstaunliche Sprachlosigkeit im Angesicht der Allgegenwärtigkeit des Klassengefüges lässt sich nur mit der Verschleierung sozialer Diskriminierungen innerhalb des Schulsystems begreifen, das selbst auf Prozessen sozialer Selektion basiert. […] Auf sozialer Klasse basierende Ungleichheitserfahrungen sind den SchülerInnen jedoch weniger zugänglich als rassistische oder sexistische Diskriminierungen, deren Wirkungen sie bewusster wahrnehmen und entsprechend leichter beschreiben können" (Wellgraf 2011, S. 138f.). In diesem auf teilnehmender Beobachtung basierenden Beispiel werden sie eher vermittelt über Angst vor Scheitern oder Wut über die Abhängigkeit von der Sozialhilfe sichtbar. Ungleichheitserfahrungen beinhalten auch Formen der diskriminierenden Selbstzuschreibung wie der Abgrenzung untereinander, die sich z.B. sexistischer und ethnisierender Aktionen bedienen – sogar manchmal gleichzeitig mit widerständigen Haltungen, subversiven Praktiken und aktiven Umdefinitionen der Situation (vgl. ebd.).

Eine erweiterte herausfordernde Wendung haben diese Probleme im Kontakt zwischen westeuropäischen hegemonialen Lebens- und Politikformen einerseits und postkolonialen (Migrations-)Welten anderseits genommen. Sie münden in die Frage, wie sich Lebensformen, Sinn- und Interessenhorizonte im Widerstand zu hegemonialen Problemzuschreibungen und Praktiken überhaupt entwickeln, in der Auseinandersetzung mit den hegemonialen Diskursen eine eigene Sprache und Wege der Selbstvertretung finden können. Die Kritik an der hegemonialen Verfügung und Definitionsmacht über fremde Kulturen stellt zugleich die Strukturen der eigenen Welterfahrung in Frage und damit die gesellschaftlichen Über- und Unterordnungen, die in sie eingeschrieben sind (Spivak 2008).

2.4 Geschlechtertheorie als Kritik

Auch die kritischen feministischen Ansätze, wie sie von der Frauenforschung ausgehen, haben den Anspruch des Allgemein-Gültigen zentraler soziologischer Konzepte in Frage gestellt und um neue Wissensformen und -inhalte erweitert. Die Soziologie pochte jahrzehntelang auf das Prinzip der Geschlechterneutralität und der Allgemeinheit ihrer Aussagen. So ging sie (und geht sie teilweise immer noch) explizit oder meist implizit vom „normalen“ männlichen Lebenszusammenhang aus, ohne ihn zu hinterfragen. Die feministischen Kritiken an den „Mainstream-Sozialwissenschaften“ nahmen vor allem „in den Blick, dass der weibliche Lebenszusammenhang [...], das heißt die sozialen Erfahrungen, politischen Interessen, subjektiven Bedürfnisse, objektiven Widersprüche und spezifischen Konfliktkonstellationen von Frauen, in den von Männern generierten wissenschaftlichen Aussagen über gesellschaftliche Zusammenhänge in Vergangenheit und Gegenwart entweder gar nicht oder nur in verzerrter und die weibliche Genus-Gruppe stereotypisierender Form zur Sprache kamen“ (Dackweiler, 2004, S. 54). Ins kritische Visier ist so die Männerzentriertheit, der Androzentrismus der Sozialwissenschaft geraten, der sich hinter der Behauptung der Geschlechtsneutralität und Universalität sozialwissenschaftlicher Aussagen verbirgt. Neben der Aufdeckung des Androzentrismus ging und geht es der feministischen Wissenschaftskritik vor allem um die „Decouvrierung des Male Bias auf Grund der Einseitigkeit der Erfahrungen männlicher Erkenntnis- und Wissensproduzenten. [...] Diese Kritikdimension greift weit über ein nachträgliches ‚Hinzuaddieren‘ von Frauen hinaus, indem sie die vergeschlechtlichte und vergeschlechtlichende Perspektivität markiert, die sich als geschlechtsneutral behauptet“ (ebd., S. 57).

Die Einbeziehung gesellschaftlicher Geschlechterverhältnisse verlangt nach neuen Untersuchungs- und Reflexionsebenen. Zweigeschlechtlichkeit wirkt bis heute als zentrale gesellschaftliche Strukturkategorie, insofern in die Geschlechterverhältnisse gesellschaftliche Widersprüche, Konflikte und

Probleme um die geschlechtshierarchische Arbeitsteilung eingebunden und damit aber auch bis heute übergangen werden können: Solche Konflikte sind eingelagert in die der Marktförmigkeit entgegengesetzt definierten anderen Qualitäten von Haus- und Versorgungsarbeit. Denn diese verweisen auf die Angewiesenheit von Kindern, Kranken und Pflegebedürftigen, auf Versorgung und Zuwendung und darin auf die soziale Bedeutung der Pflege von Beziehungen als *allgemeinem* gesellschaftlichem Gut. Sie werden als Arbeit von Frauen abgewertet aber gleichzeitig als wichtige Lebensvollzüge idealisiert und eingefordert. Zur biologistisch reduzierten Erbanlage erhoben werden sie als unerschöpfliche Naturressource genutzt oder als selbstverständlich vorhanden angesehen und gehen deshalb auch nicht in den Mainstream soziologischer Kategoriebildung ein.

So entgeht dem „geschlechtsneutralen" soziologischen Blick, dass reduzierende und abwertende Zuschreibungen gegenüber Frauen durch Doppelstandards in der Bewertung weiblicher und männlicher Bezüge ermöglicht und zugleich unsichtbar gemacht werden, die darüber hinaus mit klassenspezifischen und ethnischen Doppelstandards verschränkt und damit vielschichtig und unterschiedlich gerichtet wirksam sind (Intersektionalität). Die Bedeutungen wechseln, je nachdem, ob sie sich auf Frauen oder auf Männer beziehen, ob sie sich auf weiße Mittelschichtfrauen oder Frauen und Männer beziehen, die von einem Zentrum aus auf unterlegene Positionen verwiesen werden. Weibliche Erfahrung wird dabei immer wieder ausgeschlossen, Männlichkeit kann bzw. muss selbst nicht hinterfragt oder erweiternd reflektiert werden und erscheint somit immer wieder vereinseitigend als das Höherwertige und als Angebot für Überlegenheitsgewinne (aber auch als Medium für ethnisierende Abgrenzung gegen Machotum). Der Doppelstandard wird aber auch da nicht überwunden, wo Frauen darüber Macht ausüben „dass sie (gern auch ungefragt) Deutungen abgeben, über sich und andere, mit Vorliebe aber über Männer und ihre Interessen, Motivationen und Beschädigungen. D.h. sie machen diese zu Objekten ihrer mütterlichen Bemühungen, ihnen auf die Sprünge zu helfen" (Kontos 2008, S. 73).

Für die Sozialwissenschaften folgen daraus mehrere Regeln: einmal sind die Doppelstandards nach Ausblendungen, Entwertungen und verweigerten Rechten hin zu entschlüsseln; methodisch muss der Raum für gegenläufige Erfahrungen und Konfliktdimensionen eigens geschaffen werden. Das heißt aber auch die Soziologie für Fragestellungen und Wissensformen frei zu räumen und eine historisch-kritische Dekonstruktion der männlich-hierarchischen Dominanzformen des Denkens und Handelns zu ermöglichen (vgl. Janshen 1999; Tübinger Institut 2000; Wetterer 1993). Hierarchische Bewertungen und Ausblendungen der Realität setzen sich fort, wenn man vom wissenschaftlichen Diskurs auf die professionelle soziale Praxis schaut. Daraus ergibt sich als methodische Regel, dass auch hier immer wieder eine Offenheit für die nicht thematisierbaren widersprüchlichen, entwerteten und scheinbar nicht in die Welt passsenden Erfahrungen hergestellt werden muss.

Allerdings: Auch der akademische Feminismus ist nicht frei von dieser Hierarchisierung und Abschottung gegenüber dem Alltagswissen und der Alltagspraxis von Frauen in unterlegenen Positionen oder aus anderen soziokulturellen Milieus und geopolitischen Regionen. Deswegen ist es wichtig, die unterschiedliche Gewordenheit von Positionen zu erkennen und eine angemessene Übersetzung auch für die Geschichte dieser Gewordenheit und die ihr innewohnenden Konflikte zu finden (vgl. Gutiérez Rodrigues 2006).

Grundlegend für eine soziologische Geschlechtsreflexivität und die dabei zu erwartenden Schwierigkeiten und Beharrungstendenzen ist die von uns geteilte These, dass das soziale Dasein von Menschen nicht nur gesellschaftlich vermittelt, sondern auch an ihre jeweilige Leiblichkeit gebunden ist. Dass diese Leiblichkeit einerseits naturgegeben, andererseits nie nur Natur – sondern auch als Natur in unser sozial-kulturelles Verständnis, unser Zusammenleben und unsere Praktiken eingebunden ist. So ergibt die Art unserer Wahrnehmung und die jeweilige kulturelle Interpretation dieser „Natur“ eine Form, die uns als „natürlich“ erscheint, dennoch bis in die seelischen und genetischen Strukturen hinein in sozialen Kontexten erworben und daher Wandlungsprozessen zugänglich ist bzw. diesen unterliegt. Dieses Zusammenspiel von gesellschaftlicher Wandelbarkeit und leiblicher Gebundenheit ist dafür verantwortlich, dass Geschlechterbilder einerseits großen Veränderungen unterliegen, andererseits eine bemerkenswerte Beharrungstendenz aufweisen. Der Zusammenhang zwischen Leiblichem und Gesellschaftlichem ist es auch, welcher das Geschlecht zur idealen psychosozialen Orientierungs- und sozialen Ordnungskategorie hat werden lassen. Das System der Zweigeschlechtlichkeit kommt für manche den personalen Bedürfnissen nach Zugehörigkeit und dem sozialen Bedürfnis nach Ordnung entgegen, weil es sowohl inkorporiert und in der Gesellschaftsordnung verankert ist. Gleichzeitig ist es Quelle von lebenslangen Konflikten im Widerstreit zwischen Eigensinn der Subjekte und der Erfüllung der begrenzenden Zuschreibungen und Verhaltensanordnungen (Bereswill/Ehlert 2010). In dieser Dialektik von Leiblichkeit und Gesellschaftlichkeit ist das Geschlecht also sozialstrukturbildend, kann aber von den Sozialwissenschaften nie ganz erreicht und aufgeklärt werden. Diese wissenschaftliche Kränkung ist es wohl auch, die eine bisher nicht einholbare Leerstelle sozialwissenschaftlicher Theoriebildung und den Widerstand gegen eine Geschlechtersoziologie als Querschnittssoziologie speist.

Das Phänomen der männlichen patriarchalen Macht ist inzwischen von der sozialwissenschaftlichen Männerforschung relativiert worden. Im Paradigma hegemonialer Männlichkeit (Connell 1987; vgl. 3.1) wird thematisiert, dass sich männliche Macht trotz bleibender Dominanzansprüche zunehmend entstrukturiert und die Verfügbarkeit des Mannes im ökonomischen Verwertungsprozess (vgl. Böhnisch 2003) hervortritt. Die mit dem Strukturwandel der Arbeitsgesellschaft verbundene Erosion des Normalarbeitsverhältnisses (vgl. 13.2) führt zu Verunsicherungen einer Männlichkeit, die primär an die Arbeitsrolle gebunden ist und sich nicht auf eine gesellschaftlich institutionalisierte und entsprechend eingeforderte Reproduktionsaufgabe beziehen kann, wie dies bei der Frau der Fall ist. Männlichkeit entpuppt sich wie Weiblichkeit als soziales Konstrukt. Es sind aber keine beliebigen Konstrukte, da sie an die Leiblichkeit und damit an die Natur rückgebunden sind und von daher auch immer wieder naturalisiert und in ihrer sozialen Problematik verdeckt werden können. Geschlecht ist damit nicht nur ein körperlich eingeschriebenes soziales Ordnungsprinzip, sondern auch ein gesellschaftliches Steuerungsmuster von hoher Flexibilität. Über das Geschlecht können soziale Konflikte zwischen öffentlich und privat verschoben werden.

Vor diesem Reflexionshintergrund hat sich heute in der sozialwissenschaftlichen Geschlechterforschung der Konsens durchgesetzt, dass das, was uns als geschlechtsspezifische Eigenheiten und Unterschiede entgegen tritt, nicht unabhängig von der Einbettung in eine bestimmte Gesellschaft und eine bestimmte Kultur existiert. Diese Sichtweise wird als konstruktivistisch bezeichnet. Sie stellt kein einheitliches Theorieprogramm dar, sondern unterteilt sich in zwei unterschiedliche Traditionslinien – die interpretative und die poststrukturalistische – die Gemeinsamkeiten aber auch Unterschiede aufweisen. Im interpretativen Ansatz geht es vor allem um die Untersuchung der Phänomene der vereinseitigenden Geschlechterzuschreibung und alltäglichen Geschlechtswahrnehmung. Geschlecht wird als Hervorbringung aufgefasst, die von den Handelnden und deren Interaktionen fortlaufend geleistet wird (doing gender). Ein zweiter Strang des interpretativen Ansatzes geht auf Erving Goffman (1994) zurück. Hier wird Geschlecht als „zentraler Code“ analysiert, auf den Strukturen und Interpretationen aufgebaut sind. Die primäre Aufgabe der Geschlechterforschung besteht in diesem Zusammenhang darin, die institutionellen Mechanismen aufzuzeigen, die die Geschlechterordnung fortlaufend reproduzieren und dadurch für Rechtfertigungen und Erklärungen der Unterschiede herangezogen werden können.

Der poststrukturalistische Ansatz stellt – in Anknüpfung an Michel Foucault – noch deutlicher den Begriff des Diskurses in den Mittelpunkt der Geschlechteranalyse und sieht darin das zentrale Medium der Konstruktion der Geschlechterwirklichkeit. Der spezifische Sinn des Begriffs Geschlecht liegt danach nicht in diesem selbst, sondern wird erst durch den Diskurs hergestellt. Diskurse weisen den Dingen einen Namen und damit eine Bedeutung zu und haben die Fähigkeit alternative Bedeutungen zu diskreditieren. Der Geschlechtskörper (Sex) kann in diesem Sinne nicht als vorgegebene anatomische Tatsache gesehen werden, sondern stellt einen Effekt hegemonialer Diskurse dar (vgl. Butler 1991). Das gesellschaftlich zentrale Ordnungssystem der Heterosexualität wird als Zwangsheterosexualität begriffen, als hegemoniale Norm, der zufolge nur das Begehren des anderen

Geschlechts normal und alle anderen Formen abgewiesen sind und geleugnet werden müssen. Gegen die Gefahr einer Wiederholung und quasi-biologistischen Festschreibung von Geschlechtsunterschieden steht die methodologische Regel der Rekonstruktion von Zuschreibungsprozessen als „Doing-Gender". In diese Doing-Gender-Prozesse werden auch Geschlechtsidentität und (hetero)sexuelle Orientierung einbezogen, die kulturell und sozial geformt und im Prozess des Aufwachsens erworben werden sollen. Uneindeutigkeit und individuelle Neuorientierung in der sexuellen Orientierung und Geschlechtsidentität – auch entgegen den körperlichen Geschlechtsmerkmalen – also entsprechend der inneren Stimmigkeit, werden in unserer Gesellschaft bisher kaum zugelassen, auch wenn dies für die Betroffenen zu inneren Konflikten führen.

Die Kritik an dieser radikal-konstruktivistischen Perspektive wendet sich vor allem dagegen, dass das „Subjekt" als diskursive Formation definiert und nicht in der Form, die seine tiefenpsychischen Eigendynamiken angenommen haben, gesehen werden kann (vgl. Rendtorff 2008; Lenz/Adler 2010). Auch kann nicht erkannt werden, dass sich sozialökonomische Strukturen historisch verselbstständigt ausgebildet haben, die in einem anderen Bezug zu den Diskursen stehen, als die alltäglichen Interaktionszusammenhänge.

Vor diesem differenzierten Hintergrund genderkritischer Konzepte hat sich eine geschlechtsreflexive Methodologie als Kritik der Geschlechtsblindheit der Analyse sozialer Strukturen und sozialer Beziehungen entwickelt, die auf eine grundlegende Reformulierung sozialwissenschaftlicher Paradigmen abzielt und wesentlich mehr als sozialstatistische Differenzierung meint. Dies beginnt makrosoziologisch bei der kritischen Analyse von Staat und Gesellschaft und findet sich mikrosoziologisch in der Kennzeichnung der Familie als geschlechtshierarchischem Gewaltverhältnis wieder.

Der Staat wird in dieser Perspektive als Produzent der Geschlechterungleichheit entlarvt. Hegemoniale Staatsdiskurse des 20. und beginnenden 21. Jahrhunderts normalisieren erwerbszentrierte Biografien und bevorzugen damit erwerbsarbeitende Personen – im Gegensatz zu nicht erwerbstätigen Menschen. Sie kreieren mithin weibliche „Subjekte": Frauen werden nicht als Individuen, sondern im Kontext von Beziehungen, als bezogene – als Ehefrauen, Mütter oder Prostituierte – begriffen. Staat und Geschlecht sind also sich gegenseitig konstituierende Diskurse. Alle Institutionen besitzen diesen Doppelcharakter: Sie haben ein Geschlecht und sie produzieren Geschlechter. „Der Staat ist mithin nicht eine den Individuen äußerliche institutionelle Struktur, sondern sitzt in den Köpfen und Körpern der Menschen: Staatlichkeit ist eine hegemoniale *Praxis,* die bestimmte Identitäten präferiert bzw. hervorbringt, andere aber marginalisiert und desartikuliert." (Sauer 2004, S. 122f.) Auch der Großteil der Institutionen der Sozialen Arbeit setzt sich aus staatlichen oder halbstaatlichen Trägern zusammen, die ihre KlientInnen nicht nur als Fälle, sondern auch als Geschlechter reproduzieren. Das wissenschaftskritische Instrumentarium, das hier die Geschlechtersoziologie liefert, kann somit auch als Grundlage sozialpädagogischer Reflexivität genutzt werden.

Diese Reflexivität muss vor allem auch in Bezug auf die Familie aufgebracht werden. Soziale Hilfen sind familienzentriert, setzen meist ein universalistisch-funktionales und geschlechtsneutrales Bild der Familie voraus. In der Familie bildet sich aber – so die geschlechtersoziologische Kritik – die geschlechtshierarchische Arbeitsteilung der Gesellschaft (vgl. 5.6) mit den entsprechenden Geschlechterrollen ab: Die Lasten der Beziehungs- und Hausarbeit sind den Frauen zugeordnet, der Außenbezug, die Erwerbs- und Ernährerrolle den Männern. Dieses Geschlechterverhältnis wirkt in der Intimstruktur der Familie in einer eigenen Dynamik, die wiederum weibliche und männliche Bewältigungsmuster – besonders in kritischen Familienkonstellationen – so hervorbringen kann, dass aus der quasirationalen Struktur der geschlechtshierarchischen Arbeitsteilung hoch intimisierte Gewaltverhältnisse entstehen können. Indem die Familie als geschlechtshierarchisches Gewaltverhältnis betrachtet wird, wird sie nicht denunziert, sondern es wird der geschlechtsneutrale Verdeckungszusammenhang Familie aufgeschlossen (vgl. Böhnisch/Funk 2002, S. 151).

Solche Verdeckungen durchziehen die Interventions- und Gestaltungskontexte der Sozialen Arbeit vor allem dort, wo man sich geschlechtsneutral an „Fällen“, „Klienten“, „Kindern und Jugendlichen“ etc. orientiert. Schaut man geschlechtssensibel dahinter, wird meist deutlich, dass oft immer noch von einem männlich geprägten Normalitätsstandard ausgegangen wird. Ohne Geschlechtsreflexivität können aber die wirklichen Bewältigungslagen der betroffenen Frauen und Männer, Jungen und Mädchen nicht hinreichend aufgeschlossen werden. Dabei darf keinesfalls die konstruktivistische Warnung außer Acht gelassen werden, nach der das Hantieren mit geschlechtsdifferenten Kategorien zur Bestätigung, wenn nicht gar Verstärkung von Geschlechterstereotypen führen könne. Im Gegenteil. Geschlechtsreflexivität meint hier gerade das Aufdecken von Geschlechterstereotypen, denen die Praxis der Sozialen Arbeit ausgesetzt und für die sie anfällig ist. Gleichzeitig ermöglicht sie einen Zugang zum inneren Erleben kritischer Lebenssituationen, zu unterschiedlichen Formen des „Betroffenseins“. Dass die Mehrheit der Männer oder die Mehrheit der Frauen in bestimmten Konstellationen ihr Betroffensein geschlechtsdifferent erfährt und entsprechend reagiert, ist längst empirisch breit aufgeschlossen und kann nicht einfach übergangen werden (vgl. Ehlert/Funk/Stecklina 2011).

Kapitel 3
Dimensionen der Gesellschaftsstruktur

Die Soziale Arbeit ist eingebunden in eine administrative und verbandliche Struktur, in eine Welt von institutionellen Zuständigkeiten und Verfahren. Das ist die professionelle Vorderbühne ihrer Interventionen und ihres Handelns. Die gesellschaftliche Hinterbühne bleibt SozialarbeiterInnen im Alltag meist verschlossen, obwohl sie sie immer wieder spüren und von den Bewältigungsproblemen der KlientInnen her erfahren, dass diese Hinterbühne auf die Reichweite ihrer Arbeit einwirkt. Sie berichten dann von Ohnmachtserfahrungen, von denen sie immer wieder heimgesucht werden. Diese wiederum verweisen auf gesellschaftliche *Machtstrukturen und Machtdiskurse,* in denen sich Interessen durchsetzen und in denen sich auch entscheidet, welche Bedeutung das Soziale in der Gesellschaft hat und wie mit sozialen Konflikten gesellschaftlich umgegangen wird. Davon ist die Soziale Arbeit in ihrem Kern insofern betroffen, als ihr gesellschaftliches Gewicht davon abhängig ist, ob *soziale Konflikte* öffentlich ausgetragen werden oder verdeckt bleiben. Davon hängt schließlich ab, ob die Soziale Arbeit unter dem Zwang steht, prekäre Lebensverhältnisse und Bewältigungslagen ihrer KlientInnen personalisieren zu müssen, oder ob sie diese samt ihrer sozialstrukturellen Kontexten thematisieren kann. Es ist vor allem bezüglich der Einschätzung der Handlungsspielräume ein Unterschied, ob ich mich im Fallverstehen auf die Biografien der Betroffenen beschränke oder sie im Kontext *sozialer Ungleichheit sozialstrukturell* rückbinden und auch kollektiv bewerten kann. Überdies: KlientInnen erfahren ihre eingeschränkten Lebensverhältnisse nicht selten als Gewaltverhältnisse, andererseits ist für manche *Gewalt* das letzte verfügbare Mittel, um soziale Aufmerksamkeit auf sich zu ziehen und darin Selbstwirksamkeit zu erfahren. Im sozialwissenschaftlichen Gewaltdiskurs gehen makrosoziologische, sozialpsychologische und tiefenpsychologische Erkenntnislinien ineinander über.

3.1 Macht

„Macht" ist in der klassischen Definition Max Webers (1922) durch ihren Durchsetzungs- und Zwangscharakter innerhalb sozialer Beziehungen gekennzeichnet. Während im Herrschaftsbegriff immer das Moment der Zustimmung der Beherrschten enthalten ist und sich in modernen Demokratien Herrschaft deshalb als legitim, genauso wie als legal – als Faktor der gesellschaftlichen Ordnung (vgl. Maurer 1999) – erweisen muss, haftet der Macht der Ruch der Willkür an. Bei Weber werden dementsprechend Macht und Herrschaft in der Weise aufeinander bezogen, dass er Herrschaft als institutionalisierte Macht auffasst (vgl. Imbusch 2002). Foucault hat in der Kritik der weberschen Kategorien darauf aufmerksam gemacht, dass Macht keine eindimensionale Größe sei, sondern sich als permanent bewegendes und verschiebendes dynamisches Kräftefelder darstellen, die sich über Menschen – eingebunden in Strukturen, Programme und Praxen – verstärken, aber auch abstoßen. Gleichzeitig interpretiert er Macht nicht nur als sozial konfrontativen, sondern vor allem auch als psychosozial diffundierenden Prozess. Er spricht von der „Mikrophysik der Macht", in der sich die „feinsten Verzweigungen der Macht bis dorthin [erstrecken], wo sie an die Individuen rührt, ihre Körper ergreift, in ihre Gesten, ihre Einstellungen, ihre Diskurse, ihr Lernen, ihr alltägliches Leben eindringt" (1976, S. 236). Damit hat er jene reflexive Machttheorie geliefert, die gerade die sozialpädagogisch orientierte Soziologie braucht, wenn sie das Wirken von Macht und Abhängigkeit im Sozialisationsprozess aufschließen will. Dies lenkt auch den Blick auf die im Mantel der Rationalität verdeckten Machtverhältnisse, wie wir sie im Falle der geschlechtshierarchischen Arbeitsteilung oder dem Regime des ökonomisch-technologischen Sachzwangs diskutieren.

Vor diesem Hintergrund bietet sich eine relationale und interaktive Perspektive des Zugangs zu Machtverhältnissen an. „Macht innerhalb sozialer Systeme [...] setzt geregelte Beziehungen von Autonomie und Abhängigkeit zwischen Akteuren oder Kollektiven in sozialen Interaktionskontexten voraus. Aber alle Formen von Abhängigkeit stellen gewisse Ressourcen zur Verfügung, mit denen die Unterworfenen die Aktivitäten der ihnen Überlegenen beeinflussen können." (Giddens 1995, S. 67) Deswegen versuchen auch die Träger von Macht Bindungen zu den Beherrschten bzw. zu Gruppen unter ihnen aufzubauen, ihnen das Gefühl der Machtteilhabe zu vermitteln. Dieser Zusammenhang kann mit dem Konzept der *Hegemonie* gefasst werden. Gleichzeitig verweist die Erkenntnis der Relationalität und damit potentiellen Labilität von Machtverhältnissen darauf, dass sie Konfliktstrukturen verdecken können. Gerade für die Soziale Arbeit ist diese Perspektive wichtig, wenn es gilt, Macht- und Abhängigkeitskonstellationen über die Thematisierung solcher Konflikte zu erkennen. Freilich darf dabei nicht übersehen werden, dass sich Praxen der Macht in hegemonialen Strukturen der Zugehörigkeit wie auch Ausgrenzung verfestigen (vgl. Junge 2003) und damit ein Kräftefeld bilden, das nicht mehr einfach auf die Intentionen und Handlungen von einzelnen AkteurInnen rückführbar ist (vgl. Bourdieu 1985).

Das Konzept der *Hegemonie* geht zurück auf den italienischen Sozialphilosophen Antonio Gramsci, der damit in den 1920er Jahren die ökonomisch-politische Modernisierung der kapitalistischen Gesellschaften als konfliktreiches und zugleich hegemoniales, d.h. sich auf breite Zustimmung stützendes Zusammenspiel von Ökonomie, Staat und Zivilgesellschaft erfassen wollte (vgl. auch 6.1 und 14.1). Statt starrer Machtblöcke, die den Modernisierungsprozess hemmen, haben sich bewegliche Relationen im hierarchischen Verhältnis von Über- und Unterordnung eingespielt. Danach entwickelt sich die moderne staatliche Gesellschaft in einem Wechselverhältnis zwischen den machtausübenden herrschenden und den subalternen Klassen, die sich im Staat „vereinheitlichen“: „In dem Maße [...] wie der Prozess der Profilierung von ziviler Gesellschaft im Verhältnis zur politischen Gesellschaft voranschritt, erlangte die Bourgeoisie beziehungsweise ihre politisch herrschende Fraktion, wie Gramsci beobachtete, neue Formen der Bindung der Massen an die kapitalistische Ordnung und neue Formen der Verschleierung der ihrer Herrschaft zugrunde liegenden Klasseninteressen. [...] Die zivile Gesellschaft [ist daher, d.A.] als das Terrain zu bezeichnen, auf dem sich das Ringen um Hegemonie vollzieht beziehungsweise auf dem Hegemonie verwirklicht wird“ (Neubert 2001, S. 68f.). Zwar verfüge die herrschende Klasse mit dem Staat über die direkte Herrschaft, auf der Ebene der Zivilgesellschaft ist ihr Einfluss aber ein vermittelter, eben hegemonialer. Denn die sozialen Gruppen der Zivilgesellschaft entwickeln sich im Verlauf der ökonomischen Modernisierung plural und müssen deshalb in neuen Formen der Bindung im Einfluss des herrschenden Machtblocks gehalten werden Diese Bindung besteht vor allem darin, dass auch Angehörige der untergeordneten Klassen das Gefühl bekommen, an der Macht der herrschenden Klasse beteiligt zu sein und sich ermächtigt fühlen, in dieser ideologischen Bindung entsprechende Macht in ihren subalternen Lebenswelten – gleichsam als Komplizen – auszuüben. „Die Machtausübung besteht seiner (Gramscis, d.A.) Meinung nach aus zwei unterschiedlichen Funktionen: Aus der *Herrschaft* und aus der *Führung*, das heißt der *Hegemonie*: Die Herrschaft wird gegen jene ausgeübt, gegen die sich die Macht richtet, die also von ihr, das heißt aus der politischen Gesellschaft ausgeschlossen sind, dennoch aber einen Teil der zivilen Gesellschaft darstellen; die Hegemonie erwächst aus der zivilen Gesellschaft und ist politische, geistige, kulturelle und moralische Führung in der Gesellschaft, das heißt, der erlangte Einfluss auf Mehrheiten“ (Neubert 2001, S. 66).

Mit der Übertragung des Paradigmas der Hegemonialität in die soziologische Genderforschung sollte in diesem Sinne auch der modernen Entwicklung der Geschlechterverhältnisse Rechnung getragen werden, die mit dem starren Konstrukt des Patriarchats nicht mehr hinreichend erfasst werden konnte. Vor allem für die Männerforschung eröffnete sich hier ein neuer Horizont. Nach dem Konzept der *hegemonialen Männlichkeit* (Connell 1987, 1999) hat sich die Entstrukturierung der Macht des Patriarchats im Zuge der industriegesellschaftlichen Modernisierung hin zu einer fragilen wie flexiblen Dominanzstruktur auf drei Ebenen vollzogen: in den politischen Machtverhältnissen, in der Hierarchie der Arbeitsbeziehungen und in den emotionalen Beziehungsverhältnissen. Damit ist nicht nur die tradierte Selbstverständlichkeit männlicher Macht obsolet geworden, es können auch unterschiedliche Männlichkeiten in einer Gesellschaft gelebt werden. Trotz dieser Entstrukturierung bleibt aber die Tendenz, männliche Macht in den verschiedenen Gesellschaftsbereichen durchzusetzen, erhalten. Denn „Männlichkeit ist, *als soziales Konstrukt,* scheinbar unauflöslich mit Macht konnotiert. Die symbolische Verknüpfung von Männlichkeit und Macht gilt für die heterosoziale wie für die homosoziale Dimension der Gesellschaftsverhältnisse (Meuser 2010, S. 327). Das Konzept der hegemonialen Männlichkeit bezieht sich also sowohl auf Dominanzverhältnisse gegenüber Frauen als auch unter Männern. Dass sich männliche Macht in modernen Gesellschaften nicht nur halten, sondern immer wieder neu durchsetzen kann, männliche Machtgruppen auch von vielen anderen Männern gewollt oder ungewollt unterstützt werden und damit ihre hegemoniale Funktion behaupten, schreibt Connell einem kulturell wie tiefenpsychisch wirksamen Bindungsverhältnis unter Männern, so unterschiedlich sie auch sein mögen, zu, das er als *patriarchale Dividende* bezeichnet. Mit diesem Begriff ist die allen Männern gleichsam kulturgenetisch eingeschriebene, in der Entwicklungsdynamik des Kindes- und Jugendalters immer wieder aktivierte und einstellungswirksame Grunddisposition gemeint, dass der Mann „im Grunde“ doch der Frau überlegen sei, egal ob das der Überprüfung durch die soziale Wirklichkeit auch standhält (vgl. Böhnisch 2012). Die Erfahrungen in der Beratungspraxis zeigen, dass diese männliche Dividende in kritischen Lebenssituationen quer durch alle Schichten aktiviert wird. Gleichzeitig wird aber auch sichtbar, dass es von den sozialen Spielräumen der jeweiligen Lebenslage abhängt, ob Männer darauf „angewiesen“ sind, diese männliche Dividende zu aktivieren.

In der neueren, international vergleichenden Männerforschung, wie sie sich im „Handbook of Studies on Men and Masculinities“ (Connell/Hearn/Kimmel 2004) international präsentiert, wird auf den wachsenden Einfluss verwiesen, den die globale kapitalistische Ökonomie auf die Freisetzung und Formung von Männlichkeiten hat. Einig ist sie sich darin, dass eine Abkehr von einem einseitigen direkten Hierarchiemodell männlicher Dominanz notwendig ist und eher die Frage gestellt werden muss, wie Männlichkeit in die nun globalisierten Machtstrukturen ambivalent verstrickt ist. Grundthese ist dabei, dass die in der Globalisierung (vgl.4.4) sich verselbstständigenden transnationalen Korporationsstrukturen ein lokal entbettetes Gender-Regime aufgebaut haben, das jenseits von Rasse und Nationalität durch einen männlichen Code zusammengehalten wird. Indem der neue Männerbund der global player die Kultur der internationalen Beziehungen in Wirtschaft und Politik okkupiert, nistet sich hegemoniale Männlichkeit in fast allen transnationalen Organisationen ein. Männliche Hegemonialität scheint sich zunehmend in die Sphären sozial entbetteter Technologie und Ökonomie zu verlagern, die sich sozialen Bindungen und gesellschaftlicher

Verantwortung entziehen. Verkörpert wird diese neue hegemoniale Männlichkeit durch entsprechende Leitfiguren in den weltweit operierenden transnationalen Konzernen, Technologie- und Finanzzentren (vgl. dazu Connell 2010).

Die Einbindung von Frauen in diese abstrakten Formen hegemonialer Männlichkeit könnte man einmal daran ablesen, dass das männliche Lebensmodell als das erstrebenswertere – auch für Frauen – gehandelt wird. Zum anderen aber auch daran, dass Frauen sich daran gewöhnt haben, andere Frauen unter einem männlich-einseitigen Blickwinkel – etwa entlang der Insignien von Attraktivität oder auch nach dem Grad des Erfolgs bei Männern – zu beurteilen. Die Einübung eines anderes Blicks und alternativer Bezugnahme auf Frauen ist zwar als gegenläufige Praxis möglich, steht aber lange nicht so in Zentrum der Öffentlichkeit und wird vor allem mit „Queer"-Positionen verknüpft (vgl. McRobbie 2010).

3.2 Gewalt und strukturelle Gewalt

Von „Gewalt" spricht man in Anlehnung an die klassische Definition von Max Weber dann, wenn jemandem gegen dessen Willen ein Verhalten oder Erleiden bis hin zur physischen Überwältigung aufgezwungen wird. In der Gewalt ist deshalb immer der Aspekt der Abwertung des bzw. der anderen enthalten, die Abwertung anderer ist gleichsam der Vorhof der Gewalt. Deshalb spricht auch die Frauenforschung bei der Bewertung der herrschenden geschlechtsspezifischen Arbeitsteilung, in die die Abwertung von Frauen und der weiblichen Kompetenzen eingelassen ist, prinzipiell von einem „strukturellen Gewaltverhältnis".

Wir erleben eine Veralltäglichung von Gewalt in Gewaltbildern, deren Tragweite uns noch nicht bewusst ist. Dazu gehört auch die unangemessene Skandalisierung und Übertreibung der Gewaltproblematik anlässlich von Einzelfällen. Die Gesellschaften des digitalen Kapitalismus setzen Bewältigungsaufforderungen und -zwänge frei, auf die manche Menschen – bis in die Mitte der Gesellschaft hinein – scheinbar nur mit verdeckter bis offener Gewalt reagieren können.

Wilhelm Heitmeyers These aus den 1980er Jahren (1987), nach der rechtsextremistische Einstellungen und Gewaltbereitschaften von Randgruppen „Kristallisationen" von Gesellschaftsbildern darstellen, die in der Mitte der Gesellschaft entstehen und eben nicht an den Rändern, erhält nun einen erweiterten Sinn: Dass eben heute sich diese Kristallisationen durch die Globalisierung in einer Art entwickeln, die Abspaltungen und Projektionen paradox verdichtet und damit Strömungen zusammenführt – wie zum Beispiel antikapitalistische und fremdenfeindliche Einstellungen –, die früher einander abstoßend gegenüber standen. Auch die inzwischen eingeführte „Desintegrationsthese" erhält nun eine veränderte Kontextualisierung: Ausgangspunkt ist der Befund, dass sich der gesellschaftliche Modernisierungsprozess mit seinen ambivalenten Individualisierungseffekten – mehr Freiheit bei mehr Ungleichheit, mehr Konkurrenz und weniger Solidarität, mehr Vereinzelung und weniger Integration – „in zunehmenden sozialen, beruflichen und politischen Desintegrationsprozessen" ausdrückt. In diesem Zusammenhang werden „Auflösungsprozesse von Beziehungen zu anderen oder von Lebenszusammenhängen [...], Auflösungsprozesse der faktischen Teilnahme an gesellschaftlichen Institutionen und Auflösungsprozesse der Verständigung über gemeinsame Wert- und Normvorstellungen" angeführt (Heitmeyer 1994, S. 46). Dabei „stellt sich die Frage, wie diese Desintegrationserfahrungen oder -antizipationen *verarbeitet* werden, zumal jede aufstiegsorientierte Gesellschaft anfällig ist für die leisesten Erschütterungen, wenn die Selbstbilder nur auf Status, Geld und Konsum basieren und Ängste freisetzen. Deshalb ist es notwendig, Prozesse zu analysieren und nicht nur am Ende der politischen Sozialisation auf die Mitgliedschaften und Gewalttaten zu starren." (ebd., S. 47) Im Mittelpunkt dieser also sozialisationstheoretisch zu wendenden Desintegrationsthese steht dabei die Annahme von der Umformung „erfahrener Handlungsunsicherheit in Gewissheitssuche, [...] von Ohnmachtserfahrungen in Gewaltakzeptanz, [...] von Vereinzelungserfahrungen in die Suche nach leistungsunabhängigen Zugehörigkeitsmöglichkeiten" (ebd.). Rechtsextremistische Konzepte böten entsprechende „Stabilitätsversprechen" in nationalistischen und rassistischen Überlegenheits- und Durchsetzungskonzepten an.

Diese längst nicht mehr marginalisierte, sondern in gesellschaftliche Extremkulturen eingefädelte Gewalt zeigt sich aber nicht nur ungeniert öffentlich, sondern schwelt auch im Privaten. Den Ausländern und Arbeitsscheuen werde vom Staat alles reingeschoben, so hört man, um die einheimischen Familien kümmere man sich nicht. Die in der feministischen Diskussion so hochgehaltene Care-Tugend dreht sich hier leicht in Fremdenfeindlichkeit – aus Sorge um die Seinen. Hinter der Gewalt stecken Konflikte, die verdeckt und still gestellt sind. Gewalt wie Resignation sind Anzeichen nichtthematisierter Konflikte. So wie die Demokratie ihre Konfliktkultur braucht, so braucht auch die soziale Welt ihre Konfliktkultur. In der effizienzgestylten Welt des Konkurrenzkapitalismus gelten Konflikte nur als Störpotenziale, Leute die Konflikte thematisieren wollen, werden zu Bedenkenträgern gestempelt.

Johan Galtung (1975) hat in diesem Zusammenhang den Begriff der „strukturellen Gewalt" geprägt. In den Sozialwissenschaften ist der Begriff bis heute umstritten. Er sei zu diffus, kaum operationalisierbar, es fehle der Bezug zur Lebenswelt der Subjekte. Moderne Gesellschaften seien doch wesentlich komplexer, intermediäre Strukturen lägen doch dazwischen und regulierten die Auswirkungen gewaltförmiger Machtstrukturen. Aber gerade über intermediäre Strukturen wird Gewalt verdeckt und dennoch vermittelt. Das erfahren z.B. Jugendliche und SozialarbeiterInnen bei der Schließung von Jugendhäusern. Auch die lineare Kürzung von Projektmitteln wird, so wie sie über Verfahren und ökonomische Sachzwänge abgewickelt wird, als *strukturelle Gewalt* erlebt. Der Begriff der strukturellen Gewalt bezeichnet bei Galtung das Vorenthalten gesellschaftlich möglicher Bedürfnisbefriedigung. Im Weiteren wurde damit das für Frauen im Geschlechterverhältnis systematisch eingeschränkte Recht auf Unversehrtheit und selbständiges Leben bezeichnet. Gewalt meint danach allgemein, dass durch strukturell abgesicherte Überlegenheitspositionen Menschenrechte auf Gesundheit, Leben und auf freie Entfaltung weggenommen werden können. Damit wird auf weltweite wirtschaftliche und politische Machtkonstellationen hingewiesen, die z.B. Wasserknappheit, Vergiftung von Luft und Boden oder lebensbedrohende Asylbedingungen billigend in Kauf nehmen sowie auf die Verwehrung und Einschränkung von Möglichkeiten – durch Delegitimierung von Ansprüchen und Ausschluss von aktiver Gegenwehr –, diese Situationen zu verhindern oder zu verändern.

Die Kapitalisierung der Gewalt hat sie schließlich gesellschaftsfähig gemacht. Gewalt ist der Renner am Markt der Gefühle geworden. Seit Bilder die Sprache verdrängt haben, muss nichts mehr begründet werden, sondern es zählt, was gefällt und nicht gefällt. In den Gefühlen spüren die Menschen noch ihre Subjektivität, je extremer, desto intensiver. Je stärker die sozialen Abhängigkeiten und Ausschlüsse abstrahiert sind, je leidenschaftlicher sie die Sprache als unmenschlich deklariert, desto menschlicher erscheint Gewalt. Die Unterscheidung von struktureller und manifester Gewalt ist in der Gefühlswelt hinfällig geworden. Die Medien reden von Paradoxien, vom Nebeneinander von Gewalt und Recht, von Archaik und Zivilisation. Es hat sich ein gesellschaftliches Magnetfeld der Gewalt gebildet, das gleichzeitig abstößt und anzieht. Solche gesellschaftlich freigesetzte Gewalt setzt institutionelle Gegengewalt frei. Lust an der Gewalt und Lust am Strafen, an der Repression, liegen eng beieinander. In dieser gesellschaftlichen Verstrickung wird der Sozialen Arbeit ihr kritischer Lebensnerv abgeschnürt. Sie läuft Gefahr, wieder zur Kontrollagentur zu werden, die sich in der Spirale von Gewalt und Repression verfestigt und damit ihre frühere sozialstaatlich delegierte Kontrollmacht weit in den Schatten stellt. Deswegen wird es wichtig, dass die Sozialpädagoginnen und -pädagogen in Zukunft stärker als bisher in regionale und lokale zivilgesellschaftliche Netzwerke eingebunden sind, die in periodischen Projekten und Kampagnen immer wieder sichtbar werden und zeigen können, dass die Räume bereits „friedlich besetzt" sind. Zur regionalen Netzwerkbildung gehört vor allem auch ein Netz von Häusern und Projekten offener Kinder- und Jugendarbeit. Die Politik wird irgendwann doch zur Kenntnis nehmen müssen, dass die Weichen hin zu gewaltbereitem Jugendverhalten schon im Kidsalter gestellt werden und dass es darauf ankommt, dass die Jungen und Mädchen Orte und Beziehungen finden können, in denen sie Zugehörigkeit, Anerkennung und Möglichkeit zum jugendkulturellen Experimentieren mit sich und anderen finden können.

3.3 Der soziale Konflikt

Wir haben zu Anfang dieser Einführung die Frage gestellt, wie eng verbunden, ja verstrickt die Sozialpädagogik/Sozialarbeit mit ihrer jeweiligen nationalen Gesellschaft ist. Welche Aufgaben in die Zuständigkeit von Sozialarbeit eingehen hängt nun davon ab, wie und welche sozialen Probleme gesellschaftlich freigesetzt oder verdeckt werden. Die „klassischen“ Medien der Freisetzung waren und sind die sozialen Konflikte, die der Sozialstaat gleichsam vorausgreifend – institutionell zu regulieren und – z.B. über die soziale Arbeit – zu befrieden suchte. Mit der Erosion sozialstaatlicher Konfliktregulierung – vor allem im Sog der Globalisierung – werden alte und neue soziale Konflikte wieder sichtbar, manifest und thematisierbar. Gleichzeitig hat sich die Soziologie den transnationalen Entgrenzungsdynamiken und internationalen Konflikten mit ihren Verflechtungen entlang von *Globalisierung* und *Transnationalität* (vgl. 4.4 und 4.5) zugewandt.

Mit dem Begriff des sozialen Konflikts wird eine Form sozialer Wechselbeziehung beschrieben, in der gegensätzliche Interessen aufeinander treffen und mehr oder weniger auf einen integrativen Kontext hin strukturiert werden können. In diesem Sinne wird dem Konflikt eine positive Funktion sowohl auf der interpersonalen wie auf der gesellschaftlichen Ebene zugeschrieben. Letztere steht im Mittelpunkt der Konfliktsoziologie, wie sie vor allem von Lewis A. Coser (1965) und Ralf Dahrendorf (1957) entwickelt wurde. Sie verweisen auf Georg Simmel, der Kampf und Konflikte als Formen der Vergesellschaftung aufgeschlossen hat. Für ihn ist der Konflikt eine „Auslösung der Spannung zwischen den Gegensätzen […], eine Synthese von Elementen […], ein Gegeneinander, das mit dem Füreinander unter einen höheren Begriff gehört“ (1908, S. 247). Coser hat diese epochale Vorgabe Simmels aufgegriffen und in seiner „Theorie sozialer Konflikte“ dahingehend systematisiert, dass er Bedingungsfaktoren dafür herausgearbeitet hat, dass Konflikte sozialintegrative Wirkungen haben können. So müssen Konflikte als soziale Interaktionen strukturiert, an Zielen und Interessen ausgerichtet und die Konfliktgegner müssen grundlegende Werte des Zusammenlebens und der menschlichen Integrität auch im Konfliktfall teilen.

Soziale Konflikte sind struktureller Bestandteil moderner arbeitsteiliger Gesellschaftssysteme. Sie müssen also nicht erst erzeugt oder heraufbeschworen werden. Dahrendorf unterstreicht die Ubiquität des Konflikts und geht davon aus, dass er als sozialanthropologische Basisstruktur der Menschheitsentwicklung angesehen werden kann: „Weil in der ungewissen Welt die Antwort des einen nicht richtiger sein kann als die des anderen, beruht aller Fortschritt auf der Vielfalt und Widersprüchlichkeit der menschlichen Gesellschaft“ (Dahrendorf 1963, S. 149). Gesellschaften, Organisationen und Gruppen kann man danach unterscheiden und bewerten, ob und inwieweit sie Konflikte zur Austragung zulassen oder Konflikte unterdrücken bzw. abdrängen. Der integrative Horizont des Konflikts unterscheidet ihn von der Gewalt. Gewalt, wenn sie sich gegen andere Menschen richtet, ist zwar auch eine Form sozialer Beziehungen, die sich aber vom sozialen Konflikt dadurch unterscheidet, dass sie nicht auf den Widerstreit der Interessen zielt, keine Anerkennung gemeinsamer Grundwerte ausweist und die persönliche Integrität des anderen negiert. Allerdings können soziale Konflikte durch Umdeutung auf andere Ebenen verschoben, also z.B. zu ethnischen oder kulturellen Konflikten umgedeutet und entsprechend funktionalisiert werden.

Vor diesem Argumentationshintergrund wird deutlich, dass in modernen arbeitsteiligen Gesellschaften der Konflikt Bestandteil der Sozialstruktur ist und damit ein Medium gesellschaftlicher Ordnung darstellt. Grundlegend für die Entwicklung der industriellen Moderne ist in diesem Zusammenhang der strukturelle Konflikt zwischen Arbeit und Kapital. Nicht die Spaltung von Arbeit und Kapital und die Aufhebung der kapitalistischen Produktionsverfassung, wie von Marx erwartet, sondern die spannungsreiche Integration ihrer gegensätzlichen Grundprinzipien war das Resultat der Geschichte. Nur so war die Modernisierung des Kapitalismus möglich (vgl. Heimann 1929). Gesellschaftliche Konfliktaustragungen unter der dialektischen Perspektive der Integration werden vor allem auch im Bereich der Geschlechterverhältnisse, der multiethnischen Konstellationen (interkultureller Konflikt) und der Werteordnung einer Gesellschaft (Wertepluralismus und Wertekonflikt) thematisiert. Vor allem in den Konfliktbereichen der sozialen Ungleichheit, des Geschlechterverhältnisses und der interkulturellen Gegensätze gilt die soziale Arbeit als gesellschaftliches Instrument der Befriedung von Konflikten.

Die „klassischen" Konflikttheorien waren nationalstaatlich begrenzt. „Politische, ökonomische und kulturelle Globalisierungsprozesse sowie die damit verbundene abnehmende Bedeutung territorialer Grenzen für Vergesellschaftung und Vergemeinschaftung legen demgegenüber nahe, Konflikttheorien zum einen stärker in einem weltgesellschaftlichen Theoriezusammenhang zu verorten." Das bedeutet, dass man „nicht länger von der Kongruenz nationalstaatlicher und gesellschaftlicher Grenzen ausgeht und deshalb Konflikte ausschließlich entweder als innerstaatliche oder als internationale Konflikte versteht". Gleichzeitig müssen „stärker nichtstaatliche Akteure und transnationale Netzwerke" in den Vordergrund gerückt werden und schließlich wird sich das Augenmerk auf „neue Konflikte" richten, „die mit dem Wandel von Staatlichkeit und den Prozessen der Globalisierung einhergehen" (Bonacker 2009, S. 194f.). Diese transnationale Analyse ist für die Soziale Arbeit nicht nur deshalb von Bedeutung, weil sich mit den neuen Konflikten auch neue soziale Probleme auftun, sondern weil auch „alte" soziale Probleme (wie z.B. Armut) – nun die sozialstaatliche Definition übergreifend – neu verortet werden müssen.

3.4 Soziale Ungleichheit

Sozialpädagogik/Sozialarbeit findet ihre KlientInnen in Situationen „sozialer Benachteiligung“. Für die Arbeit mit diesen ist es wichtig, ihre soziale Lage bestimmen und fragen zu können, auf welche Art sich ihnen Chancen eröffnen lassen, dass sie – vor dem gegebenen sozialstrukturellen Hintergrund – ihr Leben in dieser Lage bewältigen können und bzw. was sie daran hindert. Erklärungs- und Beschreibungsmodelle sozialer Ungleichheit gehören zu Hauptfragen der Soziologie.

Soziale Ungleichheit ist ein sozialstruktureller Begriff, der darauf verweist, dass das soziale Gefüge einer Gesellschaft unterschiedlich privilegierte und benachteiligte soziale Lagen aufweist. Man spricht immer noch von einer vertikalen sozialen Schichtung, in der traditionell die Mittelschichten stärker ausgeprägt sind als die Ober- und Unterschichten. Von daher sprach die Schichtungssoziologie im Hinblick auf die westeuropäischen Gesellschaften von „Mittelstandsgesellschaften“, und erfasste damit die sozialstatistischen Beobachtung, dass die Mittelschichten im Verlauf des 20. Jahrhunderts eine wesentliche Verbreiterung erfahren hatten, so dass sie das Gesamtbild der Gesellschaft prägten. Dieses Bild der Mittelstandsgesellschaft – in Form einer Zwiebel grafisch dargestellt – ist mit dem Strukturwandel der Arbeitsgesellschaft zu Ende des 20. Jahrhunderts nicht mehr haltbar. Statt dessen wird von einer Biografisierung sozialer Ungleichheit gesprochen und in diesem Zusammenhang davon, dass die soziale Ungleichheit in ihren Ausprägungen dem gesellschaftlichen Individualisierungsprozess folge und man nicht mehr insgesamt von einer vertikalen sozialen Ungleichheit sprechen könne, sondern die Entwicklung horizontaler Ungleichheit ins Auge fassen müsse. Neue Randgruppen seien entstanden, prekäre Lebensverhältnisse reichten bis in die Mitte der Gesellschaft herein, könnten sich aber immer wieder verändern und biografische Statusunterschiede prägten das gegenwärtige Bild mehr als eindeutige Schichtzugehörigkeiten.

Solche Befunde lassen zwei unterschiedliche Sichtweisen zu. Auf der einen Seite erscheint soziale Ungleichheit zunehmend biografisch pluralisiert. Das herkömmliche über Herkunftsfamilie, Einkommen, Bildung und Beruf geprägte Indikatorenmodell, das lange Zeit dazu diente, Unter-, Mittel- und Oberschichten vertikal zueinander abzustufen und in sich zu differenzieren, scheint angesichts multipler und in sich inkonsistenter biografischer Statuskonstellationen nicht mehr zu anwendbar. Vielmehr ergibt sich eine Vielzahl sozialer Lagen, soziokultureller Milieus und Lebensstile, in und an denen eindeutige Schicht- und Statuszuordnungen nicht mehr möglich scheinen. Dieser Anschauung der Schichtsoziologie wird entgegengehalten: Das vertikale Schichtungsmodell sozialer Ungleichheit ist zwar durch die alltäglich nivellierende Wirkung des Konsums und die sozialstaatliche Flankierung der Lebensverhältnisse sozial entgrenzt worden, dafür sind aber horizontale Ungleichheiten in den Vordergrund treten, die nicht nur biografisch zu fassen sind, sondern vor allem auch vor dem Hintergrund neuer sozialstruktureller Segmentierungen im Verhältnis von Zentrum und Peripherie der Gesellschaft gesehen werden müssen. Die Effekte vertikaler Schichtung zeigen sich auch weiter in dieser horizontalen Dimension. Das Wechselspiel von Chancen und Risiken als Strukturierungsmerkmal individualisierter und pluralisierter Gesellschaften ist zwar für alle Gesellschaftsmitglieder lebensbestimmend, für die einen sind aber die Chancen erreichbar, die anderen sind eher den Risiken ausgesetzt. Horizontale soziale Ungleichheit erscheint also in den unterschiedlich verteilten, sozialstrukturell segmentierten Erreichbarkeiten sozialer Chancen. Gleichzeitig ist diese „neue" Ungleichheit im biografisierten Alltagsverhalten verdeckt, da wir in einer Konkurrenzgesellschaft leben, in der „Mithalten" einen obersten Wert darstellt und „Probleme haben" sich als statusmindernd auswirken kann. Dieser Zusammenhang von horizontaler Ungleichheit und Segmentierung verschärft sich in dem Maße, wie der technologische Strukturwandel der Arbeitsgesellschaft die sozialen Peripherien vergrößert und die sozialstaatliche Flankierung der Lebensverhältnisse (soziale Sicherung) schwächer wird. Horizontale soziale Ungleichheit ist also durch Biografisierung und sozialstrukturelle Segmentierung gleichermaßen gekennzeichnet. Beide Phänomene müssen kritisch zueinander in Bezug gesetzt werden, das heißt, das Biografische darf sich nicht zum Verdeckungszusammenhang des Sozialstrukturellen entwickeln.

Die *segmentierte Arbeitsgesellschaft* kann man sich in der Form einer Scheibe vorstellen, in deren Mitte immer noch ein relativ großer Kern qualifizierter Arbeit angesiedelt ist. Um diesen Kern und seine Puffer herum hat sich eine immer breiter werdende Peripherie entwickelt, in der inzwischen die Mehrheit der Arbeitsbevölkerung angesiedelt ist. Es ist eine Peripherie relativ sicherer bis relativ unsicherer und prekärer Arbeitsverhältnisse. Hier gibt es auch qualifizierte Gruppen, deren Qualifikationen aber bei Branchenumstrukturierungen und Rationalisierungen von heute auf morgen nicht mehr gebraucht werden. Weiter finden wir hier Personen, die sich in kleinen unsicheren Existenzen selbstständig machen, aber auch viele angestellte FacharbeiterInnen, die um ihre bislang sichere Karriereperspektive bangen, sowie solche, die in Umschulungen und Umwegqualifikationen immer wieder neue Anschlüsse suchen und finden. Diese Peripherie ist umgeben von einer weiteren Randzone, in die die marginalisierten und sozial deklassierten Gruppen der Gesellschaft ausgegrenzt und vom Sozialstaat einigermaßen über Wasser gehalten werden. Es sind nicht nur Langzeitarbeitslose, sondern auch viele, die zwar Arbeit haben, damit aber nicht genug verdienen, um ihren Lebensunterhalt bestreiten zu können. Damit ist das neue soziale Problem der „Armut in Arbeit" angesprochen. Die Grenzen dieser Segmente sind inzwischen wenig durchlässig: Das Kernsegment qualifizierter Arbeit strahlt zwar sozial und kulturell in die übrigen Segmente hinein, das heißt die Menschen in der Peripherie und an den Rändern richten sich – solange sie sich noch nicht mit ihrer Lage abgefunden haben – in ihren Wünschen und Zukunftserwartungen an diesem Kernsegment aus. In dieses Kernsegment hinein führen aber keine gewährleisteten und garantierten Einstiegswege, es hängt von den Einzelnen ab, wie es ihnen biografisch gelingt, die ökonomischen und sozialen Grenzen zu überwinden. Gleichzeitig aber sind die sozialen Randsegmente immer stärker von der Peripherie abgegrenzt. Je länger jemand in den Randsegmenten verbleibt – z.B. Langzeitarbeitslose – desto geringer wird seine Chance, in die peripheren Segmente hin zur Mitte hineinzukommen. Es sind Spaltungs- und Abschottungslinien entstanden. Robert Castel fasst diese hier beschriebenen Segmentierungen in seinen „Metamorphosen des Sozialen" (2000) in ein Zonenmodell, in dem sich – ähnlich unserer Beschreibung – in der Mitte die Zone der Integrierten, am Rande die Zone der Exklusion und zwischen beiden die Zone der Verwundbarkeit befinden.

Wenn wir diese hier beschriebenen Zusammenhänge sozialer Ungleichheit und sozialer Benachteiligung noch einmal entlang der soziologischen Theoriediskussion systematisieren und dabei fragen, wie die Paradigmen der vertikalen und horizontalen Ungleichheit wissenschaftshistorisch entstanden sind und wie sie zueinander in Bezug gesetzt werden, so ergibt sich folgendes Bild: Das vertikale Paradigma geht auf die Klassen- und Schichtungsmodelle zurück, wie sie seit Marx, dem Urheber der Klassentheorie, in den letzten 150 Jahren diskutiert worden sind. Klassen- wie Schichtungsmodellen ist gemeinsam, dass sie die unterschiedlichen (ökonomisch-)sozialen Lagen (Klassenlage, Schichtzugehörigkeit) und die damit verbundenen Chancen und Risiken der Lebensbewältigung in eine Hierarchie (oben/unten) bringen. Klassenkonzepte stellen die Verortung im kapitalistischen System der unterschiedlichen Verfügung über Kapital und Arbeit (Kapitalisten, ArbeiterInnen, Proletarier) in den Mittelpunkt und verbinden dies mit dem Problem der ungleichen Zugangsmöglichkeit zu gesellschaftlicher Macht. Schichtungsmodelle hingegen sind faktoriell angelegt, das heißt, sie gehen von einem Bündel von Schichtindikatoren aus – Bildung, verfügbares Einkommen, Wohnlage, Stellung im Arbeitsprozess – die dementsprechend differenzierte Schichten (z.B. obere Unterschicht, untere/mittlere Mittelschicht etc.) definieren. Das Klassenmodell hingegen kennt nur eindeutig ökonomisch bestimmte Klassenlagen. Über Klassen- und Schichtzugehörigkeiten hinaus müssen Fragen nach unterschiedlichen Lebensstilen, Milieus und Lebenshaltungen gestellt und als mögliche Faktoren sozialer Ungleichheit untersucht werden (vgl. 5.4).

Die neueren horizontalen Modelle sozialer Ungleichheit sehen – vor dem Hintergrund sozialstaatlich organisierter sozialer Sicherheit und Aufstieg ermöglichender Bildungschancen – soziale Ungleichheit eher biografisch unterschiedlich und ungleich verteilt. Die Individualisierung und Pluralisierung als Kennzeichen moderner Gesellschaften (vgl. 5.7) haben ihnen diese Struktur gegeben. Dabei wird aber betont, dass nicht nur die Chancen heute gesellschaftlich breiter verteilt sind, sondern genauso die Risiken. Gerade bei den Risiken zeigt sich aber, dass sie sich deutlich auf *bestimmte* Biografien verteilen. Dies wird als Verweis darauf gesehen, dass die vertikale Schichtung weiter wirkt. Im Jugendalter sind es z.B. der soziale Status und die damit verbundenen Unterstützungsmöglichkeiten durch die Herkunftsfamilien, die über die sozialen Chancen entscheiden. Deshalb wird inzwischen wieder für eine Verbindung von horizontalen und vertikalen Modellen sozialer Ungleichheit plädiert. In diesem Sinne lassen sich Milieu-Konzepte entwerfen, in denen – über die Gesellschaft hinweg verteilt – Lebensstile und Werthaltungen zusammengefasst und unterschieden werden. Für Deutschland ist vor allem das Modell der „Sinus-Milieus" bekannt und angewandt worden: Es unterscheidet zwischen konservativen, etablierten, postmateriellen, hedonistischen, konsummaterialistischen, traditionalen Milieus und Milieus der bürgerlichen Mitte (vgl. Walczak 2008).

Der Zugehörigkeit zu solchen differenziellen Milieus und Lebensstilen werden auch unterschiedliche Bewertungen zugesprochen, die sich dann in bevorteilten wie benachteiligten Lebenslagen niederschlagen. Diesen Zugang zu sozialer Ungleichheit hat Pierre Bourdieu (1982) mit seinem Paradigma des *Sozialen Kapitals* entwickelt. Soziologisch gesehen ist es ein Strukturierungsbegriff, mit dem das Klassen-Modell sozialer Ungleichheit weiter ausdifferenziert werden kann. Er bezieht sich auf die Verfügbarkeit über soziale Netzwerke und die damit verbundenen Beteiligungschancen und Ausgrenzungsrisiken. Soziales Kapital geht mit einer Verfügung über kulturell hoch bewertete Güter einher (kulturelles Kapital). Dabei ist aber nicht zu übergehen, dass Einkommen und Besitz (ökonomisches Kapital) weiter die basale Dimension sozialer Ungleichheit darstellen. Alles zusammen vermittelt Einfluss, Macht und die Chance, sich und die präferierten Lebensformen und Praktiken mit Prestige zu belegen und dafür Anerkennung zu erlangen (symbolisches Kapital). Das Paradigma Soziales Kapital ähnelt in seiner Struktur dem Paradigma der *Lebenslage* (vgl. 6.2) mit ihren unterschiedlichen ökonomischen, sozialen und kulturellen Spielräumen verweist aber darüber hinaus auf die Definitionsmacht darüber, was in einer Gesellschaft als bedeutsam und wichtig für den Aufstieg angesehen wird. Interessant aber ist die soziale Anwendung des im Kapitalbegriffs enthaltenen Aspekts der Akkumulation, der die spezifische Dynamik der Entwicklung sozialer Ungleichheit aufnimmt. Es ist der Akkumulationsprozess der durch eine Verschränkung der verschiedenen Kapitalsorten soziale Spaltungen und Ausgrenzungen in einer Gesellschaft befördert.

Bourdieu hat sich mit seiner Adaption des Kapitalbegriffs auf die Struktur sozialer Beziehungen und nicht auf Personen bezogen. Dies wird aber in Teilen des neueren Fachdiskurses der Sozialen Arbeit in unseres Erachtens verdinglichter Form getan, wenn KlientInnen soziales Kapital – im Sinne eines Empowerment – vermittelt werden soll. Hier werden die, die gerade von der Kapitalakkumulation ausgeschlossen sind, gleichsam unter der Hand zu marktfähigen Subjekten im Kampf um die Vermehrung von Prestige erklärt und so – wie das auch im Verhältnis von Sozialarbeit und Bildung mit dem Humankapitalbegriff oft geschieht (vgl. 13.4) – dem konkurrenzgesellschaftlichen Druck ausgesetzt, statt einen allgemeinen Anspruch auf Anerkennung der eigenen Lebensform und auf soziale Rechte und Teilhabe zu stärken. Damit wird der spezifische Zugang der Sozialen Arbeit als Agentur sekundärer Integration letztlich unterlaufen.

Ähnlich aber verhält es sich, wenn die Gemeinwesenökonomie, an der sich lokale Initiativ- und Kampagnenformen der Sozialarbeit als Gemeinwesen- und Bürgerarbeit orientieren (vgl. Elsen 2011), den Begriff des Sozialen Kapitals gebraucht, der auf die nordamerikanische Tradition der Community-Bewegungen zurückgeht. Dabei wird vor allem auf die Untersuchungen von Robert D. Putnam Bezug genommen. In seinem bekanntesten Buch „Bowling Alone: the Collapse and Revial of American Community“ (2000) stellt er heraus, dass die Qualität der sozialen Beziehungen, über die unterschiedliche sozialen Gruppen verfügen, über deren wirtschaftlichen Erfolg entscheidet. Er sieht die US-amerikanische Wirtschaft und Politik durch einen zunehmenden Verlust an sozialem Kapital – der sich im Verlust lokaler Gemeinschaftlichkeit ausdrückt – bedroht. Dies verursache insofern ökonomische Kosten (Transitionskosten), als eine funktionierende Vertrags-Wirtschaft eine Infrastruktur der sozialen Berechenbarkeit und damit des sozialen Vertrauen brauche. Somit werden die lokalen Gemeinschaften, aus denen heraus sich dieses Sozialkapital bilden soll, als grundlegende Ressource und Voraussetzung eines ökonomisch wie kommunitär erfolgreichen Zusammenlebens gesehen. Soziales Kapital meint in diesem kommunitären Sinne Vertrauen über die Binnenstrukturen der Familien hinaus in die Gemeinschaft der Community hinein (bridging capital).

Kritisiert wird an diesem Ansatz vor allem, dass er die sozialen Entbettungstendenzen im Gefolge der ökonomischen Globalisierung nicht thematisiert und lokale Gemeinschaftlichkeit als verfügbar voraussetzt (vgl. Kessl/Otto 2004). Gravierender für die Soziale Arbeit ist aber, dass seine (Mittel-)Schichtgebundenheit und damit die Gefahr der Ausgrenzung sozial benachteiligter Gruppen nicht oder nicht ausreichend thematisiert wird (vgl. dazu 14.1).

Der Strukturwandel der Arbeitsgesellschaft (vgl. 13.2) und seine sozialstrukturell neuartigen Folgen ist dagegen expliziter Ausgangspunkt des Konzepts der *Prekarisierung* der Lebensverhältnisse. Es verweist auf ein Risiko, das quer durch die Gesellschaft geht und die Gefahr der sozialen Exklusion, eines zeitweiligen oder dauernden Ausschlusses aus der Erwerbsarbeitsgesellschaft auch für jene Gruppen in der Mitte der Gesellschaft herauf beschwört, die früher als sozial gesichert galten (vgl. Bude 2008). Dabei wird betont, dass die Gefahr der Exklusion in der Arbeitsgesellschaft des neuen Kapitalismus strukturell angelegt ist. Da dies verschieden und unvorhergesehen passieren kann, wird hier auch der Begriff der „akzidentiellen Ungleichheit“ gebraucht.

Für die Sozialpädagogik/Sozialarbeit sind solche strukturellen Zugänge – vor allem auch in ihrem Bezug zueinander – relevant. Sie hat es weiter mit stabilen proletarischen Randgruppen (Klassen), aber genauso mit sozialen Abstiegen (Schichtübergänge) und fragilen Übergängen (Prekarisierung) zu tun. SozialarbeiterInnen werden deshalb immer wieder angehalten sein, in einer *Sozialstrukturanalyse* (s.u.) die Verfestigung wie die Verflüssigung sozialer Ungleichheit in ihrem lokalen Umfeld zu beobachten, bzw. entsprechend zu interpretieren.

Dieses strukturelle Hintergrundwissen zu sozialer Ungleichheit reicht aber in der Sozialarbeit, die ihren Zugang ja zu den Personen hat, nicht aus. Es ist vor allem wichtig, dass SozialarbeiterInnen wissen, wie die Betroffenen soziale Ungleichheit *erleben*. Neuere Befunde zeigen, dass Benachteiligungserfahrungen schon im Jugendalter zu Beeinträchtigungen der psychosozialen Entwicklung, zu Selbstwertproblemen und damit zur Einschränkung sozialer Handlungsfähigkeit führen können (vgl. Richter 2005). Hier werden die sozialpädagogischen und sozialtherapeutischen Erkenntnisse und Erfahrungen relevant, die seit Jahren auf den Zusammenhang zwischen dem Erleben sozialer Benachteiligung und regressiven Bewältigungsformen in kritischen Lebenssituationen verweisen (vgl. Böhnisch 2012). Bemerkenswert ist, dass sich solche regressiven Tendenzen bis in die Mitte der Gesellschaft ausbreiten und festsetzen können, das heißt auch dann entstehen können, wenn die Menschen nicht direkt, sondern über das soziale Klima Angst vor dem sozialen Abstieg bekommen. Insgesamt ist also von sozialpädagogischem Interesse, welche Bewältigungskonstellationen in der Folge sozialer Marginalisierung freigesetzt werden und wie die Menschen unterschiedlich versuchen, sozial handlungsfähig zu bleiben. So werden z.B. bei Jugendlichen in sozial randständigen Quartieren Bewältigungsformen der Art beobachtet, dass sie sich eng in ihren lokalen Cliquen zusammenschließen, sich dabei aber immer mehr von der sie umgebenden gesellschaftlichen Kultur und ihren Normen und Verfahren entfernen (vgl. Keller 2007). Es entwickeln sich zwar intensiv gelebte Binnenmilieus, in denen die Jugendlichen Tugenden der Solidarität und Empathie untereinander ausbilden, die sie aber nicht über die Milieugrenzen hinaus sozial weitertragen können. Im Gegenteil: An den subkulturellen Milieugrenzen kommt es dann nicht selten zu Konflikten, in denen sie ihren Milieuzusammenhalt erproben und sich mitunter in extremen Verhaltensmustern nach außen abgrenzen. So geraten sie immer wieder in Zonen der Auffälligkeit und werden schließlich nur noch über das ihnen zugeschriebene abweichende Verhalten sichtbar. Schließlich – wenn man dies etikettierungstheoretisch (vgl. 7.1) weiterverfolgt – können diese öffentlichen Zuschreibungen dazu führen, dass solche Jugendliche diese Zuschreibungen abweichenden Verhaltens gleichsam bestätigen und somit ihre soziale Exklusion in ihr Selbstbild übernehmen.

Soziale Ungleichheit ist oft auch mit Geschlechterungleichheit verbunden. Nun ist es richtig, dass diese Ungleichheit, die vor allem als Benachteiligung von Frauen auftritt, immer im Kontext sozialer und/oder ethnischer Zurücksetzung erscheint. Die unterschiedlichen Kategorien der Benachteiligung treten also in sozialen Mischungen und meist verdeckten, privatisierten Bewältigungssphären auf. Diese neuerdings mit dem Begriff der *Intersektionalität* bezeichnete multiple Entwicklung sozialer Ungleichheit zeichnet die Ungleichheitsstruktur und die damit verbundenen Lebenslagen- und Bewältigungsprobleme in heutigen Gesellschaften aus (vgl. Bereswill 2011).

3.5 Sozialstruktur

Soziale Ungleichheit ist ein zentrales Kennzeichen der Sozialstruktur moderner Gesellschaften. Mit dem Begriff Sozialstruktur wird das eine Gesellschaft tragende Gefüge der sozialen Beziehungen, sozialen Normen und sozialen Kräfte in ihren Wechselwirkungen und ihrer Verstetigung umschrieben. Soziale Differenzierung und soziale Integration gelten dabei als Grunddimensionen der Sozialstruktur moderner Industriegesellschaften. Es handelt sich hier um ein deskriptives Konzept, in dem die Entwicklungen und Wirkungen des demografischen Wandels, der ökonomischen und sozialen Arbeitsteilung, der sozialen Schichtung, des Geschlechterverhältnisses, der Wohlfahrtsverteilung und nicht zuletzt der institutionell-politischen Regulation in einem netzwerkartigen Zusammenhang des gesellschaftlichen Ganzen gesehen werden. Die Sozialstruktur bildet die Grundlage dafür, wie sich arbeits- und wohlfahrtsgesellschaftliche Funktionen ausbilden und zueinander in Beziehung treten. Auch Ausmaß und Richtung des sozialen Wandels wird als abhängig von der Beschaffenheit im Sinne der Geschlossenheit oder Offenheit sozialer Strukturen gesehen. Sozialer Wandel wird deshalb oftmals auch mit dem Begriff des Strukturwandels umschrieben. Soziale Strukturen ermöglichen und restringieren soziales Handeln (vgl. 5.2), sozialstrukturelle Kontexte beeinflussen als gleichsam „inkorporierte" Strukturen die soziale Orientierung der Individuen, prägen einen gruppenunterscheidbaren Habitus (vgl. 5.4).

Sozialstrukturanalysen unterscheiden sich in den methodischen Zugängen. Für die Sozialberichterstattung werden vor allem sozialstatistisch-deskriptive Analysen von einzelnen ökonomischen, sozialen und kulturellen Entwicklungssträngen erstellt und aufeinander bezogen. Um die sozialstrukturellen Auswirkungen auf die Lebensverhältnisse der Individuen aufzuschließen, ist inzwischen in verschiedenen Sozialberichten – vor allem den Armutsberichten – auf das Konzept der Lebenslage (vgl. 6.2) zurückgegriffen worden. Lebenslagen verweisen auf die Verortung des Einzelnen in der Sozialstruktur, wie auf die Chancen seiner Teilhabe im gesellschaftlichen Strukturwandel oder aber die Risiken des sozialen Ausschlusses. Soziale Inklusion und soziale Exklusion gelten in diesem Sinne als Analysekriterien einer sozialpolitisch inspirierten Sozialstrukturanalyse.

In der Tradition der Soziologie überwiegt ein historischer Zugang, in dem die Entwicklung der sozialen Ungleichheit als Schlüsselproblem angesehen wird. Dabei steht die Entstrukturierung und spätere Transformation der sozial gespaltenen Klassengesellschaften des 19. Jahrhunderts hin zur mittelschichtnivellierten Gesellschaft des 20. Jahrhunderts im Mittelpunkt der Analysen. Allerdings hat schon Dahrendorf in den 1950er Jahren davor gewarnt, den sozialen Gehalt der marxschen Klassenanalyse angesichts der sozialen „Nivellierungstendenzen" in den nun mittelschichtzentrierten Gesellschaften leugnen oder übergehen zu wollen (s.o.). Er stellte deshalb die moderne Sozialstrukturanalyse vor die Aufgabe, „eine Formulierung zu finden, die die von der marxschen Klassentheorie erklärten Phänomene ebenso wie die neuen Tatsachen der entwickelten Industriegesellschaft berücksichtigt" (1957, S. 119).

Diese methodologische Mahnung gilt gerade zu Anfang des 21. Jahrhunderts, zu einer Zeit also, in der sich in den westlichen Industriegesellschaften tiefgreifende Wandlungen in der Sozialstruktur vollziehen. Technologische Rationalisierungsprozesse, die Arbeit überproportional substituieren und damit verbundene Globalisierungsstrategien haben in den Industriegesellschaften zu einer Segmentierung der nationalen Arbeitsmärkte geführt, die sich entsprechend in der Sozialstruktur bemerkbar macht. Der Trend zu einer entsprechenden „sozialen Segmentierung" bildet sich aber nicht nur arbeitsgesellschaftlich, sondern vor allem auch in den lokalen Lebensbereichen der Bevölkerung ab. Mit der sinkenden Bedeutung qualifizierter Massenarbeit ist das Arbeitsplatzrisiko in die Mitte der Gesellschaft gerückt und haben sich – angesichts nun anhaltender struktureller Massenarbeitslosigkeit – breite Randzonen sozialer Benachteiligung und Marginalisierung entwickelt (s.o.). Dies hat insofern enorme Konsequenzen für die Stabilität der Sozialstruktur, als eine gewisse Balance des Verhältnisses von Armut und Reichtum, sowie eine soziale Bindung der Vermögen als sozialstruktureller Stabilitätsfaktor angesehen werden. Mit der Entgrenzung des Reichtums im Zuge der globalisierten, sozial entbetteten Kapitalakkumulation ist diese Balance durchbrochen und wächst die Kluft zwischen Armut und Reichtum. Diese bildet sich als Segregationstendenz vor allem in den großstädtischen Ballungsgebieten so ab, dass von der Gefahr einer „sozialen Spaltung" der Städte gesprochen wird.

Ein weiteres, mit den anderen Zugängen verbundenes Vorgehen in der sozialstrukturellen Analyse fokussiert diese auf eine bestimmte Entwicklungscharakteristik einer Gesellschaft (Klein 2005). Im Mittelpunkt der Betrachtung der modernen Industriegesellschaft als „Risikogesellschaft" (Beck 1986) steht die Frage, inwieweit gesellschaftliche Entwicklungen selbst neue Risiken ökologischer und vor allem auch sozialer Art – strukturelle Massenarbeitslosigkeit, neue Armut – produzieren, die entsprechende sozialstrukturelle Folgen nach sich ziehen. Wird der Fokus wiederum auf die Kennzeichnung einer „Wissensgesellschaft“ gerichtet, dann wird darunter eine Gesellschaft verstanden, deren ökonomische Produktivität mehr und mehr auf wissensbasierter Technologie beruht und Bildung und Ausbildung nicht mehr nur Voraussetzungen von ökonomischer Produktivität und Wachstum, sondern selbst zu Produktionsfaktoren geworden sind. Andere Zugänge der Sozialstrukturanalyse stellen wiederum die sozialstrukturellen Probleme der Migration in den Vordergrund und die damit einhergehenden Umschichtungen (MigrantInnen als „Unterschichtung“ der Mittelstandsgesellschaft) und fragen nach Integrationsperspektiven und Gefahren sozialer Spaltung („Parallelgesellschaft“). Hier wird besonders deutlich, dass es zur qualitativen Aufgabe einer Sozialstrukturanalyse gehört, die in der Sozialstruktur innewohnenden Konfliktpotenziale aufzuschließen (vgl. 7.6).

Zielt die Sozialstrukturanalyse hingegen auf den gesellschaftlichen Strukturwandel ab, so steht hier vor allem der Übergang von der Industriegesellschaft zur Dienstleistungs- und Wissensgesellschaft im Vordergrund. Mit der überproportional gestiegenen technologischen Produktivität im Industriesektor zeichnet sich eine Verlagerung der Arbeitskräfte in den tertiären Sektor ab. Damit geht eine weitere Differenzierung der mittleren Schichten aber auch eine Verbreiterung prekärer Lebenskonstellationen und damit Exklusionszonen einher.

Kapitel 4
Soziologie der Zeit und der gesellschaftlichen Räume

Die Soziale Arbeit braucht ihre eigenen Gestaltungszeiten und Gestaltungsräume, um den Bewältigungslagen ihrer KlientInnen gerecht werden zu können, die – so könnte man formulieren – aus Zeiten und Räumen gesellschaftlich definierter Normalität herausgefallen sind. Wenn sie nun dem Nachlassen der Gestaltungskraft des Sozialstaates folgend und den hervortretenden kontrollierenden bis disziplinierenden Funktionen folgend unter „Zeitdruck“ gerät, steckt dahinter nicht nur ein administratives Programm, sondern vor allem der Wandel der *gesellschaftlichen Zeit,* wie er in der soziologischen Analyse des Übergangs von der *Moderne* zur *Postmoderne* im Spektrum der *Globalisierung* aufgeschlossen werden kann. In diesem Prozess haben sich auch die gesellschaftlichen Räume verändert. Dies kann mit dem Begriff der *Entgrenzung* erfasst werden. Damit ist nicht nur gemeint, dass Lebensräume wie Arbeit, Familie und Freizeit sich im nationalgesellschaftlichen Kontext durchmischen und neue Bewältigungsprobleme der Vereinbarkeit entstehen können (vgl. 4.3). Denn gleichzeitig – und diese Prozesse beeinflussend – entgrenzen sich die Nationalgesellschaften im Sog der Globalisierung, wird das Paradigma *Transnationalität* zur Herausforderung.

4.1 Zeit als soziale Konstruktion

Die lineare Zeitordnung, an der wir uns üblicherweise orientieren, ist eine soziale Konstruktion der industriellen Moderne und ihrer Produktions- und Arbeitslogik. Zeit ist dementsprechend so eng mit der Erwerbsarbeit verbunden, dass Brüche in den Arbeitsbiografien zu erheblichen Brüchen in der Zeiterfahrung führen können. In der in den 1930er Jahren durchgeführten – inzwischen klassischen – Studie über die „Arbeitslosen von Marienthal“ (Jahoda u.a. 1933) wurde erstmals systematisch erhoben, wie mit dem Wegfall der Erwerbsarbeitszeit aufgrund von Arbeitslosigkeit auch die gewohnte alltägliche Zeitordnung wegbricht. Vor allem waren es die Männer, bei denen ein dramatischer Zerfall des Zeitbewusstseins und damit auch ein Verlust an Selbstwert und Lebenssinn beobachtbar waren. Dass dies vor allem darauf zurückzuführen ist, dass männliche Identität bis heute einseitig an die Erwerbsarbeitsrolle gebunden ist, verweist auf eine Geschlechtsspezifik der Zeiterfahrung, die sich bis in die Gegenwart – wenn auch unterschiedlich – immer wieder neu einstellt.

Die Relativität von Zeit zeigt sich auch im unterschiedlichen biografischen Zeitempfinden und letztlich vor allem darin, dass Zeit je biografisch als endlich empfunden wird, obwohl sie das individuelle menschliche Dasein übergreift. Diese zeitphilosophische Perspektive wird auch für das sozialwissenschaftliche Denken dort wichtig, wenn es – wie im Falle des Nachhaltigkeitsdiskurses – um Handlungsaufforderungen geht, deren Effekte jenseits des biografischen Zeithorizonts der einzelnen Menschen liegen. Auch die Probleme der sozialen Entbettung und Digitalisierung von Zeit, die uns im Zeitalter der mikroelektronischen Technologisierung und Globalisierung beschäftigen, bedürfen zeitphilosophischer Analysen. Die Digitalisierung der Zeit, wie sie sich heute in einer technologisch transformierten Ökonomie durchsetzt, bringt Probleme sowohl der Vermittlung zwischen Subjekt und Gesellschaft als auch der individuellen Bewältigung mit sich, welche die biografische Handlungsfähigkeit der Individuen immer wieder bedrohen. Während sich im Zuge der Entgrenzung der Übergänge (vgl. 12.5) die Bildungszeiten verlängern, biografisch differenzieren und Umwege und Brüche bei der Integration in die Arbeitswelt zunehmen, verlangt ein flexibilisierter Arbeitsmarkt, dass die Leute „auf den Punkt" verfügbar und entsprechend der aktuellen Nachfrage qualifiziert sind – ohne Rücksicht auf biografische Entwicklungszeiten und Bewältigungsprobleme. Solche Zeitkonflikte bei unterschiedlichen Zeitlogiken treten auch im Spannungsverhältnis von Familiengründungen und Karriereplanungen vor allem im Jungen-Erwachsenen-Alter auf. Das Zeitfenster, in dem den Paaren Elternschaft bei gesicherter Karriere möglich scheint, ist so eng geworden, dass man von einer „Rush-Hour" des Lebens spricht. Beschleunigung und Externalisierung, die den Zeitrhythmus der zweiten Moderne prägen, setzen gleichzeitig bei den Menschen Sehnsüchte nach „Innehalten", „Eigenzeit" und vor allem nach „Entschleunigung" frei.

Mit dieser „Zeitenwende", die sich seit Anfang des 21. Jahrhunderts nicht nur chronologisch, sondern vor allem auch arbeitsgesellschaftlich abzeichnet, hat sich das bisher die Industriegesellschaft prägende Zeitkorsett aufzulösen begonnen. Die Balance zwischen der industriell getakteten Zeit und der am Menschen und seinen biozyklischen Rhythmus gebundenen Eigenzeit ist gestört. Private Zeit wird zunehmend ökonomisiert, von der Erwerbsarbeit durchdrungen. Die Dynamik der sozialen Entbettung, welche durch die neuen Technologien vorangetrieben wird, lässt dem Menschen „seine" Zeit als Orientierungskontext des Lebens immer wieder entgleiten. In dem Maße, in dem die Verfügung über Zeit nicht mehr über die überkommenen Kontexte von Bildung und Arbeit verlässlich mitgegliedert wird, muss Zeit *bewältigt* werden: „Das Beharrungspotenzial, das in der Regelmäßigkeit und der Berechenbarkeit von sozialer und aufgabenorientierter Zeitorganisation verankert war und ist, geht mit wachsender Entgrenzung verloren. Es steigt die Anzahl kurzfristiger Dispositionen. Der Druck zum permanenten Zeitmanagement nimmt zu." (Geißler 2004, S. 9) Gleichzeitig durchdringt die Zeitstruktur des Internets das Alltagsleben und schafft damit die Suggestion, dass unterschiedliche Zeitlogiken nahezu beliebig aufeinander beziehbar und miteinander verbindbar sind. Im Alltag der konkreten Lebensführung stellt sich aber das meist nicht ein, entstehen Zeitdilemmata. So im Verhältnis der Bereiche Erwerbsarbeit und Familien-/Sorgearbeit, die je „andere Zeit-, Beziehungs- und Handlungslogiken [haben]. Sorgen für das physische und emotionale Wohl von Menschen ist nicht vergleichbar mit marktförmiger Erwerbsarbeit und auch nicht auf diese Weise organisierbar [...]. Als Erwerbsarbeit wird das Sorgen formal organisiert und marktgemäß rationalisiert. Die Zeitlogik der Ökonomie dringt damit in Lebensbereiche ein, die bislang davon ausgenommen waren." (Zeiher 2004, S. 3)

Gegen diese Digitalisierung und Beschleunigung der sozialen Zeit richtet sich ein sozialwissenschaftlicher Zeitdiskurs, in dem Perspektiven der „Entschleunigung" entwickelt, herrschende Zeitstrukturen dekonstruiert werden sollen (Rosa 2005). Die gegenwärtig freigesetzten Beschleunigungen beziehen sich auf alle Lebensalter und alle Lebensbereiche. Es ist unübersehbar, dass etwa die Menge der regelmäßig zu bearbeitenden neuen Informationen nicht nur unvergleichlich größer ist als noch vor wenigen Jahrzehnten, sondern weiter wächst. Dies zeigt sich nicht nur in der technischen Welt des schnellen Wachstums der Kommunikationsmedien, sondern auch in sozialen Bereichen, wenn z.B. rechtliche Regelungen schnell überholt und traditionelle Berufs- und Aufstiegsmuster veraltet sind. In einer umfassenden Analyse zur Veränderung von Zeitstrukturen in der zweiten Moderne schlägt Rosa (ebd.) eine Typologie vor, in der drei Formen sozialer Beschleunigungsprozesse unterschieden werden können: die technische Beschleunigung, die Beschleunigung des sozialen Wandels sowie die Beschleunigung des Lebenstempos. Diese drei Formen sieht Rosa in einem Beschleunigungszirkel verknüpft, so dass ein wechselseitiges Steigerungsverhältnis zwischen ihnen angenommen werden kann: „Beschleunigung innerhalb dieses Zirkels erzeugt daher stets und unvermeidlich mehr Beschleunigung, sie wird zu einem sich selbst verstärkenden Feedback-System" (ebd., S. 243). Dies bedeutet, dass die Menschen nicht einfach unter Beschleunigungsdruck stehen, sondern in die Beschleunigungsdynamik selbst involviert sind und sich damit gleichzeitig als Akteure wie Opfer der Beschleunigung fühlen können. Optionen und Zwänge liegen somit dicht beieinander, Handlungsfähigkeit muss immer wieder neu hergestellt, digitalisierten Strukturen angepasst werden. Zwar wächst die Zahl der Optionen, zwischen denen entschieden werden kann; es sind aber nicht nur Freiheiten, die genutzt werden können, sondern zugleich auch Entscheidungszwänge, denen man ausgesetzt ist.

Da mit einer „Entschleunigung“ mittelfristig kaum zu rechnen ist, werden die Bewältigungsspielräume davon bestimmt sein, wie die Entwicklung der Lebenslagen, mit diesen Herausforderungen korrespondiert, das heißt, ob die soziale Entbettung der Lebensverhältnisse fortschreitet, oder ob es gelingt, Zonen des Innehaltens zu schaffen. Dies betrifft vor allem die, die der Intensivierung und Flexibilisierung der Arbeitsverhältnisse unbegrenzt ausgesetzt sind. Zonen des Innehaltens können Beziehungs- und Eigenzeiten im familialen und lokalen Bereich sein. Aber auch die Klienten der Sozialarbeit sind von diesen Beschleunigungsprozessen betroffen. Denn sie wirken gleichsam als Exklusionsmechanismen, die den sozialen Anschluss und das Mithalten an die Gesellschaftsentwicklung weiter erschweren. Gleichzeitig führt dieser Beschleunigungsdruck in der professionellen Sozialpädagogik/Sozialarbeit zu einem Rationalisierungsdruck, die Klienten der Sozialen Arbeit können somit in eine doppelte Zeitfalle geraten.

4.2 Moderne und Postmoderne

Im Sinne einer epochalen Zeit- und Entwicklungsperspektive gilt die gesellschaftliche Durchsetzung der Aufklärung im 18. Jahrhundert als Beginn der Moderne. Der Begriff der Modernisierung wiederum, der in den Sozialwissenschaften gebräuchlich ist, bezieht sich enger auf die technologischen, ökonomischen und sozialen Prozesse der industriekapitalistischen Modernisierung des 19. und 20. Jahrhunderts. Dieser bis heute anhaltende dominante Typ sozialen Wandels zeichnet sich durch seine besondere Entwicklungslogik der Linearität und Progression aus: Das jeweils Neue ist das Richtungsweisende, der Begriff der Innovation ist deshalb ein Schlüsselbegriff der Modernisierung. Insofern unterliegt die Modernisierungsdynamik einem ständigen Beschleunigungs- und Machbarkeitsdruck.

Diese Perspektive der permanenten Steigerung von Handlungsmöglichkeiten im Sinne der Erweiterung von ökonomischen, technologischen und sozialen Spielräumen ist durch die für die Moderne zentralen Prozesse der Rationalisierung und Individualisierung vorangetrieben worden. Damit ist ein Vergesellschaftungsprozess gemeint, in dem der moderne Mensch versucht, sich von seiner Abhängigkeit von der Natur zu befreien (Rationalisierung), die mit dieser Abhängigkeit verbundenen Mythen entzaubert werden und sich die daraus abgeleiteten traditionellen Bindungen auflösen (Individualisierung, vgl. 5.7). Die Moderne versteht sich dementsprechend als Entwicklung aus sich selbst heraus in einer darin begründeten Logik und Rationalität.

In dieser Rationalität ist der moderne Vergesellschaftungsprozess auf Eindeutigkeit, auf eine Entweder-oder-Struktur angelegt. Entwicklung und Struktur der Moderne sind sowohl linear wie dual programmiert und institutionalisiert: Herrschafts-, Arbeits- und Lebensverhältnisse sind entsprechend normiert. Im Reproduktionsbereich dominiert die Kernfamilie, in der Organisation der biografischen Lebensführung der institutionalisierte Lebenslauf, in dem die Lebensalter nach einem der Entwicklungslogik der Moderne entsprechenden Lebenslaufregime eingeteilt und gesellschaftlich bewertet sind. Die industriekapitalistische Moderne hat sich – so der Konsens in den verschiedenen Modernisierungstheorien – aus dem fortschreitenden wie prekären Zusammenspiel von funktionaler ökonomischer und sozialer Differenzierung und sozialer Integration entwickelt, so wie dies Emile Durkheim (1893) schon zu Ende des 19. Jahrhunderts in der Begrifflichkeit der *Arbeitsteilung* gefasst hat. Insofern stellt die Moderne einen unabgeschlossenen offenen Prozess dar, der von Konflikten und Brüchen gekennzeichnet ist, die immer wieder psychosoziale Bewältigungsprobleme freisetzen. Von daher ist es nur plausibel, dass Abweichung und Konflikt immer wieder zu zentralen Fragestellungen des Modernisierungsdiskurses geworden sind. Widersprüchlichkeiten und Paradoxien, die die Modernisierung mit ihrem eigenen Fortschrittsimperativ der Linearität hervorbringt werden zwar sichtbar, gleichzeitig aber oft politisch und nicht zuletzt auch wissenschaftlich unter dem Zwang des Linearitätsdenkens marginalisiert. So setzt die ständige Erweiterung des Wissens auch immer ambivalente Aspekte des Nichtwissens frei, gewonnene Freiheiten und neue Abhängigkeiten liegen eng beieinander und die intensivierte Beherrschung der Natur schafft immer wieder das Risiko ihrer existenziellen Gefährdung. Diese Kritik steht heute – als Argumentationsfigur der „reflexiven Moderne" – im Mittelpunkt des Modernisierungsdiskurses der Postmoderne.

Der Begriff *Postmoderne* umschreibt ein gesellschaftstheoretisches wie gesellschaftshistorisches Konstrukt, das nicht nur diese Kritik der Moderne umreißt, sondern auch deren zentrale soziale Prinzipien – humanistisch begründeter emanzipatorischer Lebensentwurf und Grundannahme der gesellschaftlichen Integration durch Prozesse der Konfliktaustragung und Konsensbildung – nahezu verwirft. Gesellschaftliche Konflikte bleiben eher verdeckt, werden dem Diktat des Sachzwangs und der neuen Rationalität der globalen Markt- und Standortkonkurrenzen untergeordnet und marktkonform modularisiert. Der postmoderne Kapitalismus setzt zwar weiterhin – nun aber in diesem Verdeckungszusammenhang – soziale Konflikte und Leiden frei, vermarktet sie aber gleichzeitig über die Pharma- und Rehabilitationsindustrie. In der handlungstheoretischen Programmatik der postmodernen Soziologie werden die sozialen Akteure als tendenziell frei in der Zusammenstellung ihrer personalen Identitäten und sozialen Handlungsoptionen gesehen. Das Soziale ist durch das je Individuelle ohne zwingenden gesellschaftlichen Ganzheitsbezug geformt. Angenommen wird eine Vielfalt von Möglichkeiten, Gesellschaft zu konstruieren. Die „großen Erzählungen" (Lyotard 1987), wie sie als Konflikt- und Integrationserzählungen für die industrielle Moderne typisch waren, gelten nicht mehr. Inzwischen herrscht in der Soziologie eine gewisse Übereinstimmung darüber, dass man mit dem Begriff der Postmoderne nicht das Ende der Moderne meint, sondern eine „andere Moderne" (Beck 1986) sich entwickeln sieht. Damit wird aber auch der Blick frei für die Kritik der Moderne in der Form reflexiver Modernisierung, mit der die bisher dominanten und ausschließenden Entwicklungs- und Rationalitätskriterien einer Kritik relativiert werden können. So kann aufgezeigt werden, wie die Moderne ihre eigenen ökonomischen, sozialen und ökologischen Krisen hervorbringt. Im Mittelpunkt postmoderner Reflexion steht daher die Erkenntnis, dass Gesellschaftsentwicklungen nicht mehr im linearen Denken der Moderne begriffen, sondern in ihrer Ambivalenz – ihrer Sowohl-als-auch-Struktur – analysiert werden müssen. In diesem Zusammenhang hat Zygmunt Bauman (2005) betont, dass Ambivalenzen als in sich konkurrierende Perspektiven verstanden werden müssen. Der dadurch entstehende Druck zur Vereindeutigung wirke aber dann doch wieder in das Streben nach der „alten" Rationalität des Entweder-Oder, die das jeweils andere der Erfahrung nicht mehr zulassen kann und wieder nach neuen Freund-Feind-Schemata sucht. Dieser Druck zur Vereindeutigung trifft die Soziale Arbeit, wo KlientInnen Umwege brauchen und eindeutige Wenn-Dann-Einschätzungen der Suche nach guten Lösungen im Wege stehen.

4.3 Entgrenzung

Mit dem Globalisierungsprozess und seiner Entgrenzungsdynamik haben sich diese postmodernen Ambivalenzen verstärkt, sind unübersichtlicher geworden. Der Begriff der Entgrenzung bezieht sich soziologisch zum einen darauf, dass die Grenzen der nationalstaatlichen Arbeits- und Wohlfahrtsgesellschaften aufgebrochen sind und transnationale Bewegungen von Technologie, Kapital und Menschen die nationalgesellschaftlichen Prozesse beeinflussen. Zum anderen, dass innerhalb der Gesellschaft Entgrenzungen im Verhältnis von Arbeit Freizeit und Lernen sich in einer Weise entwickelt haben, dass bisherige festgefügte und als selbstverständlich geltende soziale, kulturelle und normative Bezüge erodieren. So ist z.B. mit dem transnational induzierten Strukturwandel der Arbeitsgesellschaft das Normalarbeitsverhältnis – lebenslang beständiger Beruf, entsprechende tarifliche und soziale Absicherung – für viele (in der Europäischen Union etwa die Hälfte) nicht mehr die Regel und Selbstverständlichkeit. Das Verhältnis von Arbeit und Lebensführung scheint sich umzukehren. Für viele kann sich nicht mehr die Biografie im erwerbsarbeitlichen Beruf erfüllen, sondern es muss nach wechselnden Tätigkeiten gesucht werden, um die materielle Basis für ein Leben zu schaffen, das sich nicht unbedingt mehr in der Arbeit verwirklicht. Der Strukturwandel der Arbeitsgesellschaft vor dem Hintergrund fortschreitender technologischer Rationalisierung und damit Ersetzung menschlicher Arbeit sowie scheinbar unbegrenzter transnationaler Verlagerung von

Arbeitsprozessen ist durch die Innovationsschübe der Mikroelektronik in den 1990er Jahren ausgelöst worden. Die damit verbundenen neuen Möglichkeiten der transnationalen Digitalisierung hat vor allem die Ökonomie genutzt. Wir sprechen in diesem Zusammenhang von einem *digitalen* Kapitalismus. Der Begriff digital verweist darauf, dass durch die nahezu unendlichen Verbindungsmöglichkeiten von mikroelektronischer Technologie und weltweiten Kapitalbewegungen eine neue hegemoniale Struktur ständig wechselnder, sich aber letztlich weltweit vernetzender ökonomischer Punkte entstanden ist, welche die sozialen Welten durchdringen und sie unter Druck setzen. Mit der Auslagerung und Ersetzung menschlicher Arbeit entstehen nationalgesellschaftlich neue soziale Probleme – strukturelle Arbeitslosigkeit, Druck auf die sozialen Haushalte – die global verursacht, nationalstaatlich aber aufgefangen werden müssen. Die nationalen Sozialstaaten haben ihre Regulierungskraft gegenüber der nun global agierenden Ökonomie eingebüßt. Sie sind scheinbar dazu verdammt, die fiskalischen und sozialen Folgekosten einer sozial entbetteten Ökonomie und eines riskant operierenden internationalen Kapitals aufzufangen und geraten selbst immer wieder in fiskalische Krisen. Dieser Druck wird auf die KlientInnen der Sozialen Arbeit als vom Sozialstaat Abhängige weitergegeben, sie gelten deshalb auch als die „Verlierer der Globalisierung“.

Entgrenzungsprozesse müssen weiter in der Perspektive der *Freisetzung* gesehen werden. Das heißt, die geschilderten Veränderungen entspringen zwar der historischen Entwicklungs- und Krisendynamik der vorgängigen Epoche, weisen aber eine andere Logik auf als die, nach der das bisherige gesellschaftliche System reguliert wurde und wird. Entgrenzungen setzen erst einmal Bewältigungsprobleme und damit Suche nach *Handlungsfähigkeit* bei den Menschen sowie nach Regulationsfähigkeit bei den Organisationen neu und unbestimmt frei.

Derartige Phasen des gesellschaftlichen Umbruchs und Übergangs fordern unterschiedliche sozialwissenschaftliche Interpretationen heraus. Dabei sind in der Regel zwei Hauptlinien auszumachen: Die eine kristallisiert sich um die gesellschaftlichen *Institutionen* und ihre inneren Bestands- und Krisenprobleme im gesellschaftlichen Wandel, die andere um die Prozessstrukturen des Umbruchs und der Freisetzung neuer Strukturen und Sozialformen und um das Verhältnis zwischen „neuen“ und „alten“ Vergesellschaftungsmustern (vgl. auch Anomie in 7.1).

4.4 Globalisierung

Die oben beschriebenen Beschleunigungsprozesse wurden weltweit durch eine sprunghafte Entwicklung der Informations- und Kommunikationstechnologien ausgelöst und haben in diesem Zusammenhang zur Substitution von menschlicher Arbeit geführt und die Möglichkeiten internationaler Arbeitsverlagerung in einem ungeahnten und differenzierten Maße vergrößert. In diesem Kontext hat sich der Konkurrenzdruck auf die heimische Produktion in einer vorher nie gekannten Weise internationalisiert und verschärft.

Der Prozess der Globalisierung ist nicht über Nacht gekommen, sondern zeichnete sich schon im letzten Drittel des 20. Jahrhunderts ab und kam in den 1990er Jahren endgültig zum Durchbruch (vgl. dazu Beck 1998). Er gehört zur fünften ‚Langen Welle', wie sie im Erklärungsmodell der Kondratieff-Wellen (vgl. Daheim/Schönbauer 1993) als längerfristiger industriekapitalistischer Entwicklungszeitraum über die Konjunkturzyklen hinweg charakterisiert ist: Sie wurde ausgelöst durch das Zusammenspiel von elektronisch-informationellen Basisinnovationen, entsprechender Intensivierung und Rationalisierung der Arbeit und flankierender staatlicher Regulation bei nun allerdings weitreichender Internationalisierung der Produktions- und Kapitalbeziehungen. Lange Wellen als epochale Entwicklungsperioden sind also gekennzeichnet durch eine Kombination der ökonomischen, sozialen und politischen Faktoren, aus der heraus sich eine jeweils spezifische Wachstumskonstellation entwickelt.

Die Globalisierungskonstellation ist nun vor allem und im Kontrast zu vorangegangenen Konstellationen dadurch gekennzeichnet, dass sich Unternehmensverflechtungen supranational ausweiten, ihre Produktionen und Dienstleistungen international ausrichten, diese entsprechend koordinieren und auch untereinander in einem weltweiten Wettbewerb stehen (vgl. OECD 1994). Was die Globalisierung dabei so folgenreich und für den nationalen Sozialstaat so bedrohlich macht, ist die Entwicklung, in der sich – zunehmend unabhängig gegenüber nationalstaatlicher Regulation – ein eigenständiger internationaler Regulationsmechanismus über das internationalisierte Finanzkapital und die Finanzmärkte gebildet hat, der die Kapitalströme lenkt und über die internationale Wirtschaftsentwicklung, die Investitions- und Beschäftigungsverteilung mit national nachhaltigen (weil strukturellen) Folgen entscheidet. Das international flottierende Kapital verlagert Arbeitsplätze in Billiglohnländer und wälzt die Sozialkosten, die durch Arbeitslosigkeit und Lohndruck entstehen, auf den Sozialstaat ab. Die kapitalistische Wirtschaft hat zwar schon immer international agiert, die heutige Globalisierung stellt aber demgegenüber ein qualitativ neues Phänomen dar, da sich auf der informationstechnologischen Basis eine Internationalisierung des investiven und spekulativen Kapitaleinsatzes mit überstaatlichen Regulativen („Börsenkapitalismus") entwickelt hat.

Insgesamt setzen diese Entwicklungen die Nationalstaaten und ihre Sozialpolitik unter Druck, sich an den Imperativen einer globalisierten Ökonomie ausrichten zu müssen. Das bedeutet, dass die nationalen Sozialstaaten in den Sog internationaler Standortkonkurrenz und unter den Druck transnationaler Konzerne geraten. Gleichzeitig muss die durch die Rationalisierungsschübe und internationale Arbeitsverlagerung erzeugte Strukturkrise und Massenarbeitslosigkeit vom Sozialstaat getragen werden (regulative und fiskalische Krise des Sozialstaats). Dies hat nicht nur Rückwirkungen auf das nationalgesellschaftliche politische und soziale Klima. Auch der Sozial- und der Bildungsbereich geraten unter den Druck der Ökonomisierung.

Der „flexible Mensch“ (Sennett 1998) folgt dem Rhythmus der Produktion, unterwirft sich der global gesteuerten Kostendynamik. Lokale Bindungen und Beteiligungsmuster, die Personen in die örtliche Infrastruktur einbringen und miteinander nutzen, können kaum mehr hergestellt werden. Prekäre Arbeitsverhältnisse wachsen, Berufssicherheit schwindet und die soziale Hintergrundsicherheit, die der Sozialstaat lange garantierte, ist für viele immer weniger gegeben.

Was wir als „Krise des flexiblen Menschen“ thematisieren, wird von den ProtagonistInnen des digitalen Kapitalismus im Gegenteil als Angebot, als Chance angepriesen. Dem Sozialen wird keine Entwicklungsqualität mehr zugerechnet, es soll den ökonomischen Prozess lediglich sozial abdichten. Die Zeiten, in denen man die gesellschaftliche Produktivität des Sozialen voranstellte, scheinen endgültig vorbei. Soziale Ängste, Konflikte und Probleme, die der Kapitalismus aus seiner Krisennatur heraus immer wieder freisetzt und auf die sich ja die strukturelle Legitimation der Sozialen Arbeit bezieht, können nun auch – so der ideologische Anspruch – vom Kapitalismus selbst behandelt werden: Sie werden vermarktet, kapitalisiert. Nur wer diesen Status des Sozialkonsumenten nicht selbst erreichen kann, der soll begrenzt alimentiert werden. In der Absatzphilosophie des Marktkapitalismus gibt es keine Armen und Reichen, sondern nur kaufkräftige und weniger kaufkräftige KonsumentInnen, auf die man sich nicht sozial, sondern ökonomisch einstellen muss. Jeder soll kaufen und darin sozial mithalten können, für jeden gibt es erreichbare Produkte und damit auch ein erreichbares Leben.

Ins Mark getroffen sind Sozialstaat und Soziale Arbeit dort, wo soziale Ungleichheit ökonomisch so umgedeutet wird, dass sie als dynamischer Faktor der ökonomisch-gesellschaftlichen Entwicklung erscheint. Gegenwärtig wird immer wieder von „sozialer Differenzierung als Antriebskraft des ökonomischen Wachstums“ gesprochen. Dies wird überhöht durch eine „Shareholder-Mentalität“, die in ihrer Wertehaltung quer zu dem liegt, auf das man sich in der Sozialen Arbeit beruft. Je mehr die Unternehmenslandschaft durch Aktionäre und ihre Fonds geprägt ist, die keinen Bezug zu den Unternehmen und ihrem sozialen Umfeld haben, desto stärker rückt die abstrakte Gewinnorientierung in den Vordergrund. Wenn dann Unternehmen rationalisieren und Arbeit auslagern, Arbeitskräfte national „freisetzen“, steigt die Gewinnerwartung und die Bewertung der betreffenden Unternehmen an der Börse. In diesen Sog sind inzwischen auch die mittleren Betriebe ohne Börsennotierung geraten, wenn sie als Zulieferer oder Konsumbranchen im Abhängigkeitskreis der großen Unternehmen stehen. ArbeitnehmerInnen werden so zu Kostenfaktoren, die permanent unter Kostendruck stehen und deren Freisetzung – Arbeitslosigkeit – ökonomisch entsprechend positiv bewertet wird. Dass sie dem Sozialstaat anheimfallen, interessiert den Markt nicht. Was bei uns in der Sozialen Arbeit als soziales Problem empfunden wird, wird im ökonomischen Diskurs als marktgerechter wie innovativer Vorgang gefeiert.

Mit dieser Spaltung der Werte geht eine soziale Spaltung einher, die in ihrer Struktur und ihrem Ausmaß eine historisch neue Qualität entwickelt hat. Denn Armut und Reichtum differenzieren sich nicht mehr auf demselben Markt aus, sondern entwickeln sich in voneinander getrennten Marktwelten. Wenn sich der neue Reichtum über die global agierenden und verflochtenen Finanzmärkte scheinbar grenzenlos entwickelt, stehen die regionalen Arbeitsmärkte und sozialen Sicherungssysteme so unter Druck, dass sie relative wie absolute Armut zwangsläufig mehr erzeugen als sie sie zurückdrängen können. Da sich aber dieser Reichtum der Wenigen in einer Welt ins Grenzenlose steigert, die dem Alltagsverständnis der DurchschnittsbürgerInnen entzogen ist, muss er nicht diesen gegenüber legitimiert werden. Erst als mit den internationalen Finanzkrisen seit 2008 die Bürgerinnen und Bürger ebenso erstaunt wie erschrocken wahrnehmen mussten, dass diese ferne Welt nicht nur auf sie zurückwirkt, indem sie ihre materielle Existenz gefährdet, sondern dass sie bzw. ihr Staat diese auch noch stützen müssen, wurden sich viele des Ausmaßes dieser Reich-Arm-Spaltung bewusst.

Für die Soziale Arbeit kann sich diese soziale Spaltung dahingehend auswirken, dass ihre Integrationsperspektive keinen gesellschaftlichen Anschluss mehr findet. Insgesamt aber sind die Praxis der Sozialarbeit und der anwendungsorientierte Fachdiskurs in der sozialstaatlichen Bahn geblieben. Dabei sind sie zwangsläufig auch in die Dilemmata des Sozialstaates geraten. Denn nicht mehr dessen soziale Integrationskultur steht seit geraumer Zeit im Vordergrund der öffentlichen Diskussion, sondern seine administrative Leistungsfähigkeit sowie sein Verteilungssystem. Diese werden Evaluationsmaßstäben unterworfen, die sich offen oder verdeckt an Markt- und Zumutbarkeitskriterien orientieren.

Die sozialstaatliche Balance von Anspruch und Zumutbarkeit ist offensichtlich außer Kraft gesetzt. Zumutbarkeitskriterien werden inzwischen nicht mehr im Verhältnis zu Ansprüchen sondern im Verhältnis zu Kosten formuliert. In dem Maße überdies, in dem die Kommunen im Sog des Standortwettbewerbs agieren, weitere soziale Spaltungen drohen, läuft die Soziale Arbeit Gefahr, zur Befriedungsagentur im Dienste der Standortattraktivität zu werden. Die inzwischen etablierte sozialstaatliche Zumutung der Selbstorganisation zielt auf das Individuum und – in gewissem Sinne – seine persönliche Haftung ab und ist damit eng mit dem ökonomisch-gesellschaftlichen Postulat der Selbstorganisation und Selbstverantwortlichkeit für das eigene soziale Schicksal verbunden. Dabei ist nicht die Absicht zu kritisieren, die Selbstorganisationskräfte herauszufordern und zu stärken.

Vielmehr ist auf das Problem aufmerksam zu machen, dass der frühere sozialstaatliche Anspruch der Schaffung kollektiver Hintergrundsicherheit deutlich zurückgedrängt ist.

4.5 Transnationalität

Wir haben im ersten Kapitel angemerkt, dass die Soziologie heute ein Problem damit hat, dass ihr Gesellschaftsbegriff traditionell nationalstaatlich verengt war. Auch die Soziale Arbeit hat – trotz der mittlerweile umfangreichen Forschung zu Transmigration – das Konzept der Transnationalität bislang kaum systematisch reflektiert und in ihre disziplinären Analysen einfließen lassen (vgl. Schröer/Schweppe 2010). Fragt man nach den Gründen, ist die im Rahmen der transnationalen Forschung geführte Diskussion über den „methodological nationalism" (vgl. Wimmer/Glick-Schiller 2002) weiterführend. Mit diesem Konzept wird auf die Naturalisierung von Nationalstaaten in der sozialwissenschaftlichen Forschung hingewiesen und die Gleichsetzung von Gesellschaft und Nationalstaat problematisiert: „Methodological nationalism is the naturalization of nation-states by the social sciences. Scholars have shared that national borders are the natural unit of study, equate society with nature state, and conflate national interest with the purpose of social sciences." (ebd., S. 302)

Durch das Naturalisieren des Nationalstaates werden nationalstaatlich konnotierte Kategorien zum unhinterfragten Analyserahmen in Theorie und Empirie angewandt und soziale Prozesse wie selbstverständlich innerhalb des Nationalstaats und seiner Institutionen analysiert. Dadurch werden ihre Problemdefinitionen sowie Analyse- und Kategorienschemata dementsprechend hieran orientiert (vgl. Köngeter 2009). Eng damit verbunden ist auch die Überbetonung der territorialen Grenzen in der Analyse der sozialen Wirklichkeit. Mit dem Vorwurf der Hypostasierung territorialer Grenzziehungen, werden die Sozialwissenschaften dahingehend kritisiert, „dass sie ein Containerbild von Gesellschaft bzw. Nationalstaat zeichnen, in dem Kultur, Politik, Ökonomie und Gemeinschaft durch ein klar definiertes Territorium begrenzt wird" (ebd., S. 343 f.).

Der methodologische Nationalismus in der Sozialen Arbeit bringt im Hinblick auf Transmigrationsprozesse systematische Dilemmata mit sich. Er be- bzw. verhindert zum einen das Erkennen und Verstehen dieser Prozesse, weil grenzüberschreitende Verläufe und die gleichzeitigen Verbindungen zwischen zwei oder mehreren Ländern kaum systematisch in den Blick geraten. Zudem läuft die Soziale Arbeit durch den methodologischen Nationalismus auch Gefahr, dass nationalstaatliche Orientierungen zur Normalitätsfolie werden. Denn im Rahmen der Naturalisierung des Nationalstaats erscheinen Grenzüberschreitungen als Abweichung. „Migranten – insbesondere Transmigranten, die in mehreren Nationalstaaten leben oder dauerhaft soziale Beziehungen über nationalstaatlichen Grenzen aufrechterhalten – sind in dieser Vorstellung von Nationalstaaten Personen, die diese Ordnung stören: Sie fügen sich nicht in die Gleichsetzung von solidarischer Gemeinschaft und Nationalstaat, von Territorium und Citizenship (Bürgerschaft), von ethnischer Homogenität und Selbstbestimmung." (Köngeter 2009, S. 343) Dies bedeutet für die bisherigen sozialpädagogischen Zugänge, dass überdacht werden muss, inwieweit sie hauptsächlich von nationalstaatlichen Homogenitätsvorstellungen ausgegangen sind, welche vor allem die Soziale Arbeit und die Konstruktion des Migranten und der Migrantin bisher bestimmt haben. Wenn, was die zukünftige sozialpädagogische Theoriebildung anbelangt, aus dem gegenwärtigen Migrationsdiskurs gelernt werden soll, so bietet sich folgendes Modell an: Nicht mehr der ethnische Unterschied, die interkulturelle Besonderheit und Differenz stehen im Vordergrund der Betrachtung, sondern die *Verschiedenheit an sich* als Strukturelement globalisierter Gesellschaften.

Kapitel 5
Individuum und Gesellschaft

Das Spannungsverhältnis zwischen der Freiheit des Individuums und den Erwartungen und Zwängen der Gesellschaft ist ein – wenn nicht das – Kernthema der Soziologie. Was die Arbeit in der Beziehung zum einzelnen Menschen sozial und vielleicht sogar sozialstrukturell bewirken kann, gehört zu den Grundfragen kritischer Sozialarbeit. Dies thematisieren zu können sehen wir als theoretische Voraussetzung, wenn es darum geht, sich mit sozialpädagogischen Zielen wie Autonomie, Mündigkeit und Selbstbehauptung auseinanderzusetzen. Im Mittelpunkt einer solchen Analyse steht dabei das *Wechselverhältnis von Struktur und Handeln,* in die der Mensch als soziales Wesen eingebunden ist. Sichtbar werden auf der einen Seite die gesellschaftlichen Bahnen – *Institutionen, der Prozess der Sozialisation, die Herausbildung des Habitus, die geschlechtshierarchische Arbeitsteilung* – in die Handeln eingebettet ist, aber genauso die Konflikte, in denen das Subjekt sich behaupten muss (die über das *System-Lebenswelt-Paradigma* aufgeschlossen werden können). Aber auch die anderen Konzepte – vor allem das der *Sozialisation* – sind so angelegt, dass sie auch die Subjektseite in der Spannung zum Gesellschaftlichen thematisieren können.

5.1 Soziale Institutionen

Soziale Institutionen sind soziale verankerte Deutungs- und Handlungsmuster; sie gelten als „Vermittlungsmechanismen" zwischen Individuum und Gesellschaft mit „handlungsleitenden Wirkungen" (vgl. Maurer 2012). Institutionalisierungen entwickeln sich historisch gleichsam als Sedimentierungen/Ablagerungen dynamischer Sozialprozesse (Berger/Luckmann 1972). In ihrer Regelhaftigkeit und Erwartbarkeit bilden sie dauerhafte Grundmuster, die darauf basieren, dass wir sie jeweils gemäß ihrer öffentlichen Legitimation anerkennen oder dass bei Nichtbeachtung der Regeln informelle oder formale Sanktionsmittel angewendet. Arnold Gehlen (1956) hat in einer sozialanthropologischen Grundlegung des Institutionenbegriffs die existenzielle Bedeutung von sozialen Institutionen für den Menschen herausgearbeitet: Menschen sind auf Grund ihrer Instinktarmut in der sicheren Orientierung ihres Handelns auf Institutionen angewiesen und zugleich zu höherer Freiheit befähigt.

Institutionen – so auch Emile Durkheim – heben den Menschen aus den vorsozialen Abhängigkeiten heraus und ermöglichen erst eine soziale Ordnung. Für ihn war die Soziologie die Lehre von den Institutionen.

Institutionen regeln elementare gesellschaftliche Bereiche wie die der Familie, der Erziehung und Bildung, der Ökonomie. Sie strukturieren die Normalität und Erwartbarkeit des Alltags und beziehen sich darin auch auf Traditionen und Weltanschauungen. Eine besondere Konstellation wird mit dem Konzept der „totalen Institution" umschrieben (vgl. Goffman 1973). Als abgeschlossene Einheit an einem einzigen Lebensort umfasst sie alle Lebensbereiche eines Menschen. Sie bestimmen das Leben eines Menschen rund um die Uhr und an einem Ort und in allen Lebensvollzügen, wie z.B. Gefängnisse, psychiatrische Einrichtungen, aber auch Pflegeheime und andere geschlossene Einrichtungen der Erziehung, Strafe und Resozialisierung. Aus dieser Situation heraus entstehen Bewältigungsanforderungen und -versuche, z.B. aus den geringen Chancen des Rückzugs, der aktiven Gestaltung der Rollen, Distanzierung von Erwartungen, der Selbstdarstellung und Begegnung in unterschiedlichen Rollen.

Institutionen werden oft mit Organisationen gleichgesetzt. Doch beide müssen auseinandergehalten werden. So ist z.B. die Schule eine gesellschaftliche Institution des Lernens, auf der Ebene der praktischen Umsetzung stellt sie eine Organisation dar. Gesellschaftliche Widersprüche schlagen sich in den Institutionen, aber auch zwischen Institution und der praktischen Umsetzung in der Organisation nieder. Das gilt auch für institutionellen Rahmungen und Arrangements der Sozialen Hilfe. Unterschiedliche Institutionen enthalten eigene Vorgaben für die Definition Sozialer Probleme (vgl. 7.) und die Anwendung von Wissen. Sie lenken die möglichen Erwartungen in Hilfe-Beziehungen und beeinflussen die Freiheitsgrade der Interaktion.

5.2 Struktur und Handeln

Das Verhältnis von Individuum und Gesellschaft wird soziologisch vor allem *strukturell gefasst.* Für die Sozialpädagogik ist hier die Dimension der sozialen Spielräume interessant, welche die Handlungsfähigkeit des Menschen bestimmt und in denen sich Interessen und Ansprüche entwickeln können. Diese Dimension betont vor allem Anthony Giddens (1988) in seinem Paradigma *Struktur und Handeln.* Mit diesem Ansatz will er die Entgegensetzung von soziologischen Handlungstheorien und Gesellschaftstheorien angesichts der empirisch eindrücklichen Entstrukturierungen und Entgrenzungen in der postmodernen Gesellschaft überwinden. Sein Begriff der Dualität meint sowohl Gleichzeitigkeit als auch gegenseitige Beeinflussung von sozialem Handeln und gesellschaftlicher Struktur. Dabei sind die gesellschaftlichen Strukturen nicht nur Kontexte, die Handeln determinieren und auf deren Erhaltung die sozialen Funktionen, an denen sich Handeln orientiert, ausgerichtet sind. Strukturen *ermöglichen* auch Handeln, das seinen Eigensinn behalten, weiterentwickeln und damit auf die Strukturen zurückwirken kann. Zwar sind Strukturen in der Regel beharrend gegenüber der situativen und an die Individuen rückgebundenen Dynamik des Handelns, das bedeutet aber nicht, dass sie sich angesichts der historischen Faktizität dieses Handelns nicht verändern könnten. Sozialer Wandel geschieht in diesem Sinne – so könnte man Giddens interpretieren – in einem verdeckten, strukturdiffundierenden Prozess und nicht in einer offenen Umbruchsituation der Strukturen. Damit wird der Strukturbegriff gleichsam entmythologisiert und die Wirkungsperspektive von strukturbeeinflussendem Handeln – im Sinne von *Agency* – freigelegt.

Giddens will sein Konzept nicht programmatisch, sondern analytisch verstehen: „Die Begriffe ‚Struktur' und ‚Handeln' bezeichnen die allein *analytisch* unterschiedenen Momente der Wirklichkeit strukturierter Handlungssysteme". Strukturen existieren zwar unabhängig von den konkreten Menschen, aber sie werden „immer nur wirklich in den konkreten Vollzügen der handlungspraktischen Strukturierung sozialer Systeme" (Giddens 1988, S. 9ff.). Hier folgt er einer gemäßigt sozialkonstruktivistischen Perspektive. In diesem Sinne ist es für ihn „wichtig, nicht in den gegenteiligen Irrtum der hermeneutischen Ansätze und verschiedenen Versionen der Phänomenologie zu verfallen, die dazu neigen, die Gesellschaft als eine beliebig formbare Schöpfung menschlicher Subjekte zu betrachten. Jede dieser beiden Sichtweisen ist eine illegitime Form von Reduktionismus, die sich aus dem Unvermögen herleiten lässt, die Dualität von Struktur und Handeln angemessen zu konzeptualisieren. In der Perspektive der Theorie der Strukturierung stellt sich – mit Blick auf die Inszenierung des sozialen Alltags gesprochen – der aktuelle Vollzug der Produktion von Handeln ebenso sehr als Prozess der Reproduktion dieses Handelns dar." (Giddens 1995, S. 78) Strukturen sind insgesamt gesehen zwar Handlungsfolgen, sie verselbstständigen sich aber gegenüber dem Handeln: „Der Handlungsstrom produziert kontinuierlich Folgen, die die Akteure nicht beabsichtigt haben, und diese unbeabsichtigten Folgen können sich auch, vermittelt über Rückkoppelungsprozesse, wiederum als nicht eingestandene Bedingungen weiteren Handelns darstellen." (ebd., S. 79)

Wie Strukturen soziales Handeln beschränken und gleichzeitig ermöglichen können, hat Giddens an einem seiner Kernthemen – *Macht* und *Herrschaft* – vorgeführt: „Wir sollten die in soziale Institutionen eingebauten Herrschaftsstrukturen nicht so begreifen, als brächten sie ‚fügsame Körper' hervor, die sich, wie die objektivistischen Sozialwissenschaften behaupten, wie Automaten verhalten" (ebd., S. 67). Giddens Ansatz legt das zentrale Moment der strukturellen Angewiesenheit, das als *gegenseitiges* Verhältnis in Herrschaftsbeziehungen enthalten ist, frei. Die *Gleichzeitigkeit* von Struktur und Handeln begründet damit ein Verhältnis der Interdependenz, aus dem sich nicht nur die Frage der Gegenseitigkeit von Herrschaft, sondern nun vor allem auch die der Gestaltbarkeit von Herrschaft entwickeln lässt. Allerdings schrumpft dieser gesellschaftstheoretische Anspruch zum Programm, wenn er nicht ökonomisch-gesellschaftlich rückgebunden und die Herrschaftsthematik auch als Machtfrage behandelt wird. Sonst bleibt ‚Struktur und Handeln' unterhalb der gesellschaftlichen Gestaltungsebene in einem lediglich „rekursiven" Bezug – wie Giddens (1988) selbst einräumt – stecken. Thema der Gestaltbarkeit ist letztlich bei ihm „nicht die Gesamtgesellschaft [...], sondern beschränkte, durch Handlungen von Akteuren konstituierte Ausschnitte daraus" (Schönbauer 1994, S. 26), in denen sich Ansprüche auf eine lebensweltbezogene „Politik der Lebensführung" entwickeln. Aber auch hier bleibt einiges ungeklärt: „Die unterschiedlichen Handlungsoptionen der Akteure aufgrund bestehender Ressourcenverteilungen, -zugänge und -nutzungsmöglichkeiten [...] werden [nicht] thematisiert, sondern schlicht vorausgesetzt." (Kessl 2005, S. 121) Hier kommt das Lebenslagenkonzept (vgl. 6.2) zum Zug.

Strukturen bezeichnen bei Giddens Regeln, Ressourcen und setzen Transformationsbeziehungen als Eigenschaften sozialer Systeme (System-Lebenswelt). Solche Regeln und Ressourcen gehen in die sozialen Interaktionen ein, die dadurch wieder die Strukturen reproduzieren (vgl. Giddens 1988, S. 24f.). Diese Verbindung von Regeln, die in der Struktur liegen und aus der Struktur kommen, und den sozialen Praktiken der Menschen, die sie reproduzieren, bringt Giddens zur Annahme, dass Strukturen nicht unabhängig von den Menschen und ihrem alltäglichen Handeln existieren können. Hier führt er den Begriff der *Strukturation* ein und meint damit die Modi, welche die Kontinuität bzw. Veränderung von Strukturen regeln und gleichzeitig von den Menschen durch Zeit und Raum hindurch immer wieder reproduziert werden. Wenn man also die Strukturierung sozialer Systeme untersuchen will, muss man untersuchen, wie solche Systeme in Interaktionen reproduziert werden. In der langfristigen Veränderung der Interaktionsstrukturen liegen Chancen für systemischen Wandel (ebd., S. 25f.). Allerdings – und hier sei wieder an die Kritik an Giddens Ansatz erinnert – bleibt unklar, ob und wie diese Strukturierungshypothese an ökonomisch und technologisch induzierte und sich verselbstständigende Muster gesellschaftlichen Wandels heranreichen kann.

Insgesamt aber eröffnet das Konzept von Struktur und Handeln für die Sozialpädagogik/Sozialarbeit die prinzipielle Möglichkeit der reflektierenden Betrachtung von Hilfe-Situationen, insofern es uns in der Analyse der Binnenstrukturen sozialer Hilfe (vgl. 8.) die Dualität und Wechselseitigkeit erkennen lässt. Wir können Jugend- und Sozialhilfesysteme als Herrschaftsstrukturen ansehen, in die die KlientInnen und PraktikerInnen nicht nur als Abhängige eingebunden sind, sondern beide können die Hilfeprozesse auch selbst beeinflussen. KlientInnen und PraktikerInnen werden als Mitproduzenten des Hilfesystems sichtbar, die Betroffenenperspektive kann hier in ihrer aktiven Form wahrgenommen und einbezogen werden (vgl. dazu Arnaud 2011).

Dieser Blick auf die Erweiterung der Handlungsmöglichkeiten der Betroffenen in Hilfe-Strukturen kann – folgt man neueren soziologischen und sozialisationstheoretischen Diskursen – mit Hilfe des Konzepts *Agency* geschärft werden. Unter Agency wird die wahrgenommene und erkannte Möglichkeit von Menschen verstanden, in die soziale Umwelt hinein über die intersubjektive alltägliche Handlungsroutine hinaus wirksam zu werden (vgl. Holland u.a. 1998, S. 42). Damit ist vor allem die (strukturell erst zu bekräftigende) Fähigkeit gemeint, Netzwerke und soziale Unterstützungszusammenhänge aktiv wahrnehmen und in ihren Handlungsbedingungen und Spielräumen einschätzen zu können. Vor allem geht es darum „Kontrolle über seine sozialen Beziehungen zu gewinnen, was wiederum impliziert, seine Beziehungen in gewissem Umfang zu transformieren" (Homfeldt/Schröer/Schweppe 2008, S. 8). Das heißt, der Ansatz lenkt den Blick auf die sozialstrukturelle Einbettung und Ermöglichung dieses Surplus-Handelns, denn „agencies are empowered by structures" (Sewell 1992, S. 20). Dies fordert dazu auf, Jugend- und Sozialhilfestrukturen auf ihre Ermöglichungs- und Verwehrungspotenziale erweiterten Handelns hin zu untersuchen. Wichtig ist dabei, dass sie durch gewachsene Hilfemilieus innerhalb und außerhalb von Organisationen gestützt werden. Die Transformation von Hilfeverfahren zu Hilfemilieus stellt eine zentrale Aufgabe für Professionelle der Jugend- und Sozialhilfe dar.

Auf diese Milieutransformation als Kernstück des Agency-Konzepts, wonach sich erweiterte Handlungsfähigkeit und ‚Handlungsermächtigung' als Ausdruck von Selbstwirksamkeit in Milieukontexten entwickeln muss, weisen Grundmann u.a. (2006) hin.

Milieus sind danach interaktive Kontexte des emotionalen Aufeinanderbezogenseins. Sie sind durch intersubjektive biografische und räumliche Erfahrungen charakterisiert. Die Art und Weise, wie die in ihnen vermittelte Spannung zwischen Individualität und Kollektivität ausbalanciert werden kann, entscheidet darüber, wie sich Individuen gesellschaftlich ausgesetzt oder zugehörig fühlen, das heißt, ob Milieus zu einer sozialen Abgeschlossenheit gegenüber gesellschaftlichen Prozessen oder zur gesellschaftlichen Offenheit tendieren. In Milieubeziehungen formieren sich Normalität und soziale Ausgrenzung, entwickeln sich Deutungsmuster über das, was als konform und was als abweichend zu gelten hat. Wir können zwischen offenen demokratischen und regressiven autoritären Milieubezügen unterscheiden. Regressive Milieubezüge suchen ihre Dichte und Stabilität durch ethnozentrische Abwertung und Ausgrenzung. Die Binnenbeziehungen solcher Milieus sind geprägt durch Unterdrückung von Individualität und Unterordnung unter ein autoritäres Gruppenregime. Offene demokratische Milieus hingegen sind dadurch gekennzeichnet, dass Individualität zum Zuge kommen kann, dass die Gruppe als Rückhalt für sozial erweiterte Aktivitäten empfunden wird, in denen der Konflikt und die Balance zwischen Individualität und Kollektivität als Motor für die Öffnung des Milieus anerkannt wird. Der gegenwärtige sozialwissenschaftliche Agency-Diskurs bezieht sich vor allem auf diese offenen Milieus. Deshalb ist es – gerade aus dem Blickwinkel der Jugend- und Sozialhilfe – wichtig, darauf zu verweisen, dass Bewältigungsantriebe gerade in kritischen biografischen Lebenskonstellationen soziale Anschlüsse vor allem in regressiven Milieus finden. Diese Erkenntnis schärft den Blick dafür, dass KlientInnen, die in autoritären, regressiven Milieus Anschluss zum Beispiel an deviante Gruppen suchen, um Handlungsfähigkeit zu erreichen, dies subjektiv als positiv und handlungserweiternd erleben. Deshalb muss man in der pädagogischen Intervention funktionale Äquivalente entwickeln und anbieten, damit die KlientInnen spüren können, dass sie auch jenseits dieser regressiven Milieubezüge Anerkennung und Selbstwirksamkeit erfahren können (vgl. Böhnisch 2010).

5.3 Sozialisation und Bewältigung

Lebenslauf und Biografie stellen – soziologisch gesehen – den strukturellen Rahmen dar, in dem sich das Leben über die Stationen der Lebensalter entwickelt (vgl. 12.). Den Prozess, der in diesem strukturellen Rahmen abläuft, also das Hineinwachsen von Kindern und Jugendlichen in die Gesellschaft und die Prozesse der Statusformation und sozialen Integration im Erwachsenenalter und Alter umschreiben wir mit dem Begriff der *Sozialisation.* Im Mittelpunkt der soziologischen Sozialisationstheorie stehen also Prozesse der Vermittlung von Individuum und Gesellschaft im Lebenslauf, die selbst Veränderungsprozessen unterliegen, indem sich die Grundstrukturen von Sozialisation wandeln. Die Sozialisationskonzepte oder auch Sozialisationsdiskurse der ersten Moderne verweisen in diesem Zusammenhang auf bestimmte typische Verläufe, Entwicklungsachsen und zentrale Entwicklungsbereiche in der Formung von Persönlichkeit, der biografischen Erfahrung, in der Auseinandersetzung mit der sozialen Umwelt und mit sich selbst. Die Hinführung zur schließlich erreichten Erwerbsarbeit sowie die Entberuflichung bildeten eine solche Achse; die Aufschichtung der Lebensalter und ihre unterschiedliche funktionelle Zuordnung eine zweite. Sozialisationstheoretische Konzepte der ersten Moderne kreisen entsprechend in der Regel um das Bild eines sich linear entwickelnden Lebenslaufs: Kindheit, Jugend, Erwachsenenalter und Alter werden als strukturierende Lebensphasen betrachtet und auf institutionalisierte Bildungs- und (Erwerbs-) Arbeitserwartungen bezogen. Dabei stellt die duale Struktur von Produktion und Reproduktion, von Beruf und Familie eine Verbindungslinie dar, um die sich geschlechtstypische biografische Zuordnungen gruppieren. In diesem Zusammenhang dominierten Konstruktionen von „gelungenen“ Sozialisationsprozessen und „typischen“ Biografieverläufen. In diese sind dann auch die „Entwicklungsaufgaben“ eingebunden, die in bestimmten Lebensphasen zu absolvieren sind. Davon abweichendes und sich biografisch entsprechend verfestigendes Verhalten wird in der Begrifflichkeit von *Devianz* und *devianter Sozialisation* thematisiert. So hat sich in der ersten Moderne gleichsam ein sozialisationstheoretischer Dualismus von Normalität und Abweichung entwickelt.

Diese Verläufe und Entwicklungsbereiche sind heute in ihren Grenzziehungen nicht mehr so eindeutig bestimmbar. Entwicklungsaufgaben müssen die Entgrenzungsdynamiken der zweiten Moderne einbeziehen: Etablierte Strukturen lösen sich auf oder vermischen sich mit neuen, Grenzen verschwimmen, neue tun sich auf. Lineare Sozialisationsmuster verlieren damit an Selbstverständlichkeit, Lebensläufe mit Brüchen und Umwegen sind zahlreicher geworden. Statt stabiler Identitäten werden „zeitliche befristete Identifikationen“ aufgebaut und verlangt (Junge 2004, S. 391). Die immer wieder herausgeforderte und erstrebte flexible *biografische Handlungsfähigkeit* des Subjekts wird nun in den Sozialisationsdiskursen dominanter als das früher zentrale Paradigma der Identität.

Selbstwert und soziale Anerkennung sind Schlüsselstellen der Identität. Dieses Selbst als Kern der Identität wird schon in der kindlichen Sozialisation erworben. Das Kind tritt in Distanz zum eigenen Handeln und gewinnt so eine Vorstellung von sich selbst, ein Selbstbewusstsein. In Distanz zu sich selbst kann es nur durch Kommunikation mit anderen treten. George Herbert Mead (1991), der Begründer der interaktionistischen Identitätstheorie, zeigt an der kindlichen Sozialisation, wie sich dieser Identitätsbildungsprozess in einem Phasenübergang vom *I* zum *Me* sozial verdichtet: Kinder kommunizieren viel mit imaginären Personen und schlüpfen in deren Rollen. Wenn sie dann aber immer mehr in die Gleichaltrigengruppe kommen, reicht es nicht mehr aus, nur einen (dazu noch imaginären) Partner zu haben, sondern es muss sich an Gruppenhaltungen und damit an Rollen orientieren können, auch wenn diese widersprüchlich erscheinen.

Der Identitätsbegriff ist zu einer Zeit entwickelt worden, in der von einer stabilen Identitätsformation und Identitätsbalance ausgegangen wurde. Inzwischen hat man erkannt, dass die Identitätsformation in den Gesellschaften der zweiten Moderne eher instabil und in Brüchen verläuft. Dies verweist auf biografische Bewältigungskonstellationen, in denen das Individuum nicht nur seiner Identität in ihrer Fragilität gewahr wird, sondern sie auch immer wieder neu „herstellen“ muss. Für diesen Zusammenhang hat sich der Begriff der „Identitätsarbeit“ (vgl. Keupp/Höfer 1997) eingebürgert. Der Begriff geht von einer Bestimmung des Verhältnisses von Subjekt und Gesellschaft aus, in dem die Frage im Vordergrund steht, wie es dem Einzelnen gelingen könne, in einer unübersichtlicher gewordenen sozialen Welt Identität für sich herzustellen, wie er gleichsam aus der sozialen Umwelt sich das herausnehmen kann, was ihm zu einer für ihn gelungenen Biografie verhilft. Begriffe wie „Bastel-“ oder „Patchworkidentität“ illustrieren dieses Konzept. Identität – so wird argumentiert – sei nun wechselnd und fließend und lediglich in der Integrität der Biografie, also in der biografischen Bilanzierung des Einzelnen aufeinander bezogen. Aber „die Selbstentwürfe von Einzelpersonen haben einen geringer werdenden Anspruch auf Dauerhaftigkeit und Verbindlichkeit“. Identität gelingt heute „häufig nur noch als punktuelle, szenische und primär ästhetische Inszenierung von Persönlichkeit. Die Gemeinschaften und die Gesellschaft [...] stellen nicht länger Strukturen und Einflüsse bereit, die in Form von Identität [...] in den Individuen auffindbar sind“ (Liebsch 2002, S. 79 f.). Auch dort wo der Begriff der Identitätsarbeit gebraucht wird, wird nicht mehr von zu erreichenden Identitäten, sondern von „postmodernen Selbsten“ gesprochen (vgl. Keupp/Höfer 1997). Damit tritt nicht mehr so sehr der Identität stabilisierende Kohärenzaspekt, sondern das vom Selbst angetriebene Streben nach Handlungsfähigkeit in den Vordergrund der Analyse. Darin zeigt sich der Sozialisationsprozess als Bewältigungsprozess, der immer wieder neue Gleichgewichte suchen muss und anders verläuft, als das der Identitätsbegriff suggeriert, in dem die Vorstellung einer erreichbaren stabilen Identität enthalten ist. Gesellschaftlich freigesetzt werden solche Bewältigungsdynamiken von dem – immer wieder zu berücksichtigenden – gesellschaftlich-ökonomischen Regime. Dies fordert den flexiblen und verfügbaren Menschen, der die sozialen Krisen und biografischen Brüche, die der stetige Strom des Strukturwandels der Arbeitsgesellschaft im digitalen Kapitalismus hervorbringt, individuell bewältigen kann. Dabei ist es nicht nur die Erosion des Normalarbeitsverhältnisses (vgl. 13.2), welche als Korsett stabiler Identitäten von vielen nicht mehr erreichbar ist, sondern vor allem auch der im arbeitsgesellschaftlichen Wandel freigesetzte Zwang, über den Lebenslauf hinweg – und nicht nur in der Kindheit und Jugend – zu lernen, sich also biografisch und sozial immer wieder neu und anders verorten zu müssen.

Lernen ist insofern eine zentrale Dimension des Sozialisationsprozesses, als es als Medium der Persönlichkeitsentwicklung wie der gesellschaftlichen Integration wirkt. Lernen ist in der Moderne auf zweierlei Weise institutionalisiert: Zum Ersten in den Lebensaltern Kindheit und Jugend, zum Zweiten in entsprechenden Bildungsinstitutionen, vornehmlich der Schule. Dass auch anderswo informell gelernt wird – an unterschiedlichen außerschulischen Lernorten – ist in den Bildungsdiskussionen der letzten Jahrzehnte immer wieder thematisiert worden. Das formelle, durch Zertifikate ausgewiesene Lernen in den schulischen Institutionen wird aber bis heute als vorrangig im Ensemble der Lernorte und als ausschlaggebend für die soziale Platzierung im Lebenslauf gesehen. Ebenso gelten das mittlere Kindes- und das Jugendalter als die Lebensphasen, in denen institutionalisiertes Lernen hauptsächlich stattfindet und die dadurch geprägt sind.

Im Strukturwandel der Arbeitsgesellschaft sind auch diese institutionellen Kontexte des Lernens typischen Entgrenzungen unterworfen. Zum einen stellt das Jugendalter nicht mehr den allein entscheidenden Kristallisationspunkt des Lernens im Lebenslauf dar. Es soll nun „lebenslang“ von Kindesalter bis ins vorgerückte Alter gelernt werden. Zum anderen gewinnen die nicht institutionalisierten informellen Lernorte eine strategische Bedeutung für die Erlangung biografischer Handlungsfähigkeit im weiterführenden Lebenslauf. Lernen in diesem alltagsbezogenen und ganzheitlichen Sinne kann nicht mehr nur der beruflichen Qualifikation dienen, sondern zielt auf „Lebenskompetenzen“ und damit auf immer wieder neu anzustrebende biografische Handlungsfähigkeit.

Mit der Entgrenzung des Lernens hat sich nun auch ein neuer Vergesellschaftungstyp von Bildung entwickelt. Denn an den räumlich und zeitlich entgrenzten neuen Formen des Lernens lässt sich ablesen, dass sich ein postmoderner Sozialisationstyp ausgerichtet auf *ökonomisch-technologischen* Lernaufforderungen entwickelt hat, der auch in die *lebensweltliche* Sphäre eindringt. Damit scheint der traditionelle Bildungsbegriff, der auf die Autonomie des Subjekts abzielt, keineswegs verdrängt, sondern eher vereinnahmt. Denn dem Individuum wird im Programm des neuen Sozialisationstyps eine hohe Autonomie als „producer of his own biography“ versprochen, in dem er als selbstorganisierter Anbieter von Humankapital definiert wird.

Auf der strukturellen Ebene führt das zu einer deutlichen Verlagerung der sozialisatorischen Gewichte im Subjekt-Gesellschaft-Verhältnis. Indem die Autonomie des Individuums nun nicht mehr von seinem eigensinnigen Menschsein her, sondern in seiner Fähigkeit zur anpassungsorientierten „Selbstorganisation“ gesehen wird, ist die Spannung zwischen Mensch, Ökonomie und Technologie, die sich in der Spannung von Produktions- und Sozialisationslogik ausdrückt, entladen.

In dem Maße, in dem der nun technologisch vorangetriebene und globalisierte Kapitalismus nicht mehr auf massenhaftes wie nationalgesellschaftlich begrenztes Humankapital angewiesen ist, droht sich das bisher als interdependent betrachtete Verhältnis von persönlichkeitsbezogener Bildung, bewertungsorientiertem Wissen und politisch gesellschaftlicher Beteiligung aufzulösen. Es wird von einem „Bruch zwischen Bildung und Wissen“ (Wimmer 2002) gesprochen. Wissen wird dadurch immer mehr aus seinem subjektbezogenen Rahmen herausgelöst. Die neokapitalistisch gepolte Gesellschaft hat nicht mehr Bildbarkeit des Menschen, sondern seine Lernfähigkeit, Träger und Optimierung der Ressource Wissen zu sein, im Blick. Der „abstract worker“ (vgl. 13.2), der sich mit seinem Wissen sozial ungebunden anzubieten hat, schiebt sich als Leitbild in den Vordergrund. Das flexible Subjekt, das wechselnden Anpassungszwängen ohne Widerstand folgt, und nicht mehr der autonome und damit in sich widerständige Mensch prägen die Sozialisationsweise der zweiten Moderne. Die ökonomisch-technologische Aufforderung steht vor dem Selbstbezug des Subjekts. Dies kann an der Programmatik des lebenslangen Lernens dargestellt werden, die seit einiger Zeit die bildungspolitische Szene beherrscht: „Konzepte lebenslangen Lernens oder Vorstellungen von Kompetenz greifen auf die ‚ganze Person‘ zu. Ein Effekt ist, dass sich die Grenzen von privat/öffentlich bzw. Lebenswelt/System verschieben, um nicht zu sagen systematisch aufgelöst werden.“ (Höhne 2003, S. 105)

Soziologisch interessant ist in diesem Zusammenhang, dass sich hier ein tiefgreifender Wandel im Verhältnis von Individuum und Gesellschaft abzeichnet. Dies kann im System-Lebenswelt-Paradigma (vgl. 5.5) dargestellt werden: Die traditionelle Bildungsdiskussion hat zwar das Subjekt in den Vordergrund gestellt, dabei aber wenig thematisiert, dass Wissen lebensweltlich mediatisiert und angeeignet wird. Im Grunde wurde davon ausgegangen, dass eine sinnhafte Vermittlung von systemischen und lebensweltlichen Entwicklungen gegeben sei und dass sich darin das Subjekt seiner selbst lebensweltlich sicher sein könne. Diese lebensweltliche Sicherheit ist nun nicht mehr als Voraussetzung haltbar. Die Entkoppelung von Bildung und Wissen zieht eine Entkoppelung von systemischen und lebensweltlichen Entwicklungen nach sich, wobei die systemischen Imperative in die Lebenswelten eingreifen, diese aber nicht mehr auf die systemischen Entwicklungen zurückwirken können. Die Subjekte müssen die technologischen Wissensanforderungen der Bildungsgesellschaft jeweils für sich bewältigen können, es ist ihren Möglichkeiten der Selbstorganisation und Selbstverantwortung überlassen, ob es ihnen gelingt, oder ob sie scheitern. Wissensbasierte Bildung soll auf der einen Seite soziale Inklusion fördern und Exklusion mildern, setzt aber gleichzeitig neue soziale Ungleichheit frei, indem viele Bildungskarrieren heute wieder auf die private Unterstützung ihrer Herkunftsfamilien angewiesen sind.

Dieser soziologische Zugang zu Bildung und Lernen zeigt uns, wie sich die Rahmenbedingungen der Sozialisation in der postmodernen Phase des Neokapitalismus verschoben haben. Akkumulation von Humankapital und „Mithalten“ in einer sich wandelnden Arbeitsgesellschaft dominieren den durchschnittlichen Sozialisationsprozess und rangieren vor der Entwicklung der Persönlichkeit (vgl. 13.4). Diese ist gleichsam vom Öffentlichen ins Private verschoben. Dies zeigt sich besonders an der Geschlechtersozialisation. Stand diese noch zu Ende des 20. Jahrhunderts im Fokus soziologischer Sozialisationsforschung, so ist sie heute deutlich in den Hintergrund getreten. Dies hängt vor allem damit zusammen, dass der neue Kapitalismus mit seinen Dynamiken der Entgrenzung und Entbettung ein gesellschaftliches Programm propagiert, nach dem die ökonomisch-gesellschaftliche Entwicklung jenseits von Geschlecht, Rasse und Klasse vorangetrieben werden kann. Die Entwicklung von Geschlechteridentitäten und damit zusammenhängende Konflikte und Bewältigungsprobleme, welche die Persönlichkeitsentwicklung weiter prägen, werden so ins Private verschoben. Gleichzeitig aber herrscht eine globalisierte ökonomische Entwicklungslogik, in der Prinzipien weiter und nun sozial entbettet vorangetrieben werden, welche die geschlechtshierarchische Arbeitsteilung (vgl. 5.6) und den sozialen Geschlechterdualismus eher wieder stärken denn auflösen. Indem nun Geschlechterfragen aus dem ökonomisch-gesellschaftlichen Zusammenhang herausgenommen scheinen, gelten sie als privat prinzipiell aushandelbar. Die offensichtlichen Geschlechternivellierungen im Alltag scheinen dies zu bestätigen.

Bewältigung

In kritischen Lebenskonstellationen, mit denen es die Soziale Arbeit meist zu tun hat, brechen aber tiefenpsychisch verborgene geschlechtsdifferente Bewältigungsmuster wieder auf. Bei *Männern* wird in diesem Zusammenhang das Bewältigungsmuster der Externalisierung und des Mangels an Selbstbezug beobachtet. Dieses Muster baut sich in unserer Gesellschaft im Prozess des Aufwachsens von Jungen auf. Das Nach-außen-gedrängt-Sein, Nicht-innehalten-Können, führt oft dazu, dass Jungen und Männer es häufig schwer haben Empathie zu zeigen, das heißt sich in die Gefühle anderer hineinversetzen zu können. Indem aber dieser Mechanismus der Externalisierung in der Ökonomie verankert ist und einen entsprechenden Sozialisationstyp strukturell abfordert, ist das Mann-Sein in unserer Gesellschaft über den Lebenslauf hinweg immer wieder in den Bann der Externalisierung gezogen, auch wenn Männer privat nach Zonen des Innehaltens suchen und zu sich kommen möchten. Diese Spannung zwischen gesellschaftlichem Externalisierungsdruck, der sich vor allem in der Intensivierung und Extensivierung männlicher Erwerbsarbeit äußert, und privater Sehnsucht nach Selbstverwirklichung in gefühlvollen, empathischen und nichtkonkurrierenden Beziehungen, zeigt sich empirisch vor allem in den Väterstudien der 2010er Jahre: Eine deutliche Mehrheit der befragten Väter würde gerne eine längere frühkindliche Erziehungszeit als Auszeit von der Erwerbsarbeit nehmen, um ihren Kindern den ganzheitlichen Vaterbezug zu ermöglichen, der für die frühkindliche Geschlechtersozialisation wichtig ist. Aber nur ein verschwindender Anteil kann diesen Wunsch realisieren. Als primärer Grund dafür wird von den Vätern angeführt, dass sie Angst haben, aus ihrer Arbeitskarriere herauszufallen und dass es keine der Mutterrolle ähnliche gesellschaftlich anerkannte Vaterrolle für den frühkindlichen Entwicklungszeitraum gibt. Männer sind also in unseren Gesellschaften durch die bleibende und oft sogar intensivierte Bindung an die Erwerbsarbeitsrolle diesem ökonomischen Externalisierungsdruck weiter unterworfen und so existieren auch männliche und maskuline Geschlechtstypiken – nun modernisiert und rationalisiert („Sachzwang“) – weiter.

Im Kontrast zum „männlichen Prinzip“ der Externalisierung wird *Frauen* mehr das beziehungszentrierte „Prinzip Innen“ zugeschrieben. Zwar wird eingeräumt, dass die Innenorientierung Mädchen und Frauen Vorteile bringt, indem sie eher Zugang zu ihrer eigenen Innenwelt haben als Jungen und Männer und früh lernen, ihre eigenen Gefühle wahrzunehmen, auszudrücken, sich von ihnen leiten zu lassen und dabei sensibel für die Gefühle anderer zu sein. Diese Innenorientierung werde allerdings oft und immer noch von der Außenwelt als weniger wert im Vergleich zur Außenorientierung der Jungen und Männer empfunden. Angesichts der mangelnden Anerkennung dieser Fähigkeiten versuchten Mädchen und Frauen in der Regel auch nicht, sich nach außen zu artikulieren, sondern fräßen vieles in sich hinein und empfänden es als selbstverständlich, dass sie ihre Lebensschwierigkeiten bei sich behalten, in einer *Symptomatik der Verschwiegenheit* verbergen. Denn von Frauen wird in unserer Gesellschaft diese Care-Orientierung wie selbstverständlich erwartet und dabei in ihren Ambivalenzen kaum thematisiert. Hier spielt das tradierte Mutterbild der geschlechtshierarchischen Arbeitsteilung hinein, das – in seiner Familienzentriertheit – im Sozialisationsregime unserer Gesellschaft verankert ist. Vor diesem Hintergrund haben Frauen auch heute noch und immer wieder das Problem der *Vereinbarkeit* zwischen Familie und Beruf zu bewältigen, auch – oder gerade – wenn sie selbst gut ausgebildet und an einer Berufskarriere orientiert sind. Zwar wird die Gleichstellung der Geschlechter auch in dieser Frage öffentlich propagiert, im privaten Bereich aber konterkariert. Dort wird die Frage „Familie oder Karriere" inzwischen zwar subjektiv zwischen Männern und Frauen ausgehandelt; als Aushandlungsergebnis kommen dann meist wieder geschlechtstypische Muster zum Vorschein, nach denen die Frauen wieder in die Familienarbeit gehen und die Männer weiter an ihrer Berufskarriere orientiert sind. Konflikte können aber – angesichts dieses Verdeckungszusammenhangs – immer weniger öffentlich thematisiert werden. Geschlechtersozialisation ist so zu einem „hidden curriculum" des Lebenslaufs geworden.

Von Kindheit an wirken in Eltern, Bezugspersonen im Umfeld, im Kindergarten lebensalterspezifische Orientierungen und Zuschreibungen, so ist es z.B. für Kinder wichtig sich in die entsprechend erkannten Muster von Männlichkeit und Weiblichkeit einzuüben. Angesichts widersprüchlicher Botschaften, wie ein Junge oder ein Mädchen sein soll, werden im Experimentierraum der Jugendlichen Fragen – was darf ein Mädchen, was darf ein Junge – zu einem risikovollen umkämpften Terrain. In manchen Gruppenmilieus sind spielerische Formen erlaubt in anderen werden Abweichungen extrem sanktioniert und zu Mobbing-Anlässen. Auch hinter Berufswahl-Entscheidungen stehen neben den selektiven Wirkungen der Bildungs- und Berufsinstitutionen meist vorausschauend wirkende Geschlechterbilder im Hinblick auf (männlich konnotierte) Karriere oder (weiblich konnotierte) Vereinbarkeit von Familie und Beruf.

Das Wissen um solche geschlechtsbezogenen *Verdeckungszusammenhänge* – Externalisierung und privat ausgehandelte Vereinbarkeit – hilft in der Sozialpädagogik/Sozialarbeit insofern weiter, als wir selbst oft das subjektive Empfinden der Geschlechternivellierung haben. Insofern können diese geschlechtersoziologischen Erkenntnisse einen Reflexionshintergrund beim sozialpädagogischen Umgang mit übergangenen Konflikten abgeben (vgl. Bitzan 2000).

5.4 Habitus

Während der auch soziologisch zu betrachtende sozialpolitisch relevante *Lebenslagen*ansatz die Verbindung zwischen Gesellschaftsentwicklung, Sozialstruktur und Handlungsspielräumen aufschließen kann (vgl. 6.2), ist in dem Konzept des *Habitus* die These enthalten, dass ein grundlegender Zusammenhang zwischen sozialstrukturellen Herkunftsbedingungen und individuellen psychosozialen Haltungen besteht. Gesellschaftliche Bedingungen bilden sich danach in der Persönlichkeit bis in ihre Körperlichkeit hinein ab. Die Muster der Lebensbewältigung sind hier nicht situativ beliebig, sondern werden aus einer psychosozialen Grundstruktur der Persönlichkeit heraus aktiviert, die der Einzelne in seinen sozialen Herkunftsmilieus erworben hat und die in seiner weiteren Biografie strukturierend wirken. „In den Dispositionen des Habitus ist […] die gesamte Struktur des Systems der Existenzbedingungen angelegt, so wie diese sich in der Erfahrung einer besonderen Lage und einer bestimmten Position innerhalb dieser Struktur niederschlägt. Die fundamentalen Gegensatzpaare der Struktur der Existenzbedingungen (oben/unten, reich/arm etc.) setzen sich tendenziell als grundlegende Strukturprinzipien der Praxisformen, wie deren Wahrnehmung durch." (Bourdieu 1982, S. 277 f.) Für Pierre Bourdieu, der das Habituskonzept entwickelt hat, spielt sich dies alles im Unbewussten ab und entsprechend sieht er im Habitus „die zur zweiten Natur gewordene, in motorische Schemata und körperliche Automatismen verwandelte gesellschaftliche Notwendigkeit" (ebd., S. 237). Diese Vorstellung von einer gesellschaftlichen Prägung des Individuums darf aber nicht als feststehende und durchgängige angenommen werden. Bourdieu selbst hat immer wieder dem Vorwurf, das Habituskonzept sei deterministisch angelegt, widersprochen. „Durch die äußeren materiellen, sozialen und kulturellen Existenzbedingungen – das heißt durch die gesellschaftlichen Strukturen – und deren verinnerlichende Transformation in habituelle Denk-, Erwartungs- und Handlungsstrukturen, werden lediglich die Grenzen möglicher und unmöglicher Praktiken festgelegt, nicht aber die Praktiken an sich." (Schwingel 2000, S. 67) Brandes (2001) weist in diesem Sinne darauf hin, dass es der Habitus ermöglicht, in variierenden Praxisfeldern auf die gleiche Art und Weise intuitiv zu handeln, weil darin lediglich die fundamentalen Grundprinzipien dieses Handelns, die Struktur des Herangehens an die Probleme festgelegt sind. Der Habitus ist als Haltung in den Körper eingeschrieben, der dabei „als sozialer Bedeutungsträger fungiert“ (Brandes 2001, S. 66), gleichzeitig aber genauso die Tiefenschicht der Persönlichkeit enthält „die noch *vor* der Aneignung der Sprache entsteht“ (ebd., S. 74). Es ist gerade dieser „vorsprachlich konstituierte Zusammenhang von unmittelbarer Körperlichkeit und sozialer Bedeutung (Symbolik), der dafür verantwortlich ist, dass eine bestimmte soziale Interpretation so fundamental mit dem Selbstempfinden [...] verknüpft ist, dass jede Infragestellung dieser Interpretation leicht als Angriff auf die eigene Person empfunden wird“ (ebd., S. 74).

Die Achillesferse des Habituskonzeptes liegt in seinen gesellschaftstheoretischen Hintergrundannahmen. Was passiert, wenn sich die gesellschaftlichen Strukturen in denen der jeweilige Habitus sich geformt hat, so verändern, dass die habitualisierten Praktiken der Lebensgestaltung nicht mehr greifen oder biografische Umbruchsituationen aber auch innere Konflikte (z.B. um die eigene Geschlechtsidentität) eine Veränderung erzwingen oder wünschenswert erscheinen lassen? Das Habituskonzept ist vor dem Hintergrund einer Gesellschaft entwickelt worden, die sozial deutlich geschichtet war. „Die objektiv gegebenen Möglichkeiten und Notwendigkeiten, die die Klassenlage ausmachen, bestimmen nicht nur das Verhältnis der Individuen zur Welt, ihren Geschmack und ihre Lebensgewohnheiten, sondern auch ihre Zeithorizonte, ihre Hoffnungen und Erwartungen für die Zukunft und ihre Strategien der Reproduktion oder Veränderung ihrer sozialen Lage.“ (Krais/Gebauer 2002, S. 41) Dies ändert sich nach dem Habituskonzept in der Grundstruktur auch nicht, wenn man den sozialen Kontext verlässt, in dem der biografische Habitualisierungsprozess in Kindheit und Jugend stattgefunden hat, also wenn man z.B. aus der Unterschicht in die Mittelschicht aufsteigt. Denn auch dann „bleibt, trotz aller Arbeit an sich selbst, der Habitus [...] von den Bedingungen seiner Entstehung geprägt: Von den Anstrengungen des Aufstiegs, von den Entsagungen auf dem Weg nach oben, von der Sorge um den Eindruck, den er und sie auf die anderen machen und vor allem von dem Bestreben, ihre Herkunft, ihre Geschichte und ihre Nähe zu den unteren Klassen zu vergessen und unsichtbar zu machen“ (ebd., S. 47).

Nun ist die soziale Welt der Industriegesellschaften zu Anfang des 21. Jahrhunderts keine eindeutig geschichtete mehr. Die Aufstiegsbahnen sind für viele nicht mehr vorgezeichnet, das Streben nach habitueller Sicherheit und das nach situativer Handlungsfähigkeit klaffen immer wieder auseinander. Hier muss das Lebenslagenkonzept eingeführt werden, weil es hier ausdrücklich den gesellschaftlichen Wandel im Hinblick auf die Erweiterung oder Verengung der Lebensverhältnisse und ihrer Spielräume thematisiert. Prahl/Schroeter (2000) haben in diesem Sinne versucht, das Lebenslagenkonzept mit dem Habituskonzept zu verbinden: Der Habitus stellt sich auch für sie nicht als starres Dispositionssystem dar, sondern als Aneignungsmodus, über den und aus dem heraus die Ermöglichung und Verwehrungen, die in der Lebenslage aufscheinen, je biografisch interpretiert werden können. Dem Habitus fällt damit „die Funktion einer ‚Relaisstation‘ zu, die auch jenseits bisheriger Erfahrungen neue Handlungsmuster produzieren kann“ (ebd., S. 428), die aber nicht durchgängig, sondern je nach Spielräumen der Lebenslage wirksam wird.

Es ist aber wichtig, in dieser Betrachtung von Ermöglichung und Verwehrung die oben nun immer wieder angesprochenen Konflikterfahrungen und inneren Ambivalenzen nicht zu übergehen. Gerade die Soziale Arbeit muss eine besondere Aufmerksamkeit für Brüche entwickeln, die vor allem dann entstehen, wenn der einmal erworbene Status verloren geht und der damit verbundene Habitus der neuen Situation nicht mehr entspricht. So eignen sich Personen, die von Wohnungslosigkeit bedroht sind, diese neue Lage nach dem Milieu an, aus dem sie kommen und geraten dadurch in neue Konflikte. Frauen und vor allem Männer verlieren durch Arbeitslosigkeit ihre habituelle Sicherheit und es entwickelt sich oft eine übersteigerte Suche danach. Wenn das in der sozialpädagogischen Intervention nicht erkannt wird, können sich massive Irritationen im Verhältnis zu den KlientInnen einstellen.

5.5 System – Lebenswelt, Systemintegration – Sozialintegration

Freiheits- und Gestaltungsmöglichkeiten, wie Konflikte der Menschen innerhalb gesellschaftlicher Systeme, versucht auch Jürgen Habermas in seiner, gegenüber dem giddensschen Konzept älteren „Theorie des kommunikativen Handelns“ (1981) aufzuschließen. Ihm geht es um die Freiheitsgrade des sozialen Handelns von Menschen in Herrschaftsbeziehungen, die durch gesellschaftliche Systemkonstellationen vermittelt sind: „Gesellschaftliche Bedingungen und Situationen sollen nach ihrem Unterdrückungsgehalt und der Intensität ihrer Handlungskontrollen unterschieden werden. Sozialstrukturelle Konstellationen werden daraufhin abgefragt, ob sie Interaktionen und Kommunikationen zulassen“, die – vor dem Hintergrund der Idealkonstruktion des „herrschaftsfreien sprachlichen Diskurses“ den Menschen ermöglichen, gestaltendes Handeln zu entwickeln (Hurrelmann 1986, S. 57). Habermas hat diesen Ansatz auch vor dem Hintergrund der kritischen Auseinandersetzung mit der Systemtheorie Niklas Luhmanns (vgl. 9.1) im Hinblick auf die Gefahr der Verselbstständigung sozialer Systeme im Zuge der ökonomisch-technologischen Modernisierung entwickelt. Die Logik und Selbstreferenzialität der sozialen Systeme sei im Verlauf der Geschichte so beherrschend geworden, dass der Mensch aus seiner Lebenswelt heraus wieder radikal ins Spiel gebracht werden muss. Nur so könne man zu einer theoretischen Vorstellung von einer sozialen Balance der Gesellschaftsentwicklung kommen. Der von ihm dabei verwendete zentrale Begriff der Kommunikation unterscheidet sich grundlegend vom Kommunikationsbegriff der Systemtheorie (vgl. Luhmann 1984). Habermas meint damit die von den Subjekten hervorgebrachten Manifestationen, die sprachlichen Deutungen und Verständigungen im Kontext symbolischer Reproduktion, wie wir sie aus der Theorie des symbolischen Interaktionismus (vgl. 8.3) kennen. Die Systemtheorie hingegen versteht darunter Kommunikation *an sich* gleichsam als Programmstruktur der System-Umwelt-Bezüge. Der habermassche Kommunikationsbegriff dagegen zielt auf lebensweltliche Verständigung Kommunikation speist sich also aus den Lebenswelten und strukturiert so das soziale Handeln. Lebenswelt wird dabei von Habermas definiert als „Hintergrundkontext von Verständigungsprozessen, als intersubjektiv geteilte Welt. Ihre Rationalität erhält sie durch reflexiv werden der symbolischen Reproduktion." (Habermas 1981, Bd. 2, S. 219) Es geht also nicht so sehr um die direkte Verständigung – also um einfache Kommunikation –, die mit dem arbeitsteiligen Fortschreiten der Moderne gesellschaftlich an Bedeutung verloren hat. Dagegen hat die Bedeutung der Metakommunikation, der diskursiven, das heißt der reflexiven und rational begründeten gesellschaftlichen Auseinandersetzung über diese Verständigung, angesichts der unübersichtlich gewordenen gesellschaftlichen Verhältnisse zugenommen. Lebenswelten können also in ähnlich komplexen Ausdifferenzierungen wie Systeme Gesellschaftliches ausbilden. Insofern existieren zwei Entwürfe des Gesellschaftlichen, der lebensweltliche (sozial integrative) und der systemische (systemintegrative) nebeneinander. Habermas setzt auch seinen Lebensweltbegriff nicht einfach dem Systembegriff entgegen, sondern sieht das Gesellschaftliche *gleichzeitig* als System und Lebenswelt, im Prinzip ähnlich der giddensschen Sozialtheorie der Dualität von Struktur und Handeln. Erst indem sich die Systeme im Verlauf der gesellschaftlichen Modernisierung von ihren lebensweltlichen Bezügen abkoppelten, haben sie sich selbstreferenziell geschlossen. Diese Selbstreferenzialität „wird aus der Sicht der weiterhin bestehenden lebensweltlich-kommunikativ verfassten Handlungspraxis, die über Sprache, Tradition und Interaktion verläuft, als Versachlichung und Anonymisierung wahrgenommen. Diese Verselbstständigung des Systemischen würde zur Bestandskrise der modernen Gesellschaft insgesamt führen, wenn es sich gänzlich von der Lebenswelt abkoppeln könnte oder wenn es die lebensweltliche Basis der Gesellschaft total zu beherrschen oder gar zu ersetzen suchte." (Lippitz 1992, S. 307)

Ob das System sich der Lebenswelt gegenüber überfremdend und einseitig vereinnahmend entwickelt, hängt von dem jeweiligen historischen Verlauf der Vergesellschaftung ab. Habermas unterscheidet in diesem Zusammenhang zwischen *Mediatisierung* und *Kolonialisierung.* Der Begriff der Mediatisierung verweist auf die basale Notwendigkeit, die der Struktur moderner arbeitsteiliger Gesellschaften immanent ist: Mit fortschreitender Differenzierung und damit verbundener gegenseitiger Entfernung von subjektiven Lebenswelten und systemischen Gesellschaftsprozessen müssen – im Sinne gesellschaftlicher Integration – „Verständigungsformen" (Habermas) gefunden werden, die es den Menschen erlauben, systemische Ansprüche so in ihre lebensweltliche Befindlichkeit zu integrieren, dass sie mit sich identisch und in diesem Sinne autonom sein können. Kolonialisierende Effekte dagegen entstehen im Zuge des systemischen Einwirkens auf die Lebenswelten dann, wenn deren eigene soziale Substanz weitgehend abgebaut und die Erlebens- und Erfahrungsstrukturen sich nach den systemischen Prinzipien ordnen: „Die Imperative der verselbstständigten Subsysteme dringen, sobald sie ihres Schleiers entkleidet sind, von außen in die Lebenswelt – wie Kolonialherren in eine Stammesgesellschaft – ein und erzwingen die Assimilation." (Habermas 1981, S. 522) Denn „über die Steuerungsmedien [Geld, Recht, Macht, entsprachlichte Medien, d.A.] schaffen sich die systemischen Mechanismen ihre eigenen normfreien, über die Lebenswelt hinausragenden Alltagsstrukturen und ziehen dabei auch den lebensweltlichen Alltag in ihren Bann" (Habermas 1981, Bd. 2, S. 257). Die Ökonomisierung der sozialen Beziehungen, wie sie in den letzten Jahren thematisiert wird, kann mit dem Kolonialisierungsparadigma beschrieben werden.

Der Begriff der Kolonialisierung suggeriert aber eine Unterdrückung, die die Subjekte oft gar nicht als solche an sich erfahren, da die „Assimilation" weniger als Zwangsmechanismus, sondern eher als Identifikationsmechanismus funktioniert. Klaus Ottomeyer (1991) argumentiert weiterführend: „Als Kommerzialisierung, Monetarisierung und Bürokratisierung drohen die unpersönlich-systemischen Steuerungsmechanismen auch in die Bereiche einzusickern, die bislang noch von lebensweltlich verbundenen Individuen konsensuell reguliert wurden. Die Systeme können (in einer Art Verkehrung von Subjekt und Objekt) die verbliebenen Lebenswelten […] zu ihren Umwelten machen und sie sich, so wie ein natürlicher Organismus seine Umwelt, teilweise einverleiben, nutzbringend (das heißt profit- und machtsteigernd) assimilieren. Die Systemtheorie luhmannscher Prägung macht gewissermaßen in einer Art ‚Identifizierung mit dem Angreifer' diese reale Verselbstständigung und Verkehrung auf intelligente Weise mit und hat das Projekt einer Rettung oder Emanzipation der Lebenswelten längst als romantisch aufgegeben." (S. 164)

Alternativen zu dieser systemischen Kolonialisierung der Lebenswelten liegen aber weiterhin im Aufschließen neuer erst diskursiv zu begründender/konfliktreich durchzusetzender Spielräume für ein verständigungsorientiertes Handeln, das seine Grundlage in der Lebenswelt und der ihr zugehörigen Sprache hat. Dieses verständigungsorientierte Handeln kann sich vor allem im Bereich der Kultur, der Sozialisation, in alltäglichen Gemeinschaftsbezügen und natürlich auch in sozialpädagogischen Handlungsfeldern entwickeln. Entsprechend ist auch der Beitrag der habermasschen Theorie darauf gerichtet, eine solche kommunikative Kompetenz zum Diskurs einzufordern. Diese orientiert sich an der Idealsituation herrschaftsfreier Kommunikation, in der nur das bessere Argument sich durchzusetzen in der Lage ist und die gleichsam als ideale Lebensform avisiert wird. Damit ist – aus der soziologischen Analyse heraus – auch ein Maßstab der Kritik an systemischen Modernisierungsprogrammen ausformuliert. Ulrich Beck hat in seinem Gesellschaftsmodell der „anderen Moderne" diese Perspektive der Modernisierungskritik auf den Begriff der „reflexiven Modernisierung" gebracht: „Im Zuge reflexiver Modernisierung [stellt sich] die Frage nach dem Individuum [...] neu: nicht direkt, aber über den Umweg der Institutionenkritik." (Beck 1991, S. 192)

Der System-Lebensweltansatz ist vor allem in die sozialpädagogische Schulkritik eingegangen. Das System Schule schotte sich gegenüber den Lebenswelten der SchülerInnen ab, indem es nicht nur bestimmte Fähigkeiten bevorzuge, sondern auch andere, im Alltag und in der bisherigen Biografie erworbene Kompetenzen und Lebensäußerungen zurückweise. Nur ein bestimmtes Lernen, ein bestimmtes Wissen und bestimmte Erfahrungen werden zugelassen. Damit ist der Tatbestand der Kolonialisierung erfüllt. Gleichzeitig wird ein Sinnproblem freigesetzt: Kinder und Jugendliche müssen in die Schule gehen, auch wenn sich das Leben in der Schule oft nur schwer mit dem Alltagsleben und den Alltagsträumen verbinden lässt und der Schule somit der (lebensaltertypische) Sinn abgeht. Kolonialisierung und Sinnverlust hängen bei Habermas eng zusammen. Die Schule hilft einem wenig dabei, die Welt und sich in ihr zu erleben und zu begreifen, sie lehrt die Ordnung der Welt so wie sie vorgegeben ist. Den Sinn an der Schule müssen sich die Kinder und Jugendlichen in der Regel biografisch irgendwie selbst zusammenbasteln.

So wie sich damals die Schulkritik im lebensweltlich-systemischen Paradigma entwickelt hat, kann sie heute noch in ihrer Grundstruktur weitergegeben werden. So wie die Schule inzwischen lerntechnologisch intensiviert worden ist, bietet sie – nun modernisiert – immer noch überwiegend fertige Ergebnisse, deren Gewordensein die SchülerInnen nicht mehr erkennen und deshalb auch nicht sinnlich erfahren können. Damit entsteht die Gefahr der Spaltung des Menschen in ein wissenschaftliches Subjekt und einen sinnlichen Menschen, der seine Hoffnungen, Träume und Enttäuschungen nicht mehr mit seinem erlernten Wissen zusammenbringen kann.

Das System-Lebenswelt-Paradigma findet sich auch in der Ambivalenz des *Integrationsbegriffs* wieder, der für die Soziale Arbeit zentral ist. Sie hat ja den öffentlichen Auftrag, ihre KlientInnen gesellschaftlich zu integrieren, in die herrschende Normalität einzupassen, dabei aber gleichzeitig deren je eigene lebensweltliche Bezüge zu respektieren und ihre Hilfen an diesen auszurichten. Hier tut sich der für SozialarbeiterInnen wenig fassbare, aber immer wieder spürbare Strukturkonflikt zwischen *Systemintegration* und *Sozialintegration* auf, zwischen Zwang zur Anpassung und Freiheit der alternativen (Um)Wege. „Unter Systemintegration werden die Prozesse der Steuerung funktionaler Zusammenhänge einer Gesellschaft bezeichnet. Sie [...] setzen sich als strukturelle Gewalt durch die Handlungsorientierungen der Gesellschaftsmitglieder hindurch fort. Demgegenüber regeln soziale Integrationsprozesse die Institutionen des Miteinanderlebens und die Sinnhaftigkeit von Sozialformen." (Hörning/Michailow 1990, S. 505) Wir werden im Verlauf dieser Einführung sehen – ob nun am Beispiel des Umgangs mit sozialen Problemen wie Devianz, Armut, Migration oder dem herrschenden Arbeits- und Bildungsbegriff –, dass hoheitlich erwartete systemintegrative Definitions- und Durchsetzungsmuster es der Sozialen Arbeit schwer machen, eigene, an der Betroffenheit und dem je biografischen Vermögen der KlientInnen anknüpfende Institutionen sozialer Anerkennung und Befähigung zu entwickeln und entsprechende Sozialformen „neben" der herrschenden Normalität zu gestalten. Wir können diese Strategie mit dem Begriff der „sekundären Integration" beschreiben.

Der so in seiner Ambivalenz strukturierte Integrationsbegriff ist – zumindest aus soziologischer Sicht – der gesellschaftlichen Wirklichkeit entsprechender als der neuerdings in der Sozialen Arbeit verwendete Begriff der *Inklusion.* Dieser soll scheinbar deshalb dem Integrationsbegriff vorgezogen werden, weil jener doch politisch belastet sei, den administrativen Integrationszwang symbolisiere. Dabei wird aber übersehen, dass hiermit nur die systemische Dimension des Integrationsbegriffs angesprochen ist, sein weiter reichender, die soziale Dimension und vor allem den spezifischen Strukturkonflikt thematisierender Theoriegehalt aber nicht erkannt wird. Inklusion ohne Konflikt? So bleibt der Inklusionsbegriff programmatisch, verdeckt eher, als dass er die wirklichen Zusammenhänge aufschließen kann.

5.6 Geschlechterverhältnisse und geschlechtshierarchische Arbeitsteilung

Geschlecht und Geschlechterverhältnisse in ihrer sozialen Gestalt werden in den Sozialwissenschaften als zentrale Vermittlungskategorien zwischen Subjekt und Gesellschaft thematisiert. Da das Geschlecht, auch wenn es – gesellschaftlich gesehen – eine soziale Konstruktion darstellt, an die Leiblichkeit des Menschen gebunden ist, kann es gleichermaßen als personales Orientierungs- wie soziales Ordnungsprinzip wirken. Das entsprechende System der Zweigeschlechtlichkeit kommt sowohl dem personalen Streben nach Identität und Zugehörigkeit als auch dem gesellschaftlichen Erfordernis gesellschaftlicher Reproduktion und Ordnung entgegen. Bilder von Männlichkeit und Weiblichkeit wie überhaupt Geschlechtszugehörigkeit werden also (wenn auch unter inneren und äußeren Konflikterfahrungen) inkorporiert und finden sich gleichzeitig in der Geschlechtsspezifik der gesellschaftlichen Arbeitsteilung wieder.

Wir bezeichnen die historisch gewordene gesellschaftliche Tatsache, dass Mann-Sein und Frau-Sein und analog zugeordnete soziale Eigenschaften unterschiedlich *bewertet* und dass diese hierarchischen Bewertungsprinzipien die Herrschafts- und Sozialstrukturen – aber auch die Alltagskulturen –

in unserer Gesellschaft maßgeblich beeinflussen, als *geschlechtshierarchische Arbeitsteilung.* Sie ist gekennzeichnet durch das Macht- und Dominanzmuster des Patriarchats als Ausdruck der überkommenen und gleichzeitig sich immer auch modernisierenden Herrschaft der Männer über die Frauen. Wobei das Patriarchat in der vorindustriellen Zeit als Väterherrschaft an das Eigentum gebunden war und erst später, in dem personenübergreifenden Entwicklungsprozess der modernen industriellen Arbeitsteilung, eigentumsunabhängig wurde. Seitdem ist der Begriff des Patriarchats nicht mehr angemessen, auch wenn Dominanzmuster und Privilegierung von Männern in zentralen Gesellschaftsbereichen und Frauendiskriminierung fortbestehen.

Mit der Industrialisierung wurde das Patriarchat also zur geschlechtshierarchischen Arbeitsteilung transformiert. Die moderne Industriegesellschaft fußt auf der Trennung von Wohnen und Arbeiten, von Familie und Betrieb, von industrieller Produktion und privater Reproduktion. Letztere ist notwendig, um die Menschen für die industrielle Produktion demografisch, sozial und psychisch-emotional zu reproduzieren und ist damit dieser zu- und untergeordnet, die private Reproduktion ist strukturell unabdingbar, aber mit einer historischen Selbstverständlichkeit behaftet, die ihr einen niedrigen gesellschaftlichen Wert gibt. Im Prinzip ist die industrielle Arbeit nicht aus sich heraus auf die Über- und Unterordnung von Mann und Frau angewiesen, eine Geschlechterhierarchie ist ökonomisch nicht zwangsläufig, wohl aber die Trennung von öffentlich produktiver und privat reproduktiver Tätigkeitssphäre.

Im Zuge der Demokratisierung der modernen Industriegesellschaften im 20. Jahrhundert und den damit verbundenen Tendenzen der kulturellen Geschlechternivellierung und Frauenemanzipation veränderte sich auch der Herrschaftscharakter der geschlechtshierarchischen Arbeitsteilung. Das Patriarchalische konnte und kann sich nicht mehr über direkte Gewaltausübung und Unterdrückung realisieren, sondern ging vielmehr in eine Gesellschaftsstruktur über, in der die geschlechtshierarchische Arbeitsteilung nun im Hintergrund weiterwirkte, wenn auch im Vordergrund der alltäglichen Interaktionen und biografischen Prozesse eher emanzipatorische und Geschlechterbilder transformierende kulturelle Praxen, Verkehrsformen und entsprechende institutionelle Regeln entstanden. Die ökonomisch gestützte geschlechtshierarchische Arbeitsteilung wurde also kulturell gebrochen, behielt aber ihren strukturellen Einfluss, der sich aber durch die soziale Wirklichkeit gegenläufiger kultureller Muster immer wieder verändern, modifizieren konnte. Diese pluralen Zusammenhänge sind gesellschaftstheoretisch mit dem Konzept der Hegemonialität (vgl. 3.1 und Connell 1987) erfassbar. Die Ebene des sozialen Handelns kann mit dem bourdieuschen Habituskonzept (5.4) bearbeitet werden: Das Verhalten von Männern und Frauen präsentiert sich (in seiner Verschiedenheit) kulturell und individuell einzigartig, ist aber in seiner Struktur – auch wenn es gegenläufig scheint –

auf das Hintergrundmuster geschlechtshierarchischer Arbeitsteilung rückbezogen und durch dieses geprägt. Das betrifft die feministisch-emanzipatorische Frau ebenso wie die konventionelle, den „neuen Mann" ebenso wie den patriarchalisch-tradierten; alle müssen mit diesem geschlechtshierarchischen Grundmuster umgehen.

Gegenwärtig wird für das Alltagsleben und die Kultur- und Bildungsinstitutionen eine zunehmende Geschlechternivellierung konstatiert. Damit aber ist die gesellschaftsstrukturelle Geschlechterfrage nicht aus der Welt. Sie wirkt hinter den Alltagswelten weiter. Wir müssen hier mit dem Konstrukt des – ökonomisch-gesellschaftlichen wie tiefenpsychischen – *Verdeckungszusammenhangs* arbeiten. Was auf der Alltagsebene als privates Bewältigungsproblem erscheint, entpuppt sich in der Strukturanalyse als doppeltes Verdeckungsproblem: Zum einen wirkt in der technologisch-ökonomischen Entwicklungslogik des digitalen Kapitalismus das männlich konnotierte Prinzip der Externalisierung – vielleicht sogar radikaler als zuvor – weiter, zum anderen muss der damit verbundene strukturelle Druck auf die private Sphäre bewältigt werden. Es handelt sich dabei um tiefenpsychisch verdeckte, nicht thematisierte Zusammenhänge, die meist vom Alltagsbewusstsein und damit auch biografisch abgewehrt bzw. verdrängt werden.

Solche Verdeckungszusammenhänge sind das Resultat einer neokapitalistischen Entwicklung, wie sie sich zu Anfang des 21. Jahrhunderts darstellt. Beschleunigte Rationalisierung und Flexibilisierung der Produktion führt dazu, dass das Normalarbeitsverhältnis keine Selbstverständlichkeit mehr ist. Die Arbeitsbeziehungen sind immer weniger sozial reguliert; wie die Menschen damit zurechtkommen, wird den privaten Beziehungen überlassen. Gleichzeitig dringt der ökonomische Sachzwang in diese Beziehungsebene ein. Das macht vor allem erst einmal Männern zu schaffen. Denn die Arbeitsrolle im Kontext eines Normalarbeitsverhältnisses macht in den Industriegesellschaften den sozialen Kern der Definition von Männlichkeit aus. Der digitale Kapitalismus gefährdet nun dieses gesellschaftliche Männlichkeitsbild, treibt aber auf der anderen Seite in seinen Rationalisierungs- und Abstrahierungstendenzen das Prinzip der Externalisierung, des Nicht-innehalten-Könnens weiter voran. Dieses Prinzip des ‚Außen' ist in unserer Kultur männlich konnotiert (vgl. Böhnisch 2004). Männlichkeit wird also gleichzeitig – durch die tendenzielle Auflösung des Normalarbeitsverhältnisses – zurückgewiesen und – in der ökonomisch-technologischen Dynamik der Externalisierung – neu gefordert. Der entbettete ‚abstrakte Arbeiter', sozial flexibel und verfügbar, ist zur scheinbar geschlechtsneutralen Leitfigur der neuen Ökonomie für Männer und Frauen geworden. Dabei stellt sich aber das alte Problem der *Vereinbarkeit* zwischen Familie und Beruf, das traditionell den Frauen zugeschoben ist, neu. Die Übereinkunft zwischen den Geschlechtern darüber, wie der Aufbau der Familie und die Erziehung der Kinder realisiert werden soll, erscheint als selbstbestimmte

Aushandlung, liegt aber dennoch nicht in der freien Verfügung der Privatleute. Die Intensivierung der Arbeit und die Männern zugeschriebene und entsprechend institutionell verankerte höhere Verfügbarkeit zur Erwerbsarbeit wirkt meist in der Richtung, dass sich in den Familien die herkömmliche Rollenaufteilung der Geschlechter immer wieder neu einstellt. War diese geschlechtsspezifische Arbeitsteilung noch vor wenigen Jahrzehnten eine kulturelle Selbstverständlichkeit, so hat sich jetzt für beide – Männer und Frauen – über die Entgrenzung der Arbeit ein neuer Konflikt aufgetan. Denn auch viele Männer möchten heute ihre gewachsenen Ansprüche auf Teilhabe in der Familie und an der Erziehung für sich realisieren. Sie werden aber oft durch eine intensivierte ökonomische Einbindung und durch erhöhten Bewältigungsdruck im Zusammenhang mit der Labilisierung des Normalarbeitsverhältnisses daran gehindert (vgl. Scholz 2009). Die Frauen wiederum kommen vom Vereinbarkeitsproblem nicht los, die beruflichen Zugänge sind zwar offen, aber verlangen, wo sie in Karrieren münden sollen, nicht selten die ungewisse Zurückstellung des Kinderwunsches.

Entgrenzung der Arbeit und Entgrenzung des Geschlechterverhältnisses laufen also nebeneinander her und gehen immer ineinander über. Damit verschwimmen auch traditionelle geschlechtsspezifische Orientierungsmodelle, ohne dass neue Muster der Geschlechterorientierung diese ganz ablösen können. Es werden *Bedürftigkeiten* freigesetzt, Wirrungen also, die für Männer und Frauen immer wieder dann entstehen, wenn sie glauben, die Geschlechtergrenzen mit ihren Wünschen und Ambitionen außer Kraft setzen zu können. Dabei muss sich der Blick nicht nur auf die erwerbstätigen Männer im Sog der Arbeitsintensivierung richten, sondern auch auf die vielen, die arbeitslos sind oder in prekären und unterbezahlten Beschäftigungsverhältnissen ihr Auskommen finden. Gerade auch sie werden in ihrem Mann-Sein verunsichert. In der feministischen Diskussion wird in diesem Zusammenhang von der „Feminisierung" der Erwerbsarbeit gesprochen. Hier ist nicht nur gemeint, dass sich der Anteil der Frauen an der Erwerbsarbeit im letzten Vierteljahrhundert in den westlichen Industriestaaten überproportional erhöht hat, sondern auch, dass sich die Erwerbsarbeit zunehmend zum Feld beständiger Verunsicherung gewandelt hat, die Arbeitsverhältnisse sich informalisieren und die diskontinuierlichen ungeschützten Arbeitskontexte, die früher zuerst Frauen zugewiesen wurden, nun auch bei Männern zunehmen. Das bedeutet für Männer, dass viele von ihnen in Arbeitsverhältnisse geraten, die für eine Begründung und Symbolisierung der männlichen Erwerbs- und Dominanzrolle nicht mehr geeignet sind.

Die Sozialpädagogik braucht das Wissen um solche Bedürftigkeiten, wenn sie in Erziehungshilfen, Beratung und Jugendarbeit hinter die Fassade der Geschlechternivellierung zu den weiterwirkenden geschlechtstypischen Verunsicherungen und Bewältigungsproblemen vorstoßen will.

5.7 Individualisierung

Der seit dem Ende des 19. Jahrhunderts anhaltenden gesellschaftliche Prozess der *Individualisierung,* als Konsequenz beschleunigter ökonomischer und sozialer Arbeitsteilung, wurde zuerst von Emile Durkheim (1893) beschrieben und von Ulrich Beck fast hundert Jahre später neu und systematisch gefasst (1986). Der Begriff Individualisierung ist ein gesellschaftlicher Strukturbegriff, bezieht sich also nicht vordergründig – wie oft fälschlich gemeint – auf das Individuum, sondern auf einen spezifischen Prozess der Vergesellschaftung. Schon zu Anfang des 20. Jahrhunderts wurde die ganze Tragweite dieses Individualisierungsprozesses erkannt und in seinen Konsequenzen freigelegt. Die Individualisierung ist also eine Funktion des Modernisierungsprozesses und meint sowohl den Prozess „der Herauslösung aus historisch vorgegebenen Sozialformen und -bindungen im Sinne traditioneller Herrschafts- und Versorgungszusammenhänge“, den „Verlust traditioneller Sicherheiten im Hinblick auf Handlungswissen, Glauben und leitende Normen“ als auch „die Suche nach einer neuen Art der sozialen Einbindung.“ (Beck 1986, S. 206)

Wichtig beim Gebrauch des Individualisierungstheorems ist also, dass man dreierlei berücksichtigt: Zum einen handelt es sich hier um eine soziologische Strukturkategorie und nicht um ein individualpsychologisches Konstrukt: „Individualisierung wurde als historisch-soziologische [...] Kategorie verstanden, [...] die in der Tradition der Lebenslagen- und Lebenslaufforschung steht und sehr wohl zu unterscheiden weiß zwischen dem, was mit den Menschen geschieht, und [...] wie sie in ihrem Verhalten und Bewusstsein damit umgehen.“ (Beck 1986, S. 207) Zum Zweiten ist im Individualisierungstheorem die These enthalten, dass die Menschen in solchen Prozessen der sozialen Freisetzung immer auch nach neuen Formen sozialer Integration suchen. Denn der moderne Mensch in einer hoch arbeitsteiligen Gesellschaft ist existenziell auf andere angewiesen und kann nur existieren, wenn er sozial irgendwie eingebunden ist. Individualisierung ist kein einseitiger Prozess. Schon Emile Durkheim (1893) hat die moderne Arbeitsteilung als Individualisierungsprozess mit Doppelcharakter beschrieben, in dem gleichzeitig die Notwendigkeit verstärkter sozialer Integration freigesetzt wird. Auch Beck (1986) verweist auf die Gleichzeitigkeit von Individualisierung und Standardisierung, die im Konsum (vgl. 13.5) ihren sichtbarsten Ausdruck findet: Die KonsumentInnen werden so beworben, dass sie glauben, ein einzigartiges, weil „individuelles“ Produkt zu kaufen, das aber gleichzeitig in einer weltweit verbreiteten Marke aufgeht. Es ist die Spannung zwischen Wunsch nach Individualität und Suche nach Zugehörigkeit, die der Individualisierungsprozess freisetzt. Auch der Erweiterung der individuellen Optionen steht das Risiko gegenüber, sich selbst und selbstverantwortlich in der gesellschaftlichen Unübersichtlichkeit behaupten zu müssen. Dem Recht auf ein eigenes Leben steht gleichsam der „Zwang zum eigenen

Leben“ (Richter 2008) gegenüber. Die moderne Pluralität der Werte und Lebensformen („Pluralisierung“) provoziert immer Gegenbewegungen, die auf fundamentale Eindeutigkeit und Retraditionalisierung setzen.

Die kritische Sicht auf Individualisierung hat sich in dem Maße weiter ausdifferenziert, in dem die Zwänge thematisiert werden, die hinter der Alltagsfassade der Freiheit des Verhaltens verborgen sind. Im Prozess der Zivilisation (vgl. Elias 1976), der die Modernisierung sozial und kulturell geformt hat, sei „der äußere gesellschaftliche Zwang ins Innere des Individuums verlagert“ worden. Deshalb sei „die Selbstbestimmung nur Schein. Die vermeintlich individualisierte Gesellschaft ist, wie auch Foucault (1976)) analysiert, eigentlich eine Disziplinargesellschaft“(Richter 2008, S.72), in der die Subjekte durch Internalisierung von Konformität als Voraussetzung für äußere Verhaltensfreiheit die gesellschaftliche Macht selbst aufrechterhalten. Vorangetrieben ist dieser ambivalente Prozess in den neuen Formen der Subjektivierung der Arbeit (vgl. 13.2), in denen sich die einzelnen ArbeitnehmerInnen als selbstverantwortliche „UnternehmerInnen ihrer Arbeitskraft“ spüren sollen, gleichzeitig aber ihr Arbeitsplatzrisiko selbst tragen müssen und dabei das zunehmend flexibilisierte neokapitalistische System von unten her aufrechterhalten. So gesehen kann der Individualisierungsprozess zum Verdeckungszusammenhang werden. Das zeigt sich vor allem an den Geschlechterverhältnissen. Frauen (und zunehmend auch Männer) können sich im Alltag der Geschlechternivellierung aus dem Zwang tradierter Geschlechterordnungen und -zuschreibungen lösen, die gesellschaftliche Hintergrundstruktur geschlechtshierarchischer Arbeitsteilung bleibt aber weiterhin erhalten, was dazu führt, dass die daraus resultierenden Konflikte und Probleme je individuell bewältigt werden müssen.

Die Ambivalenz der Individualisierung spiegelt sich in der Sozialen Arbeit wider. Sie kann davon profitieren, genauso wie sie ihr ausgesetzt ist. Auf der einen Seite steht sie angesichts der Individualisierung und Pluralisierung der Werte und Lebensformen bei ihren Interventionen nicht mehr so wie früher unter dem Zwang zur herrschenden Normalität. Gleichzeitig sind auch ihre KlientInnen dem Diktat der Selbstbehauptung und Selbstverantwortung ausgesetzt, wird ihnen der besondere sozialstaatliche Schutz zunehmend angekreidet. Dabei ist evident, dass diese sozialstaatliche Hintergrundsicherheit erst die Betroffenen in die Lage versetzen kann, sich sozial einzubringen. Die Soziale Arbeit muss bestrebt sein, diesen Grundkonflikt öffentlich zu thematisieren, will sie sich nicht weiter in die Zone der Verwaltung „sozial Unmündiger“ drängen lassen.

Kapitel 6
Soziologie des Sozialstaats

Die Begriffe *Wohlfahrtsstaat* und *Sozialstaat* werden meist synonym gebraucht. Beide beziehen sich auf das System der staatlichen Regelung der sozialen Sicherheit und den staatlichen Schutz vor Risiken, die die Individuen selbst nicht tragen können (vgl. Schmid 2011). Während der Begriff des Wohlfahrtsstaats (welfare state) zwar international gebräuchlicher ist, aber sich meist nur auf die staatliche Organisation sozialer Dienste bezieht, meint „Sozialstaat" im deutschen Sinne ein Staatskonzept mit einem entsprechenden Staatsziel (Kaufmann 2003, S. 184).

Die öffentliche und verbandliche Sozialarbeit ist eingebettet in diesen Sozialstaat und seine Sozialpolitik. Ihre Zuständigkeiten und Verfahren sind im Sozialgesetzbuch (SGB) geregelt.

Diese rechtlich-administrative Basis bildet zwar den Grundstock für ein kalkulierbares System von Ansprüchen und Zumutungen, sagt aber noch nicht viel über die gesellschaftlichen Gestaltungsmöglichkeiten, die die Soziale Arbeit hat, und die Zwänge, denen sie unterliegt, aus. Denn darin ist sie von der sozialstaatlichen Sozialpolitik abhängig. Deswegen ist es für SozialarbeiterInnen nicht nur wichtig, die strukturellen Entwicklungsgesetzlichkeiten und darin die Spannung zwischen Gestaltung und Kontrolle zu kennen, die den *Sozialstaat* prägen und die die soziologische Analyse aufschließen kann. Darüber hinaus hält die Soziologie der Sozialpolitik auch Konzepte bereit, die den Einfluss der sozialstaatlichen Sozialpolitik auf die Lebensverhältnisse der Menschen aufklären können *(Lebenslage und Bewältigungslage).*

So wie der Sozialstaat im Sog der Globalisierung unter fiskalischen und politischen Druck gerät, kann das nicht ohne Folgen für die Soziale Arbeit bleiben, denn sie hat sich institutionell und professionell in eben diesem Sozialstaat entwickelt. Eine Schwächung des Sozialstaates kann dementsprechend auch die gesellschaftliche Stellung der Sozialarbeit gefährden. Deshalb muss die Soziale Arbeit eine eigene *sozialpolitische Reflexivität* entwickeln, denn sie kann sich eben nicht mehr wie selbstverständlich auf ihren bisherigen sozialstaatlichen Legitimationsrahmen verlassen.

6.1 Die Entwicklung des Sozialstaats

Der Sozialstaat stellt nun eine – freilich dominante – institutionelle Form jener historisch-gesellschaftlichen Entwicklungskräfte dar, aus denen die Sozialpolitik als Instanz der sozialen Regulation des gesellschaftlich-ökonomischen Prozesses geformt wurde. In einer mehrseitigen Betrachtung bleiben aber die widerstreitenden Entwicklungskräfte, die auch die Soziale Arbeit mit einer Dialektik von Erweiterung oder Verengung ihrer Handlungsspielräume durchziehen, präsent. Die soziologische Grundlegung dieses Zusammenhangs finden wir bei Eduard Heimann und seiner „Soziale(n) Theorie des Kapitalismus" (1929):

> „Kapitalismus ist […] Kapitalherrschaft. […] Sozialpolitik ist Abbau der Herrschaft zugunsten der Beherrschten. Sozialpolitik ist also der Einbau des Gegenprinzips in den Bau der Kapitalherrschaft und Sachgüterordnung; es ist die Verwirklichung der sozialen Idee im Kapitalismus gegen den Kapitalismus. In der Doppelstellung der Sozialpolitik als Fremdkörper und zugleich als Bestandteil im kapitalistischen System liegt ihre eigentümliche Bedeutung; darin ihre Dynamik, darin ihre dialektische Paradoxie und theoretische Problematik, welche schon als solche für ein undialektisches Denken unerkennbar ist" (Heimann 1980, S. 167f.).

Dass das Ökonomische und das Soziale trotz ihrer unüberbrückbaren Widersprüchlichkeit historisch so zusammenspielen konnten und mussten, liegt nach Heimanns dialektischem Verständnis vor allem darin begründet, dass der Kapitalismus auf den Einbau des Sozialen angewiesen war, wollte er historisch überleben, also sein immanentes Ziel der Wachstums- und Profitsteigerung weiter erreichen und sich entsprechend modernisieren. Und umgekehrt konnte sich das Soziale über die Produktiv- und Wachstumskräfte des Kapitalismus in der gesellschaftlichen Gegenwart – ohne Vertröstung auf eine radikale Utopie – entfalten und zum gesellschaftlichen Strukturprinzip werden. In der Vergesellschaftung der sozialen Idee im entwickelten Kapitalismus wurden erst die Voraussetzungen für eine technisch-ökonomisch moderne und nach Demokratisierung drängende Industriegesellschaft geschaffen.

Zentral an Heimanns Modell ist, dass er die Modernisierung des Kapitalismus hin zum sozial gezähmten Kapitalismus als strukturelle Gleichzeitigkeit von ökonomischer Notwendigkeit und sozialem Gestaltungswillen des Menschen erkannt hat. Am Beispiel des Arbeitsschutzes hat er die ökonomische Notwendigkeit des Einbaus der sozialen Idee in den Kapitalismus um der Modernisierung des Kapitalismus willen dargestellt. Mit der raschen und breiten Einführung technischer Neuerungen in der industriellen Revolution des 19. Jahrhunderts konnte die Produktivität nur wachsen, wenn auch die damit verbundenen qualitativ neuen Arbeitsanforderungen von den

ArbeiterInnen erfüllt wurden. Diese mussten also nicht nur qualifiziert werden, um die neuen Maschinen überhaupt bedienen zu können (es gab zu dieser Zeit sehr viele Betriebsunfälle, weil die ArbeiterInnen nicht mit den neuen Maschinen zurechtkamen), sondern es waren die neuen Produktionsabläufe, welche neue Arbeitsstrukturen aber auch veränderte Lebensgewohnheiten außerhalb der Betriebe erforderten: Ausbildung und Qualifikation, höhere Anforderungen an die Regeneration und damit kürzere Arbeitszeiten sowie eine verlässliche soziale Sicherung. Dies gab den ProletarierInnen wieder Raum und Ressourcen, über die einfache Reproduktion ihrer Arbeitskraft hinaus zu einer erweiterten Reproduktion zu kommen und als nun qualifizierte und sich mit ihrer Arbeit identifizierende ArbeiterInnen im sozial verbesserten Kapitalismus auch ihre Lebensgrundlage zu sehen: Betriebsidentitäten entstanden und die ArbeiterInnenbewegung – trotzdem sie den Kapitalismus weiter bekämpfen wollte und musste –, konnte sich in der Alltags- und Lebenspraxis in ihm einrichten und mit ihm entwickeln, da er sich nun sozial verändert hatte. Heimann fasst diese Zusammenhänge in ihrer strukturellen Logik wie folgt zusammen:

> „Die soziale Idee entspringt aus dem wirtschaftlich-sozialen Boden des Kapitalismus [der Kapitalismus bringt den Arbeiter hervor; d.A.], sie nimmt in der sozialen Bewegung Gestalt an und setzt sich mit wirtschaftlich-sozialen Mitteln im Kapitalismus und gegen den Kapitalismus durch. Weil sie auf dem Boden des Kapitalismus entspringt und wächst, weil sie also durch ihre bloße Existenz im Kapitalismus steht [der Kapitalismus ist auf ein sich stetig verbesserndes Humankapital angewiesen; d.A.], darum kann sie ihre wachsenden Forderungen in wachsendem Maße durchsetzen" (Heimann 1980, S. 171f.).

Der Kapitalismus – so das heimannsche Modell – ist also zum Zwecke seiner Modernisierung (im Sinne der Verbesserung der Verwertungsbedingungen des Kapitals und damit der Profitsteigerung) auf die Entwicklung und Qualifizierung des Humankapitals angewiesen. Dies ist wiederum nur als soziale Erweiterung möglich: Es sind die Menschen und nicht nur ihre abrufbaren funktionalen Fähigkeiten, die sich entwickeln und erweitern müssen, um in die neuen Produktionsanforderungen hineinzuwachsen. Damit kommt das erweitert Menschliche über die soziale Idee notwendig in den Kapitalismus hinein und entfaltet – auch abseits der reinen ökonomischen Funktion – seine soziale und politische Eigenkraft in der Sozialpolitik.

Institutionalisiert wurde das Sozialpolitische im Sozialstaat. Deshalb müssen wir die heimannsche Dyade von Arbeit und Kapital zum Dreieck von Arbeit, Kapital und Staat erweitern. In diesem Dreieck waren es dann zunehmend – eben unter dem Einfluss der staatlichen Regulation – nicht mehr die Einzelunternehmen und betrieblichen ArbeiterInnengruppen, welche sich gegenüberstanden, sondern repräsentative Instanzen wie Parteien,

Gewerkschaften und Industrieverbände, welche den Grundkonflikt zwischen Arbeit und Kapital mediatisierten und sich zunehmend als institutionelle und politische Konfliktgegner gegenüberstanden.

An dieser Stelle ist es notwendig, eine weitere Dimension des Reproduktionszusammenhangs einzubeziehen, der erst mit Frauenbewegung und Frauenforschung offengelegt wurde und mit der Kapitalismuskritik zu verbinden ist. Ansatzpunkt ist wiederum die modernisierte geschlechtshierarchische Arbeitsteilung. Zur Herstellung des freien Lohnarbeiters braucht es die unbezahlte Hausarbeit: Der Kapitalismus bringt also auch die Hausfrau, oder geschlechtsneutraler, die unbezahlte Hausarbeit hervor. Dies verweist aber auf die Notwendigkeit eines anderen – nicht tauschmäßig organisierten – Lebensumfelds als Bedingung der Hervorbringung lebendiger Menschen in ihrer Angewiesenheit auf soziale Beziehungen.

In der Folge forderten Protagonistinnen der Sozialarbeit, allen voran Alice Salomon (1931) eine gesellschaftliche Neubestimmung des Verhältnisses von Mensch und Ökonomie über die sozialökonomische Konfliktdimension hinaus. Es reiche nicht aus, die kapitalistische Ökonomie, die den Menschen als Ware einstufe, als menschenfeindlich zu demaskieren. Es komme darüber hinaus darauf an, das Menschsein im Spannungsverhältnis zur Ökonomie zu bestimmen. Menschliche Beziehungs- und Sorgeverhältnisse sollten das gesellschaftliche Leben formen und auf die Wirtschaftsordnung Einfluss nehmen. Die hauptsächlich von Frauen getragene Soziale Arbeit war für sie neben der politischen Verbesserung der Lebensbedingungen das geforderte Mittel, Menschen direkt zu erreichen, deren Lebensbedingungen allein durch materielle Hilfen nicht mehr gesichert werden konnten: Damit war auf die Dimensionen der Reproduktion menschlichen Zusammenlebens verwiesen,

Gerade angesichts der postmodernen Entwertung des Faktors Erwerbsarbeit werden diese Bezüge wieder relevant. Vor allem werden die Menschen sichtbar, wie sie sich in und über diesen Sozialstaat gesellschaftlich begreifen. Erst dann kann der Sozialstaat als kollektive Identität (vgl. Evers/Nowotny 1987), als Garant einer sozialen Hintergrundsicherheit als Basis sozialer Gerechtigkeit (vgl. 15.1) erfahrbar werden.

Heute, im Zeitalter der Globalisierung und der Entgrenzung nationalstaatlicher Arbeitsgesellschaften ist diese Dialektik von Arbeit, Kapital und Sozialpolitik nahezu ausgehebelt. Der neue Kapitalismus ist weiter auf qualifizierte Arbeit angewiesen – angesichts seines Modernisierungsniveaus mehr denn je –, aber eben nicht mehr auf Massenarbeit und längst nicht mehr begrenzt auf das Arbeitskräftereservoir einer nationalen Gesellschaft. Die fortgeschrittene internationale Arbeitsteilung und die über die elektronischen Kommunikationsmedien nun auch mögliche Auslagerung qualifizierter Arbeit in andere Länder haben die leidliche Balance von Arbeit, sozialer Gerechtigkeit und Kapital, wie sie für das 20. Jahrhundert in den Industriegesellschaften bezeichnend war, empfindlich – zu Lasten der sozialen Gerechtigkeit (vgl. 15.1) – gestört. Diese Ökonomisierung führt zur Schwächung der sozialpolitischen Gestaltungskraft des Sozialstaats und lässt seine kontrollierende und disziplinierende Funktion stärker hervortreten (Evers/Heintze 2008). Damit wird auch der Handlungsrahmen Sozialer Arbeit eingeengt, Ansprüche werden gekürzt, Zumutbarkeiten verschärft.

Eine Schwächung des Sozialstaates gefährdet auch allgemein die gesellschaftliche Stellung der Sozialarbeit. In diesem Moment wird eine eigene *sozialpolitische Reflexivität* dringlicher, denn Soziale Arbeit kann sich eben nicht mehr wie selbstverständlich auf ihren bisherigen sozialstaatlichen Legitimationsrahmen verlassen. Eine sozialpolitisch orientierte Soziologie kann aber angesichts dieser Herausforderung aufzeigen, wie im Abbau des Sozialstaates nicht automatisch die dahinterliegenden sozialpolitischen Prinzipien außer Kraft gesetzt werden. Dass nur der Sozialstaat bürgerlich-politische Freiheiten und Rechte sozial garantieren kann, ist in der Sozialstaatskritik des beginnenden 21. Jahrhunderts nahezu untergegangen. Zu tief sitzt inzwischen die Karikatur eines Staates, der die Menschen von sich abhängig machte, indem er sie versorge und sie dabei sich selbst überlässt. Dabei sind es heute vor allem soziale Initiativen, die aus sozialen Bewegungen (vgl. 14.2) hervorgegangen sind, die auch für die Soziale Arbeit diesen Zusammenhang aktiv einklagen (vgl. Kappeler 2008). Diese Erkenntnis ist Ausgangspunkt einer Rekonstruktion und Erneuerung des Sozialstaats als „Barriere“, die dem Globalisierungsdruck auch in Zukunft standhalten soll.

6.2 Lebenslage

Dieses dialektische Modell der Sozialstaatsentwicklung kann auch auf die historisch-gesellschaftliche Entwicklung der Lebensverhältnisse selbst angewandt werden. Gerade für die Sozialpädagogik/Sozialarbeit ist es wichtig, diesen Zusammenhang aufzuklären, weil ihre KlientInnen sozialpolitischen Veränderungen direkt ausgesetzt sind und Ansprüche, Spielräume und Verwehrungen nicht nur individuell, sondern – im Sinne *sozialer Probleme* – gesellschaftlich thematisiert werden müssen. Deshalb operieren Sozialberichte, die soziale Probleme wie Armut, Exklusion oder Integrationskonflikte darstellen und bilanzieren, mit einem entsprechenden Konzept, für das sich der Begriff der *Lebenslage* eingebürgert hat. In solchen Sozialberichten wird allerdings der Begriff Lebenslage nur sozialstatistisch gebraucht: als Set von Ressourcen – Einkommen, Bildung, Wohnverhältnisse, Beteiligung –, die Spielräume ermöglichen oder verwehren. Im historisch-dialektischen Modell, wie wir es bereits im sozialpolitischen Prinzip kennen gelernt haben, können aber die gesellschaftlichen Entwicklungsgesetzlichkeiten der Lebensverhältnisse in modernen Gesellschaften aufgeschlossen werden. Spielräume werden sichtbar, Ansprüche können verallgemeinert,

Zumutungen gesellschaftlich rückgebunden werden. Das Konzept der Lebenslage kann also gleichzeitig als soziologisches Instrument der Analyse gesellschaftlicher Rückbindung von Lebensverhältnissen wie der Begründung sozialpolitischer Forderungen gelten.

Das Lebenslagenkonzept als historisch-dialektisches Konzept wurde von Ingeborg Nahnsen (1975) in ein theoretisches Modell gebracht: Die Modernisierung und Weiterentwicklung der Ökonomie erfordert auch die Modernisierung der Lebensverhältnisse der Arbeitenden. Gleichzeitig erwachsen in dieser sozioökonomischen Weiterentwicklung Interessen der Subjekte an der individuellen und sozialen Gestaltung ihrer Lebensperspektive, die über den ökonomischen Reproduktionsaspekt hinausgehen. Die Menschen erkennen mit der ökonomisch induzierten Verbesserung ihrer Lebensverhältnisse weiterführende eigene Lebensinteressen. Deshalb können sie eine eigensinnige Praxis entwickeln, die prinzipiell in manifester oder latenter Spannung zu der ökonomisch gewünschten Sozialform steht. Mit einem so gefassten Lebenslagenkonzept kann aufgeschlossen werden, wie sich die Subjekte *mit* der Gesellschaft entwickeln. Ansprüche, die aus der Entwicklungsdynamik der Lebenslage freigesetzt werden, werden damit als sozialstrukturell vermittelte und nicht als individualistische Haltungen sichtbar. Hier kommt der Sozialstaat wieder ins Spiel. Im sozialpolitisch regulierten Kapitalismus ist es der Sozialstaat, der diese weiterführenden Interessen politisch aufnimmt und – im Mechanismus von Anspruch und Zumutbarkeit – mediatisiert, das heißt in eine Balance zum Reproduktions- und Verwertungsinteresse der Ökonomie bringt. In diesem Kontext ist es deshalb für die Bestimmung der Lebenslage und der in ihr enthaltenen Spielräume wichtig, ob und inwieweit der Sozialstaat Lebensprobleme und -schwierigkeiten als *soziale Probleme* (vgl. 7.) anerkennt. Lebenslagen entwickeln sich also im Spannungsfeld gesellschaftlichen Wandels und sozialpolitischer Anerkennung.

Bestimmungen von Lebenslagen wie Arbeit, Ausbildung, Einkommen und Absicherung bei Lebensrisiken, Teilhabe-Rechte und Netzwerke beschreiben Handlungsspielräume, die von einzelnen biografisch erworben, subjektiv erreichbar und erweiternd genutzt werden können. „Insofern sind neben den objektiven materiellen und immateriellen Dimensionen auch die subjektiven Elemente von Entscheidungen und Handlungen in das Konzept einbezogen, also die je individuellen Strategien von Steuerung und Bewältigung im Lebensverlauf“ (Enders-Dragässer/Sellach 2011, S. 258). In allen diesen Dimensionen finden sich Erfahrungen mit gesellschaftlicher Ungleichheit in Geschlechterverhältnissen und mit rassistischer Diskriminierung (oder mit Stigmatisierung und Ausgrenzung bei Behinderung). Hier wird gefordert, dass sich das Lebenslagen-Konzept für weitere Dimensionen öffnet und sensibilisiert. Wir versuchen dies mit dem Konzept der *Bewältigungslage* zu erfassen.

6.3 Bewältigungslage

Das Konzept Bewältigungslage, das sich auf die Bewältigungschancen der Betroffenen bezieht, kann der Sozialen Arbeit ihren speziellen Zugang zur Lebenslage eröffnen. Wir fragen erst einmal nach den Mitteln, die ihr hierfür zur Verfügung stehen. Dies sind *Sprache, Beziehungen, Zeit* und *Raum.* Wenn die KlientInnen ihre Hilflosigkeit nicht zur Sprache bringen, nicht thematisieren können, verweist das auf eine Bewältigungslage, die stumm macht, Abspaltungsdruck erzeugt. Gleichzeitig wissen wir, dass kritische Lebenskonstellationen dann thematisiert werden können, wenn sie als soziale Probleme anerkannt sind, nicht allein den Einzelnen angelastet werden. Auch die soziometrische Struktur der Lebenslage – die Qualität der Unterstützung – ist hier mit ausschlaggebend. Wir fragen nach den Unterstützungs- und Anerkennungsmöglichkeiten und -formen. Aber genauso nach den Abhängigkeitsverhältnissen und darin den Ausprägungen erlernter/verordneter Hilflosigkeit, wie sie in Gewaltverhältnissen eingeschlossen sind. Darüber kommen wir zur biografischen Dimension, zur Problematik der Verstetigung und Verfestigung. Hier sind es vor allem die Auswirkungen devianter Karrieren, die dazu geführt haben, dass die Betroffenen die negativen, defizitären Zuschreibungen, die ihnen immer wieder entgegengebracht wurden, in ihr Leben übernommen, sich in ihnen eingerichtet haben. Da haben sich über die Zeit Abhängigkeiten entwickelt, über die die KlientInnen letztlich ihre Handlungsfähigkeit gesichert sehen und die deshalb nur schwer – auch nicht so einfach über alternative Angebote – aufzubrechen sind. In der sozial-räumlichen Dimension schließlich interessieren uns vor allem die Aneignungsmöglichkeiten und -verwehrungen, die sich aus der Lebenslage heraus entwickeln können oder eben begrenzt sind. Wir werden an späterer Stelle sehen, dass dies für Kinder und Jugendliche eine zentrale Bedeutung für die Identitätsentwicklung hat, aber auch für alte Menschen, wenn es z.B. um die Wiederaneignung lokaler Umwelten nach der Entberuflichung geht. Im Erwachsenen- und Erwerbsalter richtet sich der sozialräumliche Blick vor allem auf die Problematik sozialer Isolierung, des sozialen Rückzugs, der Verhäuslichung und der sozialen Segregation. Gerade bei Letzterem zeigt sich, wie eng die handlungsbezogene Bewältigungslage an die sozialstrukturell definierte Lebenslage gebunden ist. Die Bezüge zwischen den lebenslagenbezogenen Spielräumen Einkommen, Wohnverhältnisse, soziale Kontakte und den bewältigungsbezogenen Aneignungschancen sind offensichtlich. Aber auch der Zusammenhang zwischen Abhängigkeitsverhältnissen und Einkommens- und Beteiligungsspielräumen, sowie zwischen Teilhabespielraum und der sozialen Chance, kritische Befindlichkeiten zur Sprache zu bringen, ist herstellbar. Das sind natürlich keine kausalen Zusammenhänge, sondern biografisch und situativ vermittelte. Deshalb brauchen wir auch lebenslagensensible narrative Zugänge. Auch der Rückbezug auf sozialstatistische Daten der Lebenslage erfordert interpretativ-kommunikative Verfahren. Insgesamt lässt sich also – nach der bisherigen Argumentation – das Konstrukt der Bewältigungslage vierfach auffächern: in der Dimension des *Ausdrucks* (als der Chance wie der Verwehrung, seine innere Befindlichkeit thematisieren zu können und nicht abspalten zu müssen); in der Dimension der *Anerkennung* (als der Chance wie der Verwehrung, sozial integriert zu sein); in der Dimension der *Abhängigkeit* (als der Chance wie der Verwehrung, selbstbestimmt handeln zu können); in der Dimension der *Aneignung* (als der Chance wie der Verwehrung, sich in seine sozialräumliche Umwelt identitätsstiftend einbringen zu können).

Kapitel 7
Soziologie Sozialer Probleme

Soziale Probleme konstituieren sich im gesellschaftlich-sozialstaatlichen Diskurs, sind also soziale Konstruktionen und beziehen sich in der Regel auf Lebensschwierigkeiten und soziale Konflikte, die immer wieder gesellschaftlich freigesetzt und auf Grund ihrer Häufigkeit und der Verstetigung ihres Auftretens öffentlich registriert werden. Doch darüber hinaus muss eine Verständigung darüber in Gang kommen, dass und wie sozialstaatlich interveniert werden soll (vgl. Albrecht 1999). Der Konstitutionsprozess sozialer Probleme wurde von Herbert Blumer (1975) als fünfstufiger Ablauf beschrieben, der vom Auftauchen, der unterschiedlichen Einordnung und Bewertung eines Phänomens über die öffentliche Anerkennung und die parlamentarisch – politische Mobilisierung bis hin zur Begründung und Umsetzung in Regulations-Formen und ihrer Transformation in die Praxis reicht. Wesentlich für die Definition und Anerkennung sozialer Probleme ist eine kollektiv geteilte Überzeugung, dass ihr Auftreten eine potenzielle Gefährdung des Zusammenhalts einer Gesellschaft (z.B. soziale Spaltung) darstellen kann, da sie damit auf gravierende Phänomene sozialer Ungleichheit rückführbar sind. Aus der Regulation Sozialer Probleme entstehen „soziale Wirkungen" für die Betroffenen aber auch für die weiteren sozialen Prozesse im Umfeld, die davon abhängen, welche Definitionen und Lösungen schließlich sozialpolitisch durchgesetzt werden. Soziale Probleme können sich je nach den herrschenden Diskurs- und (ökonomisch-politischen) Durchsetzungskonstellationen wandeln. „Die Bestimmung sozialer Probleme hängt also von der dauerhaften Existenz von Gruppen und Institutionen ab, über die bestimmte Phänomene erfolgreich als Probleme konstruiert werden. Im Prinzip teilen damit soziale Probleme wesentliche Charakteristika sozialer Bewegungen." (Gronemeyer 2011, S. 1400) Diese Sichtweise überschreitet eine auf die Expertise von wenigen, ohne die Teilhabe von Betroffenen „evidenzbasierte" Wirkungsforschung (vgl. Bonvin/Rosenstein 2010).

Im Rückblick auf die letzten fünfzig Jahre kann gesagt werden, dass die konfliktöffentliche und damit genuin sozialpolitische Auseinandersetzung um konkurrierende Einschätzungen – etwa der Berufsnot von Jugendlichen ohne Ausbildung oder der Probleme mehrfach belasteter Familien – zurückgegangen und Verfahren der wissenschaftlichen Fachberichterstattung gewichen ist. Diese sind verbunden mit meist selektiv und ad hoc wirkenden, regulierenden Verfahren einer programmatisch kurzfristig agierenden, wenig verbindlichen Politik. Beispiele hierfür sind Forschungen zu und Aktionsprogramme gegen „rechte, gewaltbereite Orientierungen“ bei Jugendlichen oder die zu wenig durch Ressourcen untersetzte Einführung rechtlicher Maßnahmen gegen Kindeswohlgefährdung. An dieser Stelle wird die gestiegene Bedeutung von Organisationen (etablierten Interessengruppen, auch großer freier Träger der Sozialen Arbeit), großer Wissenschaftseinrichtungen oder von Initiativgruppen) sichtbar, die mit darüber entscheiden, was wie als soziales Problem thematisiert wird und jenseits von Tagesereignissen Konjunktur behält. Unter dem Einfluss sich verschärfender Ungleichheitsverhältnisse werden heute selektive Mechanismen der Regulation entlang der Bildung von Problemgruppen und Zuschreibungen wirksam – Probleme wie z.B. die Arbeitslosigkeit alter, kranker Menschen oder die Vertretung der Pflegebedürftigen geraten in Gefahr, übergangen zu werden. Eine destruktive, spaltende Form der (Nicht-)Wahrnehmung und Bearbeitung von Konflikten durch hierarchisch gestufte Ausschlussverfahren und eine entsprechende Definition der sozialen Probleme (z.B. Ethnisierung sozialer Ungleichheit) setzt soziale Prozesse frei, die die Grundlagen der Demokratie und des sozialen Zusammenlebens in der Gesellschaft gefährden können (vgl. Anhorn 2005; Sander/Heitmeyer 2008).

Handlungsspielräume sozialstaatlich institutionalisierter Sozialer Arbeit bemessen sich nicht allein nach dem professionellen Selbstverständnis, der Rahmung des Auftrags durch die Institutionen, sondern auch danach, wie und aus welcher Perspektive soziale Probleme definiert, mit welchem sozialpolitischen Gewicht ihre Problemwahrnehmungen und Interventionsformen in den Status sozialer Probleme gehoben und entsprechend anerkannt sind. Dies beeinflusst auch die „Situation“ der Hilfe, den Status der KlientInnen und den Rahmen der sich entwickelnden Interaktionen. Da sich die KlientInnen in einer asymmetrische Interaktionskonstellation der Abhängigkeit befinden und kaum eigene Organisationsmacht ausbilden können, wird immer wieder kritisiert, die Soziale Arbeit „verwalte“ soziale Probleme im eigenen Bestandsinteresse und versuche deshalb, ihre Zuständigkeit ständig auszuweiten anstatt auf die gesellschaftliche Verantwortung zu verweisen. Allerdings hat die Soziale Arbeit nicht diesen direkten gesellschaftlichen Einfluss, sondern übernimmt ihre Aufgaben meist da, wo alle andere Institutionen das Problem abgewiesen haben. Dies verweist nicht nur auf das doppelte Mandat – zwischen Hilfe und Kontrolle – der Sozialen Arbeit und ihre Rolle bei der Regulierung Sozialer Probleme, sondern genauso auf die beständige Spannung, in der sich ihre Praxis entfaltet. Die hier im Folgenden vorgestellten Sozialen Probleme stellen eine Auswahl dar, an der sich diese Spannung durch die soziologische Analyse differenzierter beschreiben lässt: Armut, Arbeitslosigkeit, Wohnungslosigkeit, Gewalt im sozialen Nahraum und gespaltene Migration. Der erste Abschnitt zum „Abweichenden Verhalten“ kann auch als allgemeine Folie für eine theoretische Reflexion sozialer Probleme gesehen werden.

7.1 Abweichendes Verhalten – Devianz – soziale Kontrolle

Mit den Konzepten des Abweichendes Verhaltens/Devianz (vgl. auch Luedtke 2008) werden Fragen nach deren Einordnung in neue Zusammenhänge gestellt: (1) Devianz verweist zwar auf Regeln, Normen und Vorschriften, die in einem Bezug zu gesellschaftlichen Wertvorstellungen stehen. Jedoch, welche Regel als gültig oder verletzt gilt, lässt sich erst aus aktualisierten negativen Sanktionen (soziale Kontrolle) ablesen, und diese wandeln sich je nach Situation und sozialem Bezugsrahmen. (2) Die Definition eines Verhaltens als abweichend kann mit ganz unterschiedlichen Bewertungen und Erwartungen verbunden werden. In diesem Sinne sind Definitionen umkämpft: Etwas als psychische Krankheit zu definieren kann entlastend sein, kann aber auch dieser Erfahrung zugrunde liegende Konflikte negieren. (3) Mit Regeln und Vorschriften sind auch Verhaltenserwartungen verbunden, die uns Sicherheit im alltäglichen Umgang miteinander geben sollen. Die Unterschiede in der sozialen Kontrolle, z.B. informelle Sanktionen gegenüber als psychisch-auffällig empfundenem Verhalten, resultieren oft auch aus der Verunsicherung der Beteiligten. Abgrenzung und Nicht-Verstehen bedeuten eine eigene Quelle von Belastungen für die Betroffenen und lösen einen Zwang zur Verheimlichung aus. Formen der formalen sozialen Kontrolle bei Kriminalität dienen auch dem Rechtschutz der Betroffenen sowie dem gesellschaftlichen Ausgleich. (4) Definitionen verweisen auf Wissensformen und gesellschaftliche Ordnung. Dies hat Foucault am Wandel von Diskursen und Praktiken im Zusammenhang mit Macht- und Kontrolltechniken untersucht: Vorstellungen von Normalität korrespondieren mit dem Aufkommen von Disziplinartechniken, die sich mit der kapitalistischen Produktionsweise entwickelten. Normierung und Sanktionierung, deren schärfste Formen der Ausschluss und die Überwachung waren, orientierten sich nun an den Erfordernissen der industriellen Arbeit. Damit verengten sich die Grenzen des Normalen und Vorstellungen vom Unkorrigierbaren entwickelten sich zur gleichen Zeit wie die Disziplinartechniken in Einrichtungen wie der Armee, den Schulen, den Werkstätten aber auch in den Familien. Damit entstanden neue Probleme der Untersuchung, der speziellen Behandlung, Einschließung und Überwachung in Institutionen (Foucault 1977 und 2007).

In kapitalistischen Gesellschaften rangieren – auf Grund der verfassungsrechtlich geschützten Sphäre des Privateigentums – Eigentumsdelikte ganz oben in der strafrechtlichen Sanktionsskala. Unterschiedliche soziale Herkunftsmilieus können zu unterschiedlichen Tatbeurteilungen sowie Bewährungs- und Rehabilitationsprognosen führen. Ist der Bereich der Bereich der Delinquenz schon so schillernd, so erleben wir die Welt des sozial sanktionierten Verhaltens noch mehrdeutiger. Menschen gelten auch in professionellen Zusammenhängen als dissozial, wenn sie sich den tradierten Mustern „normaler Lebensführung“ verweigern, wenn sie biografisch scheitern oder sozial und kulturell andere Schwerpunkte der Lebensführung setzen. Soziale und kulturelle Stigmata können Menschen ebenso stark beeinträchtigen wie formelle Sanktionen. Institutionell gebundene soziale Abweichung wie z.B. Schulverweigerung wird von den Jugendlichen selbst als Widerstand und von den Gleichaltrigen verschieden bewertet. Selbstgefährdendes Verhalten unterliegt subtilen Sanktionen, die aber stark ausgrenzend wirken. Es verweist gleichzeitig am deutlichsten darauf, wie dünn und fragil die soziale Bindung des Menschen an die Gesellschaft werden kann, aber auch, wie die Frage nach den pathogenen gesellschaftlichen Strukturen übergangen wird. *Abweichendes Verhalten* ist das Ergebnis eines gesellschaftlichen Prozesses und ebenso wie die Definitionen mit denen es aus unterschiedlicher Perspektive und mit unterschiedlicher Geltung belegt wird.

Den sozialstrukturellen Hintergrund für die Entstehung von Devianz versucht das Anomiekonzept zu erfassen, wie es von Emile Durkheim Ende des 19. Jahrhunderts entwickelt wurde. Danach können Menschen dann in Gefahr geraten, ihre Bindung an die Gesellschaft zu verlieren, wenn deren Normen diffus werden. Der amerikanische Soziologe Robert K. Merton hat in den 1930er Jahren diesen Ansatz dahingehend ausdifferenziert, dass er zeigen kann, dass bei Auftreten sozialer Desintegration abweichendes und konformes Verhalten sich gleichzeitig und geradezu nebeneinander entwickeln können. Er kommt zu dem Befund: Wenn in einer modernen arbeitsteiligen Gesellschaft die kulturell definierten allgemeinen (gesellschaftlich sanktionierten) Ziele und die sozialen Zugänge zur Erreichung der legitimen Mittel zur Verwirklichung dieser Ziele auseinander klaffen, entsteht ein Zustand gestörter Integration im Sinne einer von den Menschen so wahrgenommenen sozialen Regellosigkeit (Anomie). Diesen anomischen Zustand versuchen die Menschen – je nach ihrer sozialstrukturellen Verortung und ihren biografischen Ressourcen – durch unterschiedliche Formen des Anpassungsverhaltens zu bewältigen, um handlungsfähig zu bleiben. Abweichendes Verhalten ist dabei eine Anpassungsform unter anderen (vgl. Merton 1968). Gleichzeitig wird die Geltung der Normen durch widersprüchlich und diffus sanktioniertes Abweichendes Verhalten allgemein bzw. in bestimmten Situationen untergraben. Das gilt z.B. für rassistische Haltungen und rassistisch motivierte Übergriffe.

Mit der anomietheoretisch inspirierten Frage „Was treibt die Gesellschaft auseinander?" hat Wilhelm Heitmeyer (1999) einen neuen Anomiediskurs unter den Bedingungen der Postmoderne angestoßen. Der anomietheoretische Blick richtet sich dabei auf die Integrationsprobleme postmoderner Gesellschaften, auf das Auseinanderdriften von lebensweltlichen Kontexten und zunehmend sozial entbetteten systemischen Dynamiken.

Dass deviantes Verhalten oft subkulturell beeinflusst, ja ausgelöst wird, versucht die Subkulturtheorie aufzuschließen. Ihre Anfänge sind eng mit der soziologischen Entwicklungsarbeit der „Chicago-Schule" verbunden.

Diese entwarf deskriptive Modelle, mit denen plausibel gemacht werden konnte, wie in die USA eingewanderte ethnische Gruppierungen viele ihrer mitgebrachten soziokulturellen Werte und Normen beibehalten und sich trotzdem in die amerikanische Gesellschaft (mit ihren anderen Werten) integrieren konnten. Dies gelang und gelingt bis heute dadurch, dass sich die ethnischen Gruppen sozialräumlich (bis hin zur Ghettoisierung) von der Mehrheitsgesellschaft abgrenzen und in den Zwischenwelten ethnischer Kolonien unter sich bleiben. Im Binnenleben dieser Subkultur gelten die tradierten „mitgebrachten“ Werte und Verkehrsformen weiter, nach „außen“ aber, in der Teilhabe an der Gesamtgesellschaft, orientiert man sich an den Werten der Mehrheitskultur: Man geht zur Arbeit, respektiert die staatliche Ordnung und erkennt die öffentlichen Verkehrsformen an. Subkulturen sind also sozialstrukturelle Mechanismen, die es ermöglichen, dass unterschiedliche, teilweise widersprüchliche und sich auf gleicher Ebene ausschließende Normen nebeneinander bestehen können. Abweichendes Verhalten tritt nun dann ein, wenn die Normen der Subkultur auch dann gegenüber der Gesellschaft vertreten und befolgt werden, wenn sie deren Normen widersprechen, wenn also die Balance zwischen subkultureller und gesamtgesellschaftlicher Normorientierung nicht mehr gegeben ist. Jugendkulturen können sich zu solchen Subkulturen entwickeln, indem sich Gleichaltrigengruppen subkulturell von der gesellschaftlichen Umwelt abschließen.

Wird schon über den Anomie- und den Subkulturansatz begründet, dass abweichendes Verhalten sozial freigesetzt werden kann, so geht der Etikettierungsansatz (labeling-approach) einen radikalen Schritt weiter, indem er abweichendes Verhalten letztendlich als Ergebnis von Zuschreibungsprozessen versteht. Seit den 1980er Jahren hat die Kriminalsoziologie versucht, diesen Ansatz als kritisches Konzept der überkommenen Täterzentrierung und Personalisierung abweichenden Verhaltens in der traditionellen Kriminologie entgegenzustellen. Es soll aufgezeigt werden, dass im Bereich der gesellschaftlichen Interaktionen und Institutionen Mechanismen wirken, die Verhalten selektiv als abweichendes Verhalten bewerten, „das heißt gleiche Verhaltensweisen sowohl abweichend als auch konform“ (Lamnek 1997, S. 24) definieren, je nach dem, in welchem Kontext und Machtzusammenhang sie sich manifestieren.

Gerade auch die Jugendhilfe gerät zwangsläufig – d.h. strukturell – in den Sog von eigenen Etikettierungs- und Stigmatisierungsprozessen, die aus der innewohnenden Spannung zwischen Hilfe und Kontrolle resultieren. Diese Gefahr entsteht vor allem dadurch, dass die Jugendhilfe ihre Klientel nicht selbst rekrutiert, sondern zugewiesen bekommt. In diese Zuweisungen sind schon Definitionen des Falls eingegangen. Die Jugendlichen kommen kategorisiert als NormverletzerInnen und eben als entsprechend registrierter Typus zur Jugendhilfe, von deren Typisierung aus entsprechende Maßnahmen begründet und erwartbar werden.

Abweichendes Verhalten wird in unserer Gesellschaft vor allem auch geschlechtshierarchisch gedeutet. Dem entspricht eine typische weibliche Deliktstruktur, die sich eher auf die familialen und nicht-öffentlichen Bereiche bezieht, wie z.B. Gewalt gegen Kinder, die sich aber auch als Gewalt gegen sich selbst äußert (Magersucht). Männer sind in öffentlichen Gewaltdelikten weit überrepräsentiert. Diese Geschlechterdifferenzen spiegeln sich auch im Vorgehen der Kontrollinstanzen, also z.B. in der Jugendhilfe und in der Schule wider, indem Jungen eher von Etikettierungsprozessen betroffen sind, was wiederum damit zusammenhängt, dass sie sich eher an Gewalthandlungen und Unterrichtstörungen beteiligen (Popp 2002, S. 79). Bei Jungen werden z.B. Aggressions-Delikte mit Durchsetzungsmotiven vereindeutigt, innere Widersprüche und biografische Konflikte können nicht gesehen werden (Bereswill 2006). Mädchen werden dagegen eigene Motive für z.B. aggressives Verhalten abgesprochen.

Ein weiteres kritisches Themenfeld stellt der Umgang mit psychischem Leiden dar. Schon der immer noch gebräuchliche Begriff der „psychischen Störungen" weist auf verengte Sichtweisen hin. Linien des Nicht-Verstehens und der Diskriminierung wirken entlang geschlechtsspezifischer und ethnischer Grenzen. Entsprechend offensiv setzen sich Betroffenen-Organisationen zusammen mit alternativen Einrichtungen für besseres Verstehen und die geschlechtersensible Verbesserung der Betreuung ein (Weber-Unger-Rotino 2011). Hier eröffnet die biografische Selbstthematisierung einen Zugang zu widersprüchlichen Erfahrungen mit Institutionen, zu Stationen des Leidens, zu Chancen der Bewältigung und der Wiedergewinnung von Lebensqualität.

7.2 Armut

Im öffentlichen und publizistischen Umgang mit Armut hat sich in der neoliberalen Ära ein Beruhigungsdiskurs verbreitet. Armut sei doch in unseren Zonen weitgehend befriedet. Man könne aber nicht dauernd neue Armutsgruppen präsentieren. Da ginge es ja oft nur um „gefühlte Armut" in einer reichen Gesellschaft. Armut wird damit nicht mehr sozialstrukturell thematisiert, sondern eher in die heutige mediengerechte Betroffenheitsecke gedrängt, ohne dass den Betroffenen ein Mehr an Macht zugestanden würde. Dies kommt jenen Sozialstaats-KritikerInnen entgegen, die fordern, dass der Sozialstaat neu programmiert werden müsse. Die Menschen sollten dahingehend erzogen werden, dass sie Armut produktiv zu bewältigen versuchen, selbstverantwortlich Anstrengungen unternehmen, damit sie aus der Armutslage herauskommen. Der Sozialstaat wäre dann nicht mehr wie bisher der Ort vormundschaftlicher Betreuung, sondern Agentur der Aktivierung dieser Selbstverantwortung. In diesem Diskurs wird aber meist nicht gefragt, welche Chancen Arme überhaupt haben, Armut ohne sozialstaatliche Hintergrundsicherheit zu bewältigen.

So tendiert die Armutsdiskussion dazu, das Armutserleben und die Lebenslage Armut auseinander zu dividieren. Dies nimmt dem Armutsdiskurs die sozialpolitische Kraft. Armut so personalisiert kann nun auch zum Bezugspunkt eines Bildungsdiskurses werden. Als ob über Bildung Armut zum Verschwinden gebracht werden könnte. Zwar sind die Chancen, Armut zu vermeiden, mit einem höheren Bildungsgrad statistisch größer, gleichzeitig erleben wir aber Tendenzen der Prekarisierung, die – über Bildungsniveaus hinweg – in die Mitte der Gesellschaft hineinreichen.

Wenn man dagegen fragen würde, *was* in der Armut gefühlt wird, so käme man schnell darauf, dass es die soziale Isolierung *in der Gesellschaft* ist, die armen Menschen zu schaffen macht. Arme sind sozialstrukturell eingelassener Gewalt ausgesetzt. Diese äußert sich vor allem in den Segregationstendenzen, welche räumlich-körperlich gefühlt werden. „Nichts ist irreführender, als die Armen als Ausgegrenzte zu bezeichnen. Zwar sind sie von den materiellen Segnungen des modernen Wirtschaftssystems weitgehend ausgeschlossen, aber nicht von diesem System selbst. Vielmehr sind sie seinen Zwängen am meisten ausgeliefert. [...] Und das Diabolische dabei ist, dass man nicht aussteigen und irgendwo hingehen kann, wo man sich unbehelligt vom magnetischen Kraftfeld des Marktes eine eigene Existenz aufbauen könnte. Überall, wo man hinkommt, ist er schon da. Er lässt die, die er liegen lässt, gerade nicht los. Die am meisten von ihm Ausgeschlossenen sind die am meisten von ihm Eingeschlossenen.“ (Türcke 1998, S. 126f.)

Armut wird über denselben Markt freigesetzt, der Reichtum erzeugt. Der freie Markt polarisiert, indem er die Reichen reicher, die Armen ärmer macht. Der digitale Kapitalismus hat diese Spaltung verschärft. Sie muss verdeckt werden und dafür eignet sich scheinbar immer wieder das Gerede vom Sozialneid. Das Armutsgefühl habe zugenommen, weil sich der Sozialneid in einem nie gekannten Ausmaß in der Gesellschaft breit gemacht habe. Dabei hat die weltweite Finanzkrise der 2010er Jahre diese Kluft nun sichtbar gemacht. Während vorher die Spaltung zwischen Arm und Reich in der abstrakten Welt der globalisierten Kapitalströme verborgen blieb, wurde sie nun plötzlich sichtbar und fühlbar: Die NormalbürgerInnen als Steuerzahler sollten nun für die Reichen einstehen.

Zum Integrationsmodell demokratischer Gesellschaften, wie es sich im 20. Jahrhundert in Europa herausgebildet hat, gehört die Vorstellung einer sozialökonomischen Balance, wie sie in das Bild von der nivellierten Mittelstandsgesellschaft (Schelsky 1962) gefasst war. Das ökonomische und soziale Potenzial der Gesellschaft ruhe in einer Mitte, die weder durch extremen Abfall in Armut noch durch extreme Auswucherungen von Reichtum bedroht ist. Um diese Mitte gruppiert sich der gesellschaftliche Konsens, sie signalisiert gesellschaftliche Erreichbarkeiten für alle. Bedrohungen dieser Mitte – das lehrt die Erfahrung des Faschismus – können diesen ruhenden Konsens stören, sprengen, die Mitte aufreiben und in der Sog radikaler

Strömungen hinein ziehen. Der Sozialstaat als institutionalisierter Mediator des Konflikts zwischen Arbeit und Kapital (vgl. 6.1) war und ist gleichsam der Garant für diese Mitte und sorgt dabei für die gesellschaftliche Integration von Armut und Reichtum gleichermaßen.

Im Sog der Entgrenzungsdynamik des globalisierten Kapitalismus aber ist das sozialstaatliche Gehäuse der Befriedung von Armut aus den Fugen geraten. Armut ist wieder für zunehmend mehr Menschen zu einem existentiellen Lebensthema und zu einem Grundproblem des gesellschaftlichen Zusammenhalts geworden. Und: Eine neue Relation von Armut und Reichtum ist freigesetzt worden, die in dieser Brisanz dem traditionellen Armutsdiskurs nicht bekannt war. Denn im digitalen Kapitalismus hat sich weltweit eine qualitativ neue sozialökonomische Konstellation entwickelt. Das Finanzkapital hat in der Dynamik der Globalisierung eine Eigenmacht erhalten, die sich in einem eigenen, von den territorialen Märkten losgelösten globalen und digitalen Markt entfaltet. Hier werden die globalen Investitionsströme ohne große Rücksicht auf sozialstaatliche und regionale Bindungen bewegt. So entstehen multinationale Kapital- und Unternehmenskonzentrationen (multinationale Konzerne), die immense Gewinne generieren können. Reichtum tritt nun als weltweit operierender ökonomischer und politischer Machtfaktor hervor, löst sich aus den sozialstaatlichen Fesseln und beansprucht die weltweite Geltung der Sachlogik des global zirkulierenden Kapitals als Produktivkraft, die über der Arbeit steht. Indem die Kapitalakkumulation die technologischen Rationalisierungsprozesse beschleunigt und Produktivität auf Kosten der Arbeit erhöht, wachsen die Kapitalgewinne, ohne dass damit eine entsprechende Vermehrung der Arbeit einhergeht. Das ist der Hintergrund, vor dem strukturelle Massenarbeitslosigkeit entsteht und sich hält. Auf der Kapitalseite aber bedeutet Geld nun nicht mehr nur Mittel des Wirtschaftens, sondern ist zu einem absoluten Ziel geworden. Schon Georg Simmel hat in seiner „Philosophie des Geldes" (1904) die These aufgestellt, dass das Geld – neben der Macht und so auch mit ihr verbunden – das Medium ist, das vor allem keinen Sättigungsgrenzen unterworfen ist, wenn es abstrakt, sozial entbettet ist. Indem diese so freigesetzte Gier nach Geld nicht mehr sozial rückgebunden ist, sondern einer digitalen Akkumulationslogik folgt, muss die Kritik an der Grenzenlosigkeit und Machtverdichtung des neuen Reichtums zwangsläufig stumpf bleiben, wenn sie sich nicht in Regelungen transnationaler Begrenzung umsetzen lässt.

Natürlich hat Armut viele biografische Gesichter. Schon die dynamische Armutsforschung der 1980er und 1990er Jahre hat die Unterschiedlichkeit von Armutsbiografien herausgestellt. Wenn aber so getan wird, als ob es heute so viele neue Mischungen von Armut gibt, dass man nicht mehr von Armutslagen wie von Klassenlagen sprechen könne, dann rutscht man in eine individualisierende Perspektive. Damit wird der sozialstrukturelle Blick noch weiter vernebelt, ein weiterer Schritt in Richtung der Klientelisierung der Armen getan. Dass es inzwischen neue strukturelle Kristallisationspunkte von Armut gibt, die nicht in die traditionelle Armutsdefinition passen – Altersarmut von Frauen, Armut in Arbeit, Jugendarmut, Prekarisierung –, wird dadurch verdeckt. Denn Armut ist auch von ihren Erscheinungsformen längst kein Randphänomen mehr, sondern eines, das sich als Armutsrisiko durch die Mitte der Gesellschaft zieht (vgl. Bude 2008).

Angesichts der Stagnation der Armutspolitik in den Industrieländern hat in den letzten Jahren ein transnationaler Diskurs zum Capability Approach auch bei uns an Bedeutung gewonnen. Armut wird hier als Mangel an individuellen Verwirklichungschancen vor dem Hintergrund der fehlenden Entwicklungsmöglichkeiten menschlicher Fähigkeiten hin zu einem von jedem erreichbaren „guten Leben“ gefasst (vgl. Sen 2000, Nussbaum 1999, Otto/Ziegler 2007). Die Möglichkeiten, Armut zu überwinden, seien zuerst in den Menschen zu suchen, da sich in den Strukturen auf unabsehbare Zeit doch nichts Wesentliches ändern wird. Und vielleicht wirkt das auf die Strukturen zurück. Es ist ein handlungsoptimistisches wie normatives Konzept und unterscheidet sich deshalb erst einmal grundsätzlich von unserer sozialstrukturell rückgebundenen sozialstaatlichen Perspektive.

Diesen transnationalen Diskursen zur Armutsbekämpfung muss man aber auch zu Gute halten, dass sie sich nicht einfach an die inzwischen boomenden internationalen Bildungsdiskurse anhängen. Armut wächst trotz der vielen Bildungsprogramme. Deswegen kann sie nicht einfach an den Bildungsdiskurs angedockt werden, sondern braucht einen eigenen Entwicklungs- und Gestaltungsrahmen. Transnational sind hier wieder die Programme zur Gemeinwesenökonomie mit ihren regionalen Wirtschaftskreisläufen und Beteiligungsformen hervorzuheben (vgl. Elsen 2008). Im nationalen Rahmen hat die sozialstaatliche Modellpolitik versucht, solche eigenen Gestaltungsperspektiven zu entwickeln. In Deutschland steht dafür das Modellprogramm „Soziale Stadt“, das der Tendenz der Verräumlichung von Armut (soziale Segregation) entgegenwirken sollte, indem sozialräumliche Möglichkeiten der Beteiligung sozial ausgegrenzter Bevölkerungsgruppen erprobt wurden.

Inzwischen ist unbestritten – und mit der Erosion sozialstaatlicher Gestaltungspolitik offensichtlich –, dass Armut ein Strukturmerkmal kapitalistischer Gesellschaften bleibt, weil die globalisierten Wirtschaftsdynamiken Armutsrisiken nun transnational erzeugen. Mit der nationalgesellschaftlichen Begrenzung der Armut ist es vorbei. Seit den 1980er Jahren wird herausgestellt, dass im internationalen Strukturwandel der Arbeitsgesellschaften immer mehr Menschen von periodischen Armutsphasen erfasst werden, dass Armut in verschiedenen Formen biografischer Betroffenheit und unterschiedlichen Lebenslagenkonstellationen in den Industrieländern auftreten kann. Diese Erkenntnisse von der „Verzeitlichung und Entgrenzung“ der Armut seitens der dynamischen Armutsforschung (Leisering 2008, S. 129) haben sich aber damals nur schwer durchsetzen können, weil sie eben auf die Strukturimmanenz der Armut im fortgeschrittenen Kapitalismus verweisen und damit der sozialstaatlichen Programmatik der prinzipiellen Aufhebbarkeit von Armut widersprechen.

Für die Soziale Arbeit scheint dieser grundsätzliche Perspektivwechsel erst einmal Entlastung zu signalisieren. Wenn Armut ein unaufhebbares Strukturelement gerade auch des neuen, gobalisierten Kapitalismus ist, dann könnte sich die Soziale Arbeit in Zukunft wesentlich unbefangener und offensiver den Betroffenen selbst zuwenden und bräuchte sich nicht mehr vorwerfen zu lassen, sie bestätigte nur die Armutsverhältnisse, indem sie die Opfer letztlich doch nur ruhigstellen würde.

Im 20. Jahrhundert ging es vor allem um die Regulierung und Verwaltung des Armutsklientels. Heute hat man begonnen, die Hilfe über die AkteurInnenperspektive konzeptionell neu zu strukturieren. Im Vordergrund steht nun die „Anerkennung der Armen als handlungsfähige Personen (agency) statt Arme primär als Opfer sozialer Verhältnisse oder von Instanzen sozialer Kontrolle zu sehen“ (ebd., S. 130). Dazu braucht es aber – im Gegensatz zum eingangs kritisierten personalisierten Ansatz – sozialpolitisch abgesicherte und bürgergesellschaftlich erweiterte Settings, in denen die Armutsbetroffenen erfahren können, dass sie als *BürgerInnen* Rechte einfordern und Ansprüche aus dem Status der sozialen Teilhabe heraus und Wege aus der sozialen Isolation – entwickeln können.

7.3 Arbeitslosigkeit

Schon die längst klassische empirische Studie „Die Arbeitslosen von Marienthal“ (Jahoda u.a. 1975), in der gezeigt wurde, wie die Arbeitslosigkeit in den 1930er Jahren den Alltag der Bewohner eines österreichischen Dorfes veränderte, nachdem die große Fabrik geschlossen war, wie sich die Arbeitslosigkeit gleich einer verstörenden Krankheit in die Bevölkerung einschleicht, lässt uns auch erleben, wie Männer und Frauen höchst unterschiedlich mit dieser Heimsuchung zurechtkamen. Die Männer sind orientierungslos geworden, ihre Bewegungen sind verlangsamt, ihre Kommunikationen hilflos. An ihnen manifestiert sich die schleichende Entwicklung zur „müden Gemeinschaft“ am deutlichsten. Solange noch Hoffnung auf Wiedereröffnung der Fabrik war, solange der Schock der Schließung noch wirkte und damit der Lebensfaden zur Arbeit nicht gerissen war, waren die Männer aktiv, organisierten Versammlungen, schmiedeten Pläne. Als der Faden riss, die Hoffnung auf Wiedereröffnung der Fabrik zerplatzte, wurden die Männer in der Dorföffentlichkeit fatalistisch, in den Familien selbstgerecht und aggressiv-misstrauisch. Die Frauen hingegen gingen noch stärker in ihren familialen Rollen auf, versuchten aber auch den Alltag in der Gemeinde einigermaßen aufrecht zu erhalten. Sicher sind die Erkenntnisse von Marienthal – vor allem, was die degressive Spirale der Aussichtslosigkeit und Isolation betrifft – in der heutigen Gesellschaft, in der der Sozialstaat relative soziale Sicherheit und der Konsum relative Teilhabe vermittelt, nur noch bedingt verwendbar. Dennoch wurde das Ablaufmodell einer „degressiven Verarbeitung“ von Arbeitslosigkeit, die Abwärtsspirale vom Schock zum Fatalismus, wie es in Marienthal beobachtet wurde, in der Arbeitslosenforschung bis in die 1970er Jahre hinein beschrieben. Spätere empirische Untersuchungen wiederum zeigen (Kieselbach 1998), dass mit zunehmender Tendenz zur Individualisierung und Biografisierung die Betroffenen durchaus differente Strategien der Bewältigung aktivieren, die von diesem durchschnittlichen degressiven Modell abweichen. Die Bewältigungsmuster sind aber immer konfliktreich und meist von Versagenserlebnissen begleitet (vgl. Cremer-Schäfer 2005). Viele sind gleichsam „gefangen“ in ihrer kritischen Lebenssituation, verhaken sich in Konflikten mit den zuständigen Institutionen, versuchen an ihren Lebensplänen festzuhalten (vgl. Muckenfuss 2007).

Nun kommt es darauf an, ob auch außerhalb von Arbeit und Familie Beziehungen bestehen und soziale Netzwerke aufgebaut oder genutzt werden können. Wichtig ist dabei der Familienzusammenhalt selbst. Wie Familien in der Lage sind, Arbeitslosigkeit zu bewältigen und wie sich dabei die innerfamilialen Beziehungen konflikthaft verändern oder stabil bleiben, hängt davon ab, wie Familienzusammenhalt und familiale Konfliktstruktur vor der Arbeitslosigkeit aussehen. Mit der Arbeitslosigkeit kommen nicht selten Konflikte hoch, die vorher verdeckt waren und nun destabilisierend wirken. Andererseits wird berichtet, dass Familien noch enger zusammenrücken und zusammenhalten, um nicht an der Arbeitslosigkeit zu zerbrechen. Allerdings haben gerade Nähe zusammen mit Rückzugs- und Schließungsprozessen ihre Folgen, weil sie gerade den Kindern – und Frauen, wenn der Mann langzeitarbeitslos ist – den eigenständigen Entfaltungsraum innerhalb der Familie und über sie hinaus – nehmen kann (vgl. dazu Kieselbach/Voigt 1992). Dies ist vor allem bei Langzeitarbeitslosigkeit der Fall. Auf diese beziehen sich im Folgenden auch unsere weiteren Ausführungen. Langzeitarbeitslosigkeit führt in die Abhängigkeit von der Sozialhilfe und ist damit in der Regel die Hauptursache von Armut. Aus diesem Bereich rekrutieren sich auch in der Hauptsache die KlientInnen in Arbeitslosigkeit. Dazu kommen Familien, die trotz der Tatsache, dass die Eltern Arbeit haben, unter die Armutsgrenze rutschen, weil das Einkommen zu gering ist („Armut in Arbeit“ vgl. Ehrenreich 2001).

Dass Männer besonders unter dem Verlust der Beschäftigung leiden, wird in der geschlechtsdifferenten Arbeitslosenforschung vor allem dort deutlich, wo Vergleichsmöglichkeiten mit Frauen bestehen. Männern ist eine familiale Ersatzrolle (wie den Frauen) nur begrenzt oder überhaupt nicht verfügbar, da sie auch ihre familiale Rolle meist über die Arbeit (als Hauptternährer oder Familienvorstand) definieren (Ostner 1995). Männlichkeit und externe, von der Familie losgelöste Arbeit sind für viele Männer immer noch eins. Somit wird der Verlust von Arbeit auch oft als Verlust von Männlichkeit empfunden. Sie fühlen sich in weibliches Gebiet gedrängt, das sie bisher immer halbbewusst abgewertet haben, und das sie nun in den Sog der Abwertung zu ziehen scheint. Nur wenige schaffen es, die Option, Hausmann zu werden, für sich zu realisieren. Da fehlt das gesellschaftlich gestützte Rollenbild. So geraten arbeitslose Männer von der Hilflosigkeit angesichts der Arbeitslosigkeit in eine männliche Hilflosigkeit und stehen unter dem Drang, sie abzuspalten. Das geschieht oft durch eine Verstärkung traditioneller Muster: Der Mann ist bemüht, seine Männlichkeit zu bewahren, indem er die Kontrolle über die Familie erhöht und sie damit – meist ist es ihm nicht bewusst – zwingt alle Familientätigkeiten auf die Stützung und Anerkennung seiner Männlichkeit auszurichten. Dies kann bis zum Syndrom der Co-Abhängigkeit der Frau und der Kinder vom Mann führen.

In unserer Gesellschaft sind arbeitslose Frauen eher als Männer ohne Arbeit akzeptiert. Wenn der Ehepartner als Einziger arbeiten geht und genug Geld nach Hause bringt, wird die Frau nicht als arbeitslos betrachtet, die Hausfrauenrolle wird als Ergänzungsrolle zur Arbeitsrolle des Mannes gesehen. In diesem Verständnis wurde auch schon die hohe „Erwerbsneigung“ der Frauen in Ostdeutschland mitverantwortlich für die dortige Arbeitslosenrate gemacht. Gleichzeitig aber sind viele der im Hause verbliebenen Frauen nicht nur materiell abhängig von ihren Männern, sie sind zudem der schleichenden Entwertung ihrer Qualifikationen ausgesetzt, die sie einmal beruflich erworben haben. Das erschwert ihren Wiedereinstieg in die Berufswelt bzw. den Wiedereinstieg ohne gravierende Einkommens-Verluste. Deshalb gibt es einen verdeckten Risikozusammenhang zwischen der Beschränkung auf die Hausfrauenrolle und der Arbeitslosigkeit, der in Krisenzeiten (Ehescheidung, Partnerverlust) immer wieder aufbricht: „Für viele Frauen sind die Erfahrungen mit Erwerbsarbeit brüchig und fremdbestimmt. Familie und Beruf bilden deshalb ein lebensgeschichtlich bestehendes Spannungsverhältnis von widersprüchlichen Interessen und Konflikten. Gerade für sozial benachteiligte, also ökonomisch und persönlich schlecht gestellte Frauen, ist es schwierig, eine berufliche Identität zu gewinnen, weil ihnen die Voraussetzungen, wie eine ausreichende Schul- und Berufsausbildung fehlen.“ (Maschewski-Schneider u.a. 1992, S. 347) Da diese psychosoziale Konstellation zur weiterem sozialen Rückzug für Frauen führen kann und die Gefahr der „kumulativen Diskriminierung“ (Braun u.a. 1996, S. 201) verstärkt – sie gelten dann zunehmend als „schwer vermittelbar“ –, ist es notwendig, niedrigschwellige und aufsuchende Angebote von Seiten der Sozialarbeit anzubieten (s.u.).

Betrachtet man auf der anderen Seite die inzwischen im Durchschnitt besseren Bildungsabschlüsse von Frauen, so kann man sich des Eindrucks nicht erwehren, dass sie im Berufsbereich – gerade auch bei Schwierigkeiten der Vermittlung – immer noch männerbündisch zurückgedrängt werden. Es braucht also öffentliche Fraueninitiativen, die auf Mädchen aufmerksam machen, die aufzeigen, dass auch Mädchen – auch wenn sie auf ihrem Bildungsweg gescheitert sind – ebenso beruflich motiviert sind. Schließlich ändert sich merklich das regionale Klima, wenn Mädchen und junge Frauen gezwungen sind, wegen mangelnder Berufsperspektiven abzuwandern. Gleichzeitig gibt es immer noch einen geschlechtsspezifisch segmentierten Arbeitsmarkt, der Frauen in Berufe drängt, die am ehesten von Arbeitslosigkeit betroffen sind, oder in ungeschützte Berufe, wo sie als „flexibel" gelten und entsprechend wieder entlassen werden können. Das Problem der Benachteiligung von Frauen im Berufsleben scheint sich also verschoben zu haben: Es ist nicht mehr die Frage, ob Frauen genauso beruflich tätig sein können wie Männer; dafür aber ist das Problem entstanden, dass die Arbeitsplätze von Frauen anders von Arbeitslosigkeit bedroht sind als die von Männern. Immer noch ist der Großteil der Teilarbeitsplätze von Frauen besetzt.

7.4 Wohnungslosigkeit

Wohnungslosigkeit gehört zu den sozialen Problemen im Spektrum der Armut, die besonders der geschlechtssoziologischen Reflexion bedürfen. Sie hat ihr eigenes Straßenbild und zieht deshalb unweigerlich Zuschreibungen und Stigmatisierungen an. Der soziologische Zugang ist deshalb im ersten Schritt ethnomethodologisch-subjektorientiert (vgl. 2.3), im Weiteren aber vom Lebenslagenkonzept (vgl. 6.2) geleitet.

In der Regel sind es wohnungslose Männer, die dieses Straßenbild prägen und bestätigen, umso mehr als sie versuchen, ihr Stigma selbst zu regulieren. Was dann im Raum steht, ist eine groteske Maskulinität, mit der sie sich schützen, niemanden an sich herankommen lassen, als Gruppe mit ihren Trinkritualen zusammenhalten und ihre nahe Straßenumwelt unter Kontrolle halten wollen. „Wohnungslosigkeit" erscheint als männliche – für die einen auch als selbstgewählte Bewältigungsform, nur ein anderer Teil der Männer findet daher auch den Weg zu Hilfe-Einrichtungen für sich. Die Frauen in Wohnungslosigkeit sind lange in ihren Lebenserfahrungen übergangen worden, sie werden als Objekt und Halt der männlichen Hilflosigkeiten, schlimmstenfalls als Provokation im Bild der Verwahrlosten oder Hure gesehen.

Beileibe nicht alle von Wohnungslosigkeit Betroffenen leben auf der Straße, viele in Unterkünften oder in der Schwebe, wenn sie vom Verlust ihrer Wohnung bereits bedroht sind. Oft liegt diese am Ende einer Karriere, die in der Familie begonnen hat: Gewalt und sexueller Missbrauch, Aussetzung oder Ausbruch, so wie bei den Straßenkindern beschrieben; Heimkarriere, abgebrochene Ausbildung, Scheitern im Beruf, Scheitern von „gerade so eingerichtetem Leben" mit Jobs, Arbeitslosigkeit, Zusammenbruch der alltäglichen Lebensführung. Irgendwann ist der Lebensalltag nicht mehr bewältigbar, die Fassade eingestürzt. Zahlungsunfähig und mit steigendem sozialem Stigma behaftet, werden die Chancen immer geringer, eine Wohnung zu bekommen. Das Wohnungslosenschicksal ist dann das Ende einer Ursachenkette, in der personale, biografische und gesellschaftliche Faktoren zusammenspielen. Wohnungslose scheitern an einer Konkurrenzgesellschaft, die die diese Karriere mit aufbaut und sich erst um sie kümmert, wenn sie auffällig werden. Für Frauen ist Wohnungslosigkeit Endpunkt und Ausweg im gesellschaftlichen Armutsrisiko zwischen persönlicher Abhängigkeit, verdeckter Bedrohung der Existenzsicherung und Doppelbelastung (vgl. Enders-Dragässer/Sellach 2005; Kautz 2010).

Dass mehr Männer als Frauen auf der Straße sichtbar sind, darf nicht dazu verleiten, Wohnungslosigkeit hauptsächlich als Männerproblem einzuordnen. Hier wirkt der geschlechtsspezifische Mechanismus offensichtlich: Frauen versuchen ihre Straßenexistenz mit allen Mitteln zu verstecken und nicht aufzufallen, bleiben lange in ausweglosen Situationen zu Hause.

Die Straße ist ein männliches Terrain, schon den Jungen ist die Straße zugänglicher als den Mädchen. Entscheidend aber ist in diesem Zusammenhang: Jungen und Männer können ihre Straßenrolle bis zuletzt einigermaßen mit ihrer Geschlechterrolle und der Zuschreibung des männlichen Außen in Einklang bringen. Für Mädchen und vor allem dann für die Frauen gerät die Straßenexistenz in völligen Widerspruch mit dem gängigen Frauenbild und der weiblichen Geschlechterrolle. Sie haben dann auch entsprechende Folgen zu tragen: Straßendasein wird nicht nur als extremes Fehlverhalten gedeutet, es wird vor allem schnell sexualisiert, Frauen werden moralisch verurteilt und als sexuell verfügbar in die Ausnahmezone der Prostitution gedrängt.

Unter diesen Zuschreibungen bleiben wesentliche Erfahrungen von Frauen verborgen – auch die Gewalt, der sie auf der Straße ausgesetzt sind, vor der sie sich aber auch nicht in den von Männern dominierten Einrichtungen schützen können. Aber auch ihre aktiven Versuche, das Leben auf der Straße mit einer Verantwortung für ihre Kinder zu verbinden oder für ihre Kinder in ein geordnetes Leben zurückzukehren. Vor allem aber verhindern diese Zuschreibungen, die prekäre Lebenssituation von Frauen *vor* der Wohnungslosigkeit in den Blick zu nehmen: „Die interviewten Frauen sind in einer gesellschaftlichen ‚Normalitität' zu verorten, in der sie in der Regel ‚Schlimmes' erlebt haben. Ihre Perspektiven hatten sich häufig bereits in der Kindheit abgezeichnet über die Faktoren Armut, Gewalt, Bewältigungsversuche mit Alkohol bzw. Drogen, unzureichende Ressourcen – von Bezugspersonenen – aber auch eigenen, z.B. schulische und berufliche Bildung – sowie fehlende Unterstützung von außen." (Enders-Dragässer/Fichtner/Sellach 2006, S. 75). Diese Erfahrungen wiederholen sich vielfältig im Erwachsenenleben: Frauen, die eigentlich aus der abhängigen Beziehung heraus müssten, die aber nicht (mehr) die materiellen und sozialen Möglichkeiten der Eigenständigkeit dafür haben bzw. aus diesen Gründen eine

Zwangspartnerschaft eingegangen sind. Das Scheitern ihrer Beziehungen und auch ihre Hilflosigkeit werden immer noch den Frauen angelastet. Bei Frauen stellt man – Prinzip Innen – das Scheitern im Beziehungs- und Sorgebereich in den Vordergrund und vernachlässigt den Aspekt der Verwehrung der materiellen und kulturellen Eigenständigkeit, das Festhalten an Berufswünschen und an einem Anspruch auf bezahlte Arbeit. In diesem Sinne machen Frauen auch ambivalente Erfahrungen mit Hilfeeinrichtungen, die ihren bleibenden Wunsch nach eigenständiger Existenzsicherung und die Bemühungen um ihre Kinder nicht anerkennen. Ohne alternative Hilfe-Formen fühlen sich wohl manche in der Wohnungslosen-Subkultur sicherer als in einem Partnerverhältnis, das sie verlassen haben. Dass es immer wieder Frauen gibt, die in der Halböffentlichkeit des Obdachlosenmilieus mehr Schutz und Sicherheit verspüren als in einer bedrohten Häuslichkeit, wird von SozialarbeiterInnen bestätigt. Dahinter bleibt die Sehnsucht nach Normalität erhalten, aber man muss das eine erst verstehen, dass in den abweichenden Verhaltensbildern auch Stärken liegen, dass hinter der Distanziertheit und Aggressivität der Frau gegenüber den Institutionen der Hilfe das Streben nach Selbstbehauptung, die Suche nach Schutz und die Abwehr neuer Abhängigkeiten steckt. Hier betont Kautz (2010) aus Gesprächen mit Frauen, die alleinlebend aus einer eigenen Wohnung in die Wohnungslosigkeit fielen, dass unterschiedlich für die eine ihre Wohnung wie eine zweite Haut, Ausdruck und Halt ihrer Identität war, während eine andere Wohnungswechsel leicht in Kauf nahm. In ihrer Untersuchung fand Steinert so unterschiedliche Stärken in Grundorientierungen, die wohl auch ambivalente Mischungsverhältnisse und vorgängige Erfahrungen enthalten: Normalitätsorientierung: Frauen wollen zurück in die bürgerliche Existenz. Für sie ist der Gang zu den Hilfesystemen notwendiges Übel – sie suchen nach Möglichkeiten den „widrigen äußeren Umständen" wieder zu entkommen, grenzen sich aber sonst gegen die Hilfe ab anders als Frauen, die sich selbst als hilfsbedürftig ansehen. Im Falle einer Institutionen-Orientierung haben Frauen ihr Leben entlang den Hilfesystemen eingerichtet – bis hin zu denen, die dort ihre „Heimat" gefunden haben. In jedem Fall brauchen diese Frauen (niedrigschwellige) Einrichtungen, die die mehrfachen Belastungen und „existenzbedrohenden Lebenskrisen" der Frauen frühzeitig und angemessen aufnehmen und sie beim Ausstieg aus der Existenzgefährdung schützen und unterstützen können. Eine wesentliche Voraussetzung dafür ist die Anerkennung ihrer Anstrengungen wie der Gründe für ihre Resignation (vgl. Enders-Dragässer/Fichtner/Sellach 2006).

Bei Männern hingegen ist die gesellschaftliche Diskussion zur Obdachlosigkeit durch das Motiv „Scheitern in der Erwerbsarbeit" definitionsbestimmend und dabei wird der Beziehungsaspekt übergangen. Die Verlusterfahrungen und Bindungsängste der Männer, die in biografischen Gesprächen durchaus hervortreten, spielen in vielen Fall-Geschichten keine Rolle. Natürlich wird das durch das Außenverhalten der betroffenen Männer selbst verstärkt, wenn sie Verlusterfahrungen nicht innerlich bearbeiten und entsprechend thematisieren können, sondern – in männlicher Bewältigungstypik – diese als „Kontrollverlust" erfahren, dem sie mit verstärktem Kontrollverhalten nach außen im Wohnungslosenmilieu zu begegnen versuchen.

In der Untersuchung der subjektiven Deutung der Männer sowohl der Situation, die der Wohnungslosigkeit vorausging als auch ihrer jetzigen Lage in der Wohnungslosigkeit, war die Betonung der eigenen Autonomie vorherrschend. Sie war aber zum Teil gemischt mit illusionären Vorstellungen, aber auch Resignation und Verärgerung über die fehlenden Möglichkeiten. „Auch die männlichen Deutungen zu den Themen Gesundheit, Alkoholkonsum oder Gewalt waren stark von der Frage nach der eigenen Handlungsautonomie geprägt. Die Mehrheit der Männer stufte sich selbst als gesund und leistungsfähig ein. Sie bagatellisierten Leiden und Hilfebedarf und stellten die Fähigkeit in den Vordergrund, auch unter massiv erschwerten Bedingungen ohne Unterstützung den Alltag gestalten zu können" (ebd., S. 69). Dieses Selbstbild verdeckt auch das Leiden an ihren Beziehungsverlusten, besonders wenn es um den verwehrten oder eingeschränkten Zugang zu ihren Kindern geht. Denn diese Männerbilder sind im Inneren oft brüchig und verunsichert. Nach außen demonstrierte Durchsetzungsfähigkeit ist gepaart mit der mangelnden Fähigkeit, die eigene Lage realistisch einzuschätzen und dementsprechend Hilfeangebote zu nutzen. Selbstkritisch-offene und veränderungsbereite Haltungen sind selten.

Deshalb braucht der Zugang zur Obdachlosigkeit eine doppelte geschlechtsbezogene Reflexivität. Dazu gehört besonders auch das differenzierte Beobachten und Nachfragen. Hilfe für obdachlose Frauen (und Männer) zu organisieren, ist eine zweischneidige Sache. Denn oft wird dabei der Stolz der Betroffenen übergangen, die zwar Hilfe brauchen aber sich nicht als *hilfsbedürftig* sehen und vielmehr ihren Drang nach Selbstbestimmung auch unter diesen Umständen respektiert sehen wollen. Hier gilt als Devise für die Sozialarbeit, die Bewältigungslagen hervorzuheben und dabei die unterschiedlichen „Bewältigungsformen" und Formen der Suche nach Selbstbehauptung und Selbstständigkeit nicht zu denunzieren, sondern angemessene Ansätze für Zuwendung, Hilfe und Begleitung zu organisieren.

7.5 Gewalt im sozialen Nahraum – Gewalt im Geschlechterverhältnis

Mit der „Erfindung" der bürgerlichen Kleinfamilie des Industriezeitalters und ihrer Trennung von privat und öffentlich waren lange noch patriarchale Verfügungsrechte zugelassen und haben sich dann zu einer Norm der „Nicht-Intervention in den privaten Bereich" weiterentwickelt. Sie sind ein Bereich der lange von demokratischen Regulierungs-Aufforderungen ausgespart blieb. Stattdessen werden immer von neuem Idealbilder der heilen

Familie und perfekten Beziehungen entworfen und nach außen vertreten. Im Inneren sind unter persönlichem Leidensdruck Interessen und Konflikte und psychodynamische Liebesansprüche nicht mehr unterscheidbar, so geraten Frauen unter dem unsichtbaren bis sichtbaren Diktat der „einklagbaren Liebe“ in neue psychodynamische Drucksituationen. Nicht nur Mitarbeiterinnen in den Frauenhäusern machen immer wieder die schmerzliche Erfahrung, dass sich der Abhängigkeitsstatus der Frau nur schwer auflösen lässt. Das spitzt sich in den Schutzeinrichtungen zu, wenn Frauen, auch wenn sie massive Gewalt erlitten haben, wieder zurück zu den Tätern gehen, Schuld übernehmen, weil sie Familie und Beziehung aufrecht erhalten möchten. Inzwischen ist erkannt worden, wie allseitig abhängig viele Frauen in den familialen Beziehungsstrukturen sind, und dass diese Abhängigkeit nicht nur von der emotionalen, sondern von der ökonomischen und sexuelen Seite entgegengearbeitet werden muss. Dazu gehört, dass der Verarmung der Frauen entgegengewirkt werden muss, dass sie eigene Arbeit brauchen, um autonom werden zu können. Dies korrespondiert mit dem frauenpolitischen Auftrag in der Sozialpolitik, in dem eine materielle und soziale Absicherung von den Frauen unter dem Leitbegriff „exit option“ gefordert wird: Frauen sollen so abgesichert sein, dass sie jederzeit eigenständig die Partnerbeziehung verlassen können. Dann – so wird argumentiert – sind sie erst in der Lage, die Art der Beziehung mitzubestimmen. Zu den Belastungen zählte auch, dass Frauen, die sich aus Gewaltbeziehungen trennen, lange Zeit diejenigen waren, die die Familie verlassen mussten. Jetzt kann nach einem polizeilichen Eingriff in einer akuten Notsituation eine Wegweisung des Täters erreicht werden, was jedoch selten von Frauen in Anspruch genommen wird; z.T. auch deshalb, weil damit eine Bedrohung nicht beendet ist.

Die Einordnung und Benennung eines Verhaltens als „Gewalt“ war und ist im sozialen Nahraum und im Geschlechterverhältnis nur scheinbar eindeutig. Zunächst ist es immer wieder wichtig in der Definition Gewalt von Aggression zu trennen. Bei Aggression geht es um Durchsetzung, Wut, Ärger und handgreiflich ausgetragene Konflikte, die auch verbale Angriffe umfassen. Diese sollten aber von Gewalt im Sinne der bewussten Zufügung von Schmerzen und vom massiven körperlichen Angriff unterschieden werden. Zum zweiten müssen wir uns immer wieder neu damit konfrontieren, dass Gewalterfahrungen im privaten Raum, in intimen Beziehungen, insbesondere in der Familie im Leben von Frauen einen zahlenmäßig und biografisch schwerwiegenden Raum einnehmen. Es hat lange gedauert, bis Gewalt gegen Frauen als Delikt offiziell anerkannt wurde, wobei sie auch heute immer wieder ausgeblendet werden kann. Stövesand zeichnet zusammenfassend diese Auseinandersetzungen nach, die es ermöglichten, eine breite Öffentlichkeit zu sensibilisieren und gleichzeitig Schutzhäuser und Hilfen zu verankern und zu verteidigen. Grundlage bildet die Einordnung in einen strukturellen Gewaltzusammenhang, wonach Gewalt im Geschlechterverhältnis definiert wurde als „jede Verletzung der körperlichen und seelischen Integrität einer Person, welche mit der Geschlechtlichkeit des Opfers, wie des Täters zusammenhängt und unter der Ausnutzung eines Machtverhältnisses durch die strukturell stärker Person ausgeübt wird" (Hagemann-White 1997, S. 29). Die Gewaltdefinition beinhaltete daher ökonomische, körperliche, seelische und soziale Formen, wie z.B. massive Abwertungen, Einschränkung der Bewegungsfreiheit, des Haushaltsgeldes, körperliche Übergriffe und sexuelle Misshandlung. Diese Übergriffe sind unabhängig vom Status und Einkommen der Betroffenen. Im Laufe der Zeit konnten aus den Erfahrungen in den Hilfeprozessen und Untersuchungen sichtbar werden, dass Frauen in einen Kreislauf von Beziehungsverantwortung und Enttäuschung und neuerlicher Bedrohung verstrickt werden und dabei Einbußen an klarer Realitätssicht und Selbstgefühl erleiden. Nach außen fühlen sie sich durch die erfahrene Gewalt beschämt und müssen fürchten für die Beziehung verantwortlich gemacht zu werden.

Damit Frauen autonom werden können, brauchen sie vor allem auch eigene soziale Erfahrungsräume und Quellen der Anerkennung gegen oft schon weit zurückliegende und andauernde Entwertungserfahrungen und Ängste. Viele Frauen, die auf Institutionen Sozialer Hilfe angewiesen sind, leben in Konstellationen und entwickeln Verhaltensmuster, wo sie immer wieder vom Mann ihre Lebensbestätigung erhalten wollen und deshalb wenig eigene Bezüge zu anderen Frauen entwickeln. Deshalb ist es notwendig und gehört zum Kern der Arbeit, dass eigene kulturelle und soziale Netzwerke für Frauen geschaffen und gefordert werden.

Was die Familie anbelangt, so müssen die Frauen die Chance haben, Familie nicht als Engführung der Beziehungen, sondern als multilokalen Ort zu erleben, von dem aus viele Außenbezüge möglich sind. Familien, die solche Netzwerke nicht haben, geraten immer in die Gefahr der Isolation, wenn sie überfordert sind. Für die Sozialarbeit haben diese Kenntnisse vor allem zur Konsequenz, dass die Professionellen sich nicht als Interventionsinstanz, sondern als Außenbezug zur Familie verstehen müssen. Dass ein solcher Weg erfolgreich sein kann, zeigen niedrigschwellig aufgebaute Zentren, die wiederum in die Quartiersöffentlichkeit hineinreichen (vgl. Stövesand 2010).

Zum sozialen Problemkreis der Gewalt im sozialen Nahraum (vgl. auch 13.1) gehört genauso die Kindeswohlgefährdung mit ihren traumatischen Folgen für die Opfer (vgl. Kavemann/Kreyssig 2006). In diesem Zusammenhang wird auch von einer „Vernachlässigung der Vernachlässigung" gesprochen (vgl. Galm/Hees/Kindler 2010). Während aber in der Geschlechtersoziologie wie inzwischen auch in der gesellschaftlichen Öffentlichkeit die sozialen Konstruktionen von Männlichkeit und Weiblichkeit und das Verhältnis der Geschlechter kritisch diskutiert werden, macht die Aufklärung zur Kindeswohlgefährdung immer noch vor dem Tabu der Familie

Halt. Nur die extremen Fälle werden immer wieder medial skandalisiert, die wirklichen familialen und sozialen Hintergründe bleiben aber meist im Dunklen (vgl. auch 13.1). Dabei könnten „das manchmal anzutreffende Erschrecken und die Empörung über vernachlässigende Mütter einen Hinweis darauf geben, in welchem Ausmaß die Gesellschaft derzeit auf eine gelingende weibliche Fürsorge für Kinder angewiesen ist und welchen Wert diese Fürsorge deshalb hat“ (ebd.).

7.6 Migration und Integration

Viele der MigrantInnen in den europäischen Gesellschaften bilden – so schon die Erkenntnis im Migrationsdiskurs der 1990er Jahre – inzwischen eine neue Unterklasse der Langzeitarbeitslosen, der Illegalen und Obdachlosen. „Auch in Deutschland ist diese neue Unterklasse bereits ethnisch stratifiziert.“ (Neckel/Körber 1997, S. 318) Die Integrationsaufforderungen, die ihnen gesellschaftlich entgegengebracht werden, sind meist im Sinne einer Systemintegration definiert. Wie im Falle der Armen (vgl. 7.2) ist auch hier der Integrationsbegriff nicht von der Bewältigungslage der Betroffenen, sondern von den Stabilitätsinteressen der Einwanderungsgesellschaft her bestimmt. Integration ist zu einem Begriff geworden, der nicht mehr zur Diskussion über soziale Chancenverteilung auffordert, nicht mehr für das Öffnen sozialer und politischer Gestaltungsräume für die MigrantInnen steht, sondern um den sich lediglich Defizitzuschreibungen gruppieren: Nur die sollen längerfristig bleiben können, welche ihre Defizite in deutscher Sprache und deutschem Kultur- und Sozialverhalten auszugleichen bereit sind. Über diese zunehmende Defizit- und Abschottungsperspektive gehen die Diskriminierungserfahrungen, die Fähigkeiten und Stärken der MigrantInnen verloren. Gerade jugendliche MigrantInnen haben gelernt, Übergänge zu bewältigen, zu differenzieren, sich auf Wandel einzustellen und offene Lebenskonzepte anzunehmen (vgl. Hamburger 1999). Diese, ihnen aus ihrer Lebenslage zuwachsenden Vermögen können sie aber nicht entfalten und werden deshalb nicht selten in Muster des demonstrativen Abgrenzungsverhaltens getrieben. Dies schürt wiederum bei deutschen Jugendlichen und jungen Erwachsenen Konkurrenzgefühle. Aus der 13. Shell-Jugendstudie geht in diesem Zusammenhang hervor, dass eine große Mehrheit der Jugendlichen der Ansicht ist, dass zu viele AusländerInnen in Deutschland leben: „Im Kern der Ausländerfeindlichkeit scheinen sich Konkurrenzgefühle zu verstecken, bzw. die Furcht, in der Erwachsenenkonkurrenz um Arbeitsplätze und Zukunftschancen (projektiv verlängert: um Anerkennung, Mädchen und öffentliche Aufmerksamkeit) zu unterliegen.“ (Jugend 2000, S. 259)

In dem Maße, in dem die neue Realität der Migration an Komplexität und Unübersichtlichkeit zunimmt (vgl. Treibel 1999), aus den herkömmlichen Integrationsmustern herausfällt und die Politik keinen entsprechenden Migrationsdiskurs aufmacht, wird der gesellschaftliche Umgang mit der Migrationsfrage direkt auf der Bevölkerung abgeladen. So entstehen auch bei den Einheimischen soziale Orientierungsprobleme und rassistische Haltungen, die sich mit eigenen Bewältigungsproblemen vermischen.

Die Sozialpädagogik bekommt dieses Dilemma auf beiden Seiten – sowohl bei den einheimischen wie den ausländischen Jugendlichen und jungen Erwachsenen – zu spüren. Da ihr Zugang eng an die Institutionen gebunden ist, werden Flüchtlinge und AusländerInnen erst entdeckt, wenn sie als minderjährige Flüchtlinge zum Problem der Kinder- und Jugendhilfe werden oder als Aussiedlerkinder in den Schulen auffallen. Die Illegalen sind dabei noch gar nicht wahrgenommen. Viele in der Ausländerarbeit tätigen SozialpädagogInnen wissen längst, dass sie sich an den biografischen Bewältigungsproblemen der Betroffenen zu orientieren haben, geraten aber immer wieder unter den Druck der sozialpolitischen Institutionen, die durch rechtliche und soziale Abschottungen die Ausländerfrage weiter vereinheitlichen und damit politisch berechenbar halten möchten. Die neue, mit den Problemen des globalisierten Kapitalismus eng verbundene komplexe Migrationsrealität wird damit individualisiert. Für die Sozialpädagogik wird dies zum Problem, weil ihre Einrichtungen zum Auffangbecken von MigrantInnen werden, denen die Zu- und Übergänge in die Arbeitsgesellschaft und innerhalb des Bildungs- und Sozialsystems verwehrt bleiben. So entsteht die Gefahr, dass das Ausgegrenztsein hier nur konserviert wird. Auch wenn sich die Sozialpädagogik den unterschiedlichen Lebenslagen der Migranten öffnet, gerät sie – will sie das herkömmliche Integrationsmodell realisieren – in eine Interventionsfalle. Denn dann werden die Bewältigungsprobleme der MigrantInnen in personale Integrationshürden, die unterschiedlichen Bewältigungsversuche in Formen abweichenden Verhaltens umdefiniert. Viele SozialpädagogInnen, die mit MigrantInnen arbeiten, verlassen sich deshalb nicht mehr auf den Sozialstaat und die Sozialpolitik, sondern suchen eine eigene migrations- und sozialpolitische Verortung in lokalen und regionalen Netzwerken. Sie richten den Blick weg vom integrationsfixierten Zugehörigkeitsdiskurs zum Bewältigungsdiskurs und versuchen sich an den eigenen Zugehörigkeiten, die die MigrantInnen sich in ihren Bewältigungsformen schaffen, zu orientieren. Diese „interkulturellen Zwischenwelten“ (Gemende 1999, 2002) zu stützen und abzusichern, damit sie variabler und offener gelebt werden können und nicht regressiv werden müssen, ist zum pragmatischen Ziel einer bewältigungsorientierten Sozialarbeit mit MigratInnen geworden. Mit der Anerkennung solcher interkulturellen Zwischenwelten erhalten die MigrantInnen die Chance, ihre eigene Bewältigungsbrücke zwischen den Herkunftsländern und der Aufnahmegesellschaft zu bauen und so aus dieser Selbstständigkeit heraus Anschluss an die hiesige Gesellschaft und soziale Anerkennung zu finden. Nicht mehr der ethnische Unterschied, die interkulturelle Besonderheit und Differenz stehen im Vordergrund dieses Konzepts, sondern die *Verschiedenheiten an sich* als Strukturelemente (post-)moderner Gesellschaften. Die politische und pädagogische Herausforderung wird also nicht mehr in einem zugechriebenen Merkmal gesehen, das sich zum Stigma entwickeln kann, sondern es wird zuerst nach den Kontexten der Vergesellschaftung gefragt – Modernisierung, soziale Ungleichheit und Segregation – und dann erst danach, wie darin Ethnizität, Geschlecht oder Alter eine bestimmte Rolle spielen, bzw. als Faktoren der Vergesellschaftung gesetzt werden (vgl. dazu Leiprecht 2011). Das bedeutet nun nicht, das Ethnizität geleugnet wird. Es wird vielmehr vorausgesetzt und entsprechend anerkannt, dass moderne Gesellschaften längst ethnisch different und plural sind. Das bedeutet gerade für deutsche Verhältnisse eine Abkehr von der Homogenitätsvorstellung einer einheitlichen Volkskultur, von der aus bisher Ethnizität und die damit verbundenen Migrations-„Probleme" bestimmt wurden. Im Gegensatz dazu wird in der Diversitätsperspektive davon ausgegangen, dass es innerhalb dieser anerkannten Differenz und Pluralität Ungleichheiten gibt, die zwar unterschiedlich kontextualisiert sind, die aber quer durch die sozialen Gruppen der Gesellschaft gehen. So sehen wir z.B., dass es soziale Benachteiligungen und Zugangsverwehrungen gibt, die Jugendliche mit Migrationshintergrund genauso betreffen wie „einheimische" Jugendliche und gehen nicht von vornherein von unterschiedlichen ethnischen Klassifikationen als Faktoren sozialer Benachteiligung aus. Dabei wird deutlich, dass oft nicht die Ethnie der ausschlaggebende Faktor ist, sondern das der ethnische Bezug erst vor dem Hintergrund allgemein sozialstruktureller Konstellationen ausgrenzend wirkt (vgl. Hormel/Scherr 2004). Ethnische Konfliktmuster werden also erst vor dem Hintergrund sozialer Benachteiligung als einzig noch subjektiv verfügbare Mittel der Bewältigung freigesetzt.

Ethnisch freigesetzte und darin verdeckte soziale Konflikte verweisen aber nicht nur auf die soziale Benachteiligung von MigrantInnen, sondern meist genauso auf soziale Desintegrationsprozesse in der einheimischen Gesellschaft. Ausländerfeindlichkeit und Rechtsextremismus sind eine Bühne dafür. Hier wird die Soziale Arbeit am meisten hineingezogen und hier hat sich etwas Neues entwickelt, dass von der Migrationspädagogik noch gar nicht so richtig erfasst wird: Die Freisetzung des abstrakten Gleichen. Von Georg Simmel (1908) stammt die Formulierung des Migrationsparadoxons: Wenn der Fremde fern ist, ist er uns nah; wenn der Fremde nah ist, ist er uns fern. Solange uns die AfrikanerInnen fern waren, auf ihrem Kontinent blieben, waren sie die abstrakten Gleichen – im Menschenrechts-Talk, in den Wohltätigkeitskampagnen. Nun kommen sie über das Mittelmeer, beanspruchen das Recht gleich zu sein und werden von den EuropäerInnen abgestoßen. Sie haben übers Fernsehen und übers Internet im letzten afrikanischen Dorf eine Welt des Konsums und der sozialen Sicherheit erlebt, an der sie sich über das World Wide Web beteiligt fühlen, in der sie virtuell mittendrin sind. Jetzt kommen sie als Boatpeople in diese Welt und stellen

Ansprüche von Gleichen zu Gleichen, sind nicht so untertänig und zurückgenommen wie früher die ArbeitsmigrantInnen. Sie haben die Illusion, es wäre auch ihre Welt. Der abstrakte Gleiche ist konkret geworden.

Es geht nicht mehr um Einwanderung, sondern es handelt sich zunehmend um zirkuläre Ströme in einer interdependenten Welt. Hier ist für die Soziale Arbeit ein neues Problem entstanden: Die Migrationsströme werden ja von den Sozialstaaten reguliert. Es ist also der Sozialstaat, der nun weiter den Fremden definiert, aus dem „gefühlten Gleichen" wieder den Fremden macht, wenn dieser kein Know-how und kein Kapital mitbringt. Der Fremde ist der, der uns zur Last fällt, der Gleiche ist der, der sich ökonomisch-technologisch und finanziell in die europäischen Volkswirtschaften einbringen kann. Die Sozialarbeit steht nun in dem Dilemma, dass sie sich konzeptionell an dem Fremden als dem Gleichen orientieren will, die nationale Gesellschaft aber von ihr verlangt, dass sie sie als Fremde behandelt. Inzwischen ist man sich in der Migrationsforschung auch darüber einig, dass man Migration nicht nur als Lebens- und Bewältigungslage der MigrantInnen, sondern auf beiden Seiten, nämlich auch im Lebenszusammenhang der einheimischen Bevölkerung thematisieren muss. Dies drückt der Begriff *Transkulturalität* aus.

Kapitel 8
Hilfe als soziale Konstruktion

Hilfe und Hilfebeziehungen stellen den Kern der Sozialpädagogik und Sozialarbeit dar. Was als interpersonaler Vorgang des Verstehens und Handelns in verschiedensten Modellen abläuft (vgl. Schefold 2011) und entsprechend rechtlich, erziehungswissenschaftlich und psychologisch aufgeschlossen wird, kann auch soziologisch als eine soziale Hintergrundstruktur rekonstruiert werden, deren Kenntnis sowohl den Horizont des Verstehens und Handelns erweitern als auch eine kritische Reflexion von Hilfe ermöglichen kann. Dabei beziehen wir uns im Folgenden auf Hilfe-Beziehungen, die sich von der alltäglichen Hilfe dadurch unterscheiden, dass sie gesellschaftlich eingerichtet, sozialstaatlich reguliert und professionell organisiert sind. Soziale Arbeit bezieht sich auf Lebensprobleme und -schwierigkeiten, die vom Einzelnen abgehoben und allgemein sind, auch wenn sie den Einzelnen gerade auch in seinem Alltag einholen. Hilfe im Alltagsverständnis entwickelt sich dagegen aus je besonderen biografischen, verwandtschaftlichen, nachbarschaftlichen oder situativen Beziehungen und ist in der Regel durch personale Gegenseitigkeit, Zugehörigkeit und Sorge um den Nächsten gekennzeichnet. Soziologisch betrachtet hat die soziale Hilfe – in der verallgemeinerten Form – eine gesellschaftliche, eine institutionelle und eine interaktive Dimension. Alle diese Dimensionen und Ebenen spielen in Hilfeprozessen zusammen und bilden selbst Strukturen aus, die es nachvollziehend kritisch zu reflektieren gilt.

8.1 Hilfe als gesellschaftliche Figur – das Integrationsparadigma

Dass und wie Hilfe gerade auch in ihrer interpersonalen Handlungsform ein gesellschaftliches Konstrukt ist und wie sie in ihrer Entwicklung dem historisch-gesellschaftlichen Wandel unterliegt, hat Niklas Luhmann in seiner inzwischen längst klassischen Arbeit zu den „Formen des Helfens im Wandel gesellschaftlicher Bedingungen" (1973) aufgeschlossen. Danach unterscheidet er drei Epochen der Gesellschaftsentwicklung, in denen sich historisch typische Hilfeformen entwickelt haben. Archaische Gesellschaften, auch als „Stammesgesellschaften" bezeichnet, sind durch familiale und verwandtschaftliche Hilfeformen gekennzeichnet, die auf Zugehörigkeit zu einer Stammesgemeinschaft basieren und auf Einbettung in Stammestraditionen ausgerichtet sind. In den viel später entwickelten „Hochkulturen“ der mittelalterlichen Städtegesellschaften war Hilfe bereits in ein verallgemeinertes Wertesystem eingebettet: Vor dem Hintergrund der Einheit von weltlicher und geistlicher Macht war Hilfe in einem religiös-politischen Kontext verortet. In diesem entwickelte sich ein Almosenwesen, das nicht mehr nur auf einzelne Almosenakte setzte, sondern auf einem verallgemeinerten und damit auch erwartbaren Almosensystem basiert, das zwischen würdigen und unwürdigen Armen zu unterscheiden versuchte. In den modernen Industriegesellschaften des ausgehenden 19. und des 20. Jahrhunderts wurde Hilfe nun nicht nur säkularisiert, sondern als gesellschaftliches Programm in einem sozialstaatlichen Regelungskontext von Anspruch und Zumutbarkeit institutionalisiert. Soziale Hilfe ist damit bis heute in den Rang einer allgemeinen gesellschaftlichen *Institution* gerückt und wird in organisierten *Verfahren* umgesetzt. Die Jugend- und Sozialhilfe sind dementsprechend rechtlich kodiert und entwickeln sich regional in sich immer neu reorganisierenden institutionellen Arrangements.

Die moderne gesellschaftliche Institutionalisierung und sozialstaatliche Regelung von Hilfe verweist auf ein – sich in widersprüchlichen und konfliktreichen Konstellationen manifestierendes gesellschaftliches Interesse, das sich über die einzelnen Personen und Gruppen aufbaut. Nicht mehr die einzelnen Notleidenden und HilfeempfängerInnen, sondern das Problem der *gesellschaftlichen Integration* von widerstreitenden Verhältnissen tritt hier in den Mittelpunkt der Hilfedefinition. Dieses besteht darin, dass ohne gesellschaftlich organisierte soziale Hilfe und den entsprechenden verallgemeinerten Anspruch darauf der gesellschaftliche Zusammenhalt insgesamt gefährdet werden könnte. Hans Scherpner (1963) hat diesen Zusammenhang systematisiert. Bei diesem Integrationsbegriff handelt es sich um einen soziologischen Strukturbegriff, der sich nicht auf die Adressaten der Hilfe bezieht, sondern auf die soziale Stabilität und Instabilität einer Gesellschaft. Gesellschaftliche Integration ist dieser These nach dann gefährdet, wenn z.B. die Gewinnung von Reichtum auf Kosten der Armen die bestehende Ordnung der Existenzsicherung untergräbt und ganz aufhebt, ohne eine andere Ordnung entwickelt zu haben. Schon Georg Simmel hat in seiner Arbeit über den Armen (1908) darauf hingewiesen, dass die gesellschaftliche Armenhilfe nicht aus Interesse an und Fürsorge für den Armen als Person gewährt wird, sondern eben aus der systemischen Perspektive gesellschaftlicher Integration heraus: „Die Armenpflege geht in ihrem konkreten Wirken […] durchaus nur auf den Einzelnen und seinen Zustand. Und gerade dieser Einzelne wird für die modern-abstrakte Form der Armenpflege zwar zu ihrer Endstation, aber durchaus nicht zu ihrem *Endzweck,* der vielmehr nur in dem Schutz und der Förderung des Gemeinwesens liegt. Ja nicht einmal als *Mittel* zu diesem kann man den Armen bezeichnen, – was seine Position noch bessern würde – denn nicht *seiner* bedient sich die soziale Aktion, sondern nur gewisser Mittel, materieller und administrativer Art, um die von ihm drohenden Gefahren und Abzüge von dem erreichbaren Gemeinwohl zu beseitigen." (Simmel 1908, S. 459)

Die sich *systemtheoretisch* verstehende Hilfetheorie spricht deshalb auch von *stellvertretender Inklusion,* wenn sie die Funktion der Sozialpädagogik/Sozialarbeit in der gesellschaftlichen Perspektive umschreibt (Bommes/Scherr 2012). Die Hilfebedürftigen haben im Durchschnitt weder die organisierte noch die Markt-Macht, um ihre gesellschaftliche Teilhabe in den Feldern von Ökonomie, Bildung und Recht in eigenem Interesse selbst zu betreiben. Jugendliche zum Beispiel, die in Zonen von Devianz und Kriminalität geraten und von zentralen Feldern der Teilhabe und Existenzsicherung ausgeschlossen bleiben, soll die Soziale Arbeit auf dem „Umweg" organisierter Hilfen in die Rechts- und Arbeitsgesellschaft zurückführen. Diese Umwege werden von der Sozialarbeit organisiert, sie hält („stellvertretend") den Anschluss an die Gesellschaft offen. Damit erhält die Integrationsperspektive der Sozialen Arbeit ihren Doppelcharakter: Sie verweist gleichermaßen auf ihre gesellschaftliche wie personenbezogene Funktion.

Soziale Hilfe ist als Medium gesellschaftlicher Integration im 21. Jahrhundert – in den Entgrenzungsdynamiken der *Globalisierung* – wesentlich geschwächt worden. Das Auseinanderdriften, die größer gewordene Kluft zwischen Arm und Reich in den europäischen Gesellschaften, übersteigt auch die mögliche Integrationskraft sozialstaatlicher Hilfe. Die nun herrschende neoliberale Integrationsphilosophie verlagert die Integrationsaufforderung vom Staat auf den Markt, fordert die Selbstverantwortlichkeit und Selbstorganisation der Individuen heraus. Allgemeine Hilfeansprüche werden stärker an die Leistungen der Einzelnen gekoppelt („Fordern und Fördern"), die Marktfähigen sollen die gesellschaftliche Integration sichern, die anderen Ausgegrenzten geraten weiter an den Rand der Gesellschaft und sollen dort belassen und „befriedet" werden. Sozialarbeit und Sozialpädagogik laufen in ihren Arbeitsfeldern Gefahr, selbst auf neue Art marginalisiert, zur Randgruppenarbeit zu werden.

Hilfe ist mit ihrem gesellschaftlichen Auftrag, ihren Entwicklungsmöglichkeiten und -grenzen in konfliktreiche gesellschaftliche Prozesse eingebunden. Die Struktur der Hilfe wird von ihrer gesellschaftlichen Definition dahingehend mitbestimmt, dass die Agenturen sozialer Hilfe vor dem Hintergrund des gesellschaftlichen Integrationsgebots einerseits gegenüber den anderen gesellschaftlichen Institutionen nachrangig, also immer noch „Ausfallbürge" für deren Integrationsversagen sind. Andererseits sind sie hierbei aber auch Instanzen *sozialer Kontrolle.* Das Bild, das KlientInnen von der Sozialen Arbeit haben, und wie sie selber als Hilfesuchende gesehen und behandelt werden – auch im Verhältnis der Sozialarbeit zu anderen gesellschaftlichen Bereichen wie z.B. zu Bildung und Arbeit – ist davon beeinflusst. Soziale Arbeit und Sozialpädagogik verhandeln diese Spannung in der Figur des „doppelten Mandats": Sie sind gleichzeitig an der nun auch sozial hilfsbedürftigen Person orientierte HelferInnen wie den durchaus unterschiedlichen Positionen in der Gesellschaft verpflichtete soziale Kontrolleure. In ihrer Praxis bewegt sich Soziale Arbeit in dieser ambivalenten Spannung: auf der Beziehungsebene mit den KlientInnen wie auf der Ebene der institutionell abverlangten Intervention. Darin ist sie aufgefordert, sich mit dem Scheitern der KlientInnen an normativen Erwartungen auseinanderzusetzen und zugleich in deren abweichendem Verhalten Versuche der Selbstbehauptung zu sehen, zu akzeptieren und ihre Intervention daran – und nicht allein am Scheitern – anzusetzen.

Wie Hilfe sich im Praxisverlauf entwickelt und im Idealfall mit den KlientInnen offen gestalten lässt bestimmt mit darüber, was im Begriff der Hilfe praktisch enthalten ist und nach innen und außen wirkt. Auch in diesem Sinne entsteht Hilfe als jeweils aktualisierte – sozial hergestellte – *Ko-Konstruktion* in einem Regulations- und Aushandlungsprozess unter Einbeziehung mehrerer Institutionen und der beteiligten/einbezogenen Personen.

8.2 Hilfe als soziale Kontrolle

Mit dem Begriff der sozialen Kontrolle ist gemeint, dass der Mensch als soziales Wesen seine Sozialität nicht jeden Tag neu aushandelt, sondern in gesellschaftliche Erwartungskontexte hineinwächst, die Normalität definieren und ihm in dieser Normalitätsperspektive eine sozial gelungene Lebensführung verheißen. Dabei besteht die gesellschaftliche Erwartung, dass die Einzelnen sich dieser Normalität nicht einfach unterwerfen, sondern sie biografisch gestalten, integrieren und internalisieren.

Wenn man soziale Kontrolle so als ‚Sozialisation von Normalität' definiert, stellt sie sich nicht als einfacher Zwangsvorgang dar, sondern wird als interaktiver biografischer Prozess der Entwicklung eines Selbstkonzeptes von Normalität verstehbar. Dieser Aspekt der Integration von Normalität und Abweichung in das Selbstkonzept ist wichtig, will man soziale Kontrolle nicht nur als institutionelles Herrschaftsmittel, sondern vor allem auch – mit dem gesellschaftlichen *Individualisierungsprozess* zunehmend – als Kontext der alltäglichen Vergesellschaftung verstehen können. Damit sind die, die sich abweichend verhalten, auch AkteurInnen sozialer Kontrolle, indem sie diese gleichsam als Reaktion herausfordern und damit auf Ordnungsprobleme aufmerksam machen. Die soziale Kontrolle beginnt beim Einzelnen mit der Über-Ich-Bildung (Gewissensbildung) in der frühen Kindheit und zieht sich durch den weiteren Sozialisationsprozess.

Soziale Kontrolle wird also von den Individuen selbst immer wieder neu hergestellt, gleichzeitig ist sie in der Gesellschaft strukturell verankert und wirkt entsprechend auf die Individuen zurück. Dieser *Konstruktionsprozess* sozialer Kontrolle unterliegt dem gesellschaftlichen Wandel, wird historisch immer wieder neu und anders belebt. Wir erfassen dies – in Anlehnung an

Michel Foucault (1976) – mit dem Begriff des „Kontrolldiskurses". In solchen gesellschaftlichen Diskursen, vor allem medial vermittelt, verdichten sich Normalitätskontexte und Vorstellungen von abweichendem Verhalten, ohne dass sie über Regeln und Sanktionen eingefordert werden müssen. Aufklärung und Disziplinierung liegen hier eng beisammen.

In der Geschichte der Sozialarbeit des ausgehenden 19. und des 20. Jahrhunderts lässt sich – unterbrochen von der Periode des Faschismus – eine deutliche Entwicklung von „äußeren" zu „inneren" Kontrollstrukturen beobachten (vgl. Flösser/Wohlgemuth 2011). War die Sozialarbeit zu Anfang noch Instrument hoheitlicher Kontrollinstanzen mit ausgesprochenen Sanktions- und Abschreckungsfunktionen, so entwickelte sie sich – vor allem im dritten Drittel des 20. Jahrhunderts – immer mehr zu einer ‚Sozialisationsinstanz der Normalität', eingebettet in einen gesellschaftlichen Kontrolldiskurs, der nicht mehr primär von der Kontrollmacht des Staates, sondern von einer gesellschaftlich eingebetteten „Kultur der Kontrolle" (Garland 2001) geprägt wurde.

Diese neuere kriminalsoziologische Definition einer „culture of control" ist für die Reflexivität der Sozialpädagogik/Sozialarbeit insofern wichtig, als sie einen anderen Blick auf ihre gesellschaftliche Einbettung eröffnet, als dies über das Integrationsparadigma möglich ist. Nicht mehr das gesamtgesellschaftlich-staatliche Integrationsinteresse steht nun im Vordergrund der Betrachtung, sondern das Kontrollinteresse der gesellschaftstragenden *Mittelschichten.* Diese spielen für die moderne Sozialarbeit insofern eine Rolle, als sie als jene gesellschaftliche Gruppierung gelten, welche die sozialpädagogischen Aktivitäten in einer Haltung der Liberalität unterstützen, indem sie eine Kultur des „Verstehens" entwickelt haben, in der sich die Sozialarbeit/Sozialpädagogik auch als Sozialisationsagentur entwickeln konnte. So hat sich in Europa und in den USA ein entsprechender „penal welfarismus" entwickelt, in dem die direkten Strafinterventionen bei Devianz und Kriminalität abgebaut und Umwege („Diversion"), wie sie ja die Sozialpädagogik/Sozialarbeit anbietet („stellvertretende Inklusion") nicht nur toleriert, sondern auch als institutionelle Verfahren gefordert wurden.

Mit dem Strukturwandel der Arbeitsgesellschaft im Zuge der Globalisierung und den damit einhergehenden ökonomischen und sozialen Krisentendenzen in den nationalen Gesellschaften zu Beginn des 21. Jahrhunderts sind diese Mittelschichten bis in ihren Kern hinein vom sozialen Abstieg bedroht. Sie geraten somit unter den strukturellen Zwang, sich von den sozialen Unterschichten und den hier vor allem von Sozialarbeit Betroffenen abzugrenzen. Nun wird deutlich, dass die Liberalität der Mittelschicht vor allem auch auf ihrer sozialen Sicherheit und gesellschaftlichen Stellung aufgebaut war, dass sie es sich „leisten" konnten, nicht unmittelbare Strafe für abweichendes Verhalten, sondern auf Verstehen gestützte Resozialisierung zu fordern. Die Prekarisierung der gesellschaftlichen Lage der Mittelschichten hat nun auch diese liberale Kultur der Kontrolle verändert. „Diese wurde bis dahin vor allem von sozialen Institutionen, wie Familie, Kirche und sozialen Gruppen getragen, die ihre normvermittelnde und -prägende Kraft für einen großen Teil der Gesellschaft eingebüßt haben. Gleichzeitig haben der Arbeitsmarkt und die sozialen Sicherungssysteme an Integrationskraft verloren, was zu einer Wiederkehr der sozialen Unsicherheit führt. [...] Parallel zu den ökonomischen und soziokulturellen Transformationen verändert sich der gesellschaftliche Diskurs über Sicherheit und Kontrolle [...]. Das Ziel sozialer Kontrolle wird heute weniger in der (Re)Integration von sozialen Gruppen und Individuen und in der Lösung bestehender sozialer Probleme gesehen. Anstelle dessen gewinnt ein Sicherheitsdenken an Bedeutung, in dessen Mittelpunkt die möglichst frühzeitige Erkennung und Neutralisierung gesellschaftlicher Risiken und Bedrohung der sozialen Ordnung stehen. Dabei dominiert zunehmend eine Bekämpfungsperspektive präventiver und punitiver Prägung." (Singelnstein/Stolle 2007, S. 109) Im Mittelpunkt steht nun nicht mehr der resozialisierungsfähige Bürger, sondern der „gefährliche Andere" (ebd.) Gleichzeitig wird soziale Kontrolle zunehmend in die einzelnen und in die Beziehungen hinein verlagert: Indem die existenzielle Absicherung gegen allgegenwärtige Lebens- und Arbeitsplatzrisiken von eigenen Anstrengungen abhängig gemacht wird, ist beständige Selbstoptimierung als positive Kontrolle über eigene Lebensbedingungen zur allgemeinen Norm geworden.

8.3 Die Hilfebeziehung als soziale Interaktion – symbolischer Interaktionismus, kritische Rollentheorie und Etikettierungsansatz

Die strukturelle Kennzeichnung sozialer Hilfe als Konstellation von Hilfe *und* Kontrolle (doppeltes Mandat) verweist auf den Machtcharakter, die hierarchische Struktur von Hilfebeziehungen. Hilfebeziehungen gehen ja von der Definition eines Mangels, eines Defizits, einer sozialen Benachteiligung bei den AdressatInnen und KlientInnen aus, von einer Differenz also, die die helfenden Professionellen auszugleichen, zu überwinden suchen. Sie haben also Definitions- und Handlungsmacht, auch wenn sie sich die Ermächtigung (Empowerment) der KlientInnen zum Ziel setzen. Diese strukturelle Ungleichheit, die Hilfebeziehungen anhaftet, wird von sich aufgeklärt verstehenden SozialarbeiterInnen leicht übersehen und normativ überformt, wenn sie die KlientInnen als „Gleiche" anerkennen wollen. Natürlich legitimiert sich diese Haltung aus der ethischen Position der Menschenrechte. Dieser steht aber die Empirie der sozialen Praxis gegenüber, wobei die Verleugnung von Machtprozessen und -konstellationen von der positiven Definition von Handlungsmacht der Sozialen Arbeit unterschieden werden muss, die ja, gerade professionell gesehen, beansprucht und genutzt werden muss. Von daher kann die Soziologie einen kritischen Reflexionskontext bieten, in dem sie die Struktur der Hilfebeziehung neben der des intentionalen Handelns – und durch dieses oft verdeckt – aufzuschließen vermag. Dies kann mit Hilfe der Anwendung von je drei unterschiedlichen Konzepten gelingen: Zuerst mit dem interaktionstheoretischen Paradigma, dann mit der kritischen Rollentheorie und schließlich mit dem Etikettierungsansatz (Labeling Approach).

Die Sozialpädagogik arbeitet mit der Figur der helfenden Beziehung, in der im „Fallverstehen", der biografische Zugang zu den KlientInnen im Vordergrund der Intervention steht. Dabei geraten die Strukturen der Hilfebezüge, die ihre Eigendynamik entfalten, leicht aus dem Blick. Dieser strukturelle Untergrund der Hilfebeziehung kann mit dem soziologischen Konzept des *symbolischen Interaktionismus* aufgeschlossen werden, das auch mit dem Begriff des *interpretativen Paradigmas* umschrieben wird. Darin steckt die Kernthese, dass die soziale Wirklichkeit durch interaktiv aufeinander bezogene Handlungsabläufe im Austausch von Symbolen – Werten, physischen Artefakten, materiellen Gütern, Handlungen – hergestellt wird. Symbole firmieren in diesem Zusammenhang als „soziale Objekte, die das repräsentieren, was sie für die Akteure repräsentieren sollen" (Lenz 2002, S. 254). Als Begründer des symbolischen Interaktionismus gilt Herbert Blumer (1979), in der deutschen Rezeption wurde aber vor allem der interaktionistische Ansatz von George H. Mead (1932/1991) in den Mittelpunkt gerückt. Für Mead ist „das Grundprinzip der gesellschaftlichen Organisation des Menschen die Kommunikation [...], die Anteilnahme am Anderen voraussetzt. Dazu ist das Auftreten des Anderen in der eigenen Identität notwendig" (Mead 1991, S. 299). „Man muss die Haltung der Anderen in einer Gruppe einnehmen, um einer Gemeinschaft anzugehören; man muss diese äußere gesellschaftliche Welt einsetzen, die man in sich selbst hereingenommen hat, um denken zu können." (ebd., S. 243) Bei den Anderen geht es dabei nicht so sehr um konkrete Personen, sondern um den „allgemeinen Anderen", das heißt um die Erfahrungen, die man in unterschiedlichen Kontexten mit anderen Menschen in ihren alltäglichen institutionellen und gesellschaftlichen Kontexten gemacht hat. Soziale Interaktionen basieren somit auf vorgängigen Erfahrungen im Rahmen von Verständigungsstrukturen. Wir hören uns selbst sprechen und sind uns sicher, dass und wie der/die Andere das Gesagte versteht, gehen also davon aus, dass der/die Andere dem den gleichen Bedeutungsgehalt zumisst wie wir. Dies vollzieht sich hauptsächlich über die Sprache, aber auch in außersprachlicher (metakommunikativer) symbolischer Verständigung.

Schon an dieser Stelle wird deutlich, dass Hilfeprozesse in hierarchischen Konstellationen eine asymmetrische Interaktionsstruktur aufweisen. Wie die Helfenden und das, was als Hilfe gelten kann, von den AdressatInnen und KlientInnen wahrgenommen werden, inwieweit sich meine Identität als HelferIn in den Klienten spiegelt, ob das Bild der Hilfe beim Klienten mit dem Selbstbild des Helfenden übereinstimmt – das sind Kernfragen soziologischer Reflexivität im sozialpädagogischen Handeln. Deutlich wird die Wechselwirkung, in der sich der Hilfeprozess konstituiert, wobei zunächst die Helfenden mehr Einfluss auf die Leitthematik und auf die *Definition der Situation* haben. Insofern sind wir in Kenntnis des interpretativen Paradigmas davor gewarnt, den KlientInnen und AdressatInnen Angebote im Sinne von Antworten auf ihre Fragen „vorzusetzen“: Dies Situation muss daher erst dafür geöffnet werden, damit sich die Verständigung in der gegenseitigen Interpretation offen entwickeln kann. Allerdings entwickeln Einrichtungen aus ihrem spezifischen Praxisverständnis heraus immer schon ein nach außen wirkendes Profil, in dem auch die Situationen, in denen sich KlientInnen oder BesucherInnen und PraktikerInnen begegnen vordefiniert sind.

Dieser interaktive Prozess läuft nicht alle Tage neu ab, muss nicht jedes Mal neu erfunden werden, sondern ist in Kontexte signifikanter Symbole eingelassen, die wir als soziale Rollen bezeichnen. Es kommt nun darauf an, welche Rahmungen in diesem Rollenverhältnis verankert sind. *Rollenübernahme* wird damit zum Schlüsselbegriff des interaktionistischen Konzepts (vgl. dazu Joas 1991, S. 149ff.). Dabei geht es nicht um ein bloßes Nachahmen, weil – wie in der Hilfebeziehung – widersprüchliche und plurale Bedeutungen und Verhaltenserwartungen bewältigt werden müssen. Die Subjekte haben dabei ihre eigenen Anteile an der Art und Weise dieser Rollenübernahme. Mead drückt diesen eigenen, schöpferischen Subjektanteil im Begriff des role-making aus. Entscheidend ist aber, inwieweit man sich mit anderen in einer Rollenstruktur verständigen kann. Denn der interpretative Prozess muss dann scheitern, wenn die Partner – in dem Fall die SozialarbeiterInnen einerseits und die KlientInnen andererseits – aus ihrer Situation heraus auf andere Art nicht genügend Einfühlungsvermögen (Empathie) dafür haben, welche Rollen-Botschaften hier im Spiel sind. Vor allem dann, wenn man – auf beiden Seiten – nicht imstande ist, Unklarheiten, Doppeldeutigkeiten (Ambivalenzen und Widersprüche) in der Rollenverständigung zu verkraften, wenn man also keine Ambiguitätstoleranz üben kann, ist der interaktive Prozess der Rollenverständigung gefährdet (vgl. Krappmann 2000). Damit wird die Mehrdeutigkeit der gegenseitigen Positionierung für beide – KlientIn und PraktikerIn – zum Problem – auch durch die vorweg genommenen Zuschreibungen, die oft gemacht werden, bevor die KlientInnen aus ihrer Sicht und ihren Ansprüchen heraus „ihr Problem“ formulieren konnten. Es ist daher in der Hilfe-Konstellation wichtig, KlientInnen eines wichtigen positiven Anteils ihrer Rolle (positive Positionierung in einem Rollengefüge) zu versichern und damit zugleich mögliche Rollenentwicklungen offen zu halten. Dass man Rollen möglichst offen interpretieren kann, setzt voraus, dass sie trotz gesellschaftlicher und institutioneller Vorgaben in ihrer Binnenstruktur veränderbar sind. Die Rolle des Sozialarbeiters ist zwar durch rechtliche Regelungen und organisatorische Verfahren institutionell relativ festgeschrieben, die Sozialarbeiter-Klienten-

Interaktion kann aber von unterschiedlichen Personen unterschiedlich ausgefüllt werden. Offene Rollenbezüge können sich aber bei Rollenpartnern nur entwickeln, wenn sie über eine Rollendistanz (vgl. Goffman 1973) verfügen, also über die Fähigkeit, die eigene Rolle kritisch zu reflektieren, um nicht in ihr ganz und ohne Eigensinn aufgehen zu müssen. Am Beispiel totaler Institutionen (Gefängnis, Heim) hat Goffman (1972) überdies gezeigt, dass auch in der Struktur der Rollendefinition die Möglichkeit der Distanzierung vorhanden sein muss, damit sich der Eigensinn in der Selbstausgestaltung der Rolle entfalten kann und Anteile der Identität zur Geltung kommen können, sich ein Selbst aufbauen kann, damit der Betroffene nicht zur Marionette oder zur unbedingten Selbstbehauptung gezwungen wird. Das heißt, dass die Frage nach der Rollendistanz gerade auch bei den KlientInnen gestellt werden muss: Welche Chance haben sie, aus engen Defizitzuschreibungen herauszukommen und welche Mittel ihres kulturellen Milieus nutzen sie dazu?

Mit dem interpretativen Paradigma ist aber das Konstrukt der sozialen Rollen nur zum Teil erfasst. Die andere Seite der Rolle, nämlich das Wissen darüber, dass Rollen auch gesellschaftlich vorgegeben, über die Köpfe der RollenspielerInnen hinweg institutionalisiert sind, kommt im interaktionistischen Ansatz zu kurz. Das interaktionistische Rollenkonzept betont die Subjektperspektive, indem es fragt, wie das Individuum auf Erwartungen anderer reagiert und darüber mit sich zurechtkommt. Das Gesellschaftliche erscheint zwar als das Intersubjektive, aber dies reicht nicht an das Verständnis von Rollen als funktionale Einheiten sozialer Systeme oder an mögliche in Rollen verankerte Konflikte heran. Beides muss thematisiert werden. Deshalb ist es notwendig, den interaktionistischen Ansatz mit systemischen Ansätzen, welche die gesellschaftliche Seite betonen, zu kontrastieren, um dann – gleichsam in einer Verschränkung – beide Konzepte aufeinander beziehen zu können. Diese gesellschaftliche Seite wird u.a. vom *strukturfunktionalen* Rollenkonzept bedient. Danach handelt die Person im Kontext und im Sinne der funktionalen Erwartungen des gesellschaftlichen Systems oder seiner Subsysteme. Soziale Rollen haben sich in diesem Zusammenhang entlang der Entwicklung der gesellschaftlichen *Arbeitsteilung* herausgebildet. Entsprechend hat die Gesellschaft Mechanismen eingebaut, welche sichern sollen, dass das Individuum diese funktionalen Rollenerwartungen erfüllt. Solche Sicherungsmechanismen haben wir bereits im Begriff der sozialen Kontrolle kennen gelernt. Die rigideste Fixierung des Rollenkonzepts hat Ralf Dahrendorf (2010) in seiner Figur des „Homo Sociologicus“, des Menschen als Träger sozial festgelegter und darin vorgegebener Rollen kritisch dargestellt. Er betont hier vor allem den gesellschaftlichen Zwangscharakter der Rolle und verweist damit auf die Dominanz der gesellschaftlichen Verhaltenserwartungen, die in die Rollenstruktur eingelassen sind. Allerdings wird von der strukturfunktionalen Rollentheorie nicht behauptet, dass die Persönlichkeit ganz in den sozialen Systemen aufgeht, sondern man verweist darauf, dass es sich bei der Rolle nur um ein Segment des Eingebunden-Seins der Person in das soziale System handelt. Im Mittelpunkt steht aber dennoch die Frage nach der gesellschaftlichen Stabilität, die Rollenstrukturen gewährleisten können, und nicht nach der personalen Identität, nach der das interpretative Paradigma fragt. Feste Rollenstrukturen garantieren soziale Ordnung und Gleichgewicht und Gegenseitigkeit in einer Gesellschaft. Talcott Parsons (1972), der Klassiker der strukturfunktionalen Rollentheorie, hebt in diesem Zusammenhang hervor, dass die Menschen zwar auf der einen Seite anthropologisch geformte Subjekte mit Trieben und Bedürfnissen sind, dass sie gleichzeitig aber nur als soziale Wesen existieren können. Als solche sind sie in Rollensystemen aufeinander bezogen. Aus dieser systemisch-gesellschaftlichen Perspektive werden zwar Rollen von den Individuen ausgefüllt, sie existieren aber unabhängig von dem jeweilig konkreten Individuum weiter. Indem die Soziale Arbeit zur *Profession* geworden ist, verfügt sie über entsprechend institutionalisierte Rollenbilder sozialpädagogischen Handelns.

In der sozialen Wirklichkeit sind beide Rollenkonzepte ineinander verschränkt. Das Aufwachsen von Kindern und Jugendlichen in der Auseinandersetzung mit der sozialen Umwelt und mit sich selbst ist immer gleichzeitig ein sich erweiternder interaktiver Prozess wie einer des Erlernens von und des Hineinwachsens in Rollen. Es kommt also darauf an, zu fragen, welches jeweilige Gewicht der interpretative wie der funktionalistische Aspekt hat und wie sich das zum pädagogischen Ziel der (Hinführung zur) Selbstbestimmung der KlientInnen verhält. KlientInnen stehen immer in der Gefahr, nicht nur die sichere Seite ihrer Rolle, verankert in ihrer Position z.B. als verantwortliche und kompetente Eltern eingebüßt zu haben. An diese Rollenseite ihrer Position knüpfen sich aber laut KJHG auch ihre Rechte auf Hilfe, auf Verständnis und auch darauf, unter bestimmten Bedingungen Probleme zu haben. Schließlich hängt von ihrer sicheren Positionierung auch ihr Selbstbild und Selbstwert ab, damit verbunden ist die Offenheit, mit der sie ihre Probleme formulieren können und Einfluss auf den weiteren Verlauf der Hilfe haben (dürfen). Das doppelte Mandat der Sozialarbeit zwischen Hilfe und Kontrolle stellt daher auch Eltern, Mütter und Väter vor das Problem, sich gegenüber dieser Mehrdeutigkeit kompetent zu verhalten.

Die Förderung der Selbstbestimmung der KlientInnen ist in der Sozialpädagogik/Sozialarbeit vor allem dadurch erschwert, dass ihr die Betroffenen nicht als Personen, sondern als „Fälle“ zugewiesen werden. Entsprechend fallbezogen ist das System der Jugend- und Sozialhilfe strukturiert und in Verfahren organisiert. Solche Verfahren verlangen in der Regel nach Akten, Systemen von Bewertungen und Zuschreibungen also, mit denen die KlientInnen in das institutionelle Hilfesystem vermittelt werden. Dabei können Klientenbilder entstehen, die sich von der psychosozialen Wirklichkeit der Betroffenen entfernen. Ihnen werden dann Etikette (Label) aufgeklebt, die sie in einen durch Hilfeorganisation definierten Prozess einordbar machen. Am Ende sind es die Zuschreibungen, mit denen jemand zum Klienten geworden ist und die nun die soziale Position und die Freiheiten zur Gestaltung der Rolle bestimmen. Dies vor allen Dingen dann, wenn die SozialarbeiterInnen keine klare Position einnehmen oder die Position im Verlauf des Hilfeprozesses unbemerkt wechseln. Faltermeier beschreibt in einer Untersuchung von abgebenden Eltern – hier vor allem Müttern, wie diese die Unterbringung ihres Kindes in einer Pflegefamilie aus einer Überlastung heraus als autonome Entscheidung erleben. Nach einer Zeit wird im innerinstitutionellen Entscheidungszusammenhang eine Prüfungssituation aufgebaut, die die Mutter nicht mehr durchschauen kann, so dass sie eine Schließung ihrer Entscheidungsmöglichkeiten erlebt – also in eine neu definierte Situation und abhängige, kaum gestaltbare Rolle gerät (vgl. Faltermeier 2001).

Um diesen Zusammenhang kritisch reflektieren zu können, bietet sich das kriminalsoziologische Konzept des *Labeling Approach* besonders an. Die „Kritische Kriminologie" der 1970er Jahre verstand diesen Ansatz als Gegenkonzept, mit dem sie die Täterzentrierung und Personalisierung abweichenden Verhaltens seitens der traditionellen Kriminologie radikal infrage stellte. Sie wollte aufzeigen, dass im Bereich der gesellschaftlichen Interaktionen und Institutionen Mechanismen wirken, die gleiches Verhalten unterschiedlich – sowohl als abweichend oder als konform – bewerten. Damit können die sozialstrukturellen und institutionellen Bedingungen sichtbar gemacht werden, unter denen die einen zu Abweichenden abgestempelt werden, die anderen (mit vergleichbarem Verhalten) aber nicht. Um es in der Jugendhilfesprache auszudrücken: Die einen werden zum Fall, die anderen – trotz vergleichbarem Verhalten – aber nicht. Ein Beispiel: Ein Junge wird in einem Viertel mit hohem Anteil an sozial Benachteiligten („sozialer Brennpunkt") beim Stehlen im Supermarkt erwischt. Der Filialleiter sieht sich in diesem Viertel immer wieder von solchen Delikten heimgesucht, glaubt, die entsprechenden Erfahrungen gemacht zu haben, glaubt z.B., dass es gar keinen Zweck hat, sich mit den Eltern in Verbindung zu setzen und schaltet gleich die Polizei ein. Der Jugendliche wird als Dieb angezeigt, kommt entsprechend in eine Akte. In einem anderen Stadtviertel, das von einer bürgerlichen Mittelschicht geprägt ist, verläuft der gleiche Vorgang meist anders. Der Filialleiter kennt die Eltern des Jugendlichen, es sind gute Kunden, angesehene Leute. Er wird sich mit dem Vater oder der Mutter in Verbindung setzen, der Diebstahl wird als Dummer-Jungen-Streich deklariert, die Eltern versprechen Wiedergutmachung und Kundentreue. Das Ergebnis ist: Der Junge aus dem sozialen Brennpunkt ist ein aktenkundiger Dieb, der Junge aus dem Mittelschichtquartier hat zwar auch gestohlen, ist aber kein aktenkundiger Dieb, die Tat bleibt bei ihm folgenlos.

Soziologisch lässt sich dies wie folgt systematisieren: „Kriminalität ist keine Eigenschaft einer Handlung, sondern sie ist das Produkt sozialer Interaktionen, sie entsteht damit in Zurechnungsprozessen auf der Basis sozialer Strukturen.“ (Lamnek 1994, S. 60) Damit verlagert sich die Perspektive auf diejenigen, die auf Verhaltensauffälligkeiten reagieren und so ihren Beitrag zur Ausbildung und Verfestigung sozial abweichenden Verhaltens leisten. Lemert hat dafür den Begriff der „sekundären Devianz“ eingeführt: „Die sekundäre Devianz bezieht sich auf eine besondere Klasse gesellschaftlich definierter Verhaltensweisen, mit denen Menschen auf die Probleme reagieren, die durch die gesellschaftliche Reaktion auf ihr abweichendes Verhalten geschaffen werden“ (Lemert 1974, S. 433). Der sich antisozial Verhaltende bekommt seinen Verhaltensstatus als Abweichler oder gar Krimineller erst durch die Definitionsmacht sozialer Kontrolle, er verhält sich nicht kriminell, sondern sein Verhalten wird erst durch die Kriminalisierung zu einem solchen. Dadurch kommt zwangsläufig die Frage auf, von welchen Interessen solche Zuschreibungsprozesse gesteuert werden und wie sich die Einzelnen demgegenüber verhalten und wehren. Hier hat der Etikettierungsansatz eine interaktionistische Struktur: Der Einzelne erhält sein Selbstbild erst in der interpretativen Verständigung mit seiner sozialen Umgebung, die – im Falle abweichenden Verhaltens – durch Instanzen formeller sozialer Kontrolle (Schule, Jugendhilfe, Justiz) kumulieren. Der Betroffene wird zum Fall, das heißt, sein Verhalten wird von seiner Persönlichkeit losgelöst betrachtet, er verfügt nicht mehr über sich selbst, sein weiteres Handeln wird in die Logik der Falltypisierung eingeordnet. Seine Verhaltensmerkmale werden dann ähnlichen Fallmerkmalen zugeordnet, und es entwickelt sich ein Plausibilitätsmodell sozialer Devianz, auf das alles spätere Verhalten des Betroffenen, auch wenn er es subjektiv anders meint und empfindet, bezogen wird. Eine empirische Untersuchung von Delinquenz bei Kindern hat einen selektiven Einfluss von Zuschreibungsprozessen festgestellt: Allein bei schwierigen, schon bestehenden Konfliktkonstellationen im Eltern-Kind-Verhältnis zeigen sich die Wirkungen der Zuschreibung auf negative Delinquenzverläufe (Hoops u.a. 2001). Es entsteht eine Akte, die sich von ihm entfernt und verselbstständigt, die in der Sprache der Kontrollinstanz abgefasst ist und die den Maßstab für die Verhaltensbeurteilung bildet. Akten folgen einer anderen Rationalität als persönliches Verhalten. Sie müssen den Menschen eben zum Fall, also vergleichbar mit anderen und so verallgemeinerbar machen, dass die kodifizierten Kontroll- und Sanktionsmaßnahmen auf ihn zutreffen. Die persönliche Befindlichkeit und die daraus erwachsenen Motivationen werden meist nur in den Ermessensspielräumen berücksichtigt, welche die Kontrollinstanzen dem Sanktions- und Vollzugspersonal gewähren. Den Betroffenen bleibt aber mit der Zeit nichts anderes übrig, als sich darauf einzustellen. Irgendwann übernehmen sie diese negativen Zuschreibungen in ihr Selbstkonzept, verhält sich dann entsprechend. Das Ergebnis ist, dass sich die etikettierenden Instanzen nun erst recht in ihren Zuschreibungen bestätigt fühlen. Dies umso mehr, wenn sich die Betroffenen, z.B. Jugendliche, Cliquen anschließen, die sich um abweichendes Verhalten gruppieren, das heißt ihre Gruppenidentität darin finden.

Der Labeling Approach weist also vor allem darauf hin, dass und wie unterschiedliche und ungleiche soziale Bedingungen differente und ungleiche soziale Bewertungen bei gleichem Verhalten hervorbringen. Darüber hinaus ist aber auch deutlich geworden, dass die sozialpädagogischen Hilfen in dem Maße, in dem sie in Verfahren eingelassen sind, den Menschen zum Fall machen müssen und damit in die Gefahrenzone der *Typisierung* geraten. Fälle müssen unterscheidbar wie vergleichbar sein, deswegen wohnt ihnen der Zwang zur Typisierung inne. Der Begriff der Typisierung bezeichnet aber auch den Umstand, dass wir schon im Alltag dazu tendieren, um der Selbstverständlichkeit, Vertrautheit und Gewohnheit, also um der Normalität willen, soziale Phänomene weniger nach ihrer Eigenart und der ihr innewohnenden Logiken und Konfliktkonstellationen (wie im Falle der wissenschaftlichen Typisierung), als vielmehr nach den Bedingungen der Aufrechterhaltung von Normalität zu bewerten (vgl. dazu Grathoff 1991). Typisierungen machen nicht nur Fälle vergleichbar, sie können auch insgesamt die Interaktionsstruktur des Hilfesystems beeinflussen. SozialarbeiterInnen stehen immer unter dem institutionellen Druck – den sie oft selbst in ihre Haltung übernommen haben –, die Hilfevorgänge so zu typisieren, dass sie in die gesetzlichen Rahmenbedingungen und die Struktur der Verfahren eingepasst werden können. Da diese aber nicht primär am Menschen orientiert sind, sondern eher institutionellen Logiken/Ablaufschemata folgen, müssen eigene Begründungen im Sinne pragmatischer Persönlichkeitstheorien bemüht werden. „Zudem impliziert die Annäherung an die individuellen Lebensschicksale der KlientInnen häufig eine enorme emotionale Belastung, die die individuelle Verantwortung für einen Fall eher noch erhöht und das Erklären der Nichtzuständigkeit als Möglichkeit der Distanzierung erschwert." (Ader 2006, S. 50) Typisierungen erhalten so – im professionellen Selbstbild von SozialarbeiterInnen – eine funktionale Bedeutung für die Aufrechterhaltung von Handlungsfähigkeit, dies kann die Etikettierungs- und Stigmatisierungseffekte überdeterminieren. Sie steigert aber auf Seiten der betroffenen KlientInnen Verunsicherung und verstärkt die Abweisung ihrer Person über ihre Belastungserfahrungen.

8.4 Die Hilfebeziehung als Geschlechterverhältnis

Etikettierungen und Typisierungen sind sowohl sozialstrukturell wie auch ethnisch vor allem aber geschlechtsspezifisch ausgeprägt. Diese Dimensionen laufen als Mischungen oft ineinander und verstärken oder relativieren sich gegenseitig *(Intersektionalität)*. Im interpretativen Geschehen der Hilfeprozesse tritt die Geschlechtstypisierung konkret hervor: Typisierungen von (durchschnittlicher) Weiblichkeit und Männlichkeit ziehen sich quer durch die Diagnose- und Interventionskonzepte, verfestigen sich als Geschlechterstereotype – insofern sie sich an Abweichungen von herrschenden

Männer- und Frauenbildern abarbeiten. Die neuere Geschlechtersoziologie hat es sich deshalb zur Aufgabe gemacht, solche geschlechtstypischen Zuschreibungen zu entschlüsseln oder zu dekonstruieren, also aufzuzeigen, dass Männlichkeit und Weiblichkeit in unserer Gesellschaft vor allem als soziale Konstruktionen und nicht als Naturgegebenheiten zu betrachten sind; Konstruktionen, die jeweils hinterfragt werden müssen, wenn man Zugang zu Lebenskonflikten in der Hilfebeziehung finden will.

Wir bezeichnen das soziale Geschlecht als *Gender* und seine alltägliche Reproduktion als *Doing Gender*. Jungen und Mädchen machen dann in dieser Überschneidung unterschiedliche geschlechtliche Entwicklungs- und Reifungsprozesse durch. Bei der eminenten Bedeutung der Formung der Geschlechtsidentität in der Identitätsentwicklung kommt dem Geschlecht – da sich die Identitätsentwicklung interaktiv und darin interpretativ vollzieht – eine zentrale Rolle bei der Orientierung in und Gestaltung von sozialen Beziehungen zu. Damit werden auch entsprechende Typisierungsprozesse freigesetzt: Von Männern wird gemeinhin dies, von Frauen das erwartet. So entstehen informelle, aber darin nicht minder wirksame Geschlechterrollen. So ist auch Hilfe als soziale Interaktion durch ein typisches Zusammenspiel von geschlechtsbezogenen Interaktionsdynamiken und Geschlechtsrollenzuschreibungen vor dem Hintergrund eines überdauernden Systems geschlechtshierarchischer Arbeitsteilung (vgl. 5.6) gekennzeichnet. Institutionelle und interaktive Ebene des Geschlechterdualismus fließen zusammen: „Die institutionelle Trennung wird so hineinverlagert in die Person selbst: In ihrem Alltag, ihrer Arbeit sind Männer und Frauen zugewiesen auf einen Bereich, in Stichworten formuliert: entweder Sachdenken und Härte oder Gefühlsnähe und Fürsorglichkeit. Sie sollen in sich den je anderen ‚unpassenden' Teil unterdrücken und abspalten." So ist es in einem Klassiker der Geschlechtersoziologie – „Das halbierte Leben" (Beck-Gernsheim 1980) – auf den Punkt gebracht.

Wenn z.B. gerade bei KlientInnen der Sozialarbeit solche Geschlechterrollenstereotype sehr rigide ausgeprägt sind, verweist dies auf sozial prekäre Lebenskonstellationen, in denen der Halt in eindeutigen und darin verlässlichen Orientierungs- und Ordnungsmustern gesucht wird. Deshalb ist es erst einmal schwierig, den KlientInnen neue Optionen jenseits dieser rigiden Geschlechter-Rollen zu eröffnen, z.B. der aggressiv-dominanten Haltung eines Mannes Grenzen setzen zu wollen oder einer Frau mehr aggressive Selbstbehauptung zu empfehlen, ohne sie zu verunsichern. Die Verunsicherung besteht aber auch bei einer dem Stereotyp widersprechenden Konstellation – wenn es darum geht, die aggressiv-sadistische Haltung einer Mutter gegenüber ihrem Kind anzunehmen und nicht sofort unterdrücken zu müssen, damit der Hintergrund dafür und zugleich die Frage nach dem Leiden daran samt den ambivalenten Antrieben auch im Alltag klar und offen aufgenommen werden können.

Was bedeutet es also, die Geschlechterdifferenz vor dem Hintergrund unterschiedlicher biologischer Anlagen und Entwicklungsdynamiken infrage zu stellen und zugleich das soziale Gewordensein geschlechtshierarchischer Bezüge zu erfassen. Es gibt eine Position, die fordert, grundsätzlich die Zweigeschlechtlichkeit zu hinterfragen (vgl. dazu Butler 1991). Die Selbstverständlichkeit der heterosexuellen Matrix, an der wir uns weiter orientieren, soll aufgehoben werden. Sie wird hier als Produkt eines sozialen Konstruktionsprozesses gesehen, der sich in seiner ständigen Wiederholung so verfestigt hat, dass uns inzwischen die Geschlechterpolarität gleichsam als anthropologisches Axiom erscheint. Ein solchermaßen geschlechtsdifferenter Zugang enthalte somit die Gefahr, Geschlechterpolaritäten festzuschreiben; die Suche nach einer Ordnung der „Gleichheit in der Differenz" (Prengel 1993) reproduziere somit immer wieder die gleiche Differenz, anstatt jenseits dieser sozial konstruierten Polarität die Individuen als Gleiche zu sehen und ihre verschiedenartige Sexualitäten – seien sie nun hetero-, homo- oder transsexuell – als unterschiedliche beziehungsweise fließende Lebensstile des Begehrens zu akzeptieren. Damit wäre auch die Unterscheidung zwischen Sex und Gender aufgehoben, also zwischen biologischer und sozialer Geschlechterkategorie, die immer wieder dazu verführe, vom unterschiedlichen biologischen Geschlecht (Sex) als naturgegebener Unterscheidungskategorie zu sprechen.

Mit Hilfe dieser Dekonstruktion und Kritik der heterosexuellen Matrix kann unsere Sensibilität gegenüber herrschenden Männlichkeits- und Weiblichkeits-Stereotypen geschärft werden, gerade weil sie heute von der Werbeindustrie wieder neu bedient werden. Bedeutsam ist diese Kritik darüber hinaus für die gesellschaftliche Anerkennung transsexueller und homosexueller Lebensformen. In jüngster Zeit hat sich daraus auch die Anerkennung des Menschenrechts auf Selbstbestimmung für ein transsexuelles Körper- und Selbsterleben von Menschen durchsetzen können. Auch in diesem Zusammenhang ist die Kritik am Heterosexismus nicht nur menschenrechtspolitisch wichtig, sondern gibt auch der Sozialarbeit argumentative Unterstützung, wenn es um die Anerkennung sexueller Konflikte und Lebensstile geht, die von der heterosexuellen Matrix abweichen und deshalb in Stigmatisierungszonen geraten. Für die statistische Mehrheit der KlientInnen gilt aber empirisch, dass die biologischen Anlagen nicht einfach wegargumentiert werden können. Abgesehen von der Grunddifferenz der weiblichen Gebär- und der männlichen Zeugungsfähigkeit zeigen die Entwicklungsdynamiken des Kindes- und Jugendalters – vor allem in der Pubertät – ein differenzielles somatisches Bild, dass das Erleben von Mannsein und Frausein zumindest genauso bestimmt wie die sozialen Zuschreibungen (vgl. auch 2.4).

Dennoch darf die radikalkonstruktivistische Argumentation auch hier nicht ignoriert werden. Sie taugt immer dann als reflexiver Bezug, wenn sich die Tendenz einschleicht, Sex und Gender zu vermischen und Geschlechterbeziehungen und -rollen als naturgegeben zu betrachten. Gerade weil im KlientInnenkreis der Sozialarbeit traditionelle Geschlechterrollenstereotype überwiegen, die schwer aufzubrechen sind, ist die Versuchung groß, naturalistische Begründungen zu akzeptieren, sie alltagstheoretisch zu plausibilisieren. Denn dass das jeweilige Geschlecht eine zentrale Rolle dabei spielt, in welcher Weise Mann/Frau psychosozial betroffen ist und wie Lebensschwierigkeiten (geschlechts-)unterschiedlich bewältigt werden, erleben alle in ihrem professionellen Alltag. Dass es Jungen und Männer in der Tendenz schwerer haben, mit ihren Gefühlen umzugehen und mit ihren Gefühlen wahrgenommen zu werden – sie dabei oft unter dem Zwang stehen, Betroffenheit nach außen abzuspalten –, ist empirisch genauso gesichert, wie die Aufforderung an Mädchen und Frauen, Betroffenheiten nach innen, oft gegen sich selbst und projektiv gegen andere zu wenden (vgl. Böhnisch/ Funk 2002). Dass sich in diesen – biografisch unterschiedlich ausgeprägten, aber auch sich mit den Altersphasen wandelnden – geschlechtsdifferenten Grundmustern das geschlechterduale System der gesellschaftlichen Arbeitsteilung und seiner Zwänge widerspiegelt, ist mehr als eine soziologische Randbemerkung.

8.5 Soziale Hilfe als professionelle Tätigkeit

Im Alltag sind Professionelle sowohl in ihren sorgenden, fürsorglichen als auch in ihren durchsetzungsfähigen, rational kalkulierenden Fähigkeiten gefragt. Zugleich müssen sie aber ihre Rollen als Frau und Mann für die Verständigung mit KlientInnen reflektieren und nutzen. Denn auch im KlientInnenverhältnis kommt es – zwischen den SozialarbeiterInnen selbst – nicht selten zu Prozessen der geschlechtshierarchischen Positionierung und Spezialisierung, was oft schwer zugängliche Konfliktkonstellationen und Spaltungen in den Aufgabenbereichen und Arbeitsansätzen nach sich zieht.

Diese ambivalente Struktur sozialer Hilfe – empathiegebunden wie personal distanziert, alltagsbezogen wie alltagsübergreifend – hat der Sozialen Arbeit lange Zeit den Ruf einer „Semiprofession“ eingebracht, die dem professionsdiffusen Reproduktionsbereich zugehörig sei und damit wenig Anteil an der Modernisierung der Gesellschaft habe. Denn Professionalisierung verweist auf ein zentrales Entwicklungsmoment moderner Industriegesellschaften: Sie verkörpert und symbolisiert das Fortschreiten gesellschaftlicher Arbeitsteilung und der Rationalisierung ökonomischer und sozialer Beziehungen. Von daher heben sich die Professionellen vom Alltagshandeln ab und beanspruchen ihren wissenschaftsgestützten Fachbezug – einen Autonomieanspruch gegenüber den Organisationen, für die sie tätig sind. Da dies nie richtig – vor allem in Sozialarbeit und Schule – einlösbar ist, können immer wieder typische Konflikte zwischen Organisationsprinzipien und Professionsprinzipien entstehen. Professionen weisen sich durch Gütekriterien aus, die überindividuell nachvollziehbar und damit evaluierbar sein sollen. Zu Professionen gehören wissenschaftlich und institutionell gesicherte

Handlungsmodelle (z.B. das medizinische Modell), die selbst wieder eine systemische Eigendynamik entwickeln können, indem sie nur bestimmte Sichtweisen auf das der Profession zugeordnete Problem zulassen, andere – im Sinne der systemischen Selbstreferenzialität (vgl. 9.1) – ausschließen. Professionen beanspruchen eine Fach- und Sachautorität, die in Spannung zu den Normen der Trägerorganisation („Amtsautorität") stehen kann.

Hier kommt wieder die Abstufung der Sozialarbeit als „Semiprofession" ins Spiel, die sich sowohl auf ihren offenen Wissenschaftskanon als auch die inferioren Status- und Vertretungsrechte, im Vergleich etwa zu den etablierten Professionen der Ärzte und Lehrer, bezieht. Allerdings ist der Begriff der Semiprofession am institutionellen und formalen Professionsbegriff orientiert und kann daher die Spezifik sozialpädagogischen Handelns, die sich in den letzten beiden Jahrzehnten weiter ausdifferenziert hat, nicht erfassen. Deshalb wird für die Sozialarbeit eine *handlungstheoretische* Definition von Professionalität vorgeschlagen. „Der professionell Handelnde ist in diesem idealtypischen Konzept ‚Vermittlungsinstanz' zwischen sozialkulturellen und individuellen Wirklichkeitsinterpretationen und Werten. Hier zeigt sich, dass professionelle Tätigkeiten nicht mehr als untergeordnete Formen ökonomischen Handelns begriffen werden" (Dewe/Otto 2001, S. 1418f.). Die Professionellen stellen somit intermediäre Handlungsinstanzen zwischen individualorientierter Hilfe und gesellschaftlicher Kontrolle dar und sind durch das sozialpolitische Modell der Regulation von Anspruch und Zumutbarkeit legitimiert. Dies erfordert eine „reflexive Professionalität": „Eine damit gemeinte, vom traditionellen Ballast freigesetzte Professionalität müsste sich dadurch auszeichnen, dass sie neben und im Zweifelsfall quer zu den professionell verwalteten Beständen an instrumentellem Wissen und Methoden auch reflexive Wissensbestände, welche die situativen Lebensumstände, die Interessenlage der Klienten, Existenz oder gar Verlust kommunikativer Bindungen, soziale Vernetzungen und die Politikfähigkeit ihrer Aktionen thematisiert [...]. Das Handlungswissen der sozialpädagogischen Profession behauptet gleichsam seinen Eigensinn." (ebd.) Diese handlungsorientierte Autonomievorstellung einer professionellen sozialen Arbeit läuft aber wiederum in eine gesellschaftliche Falle, wenn sie nicht die gesellschaftliche Bewertung dieses Handelns selbst thematisiert. Hier rächt sich, dass im Mainstream der Professionalisierungsdiskussion – immer noch bzw. wieder – geglaubt wird, ohne Geschlechterbezug auszukommen, Geschlecht neutralisieren zu können, obwohl das in der Alltagspraxis der Hilfe gar nicht möglich ist.

Gerade in sozialen Berufen lassen sich die Konstruktion von Weiblichkeit und die damit verbundenen Zuschreibungen besonders gut betrachten. Liebe und Zuwendung, Sorge, Fürsorge und moralisches Pflichtgefühl werden ausschließlich auf Frauen projiziert und ihnen als Fähigkeiten zugeschrieben. Dementsprechend brauchen soziale Tätigkeiten keine oder nur niedrige Qualifikationen, eine traditionelle Haltung, die gegenwärtig entsprechende Neuauflagen erhält: Sei es im Ehrenamt oder in niedrig entlohnten Tätigkeiten. Im Hinblick auf diese Zuschreibungen wird in der Care-Diskussion gefordert, dass die weibliche Befähigung zur Sorge geschlechtsunspezifisch und damit als allgemeine soziale Kompetenz anerkannt wird. Weitergehend argumentiert Christel Eckhart (2000), wenn sie verlangt, dass „fürsorgliche Praxis als politisches Gestaltungskriterium“ (S. 18) gesellschaftlich legitimiert werden muss. In den Plädoyers für eine gesellschaftliche Neubewertung von Frauen zugeschriebenen Fähigkeiten und Eigenschaften liegt allerdings auch die Gefahr einer „Positivierung von Weiblichkeit. Im Sinne einer modernen Retradionalisierung weiblich-zugeschriebener Eigenschaften. Deshalb muss auch die Aufhebung von Geschlechterungleichheit mit verlangt werden (vgl. Wetterer 1992).

Die Nichtthematisierung der Abwertung geht einher mit einer angenommenen Aufwertung der sozialen Arbeit infolge der Akademisierung und der ihr zugeschriebenen integrativen sozialen Funktionen angesichts gesellschaftlicher Entgrenzungen. Insofern existieren auch zwei professionssoziologische Welten nebeneinander: Eine männliche Wissenschaftswelt, die geschlechtsneutral Sozialarbeit als Rationalitätsmodell intermediären Handelns beansprucht, und eine weibliche Wissenschaftswelt, die den Abwertungstrend der sozialpädagogischen Profession im Banne der geschlechtshierarchischen Arbeitsteilung skandalisiert.

Soziale und pflegerische Arbeit wird gegenwärtig umstrukturiert. Sie teilt sich in eine solche, die am Markt nachgefragt und angesichts des demografischen Wandels und steigender gesellschaftlicher Konflikte – entsprechend professionell – bewertet wird. Hier kommt der professionelle Vermittler mit spezialisiertem Interventionswissen zum Zuge. Der Masse der Nichtmarktfähigen aber, die auf Pflege und Sorge angewiesen sind, werden sozialen Dienste zugewiesen – oft in selbstverständlicher Ehrenamtlichkeit – denen man das Kriterium rationaler Professionalität dadurch abspricht, dass ihnen Arbeitsanteile zugerechnet werden, die nach neueren Qualitätsstandards als nicht anrechenbar gelten. Die in sozialen Berufen traditionell als „Stärke“ definierten Fähigkeiten und Orientierungen von Frauen werden zu einer strukturellen Schwäche. Arbeitsprozesse in der sozialen Arbeit lassen sich nicht als technisch rationalisierbare abbilden. Ungewissheit kann nicht nach Kriterien technischer oder ökonomischer Rationalität bewältigt werden. Das heißt, auch der gegenwärtige Strukturwandel in der sozialen Arbeit läuft Gefahr, Gefühls- und Beziehungsaspekte, ja das Sorgen überhaupt auszugrenzen. Denn auch in der sich professionell definierenden sozialen Arbeit gelten die unmittelbaren Sorge- und Pflegehaltungen und die auf die Verlässlichkeit der Beziehung aufbauenden Anteile als die am geringsten bewerteten, sie finden sich kaum in Qualitätsentwicklungsdebatten. Sie gelten als diffus notwendig und werden im Alltag eingefordert, sie sind auch unter rationalisierten Arbeitsbedingungen zu erbringen, sind aber öffentlich nicht verhandelbar.

Der sozialpädagogische Professionalisierungsdiskurs hat sich zwar aus dem Korsett des Gegensatzes von Hilfe und Kontrolle befreit, vom institutionellen Paradigma weg dem Handlungsmodell der Professionalität zugewandt, bewegt sich aber auch hier auf einer nun neuen Grenzlinie, der zwischen Anerkennung und Entwertung. Diese Grenzlinie kann aber nur thematisiert und damit öffentlich gemacht werden, wenn sie geschlechtsreflexiv – mit Blick auf die geschlechtshierarchischen Muster der Arbeitsteilung – markiert wird.

In diesem Sinne kann man die Untersuchung von Angelika Wetterer (1993) zur Vergeschlechtlichung von Berufen auch auf die soziale Arbeit beziehen, wenn sie feststellt: Die Entwicklung von Professionen ging historisch einher mit der Restriktion des Zuganges von Frauen zu gehobenen Ausbildungswegen, war also eine Frage der Machtumverteilung und Umverteilung von Privilegien zugunsten von einigen Männern und keine Frage der Qualifizierung. Und weiter geht ihre These: Zentral für die *Vergeschlechtlichung* von Berufen und deren Einordnung in stereotyp als weiblich oder männlich bezeichnete Berufe ist nicht die Arbeitsform, sondern eine eigens hergestellte hierarchische Einordnung, die an der Zuschreibung von unterschiedlicher Bewertung des Technikbezugs bei Feinmechanikern und Röntgenassistentinnen expliziert wird. Schließlich führt die reine Erhöhung des Frauenanteils an einem Beruf zu Statusverslust und umgekehrt. Professionen enthalten damit immer noch Elemente hegemonialer Männlichkeit.

Das Moment der Befreiung von reproduktiven Tätigkeiten und ihrer damit einhergehenden Abwertung ist der zentrale Schlüssel für die Analyse geschlechtshierarchischer Professionalität. In ihr wirkt das moderne ökonomisch-technologische Prinzip der *Externalisierung,* das die Moderne vorangetrieben hat und weiter vorantreibt und das sich mit dem männlichen Hegemonialprinzip historisch so verbinden konnte, dass überkommene patriarchalische Macht, ökonomisch-technologische Verfügbarkeit des Mannes und lineares Fortschritts- und Wachstumsprinzip der kapitalistischen Gesellschaftsentwicklung miteinander verschmelzen konnten. Das bedeutet aber auch, dass die hegemoniale Männlichkeit nur ein Segment des Prinzips der Externalisierung darstellt, ihr untergeordnet ist. Damit ist das Externalisierungsprinzip zwar historisch aber nicht prinzipiell an Männlichkeit gebunden, auch Frauen können und konnten in den letzten Jahren in dieser geschlechtshierarchischen Professionalität hoch aufsteigen. Sie können an dieser hegemonialen Männlichkeit nicht nur partizipieren, sondern sie auch für sich nutzen und – verbunden mit ihrer Beziehungsmacht – umwidmen. Denn in der Struktur der Externalisierung kann sich Unterschiedliches und Widersprüchliches finden: Das (männlich konnotierte) Prinzip der äußeren Rationalität, der Abwertung des Reproduktiven, der Zurückdrängung der inneren Natur, der Konkurrenzförmigkeit und Warenabstraktion genauso wie die Angewiesenheit auf eine steigende Elastizität der Reproduktion in der Vereinbarkeit von Familie und Beruf und auf Kompetenzen, die zwar traditionell weiblich konnotiert sind, nun aber ökonomisch-technologisch transformiert werden.

Kapitel 9
Systemische Umwelt und Organisationsstrukturen

Bisher haben wir die Handlungsebene sozialer Hilfe thematisiert. Hilfekontexte sind aber auch gesellschaftlich-institutionell eingebettet und in einen organisatorischen Rahmen gestellt. Dies hat erheblichen Einfluss auf die Möglichkeiten und Grenzen Sozialer Arbeit. In der gesellschaftlichen Perspektive ist in diesem Zusammenhang wichtig, welche Stellung der Bereich der Sozialen Hilfe gegenüber anderen gesellschaftlichen Bereichen, vor allem dem pädagogisch nahestehenden Bildungsbereich hat. Mit dem Instrumentarium der soziologischen Systemtheorie können wir dies analysieren und z.B. erkennen, dass das traditionell schwierige Verhältnis zwischen Jugendhilfe und Schule nicht primär aus dem Handeln von LehrerInnen und SozialarbeiterInnen zu erklären ist, sondern aus der Logik des Systems Schule. Aber auch wenn wir die Jugendhilfe und Sozialarbeit analytisch als System betrachten, fallen uns Gesetzmäßigkeiten auf, die jenseits der Handlungsebene wirken, diese aber maßgeblich beeinflussen. Sie manifestieren sich in den Organisationsstrukturen der administrativen und verbandlichen Träger und können ein Konfliktfeld des Gegensatzes zwischen sozialpädagogischem Handeln und organisatorischer Steuerung herstellen. Für SozialarbeiterInnen ist systemtheoretisches und organisationssoziologisches Wissen deshalb nicht nur aus handlungsstrategischen und professionspolitischen Gründen von Bedeutung, sondern auch, weil damit das eigene Handeln insofern entlastet werden kann, als z.B. Gründe für das Scheitern von Hilfeprojekten nicht kurzschlüssig bei den beteiligten Personen, sondern genauso in den strukturellen Bedingungen gesucht werden müssen.

9.1 Der systemtheoretische Zugang

Die sozialwissenschaftliche Systemtheorie ist insofern ein Kind des 20. Jahrhunderts, als sich in ihr der Modernisierungsprozess als Rationalisierungs- und Differenzierungsprozess bei gleichzeitigem strukturellem Zwang zur gesellschaftlichen Integration über die Individuen hinweg abbildet. Während Talcott Parsons (1972) in seinem struktur-funktionalen Systemmodell soziale Systeme noch aus sozialen Handlungen hervorgehen sah und aufzuzeigen versuchte, dass Systeme Formen sozialen Handelns ermöglichen, die die Menschen von sich aus gar nicht initiieren können, stellt die in der Soziologie führende Systemtheorie Niklas Luhmanns die Eigenmächtigkeit und Eigendynamik sozialer Systeme in den Mittelpunkt. Soziale Systeme bestehen dementsprechend nicht aus „leibhaftigen Menschen", gleichwohl deren Bewusstsein und deren Handlungen „für die Bildung sozialer Systeme in besonderem Maße relevant sind" (Luhmann 1984, S. 346).

In diesem Sinne lässt sich am zentralen systemtheoretischen Begriff der Kommunikation zeigen, dass dieser auch die Dimensionen des kommunikativen Handelns enthält. Es geht aber nicht um das begriffliche Alltagsverständnis von Kommunikation, sondern um Kommunikation als solche und darin bereits entwickelte „Programme", die in die Gesellschaft eingewoben sind und über die sich Gesellschaft bildet.

Gesellschaftliche Entwicklung stellt sich für die Systemtheorie folgerichtig als „Koevolution" (Luhmann) zwischen psychischen Systemen (der Menschen) und sozialen Systemen (Gesellschaft mit ihren Subsystemen) dar. Dabei verhehlt die Systemtheorie nicht, dass im historischen Verlauf dieser Koevolution soziale Systeme sich zunehmend verselbstständigen und in dieser Verselbstständigung Übermacht über die Menschen erlangen können. Soziale Systeme gewährleisten den Zusammenhalt, die „Integration" der Gesellschaft: Während dies im handlungsorientierten Systemmodell (Parsons) durch tendenzielle Übereinstimmung von personalen Werten und gesellschaftlichen (systemischen) Normen geschieht, wird Integration im selbstreferenziellen (aus sich heraus funktionierenden und auf sich bezogenen) Systemmodell von Luhmann durch stetige soziale Differenzierungen erreicht, mit denen Komplexität reduziert und dadurch Integration möglich wird. Differenzierung und Komplexitätsreduktion sind Schlüsselbegriffe systemtheoretischen Denkens. Differenzierung ermöglicht Erweiterung der kommunikativen Möglichkeiten und Reduktion von Komplexität führt zu Stabilisierung der Systeme in ihrem Verhältnis zur Umwelt. Denn soziale Systeme entwickeln und gestalten sich in System-Umwelt-Beziehungen. Mit Umwelt ist alles gemeint, was sich um das System herum bewegt und nicht System ist. Systeme reagieren auf ihre Umwelt, indem sie versuchen Umweltprobleme so zu definieren und zuzurichten, dass sie der Logik des Systems angepasst und entsprechend integriert werden können, aber auch Spielräume für nichtsystemgefährdenden Wandel zulassen.

Soziale Systeme sind in diesem Sinne „selbstreferenziell" und „autopoietisch" strukturiert: Unter Autopoiesis versteht man die Fähigkeit zur Selbstreproduktion und Selbststeuerung sozialer Systeme. Die Veränderungs- und Anpassungsfähigkeit des Systems richtet sich in diesem Zusammenhang weniger an den lebensweltlichen Anfragen der Subjekte aus, sondern folgt einem internen Differenzierungspfad, auf dem sich die Systeme neu und weiter ausdifferenzieren und somit lebensweltlichen Anforderungen gegenüber elastischer werden. Interne Differenzierung und Selbstreferenzialität spielen also zusammen. In diesem Kontext ist es auch plausibel, dass soziale Systeme Konflikte nicht als Widerspruchs- und Machtkonstellation begreifen, sondern sie von ihrer Logik her als neue Formen von Komplexität und Kontingenz, die es systemgerecht und selbstreferenziell zu reduzieren und auszubalancieren gilt, definieren. Hier setzt vor allem auch die Kritik am systemtheoretischen Paradigma in dem Vorwurf an, es verfehle die historische Wirklichkeit gesellschaftlicher Macht- und Konfliktprozesse. Dennoch ist der Erkenntniswert der Systemtheorie gerade in (sozial-) pädagogischen Bereichen hoch. So lassen sich z.B. die immer wieder neuen Blockaden bei Schulreformen auf die Art und Weise zurückführen, wie das Schulsystem in seiner Selbstreferenzialität sich gegenüber der Umwelt verhält, verhalten muss, wenn es sozialen Herausforderungen ausgesetzt ist. Dieses soziologische Wissen um die spezifische System-Umwelt-Beziehung der Schule braucht gerade die Sozialarbeit, wenn sie Schul- und Schülerprobleme sowie die Möglichkeiten und Grenzen der Kooperation von Jugendhilfe und Schule einschätzen will. SozialarbeiterInnen sind immer wieder mit der systemischen „Angst“ der Schule um ihre Grenz- und Bestandserhaltung konfrontiert, wenn „schulfremde“ Aktivitäten aus dem Schulbereich herausgehalten werden sollen, sei es im Falle der Nutzung von Schulgebäuden und -geländen für die Jugendarbeit, sei es bei der Projektkooperation mit Vereinen und Verbänden, die zwar immer wieder angestrebt wird, wo aber die Schule in der Regel darauf bedacht ist, dass sie in Sachen Leistungsanerkennung und -bewertung das letzte Wort behält. Das Hauptproblem der Grenzsicherung zwischen Schule und ihrer Umwelt – mit dem es vor allem die Schulsozialarbeit zu tun hat – entwickelt sich aber zusehends dort, wo die Schule befürchtet, in den Sog außerschulischer sozialer Probleme zu geraten. Die Schule setzt da voraus, dass die Schüler und Schülerinnen in ihrer psychosozialen Verfassung schulfähig in die Schule kommen und kümmert sich deshalb auch wenig darum, wie die Kinder im Alltag die Schule verkraften. Sie verlässt sich eben in ihrem systemischen Verständnis darauf, dass die soziale Reproduktion der Schülerrolle außerhalb der Schule durch Familie und Jugendkultur gesichert ist. Dies aber ist nicht mehr so ohne weiteres der Fall, besonders für sozial benachteiligte Eltern ist es immer schwieriger geworden, die Schule entsprechend den geforderten kulturell dominanten Codes zu begleiten. Gleichzeitig ist die Schule für die SchülerInnen „unter der Hand“ zum Sozialraum (vgl. 10.2) geworden. Kinder und Jugendliche eignen sich die Schule als Treffpunkt an, als kinder- und jugendkulturelles Experimentierfeld zwischen dem Unterricht und über den Unterricht hinaus. Schulen reagieren – systemisch entsprechend, das heißt um ihre Systemstabilität zu sichern – mit internen Differenzierungen (Gruppenunterricht, Projektunterricht) und externen Auslagerungen (Projektkooperation mit der Jugendarbeit). Aber auch die öffentliche und verbandliche Jugend- und Sozialhilfe kann entsprechend systemisch betrachtet werden. Auch sie versucht, sozialpädagogisches Handeln systemisch passfähig zu machen, Konflikte durch Ausdifferenzierung (Spezialisierung) oder Auslagerung auszukühlen, zu verlagern.

9.2 Der organisationssoziologische Zugang

Während uns die Systemtheorie das Instrumentarium liefert, die abstrakte, immanente Logik sozialer Systeme aufzuschließen, brauchen wir den organisationssoziologischen Zugang, um die konkreten Strukturen und Prozesse sozialer Organisationen bestimmen zu können. Hier gilt immer noch die klassische Definition, der Pionierin der deutschsprachigen Organisationssoziologie, Renate Mayntz: Als Organisation werden [...] alle sozialen Gebilde bezeichnet, in denen eine Mehrzahl von Menschen zu einem spezifischen Zweck bewusst zusammenwirken. Von dem Organisationsbegriff der Organisationslehre unterscheidet sich dieser Begriff dadurch, dass er weder eine Tätigkeit noch das Ergebnis dieser Tätigkeit, die zielgerichtete Ordnung, sondern ein wirkliches soziales Gebilde meint. Das Gebilde „Organisation" ist zwar organisiert, erschöpft sich jedoch nicht in seiner „Organisation", sondern weist neben den geplanten auch ungeplante Prozesse und Strukturmerkmale auf. [...] Man spricht deshalb auch von formellen und von informellen Organisationsstrukturen. Die Kooperation und Integration der Organisationsmitglieder wird durch Kontroll- und Entscheidungseinheiten gesichert." (Mayntz 1969, S. 761 f.) Das organisationssoziologische Augenmerk richtet sich aber auch auf die gesellschaftlich-institutionelle Einbettung von Organisationen (s.u.). Im Mittelpunkt aber steht weiterhin die Analyse der organisationalen Struktur der sozialen Beziehungen und der sozialen Prozesse des Organisationshandelns (vgl. Türk 2008). Dabei ist vor allem auch die Frage interessant, wie die Organisationsziele in soziale Abläufe übersetzt und auf Rollen- und Machtstrukturen bezogen werden können. Dabei haben Organisationskulturen – im Sinne von Beteiligungsmustern, Hierarchiestrukturen und Organisationsritualen – ihre Bedeutung.

Die systemtheoretische Organisationsanalyse hat den organisationssoziologischen Blick dahingehend erweitert, als sie sich vor allem mit Organisation-Umwelt-Bezügen befasst. Sie verweist auf die Beharrungstendenz von Organisationen in ihrer *Selbstreferenzialität* und in der Art ihrer Grenzziehung zur gesellschaftlichen Umwelt. Organisationen, die sich hier bewusst öffnen und interne Differenzierung und externe Auslagerung von Funktionen produktiv miteinander verbinden können, werden als „lernende Organisationen" bezeichnet.

Unter diesem dynamischen Aspekt interessiert nicht nur das strukturfunktionale Regelwerk der Organisation, das die Organisationsmitglieder in Rollen im Sinne von Sets organisationsrelevanter Verhaltenserwartungen übernehmen, sondern genauso das interessengeleitete Handeln der Organisationsmitglieder als Personen. Dieses wird einerseits von den Organisationsnormen bestimmt, ist aber andererseits auch beeinflusst von den Partizipationsstrukturen, in denen die Erwartungen der MitarbeiterInnen zum Zuge kommen. Diese wiederum sind wichtig für den inneren sozialen Support, den Organisationen bei Prozessen des organisationalen Wandels brauchen. Gerade für Organisationen mit personenbezogener Zweckorientierung, wie die der die Sozialen Arbeit, gilt, dass „die durchgehende Partizipation der für den Wandel relevanten Personen und Organisationseinheiten eine grundlegende Bedingung [ist]. Sie bezieht sich nicht nur – wie häufig üblich – auf die Beteiligung der MitarbeiterInnen, sondern vor dem Hintergrund einer sozialen Arbeit als lebenswelt-orientierter Dienstleistung ebenfalls auf die Partizipation und Einbeziehung der AddressatInnen und sonstigen Anspruchsgruppen der sozialen Arbeit." (Grunwald 2001, S. 1326)

Organisationssoziologisch lassen sich auch die Beharrungs- und Abschließungstendenzen von sozialpädagogischen Trägern konkretisieren. SozialarbeiterInnen stehen danach auch organisatorisch in jenem Spannungsverhältnis, das mit der Konstellation ‚Hilfe und Kontrolle' bereits mehrfach gekennzeichnet wurde. Sie stehen in einem sozialpädagogischen Handlungsfeld, indem sie lebensweltorientiert helfen sollen und sind gleichzeitig Angehörige einer Organisation, die im Rahmen der zugeordneten Verfahren und ihrer Regelstruktur über Hilfen entscheiden muss. Von daher sind die Organisationen „darauf programmiert, nur auf die Problemfälle zu reagieren, auf die sie reagieren können. Daher suchen sie nach den Problemfällen, auf die ihre Programme passen." (Baecker 2001, S. 1873) Im sozialpädagogischen Handeln spiegelt sich das dann als ein doppelter Druck, einerseits dem vorgegebenen organisatorischen Programm Genüge zu tun, gleichzeitig aber auch den lebensweltlichen Bedürfnissen der KlientInnen entgegen zu kommen. Diese Ambivalenz spiegelt sich oft schon im diagnostischen Handeln von SozialarbeiterInnen: Sie fühlen sich organisatorisch gebunden, möchten aber den Kindern und Jugendlichen gerecht werden und entwickeln dabei nicht selten Persönlichkeitstheorien, die organisatorisch einigermaßen passfähig sind.

Diese Ambivalenz hat sich in dem Maße erweitert und kompliziert, in dem sich die gesellschaftliche Umwelt der sozialpädagogischen Institutionen signifikant verändert hat: Ihre sozialstaatliche Legitimation, die bislang primär an die an die Bearbeitung der psychosozialen Probleme ihrer AdressatInnen gebunden war, wird zunehmend überlagert durch den marktorientierten Legitimationskreis der Effizienz, dem sich die Organisationen nicht so ohne weiteres entziehen können. Denn nicht nur die organisationsinternen Kommunikations- und Handlungsprozesse sind für die Entwicklung und den Bestand der Organisation entscheidend. Es geht vielmehr auch darum, „gesellschaftlich institutionalisierten Vorstellungen zu entsprechen, um darüber Legitimität in der gesellschaftlichen Umwelt der Organisation zu erzielen. [...] Auch moderne Managementkonzepte sind [...] vor allem nach außen gerichtet" und an den herrschenden gesellschaftlichen Rationalitätserwartungen und ihren „Mythen" orientiert (Hasse/Krücken 2009, S. 239). Der herrschende neoliberale Mythos wirkt gegenwärtig in diesem Sinne als Ökonomisierungstrend auch in die sozialen Dienste hinein. Diese neoinstitutionalistische Hypothese zur Organisationsentwicklung wird durch eine neuere Langzeitstudie bei einem großen Träger der Sozialarbeit empirisch bestätigt. Es wird „eine tendenzielle Verschiebung von einem solidaritätsbasierten Organisationsideal hin zu einer unternehmerischen Führung mittels individueller Steuerung" beobachtet (Schnabel 2011, S. 167). Damit ist vor allem gemeint, dass der ökonomisch-gesellschaftliche Prozess der *Subjektivierung der Arbeit* (vgl. 13.2) auch in die sozialpädagogischen Einrichtungen durchschlägt. Die durch die Ökonomisierung erweiterten organisationalen Spannungen und Konflikte werden so an die MitarbeiterInnen als „ihr" Projekt, „ihre" Herausforderung und ihre Konfliktbewältigung weitergegeben. Für sie stehen Arbeitsaufforderungen und widerstreitende kritische Impulse und Widerständigkeit nun eng nebeneinander, die sich aus dem ökonomischen Effizienzdruck und der allgegenwärtigen Wettbewerbssituation zwischen den Einrichtungen und der (gleichzeitig geforderten) Identifikation mit dem sozialarbeiterischen Auftrag und den Erwartungshaltungen der AdressatInnen ergeben.

Eine besondere Form der Organisation stellt die *Bürokratie* – als bürokratische Verwaltung oder Behörde – dar. Als rationale Form „legaler Herrschaft" (Max Weber) weist sie eine nach festgelegten Kompetenzen gegliederte und konditional programmierte hierarchische Gliederung auf. Diese Ordnungsstruktur soll Neutralität, Anspruchssicherheit, Leistungsgerechtigkeit und Kontinuität gewährleisten. Bürokratien unterliegen der Tendenz sich zu verselbstständigen und im Sinne selbstreferenzieller Systeme zu versuchen, ihre Umwelt ihren Ordnungs- und Zuständigkeitskriterien anzupassen. Moderne Bürokratien verstehen sich inzwischen als Dienstleistungsorganisationen in der Spannung von Kontrolle und Ermöglichung, die sich in die kommunalen Strukturen hinein öffnen und im Sinne eines „Public Management" (vgl. Birkholz u.a. 2006) Kontrakte mit Verbänden und zunehmend auch privaten Anbietern von sozialen Dienstleistungen eingehen, um Flexibilität und Synergien erzeugen zu können, aber auch Konflikte auszulagern. Mit dieser Öffnung hat sich das traditionale amtsbürokratische hin zu einem „bürokratisch-managerialen System" entwickelt. „Basierend auf dem Glauben an die Gestaltungskraft des Managements und die der Dreifaltigkeit ‚management, markets and measurement' […] stellt der Managerialismus eine spezifische, ideologische Form der Anwendung von Instrumenten der Managementlehre dar (…), in deren Mittelpunkt die ungeprüfte Annahme steht, dass weniger eine Steigerung der Professionalität der Fachkräfte, sondern vielmehr ein systematischer Einsatz der überlegenen Techniken des Managements effektive und nachhaltige Lösung drängender ökonomischer und sozialer Probleme eröffnet: Der ‚Fall' stellt sich in erster Linie als Problem eines sachgerechten Managements dar" (Otto/Ziegler

2011, S. 901f.). So wird dem Ökonomisierungsdruck von außen (s.o.) durch eine Ökonomisierung von innen entsprochen. Damit werden die fachlichen Spielräume der Verwaltung nicht nur eingeengt, sondern diagnostischen und prozessualen Standards wie organisationalen Zeitstrukturen auch dort unterworfen werden, wo – wie in der Sozialen Arbeit – produktive Umwege und biografisch sensible Interventionen notwendig sind. Diese Entwicklung ist eingebettet in eine Ökonomisierung der Sozialpolitik hin zur „investiven Sozialpolitik“ (vgl. Böhnisch/Schröer 2012).

Dass die geschlechtshierarchische Arbeitsteilung auch in betrieblichen und administrativen Organisationsformen wirkt, wird im Paradigma der „gendered organisations“ thematisiert. Dieser Ansatz geht davon aus, „dass Geschlecht nicht auf individuelle Handlungen und Eigenschaften der in Organisationen arbeitenden Personen reduziert werden kann, sondern in der Organisationsstruktur selbst verankert ist. [...]. Die Organisation ist nicht nur etwa der Kontext, in dem Männer und Frauen ihre geschlechtsspezifischen Rollen ausüben. Der Blick richtet sich vielmehr auf die Merkmale der Organisation selbst, deren Hierarchien und Praktiken die geschlechtsspezifische Differenzen und stereotype Verhaltensmuster bewirken und aufrechterhalten. [...] Organisationen können als maskulin gelten, denn sie sind auf die Lebensläufe von Männern ausgerichtet, werden von Männern dominiert und generell nach männlichen Standpunkten strukturiert“ (Lenz/Adler 2010, S. 221). Seit Herman Nohl (1949) in den 1920er Jahren die Figur des „männlichen Sozialbeamten“ gleichsam als Gegenentwurf zu der der weiblichen Fürsorgerin entwickelt hat, schwelt der Konflikt zwischen (eher männlich konnotierten) Steuerungs- und Rationalisierungspraktiken und einer(eher weiblich konnotierter) Beziehungs- und Sorgearbeit. Die Tendenz zur Ökonomisierung sozialer Dienste hat dieses Problem verstärkt. Dies erzeugt eine Spannung zum sozialpädagogischen Auftrag, die einer eigenen Vermittlung bedarf.

Kapitel 10
Das soziale Umfeld der Hilfen

Soziale Hilfen sind eingebettet in ein Umfeld, in dem die Möglichkeiten und Grenzen psychosozialer Intervention strukturell beeinflusst werden, in dem aber auch Chancen der lebensweltlichen Erweiterung der Hilfen liegen. Diese Ambivalenz zeigt sich vor allem im problematischen wie fördernden Einfluss der *sozialen Gruppe.* Die *sozialräumliche* Perspektive wiederum kann den Blick für Erweiterungen öffnen. Dabei muss darf sie aber nicht übersehen, dass die städtischen und ländlichen Räume sozialstrukturelle Ungleichheiten aufweisen, die vor allem ihre KlientInnen benachteiligen können. Gleichzeitig bietet die sozialräumliche Perspektive, wenn sie nicht nur programmatisch, sondern eben soziologisch durchdacht ist, sozialpädagogischen Hilfen eine neue Kontextualisierung. Die daraus ableitbare sozialpädagogische Perspektive des Anschlusses der Hilfen an *soziale Netzwerke* soll darauf folgend soziologisch fundiert werden.

10.1 Gruppensoziologische Bezüge

Seit sich die Soziologie der Gruppe vor allem auf die Kleingruppe bezieht und die Großgruppen der Organisationssoziologie überlassen hat, gehen soziologische und sozialpsychologische Gruppenforschung ineinander über. Eine soziale Gruppe besteht danach aus mehreren Personen, die sich in einem gemeinsamen „Wir-Gefühl" zusammengefunden haben. Der Gruppenzusammenhalt, die „Gruppenkohäsion" wird in der Regel durch mehrere Faktoren bewirkt: durch ähnliche Einstellungen der Mitglieder untereinander, durch offene und einfühlsame (empathische) Kommunikation und durch Gemeinsamkeit der Themen, die eine persönliche Bedeutung für die Mitglieder haben. In Gruppen bilden sich Führungspersönlichkeiten heraus. Dabei wird in der Gruppensoziologie nicht so sehr das Moment der persönlichen Autorität in den Vordergrund gestellt, sondern es werden die reziproken Beziehungen von Führung und Gruppe herausgearbeitet. In diesem Zusammenhang wird vor allem interaktions- und rollentheoretisch gearbeitet (vgl. 8.3). Führung wird nun als Ergebnis eines Interaktionsprozesses verstanden, in dem nicht so sehr das persönliche Attribut des Führers oder der Führerin zählt, sondern eine Beziehung, die zwischen der Führungspersönlichkeit und der Gruppe hergestellt wird. Mit dem rollentheoretischen Ansatz wird versucht, diese Beziehungsstrukturen funktionalistisch zu differenzieren: Führung als Rolle innerhalb des Erwartungssystems Gruppe, an die seitens der Gruppe angebbare Erwartungen gerichtet sind und umgekehrt. Führungspersonen sind somit als rollenspielenden Akteure Teil des Interaktionsgefüges in der Gruppe. Diese Erkenntnisse werden in der Sozialen Arbeit vor allem in der offenen Jugendarbeit gebraucht, die es in der Regel mit situativen oder gebundenen Gruppen zu tun hat.

Die Beziehungen zwischen den Mitgliedern eine Gruppe sind von Foulkes (1992) zum soziodynamischen Konzept der „Gruppenmatrix" ausgebaut worden. Wie Norbert Elias ging er von der Vorstellung des Individuums als Schnittpunkt der Beziehungen in einer Gruppe aus. Entsprechend können sich in Gruppenprozessen die bewussten und unbewussten Erfahrungen und Symbolwelten der Mitglieder manifestieren. „Foulkes betrachtet die Gruppenmatrix als Netzwerk der Beziehungen und Kommunikationen der Beteiligten, in dem die Individuen als Knotenpunkte und die einzelnen Kommunikationen Akte der Verbindung zwischen diesen gedacht werden. [...] Die Matrix, so Foulkes, ist die Basis, die den Sinn und die Bedeutung aller Ereignisse konstruiert und auf die alle Kommunikationen zurückgehen" (Schubert 2012, S. 155). Mit diesem Konzept kann man einzelne der sich in Peer-Gruppen entwickelnden überraschenden Ereignisse aus den verschiedenen geteilten Bedeutungssträngen heraus erfassen. Als Analytiker und Therapeut konnte Foulkes nachvollziehbar machen, wie auch latentes Erleben, Ängste oder tabuisierte Erfahrungen von anderen, „unbewussten Sprechern", inszeniert und ausgedrückt werden können.

Da das Gruppenverhalten Jugendlicher lebensaltertypische Besonderheiten zeigt, wird es mit einem eigenen Begriff, dem der *Peergroup* – Gleichaltrigengruppe – bezeichnet. Seit Colemans „adolescent society" (1961), wo beschrieben ist, wie sich um die Schule und durch die Schule hindurch eine „Peer-Gesellschaft" Gleichaltriger bildet, die eigene Gratifikationen und Kontrollen ausbildet, die oft attraktiver und verbindlicher als die der Schule sind, hat sich der Peer-Begriff im sozialwissenschaftlichen Sprachgebrauch eingebürgert. Wenn auch im colemanschen Modell früher zu Recht kritisiert wurde, dass es empirisch von einem Mittelklassenphänomen ausgehe und man deshalb die Gleichaltrigengruppe nach der jeweiligen sozialen Schicht differenzieren müsse, so bezeichnet der Begriff doch – im Konsens der neueren Jugendforschung – eine allgemeine jugendliche Gesellungsform, die aufgrund der schulischen Bildungsextensivierung für den Großteil der mittleren Kindheit und Jugend zutrifft. Dabei werden geschlechtsspezifische Differenzierungen beobachtet. Gleichaltrigengruppen von Mädchen sind mehr nach innen gerichtet, stärker in Zweierbeziehungen ausdifferenziert, in denen ein intensiver, aber meist verschwiegener persönlicher Austausch läuft. Diese Aussagen lassen sich auch auf die geschlechtsdifferente Art der Gruppenkohäsion beziehen. In der Geschlechterforschung wird weiter hervorgehoben, dass Mädchen zwar ebenso wie Jungen in der Gleichaltrigenkultur präsent sind, dass sie aber – unter dem Aspekt der Findung ihrer Geschlechteridentität – nicht so auf größere Cliquen angewiesen sind wie Jungen. Mit dem Begriff *Clique* werden Gruppen Jugendlicher mit losem und situativem Zusammenhalt bezeichnet, die meist von Jungen dominiert sind und sich über Aktionen immer wieder neu beleben. Es sind alterstypische Medien der Regulation, in denen die pubertären Triebdynamiken kanalisiert, soziale Differenzierungen entwickelt und Übergangssituationen bewältigt werden. Sie sind „potentiell" deviant, weil sie subkulturell geprägt sind (vgl. 7.1). In ihnen symbolisiert sich die Ablösung von der Herkunftsfamilie (das Nicht-mehr) sowie der unstrukturierte und deshalb normdiffuse bis normverweigernde Übergang in das spätere Erwachsenenalter (das von sich weggeschobene Noch-nicht) gleichermaßen. Bei der Mehrzahl der Kinder und Jugendlichen ermöglicht die Clique auch die Regulation von Devianz, das normwidrige Verhalten bleibt in der Gruppe bzw. in der Gleichaltrigenkultur, nach außen wird Konformität signalisiert (vgl. Zinnecker/Silbereisen 1996). Über die Clique hinausreichendes und sozial wirksames abweichendes Verhalten bis hin zur Delinquenz wird also nur dann gefördert oder initiiert, wenn die Cliquen in sich gegenüber der sozialen Umwelt abgeschlossen, ihre Mediatisierungsfunktion verloren haben und zum einzigen Haltepunkt ihrer Mitglieder geworden sind. Das schafft zwangsläufig autoritäre Gruppenstrukturen, die wiederum zu einer Verstärkung der ethnozentristischen Abschottung der Gruppe und zur Unterdrückung von Individualität in der Gruppe führen können. Das deviante Verhalten ist dann als Gruppenverhalten selbstverständlich (auch wenn es der Einzelne von sich aus nicht tun würde), da die Gruppe keinen sozialen Austausch ermöglicht, sondern Unterwerfung verlangt.

Der Gleichaltrigengruppe wird aber nicht nur eine devianzfördernde, sondern genauso eine gesellschaftsvermittelnde Funktion zugeschrieben. In der Jugendsoziologie wird in diesem Sinne davon ausgegangen, dass Peergroups gemeinschaftsfähig machen gesellschaftliche Rollen und Konflikte emotional „vor"-erleben lassen und so den Übergang von der affektiven Primärgruppe zu den affektiv neutralen, universalistischen Sekundärgruppen der Gesellschaft ermöglichen. Nach der gruppensoziologischen Unterscheidung zwischen Primär- und Sekundärgruppen, sind die ersteren – Familien- und Freundesgruppen – durch enge interpersonale Beziehungen geprägt, während in Sekundärgruppen der rationale zweckzugewandte Funktionscharakter dominiert.

In diesem Zusammenhang kommt auch der jeweiligen Bezugsgruppe, an der man sich mittelbar in Lebensstil und Statuswahrnehmung orientiert, eine für Selbstwert und sozialer Anerkennung signifikante Bedeutung zu.

Unter makrosoziologischer Perspektive werden noch weitere Funktionen betont, die soziale Gruppen für die Gesamtgesellschaft leisten. Sozialer Konflikt und soziale Integration als Konstituenten einer modernen arbeitsteiligen Gesellschaft sind danach maßgeblich über Gruppen vermittelt. Dies lässt die Gruppe zu einer gleichrangigen Kategorie zwischen und neben dem Individuum und der Gesellschaft werden. Auf diese grundlegende Bedeutung der sozialen Gruppe hat schon Georg Simmel (1908) in dem Sinne hingewiesen, dass er die Sozialität des Menschen weniger in der Spannung zwischen Individuum und Gesellschaft, sondern über Gruppen vermittelt sieht. George C. Homans (1959), der Klassiker der modernen Gruppensoziologie, hat der sozialen Gruppe eine dreifache intermediäre Funktion zugeschrieben: Sie bilde – gleichsam modellhaft – soziale Beziehungen aus, vermittle das Individuum in die Gesellschaft hinein und mediatisiere gleichermaßen gesellschaftliche Norm- und Anforderungsstrukturen über die Gruppe in die individuellen Lebenswelten.

10.2 Soziologie des Raumes

Soziale Räume bezeichnen in der Wissenschaftstradition der Soziologie seit Georg Simmel (1908) nicht einfach Territorien im physikalisch-geografischen Sinn, sondern räumlich bezogene und erfahrene Kontexte sozialen Handelns. Erst über die Tätigkeit des Menschen wird ein Territorium zum sozialen Raum und die Menschen erfahren dementsprechend den Raum als Ortszusammenhang von zugänglichen Möglichkeiten und einschränkenden Verwehrungen. Diese Wechselwirkung ist konstitutiv für den Begriff des Sozialraums (vgl. Löw 2001).

So zentral diese soziale Mediatisierung des territorialen Raumes auch für die Bestimmung räumlichen Handelns ist, so skeptisch muss man gegenüber manchen theoretischen Bestrebungen sein, die Raumperspektive zu entterritorialisieren. Sicher bewahrt die soziologische Perspektive davor „Strukturen durch räumliche Einschreibungen zu naturalisieren" (Werlen/ Reutlinger 2006, S. 62) oder in diesem Sinne Vorstellungen von Räumen als „Containern" zu verdinglichen, in die Soziales hineingepackt bzw. draußen gelassen wird. Aber die Erdgebundenheit und Territorialität menschlicher Existenz kann nicht so einfach wegdefiniert werden. Auch das Surfen in virtuellen elektronischen Welten geschieht von konkreten sozialen Orten aus. Und gerade aus der Forschung zu den neuen Medien wissen wir, welche Rolle die konkreten sozialen Settings der Rezeption wie der medialen Interaktion spielen. Die parasoziale Interaktion (vgl. 13.6), welche in und mit den elektronischen Medien inszeniert werden kann, wird immer noch von einem festen Ort aus gestartet und auf diesen schließlich auch rückbezogen.

Diese Zusammenhänge kann eine Definition von Sozialräumlichkeit ausdrücken, wie sie Werlen und Reutlinger (2006) vorgeschlagen haben: Raum und Räumlichkeit beruhen danach „auf der Erfahrung der eigenen Körperlichkeit, deren Verhältnis zu den übrigen ausgedehnten Gegebenheiten (inklusive der Körperlichkeit der anderen Subjekte) und deren Bedeutung für die eigenen Handlungsmöglichkeiten und -unmöglichkeiten“ (ebd., S. 58). Diese Erfahrung von Körperlichkeit im Verhältnis zur Umwelt und damit die räumliche Erfahrung von sich selbst ist in der noch wenig institutionalisierten Rollenwelt des Kindes- und Jugendalters, aber auch später in der Rollenarmut des Alters spürbarer und handlungsleitender als im Erwachsenensalter, das in institutionalisierte Rollengefüge eingebunden ist. Allerdings: Mit dem Strukturwandel der Arbeitsgesellschaft und ihren Entgrenzungstendenzen kommen viele der Erwachsenen in die Situationen des Ausgesetztseins oder in Lagen, in denen es „eng“ wird und damit wieder stärker in Zonen der Erfahrung von räumlicher Körperlichkeit. Depressiver Rückzug oder gewaltförmige Abspaltungen signalisieren dann auch eine Kompensation biografischer Handlungsunfähigkeit, in die solche plötzliche körperliche Erfahrung der Enge und des Ungeschütztseins führen kann.

Neben dieser biografischen Bedeutung des Raumes ist für die Sozialpädagogik/Sozialarbeit vor allem jener Bereich der Raumsoziologie interessant, der sich mit der sozialen Verräumlichung gesellschaftlicher Prozesse und der damit einhergehenden Einflüsse auf die Menschen beschäftigt. In diesem Zusammenhang interessierten die Sozialarbeit vor allem die sozialen Auswirkungen der modernen Entwicklungsdynamiken städtischer und ländlicher Räume.

Die Entwicklung des modernen Kapitalismus vollzog sich als Konfliktprozess vor dem Hintergrund des Gegensatzes von Kapital und sozialer Idee (vgl. 6.1). Der empirische Ort, an dem sich dieser Konflikt manifestierte und veralltäglichte, war der sich über den Prozess der Urbanisierung konstituierende großstädtische Raum. Die Klassen- und Konfliktstruktur der kapitalistischen Vergesellschaftung hatte und hat in den räumlichen Gegensätzen und Segregationen der Städte ihre sozialstrukturelle Ausformung und lebensweltlichen Ort.

Der ländliche, den urbanen Ballungsgebieten abgewandte Raum hingegen war und ist durch sozialräumlich andere Konflikt- und Kontrollstrukturen gekennzeichnet. Deshalb können wir auch nicht ohne weiteres – seit die urbane Modernisierung auch die Dörfer und Kleinstädte erfasst hat – von ‚nachholender Modernisierung‘ des Landes sprechen. Natürlich ist der ländliche Raum seit der Industrialisierung nicht nur agrarisch strukturiert und ist heute integraler Bestandteil der Industrie- und Konsumgesellschaft. Genauso ist auch das Netz der sozialen Sicherung über die ländlichen Räume gespannt; die traditionellen familialen Sicherungssysteme haben sich modernisiert. Dennoch hält sich bis heute eine Ideologisierung des Stadt-Land-Gegensatzes, die den Prozess der Modernisierung von Anfang an gekennzeichnet hat. Auch bei der Entwicklung der Sozialarbeit als Profession kam der Stadt eine Leitfunktion unter Vernachlässigung des Landes zu. Das sich historisch stetig wandelnde Stadt-Land-Verhältnis war Gegenstand politökonomischer und soziologischer Untersuchungen von Friedrich Engels bis Max Weber, doch erst ab Ende der 1970er Jahre wurde die Bearbeitung und Reflexion der Stadt-Land-Differenz in breiterem Maße unter dem sozi-apolitischen Aspekt der interregionalen Angleichung der Lebensverhältnisse bedeutsam.

Die Urbanisierung bedeutet in der historischen Entwicklung der modernen Industriegesellschaft eine qualitativ neue Stufe der Industrialisierung. Die Stadt wurde nicht nur zentraler Ort der Produktion, sondern selbst Produktivkraft, indem die Elemente des industriellen Produktionsprozesses in ein qualitativ neues – räumliches – Verhältnis zueinander gebracht wurden. Mit den neuen urbanen Zentren entstand eine räumliche Vereinigung von Produktion, Reproduktion und Distribution. Der städtische Raum war damit mehr als nur eine Anhäufung von Technik, Reichtum und industriellen Lebensweisen. Entscheidend war, dass die ökonomischen, sozialen und kulturellen Inhalte, die im städtischen Raum *in einem* konzentriert waren, sich gegenseitig in eben dieser Nähe aufschlossen. Die Dörfer sind zwar partiell modernisiert, die modernen Strukturen nicht durchgängig, es kommt auf lokale Persönlichkeiten an, wie Entwicklungen interpretiert und traditionelle soziale Kontrollformen aufgebrochen werden. Dieses unvermittelte soziale und kulturelle Nebeneinander von traditionalen und modernen Definitionen äußert sich im Verständnis von Arbeit und Beruf, von Hilfe und sozialer Sicherheit, von Privatheit und Öffentlichkeit, vor allem aber auch in den Geschlechterverhältnissen auf dem Dorf.

10.3 Stadt, Region und Regionalität

In historischer Perspektive hat die *Stadt und die städtische Öffentlichkeit* mit der Industrialisierung auch das Bild von Emanzipation geprägt. Soziale Probleme entstanden aus der Freisetzung aus traditionalen Versorgungszusammenhängen. Die Institutionen der Sozialarbeit übernahmen die hier neu entstehenden Aufgaben der Hilfe und Sozialen Kontrolle aus dem Nahraum sozialer Beziehungen und formten sie in Institutionen mit eigenem Auftrag und Anspruchsberechtigung, die sich wiederum dezentral – an die Stadtteile und Sozialbeziehungen – zurückwandten. Die ideologische Überlegenheit der Stadt rührte nicht allein aus ihrer wirtschaftlichen Vormachtstellung gegenüber dem Land, sondern auch aus ihrer soziokulturellen Produktivität, die aus der Verdichtung und „Manifestation von kontroversen Inhalten" (Lefèbvre 1976) und dem Nebeneinander vielseitiger Lebensformen entsteht. Die Stadt galt als sozialräumliche Produktivkraft der Moderne. Diese Auffassung hatte allerdings schon immer hegemonialen Charakter, insofern sie soziale Bewegungen, die auf dem Land entstanden waren, überging.

Die postfordistische Neuordnung der Regionen geschah vor dem Hintergrund der internationalen Standortkonkurrenz und Hierarchisierung der Städte im Sog der ökonomischen Globalisierung. Es entwickelte sich eine innere Differenzierung nach Regionen, die auf den großen Entwicklungsachsen liegen und Regionen die ins Abseits geraten. Lokale Armutsentwicklung wie die Entwicklung Sozialer Probleme werden nun als Folge und Teil der Stadt- und Regionalentwicklungspolitik thematisiert. Hier zählen die Rolle der lokalen Akteure, ihre Interessenkoalitionen und Widerstandspotentiale (Dangschat/Diettrich 1999, S. 98). In diesem Zusammenhang wurde früh eine verstärkte soziale Polarisierung bei Dominanz der einkommensstarken Gruppen in stadtsoziologischen Untersuchungen ausgemacht. Sie verstärkte sich mit der Globalisierung von Kapitalsteuerung und Konkurrenz. Diese lässt sich in einer zunehmend unternehmerischen Stadtpolitik (Kooperation von Politik und Wirtschaft) zur Sicherung von Standortqualität mit Hilfe der Steigerung von weichen Standortfaktoren (Bildungs-, Kultur- und Freizeiteinrichtungen) verfolgen. Prozesse der Beherrschung des innerstädtischen Territoriums, z.B. durch Ästhetisierung und Gentrifizierung mit ihrer Kehrseite einer sozial ausgrenzenden Architektur, der Demonstration von Macht, der Durchsetzung eingeschränkter Nutzungsrechte und Verregelung der Räume unter bewusstem Ausgrenzen „abweichender Lebensformen“ und der Preisgabe der vernachlässigten Stadt-Räume mit der Folge von infrastruktureller Unterversorgung und aufflackernden sozialen Konflikten. Alternative Entwicklungsstrategien werden oft zugunsten der Überwachung und Kontrolle dieser Konflikte aufgegeben (vgl. Berger/Schmalfeld 1999). Mobile Gruppen, die nicht auf die Region angewiesen sind, können in diesem Prozess ihre Vorteile für sich nutzen und müssen keine Verantwortung für die Gesamtheit der lokalen Lebensverhältnisse übernehmen und stattdessen Einfluss zu ihren Gunsten ausüben. Demgegenüber leiden darunter jene schon benachteiligte Gruppen, die örtlich gebunden sind und weiter sozial abgedrängt werden. Armut wird also selbst noch einmal sozialräumlich produziert.

Die neue soziale Segmentierung der Gesellschaft in der Dynamik des digitalen Kapitalismus schlägt sich also vor allem in den Städten nieder (vgl. Kessl/Otto 2004). Der trizonalen Segmentierung der sozialen Chancen in der Arbeitsgesellschaft in einem Kernbereich qualifizierter Arbeit, einer großen Peripherie unsicherer bis prekärer Arbeitsverhältnisse und einer Randzone alter und neuer sozialer Ausgrenzung scheinen räumliche Ausgrenzungszonen in den Städten zu entsprechen. Die „erste Stadt“ ist „organisiert hin auf die Konkurrenz mit anderen Metropolen und deshalb ausgerichtet auf die Anforderungen und Bedürfnisse einer international orientierten Schicht von Geschäftsleuten, Kongress- und Messebesuchern“. Auf diesen Teil der Stadt konzentriert sich die Entwicklungspolitik der Stadtregierung zunehmend. Die „zweite Stadt“ fungiert als „Versorgungs- und Wohnstadt“ der Mittelschichtbevölkerung und steht ebenfalls noch im Zentrum der Stadtpolitik. Die „dritte Stadt“ aber, „die marginalisierte Stadt der Randgruppen, der Ausgegrenzten, der dauerhaft Arbeitslosen, der Ausländer, der Drogenabhängigen und der Armen“ wird von der Stadtpolitik nicht mehr als Zone der Gestaltung, sondern nur noch als Zone der Kontrolle und

Befriedung wahrgenommen (vgl. Häußermann 1995, S. 138f.). Die Randzonen werden sozialen Befriedungsstrategien unterworfen, nachdem sie von vornherein als Störpotenzial betrachtet werden. Gleichzeitig entstehen in den innerstädtischen Kernzonen architektonische Konfigurationen, die den Erfolg der Arrivierten symbolisieren und schon vom Glanz ihrer Fassaden her unerwünschte Sozialgruppen abdrängen. Nur die Kaufkräftigen werden nach innen eingeladen, es vollzieht sich somit eine „Privatisierung öffentlichen Raumes" (Berger/Schmalfeld 1999, S. 325). Mit dieser räumlichen Segmentierung und Ausgrenzung „wird die urbane Kultur der sozialen Vielfalt durch unversöhnliche Widersprüche zerstört, […] werden städtische Tugenden wie Anonymität und Toleranz unterminiert. Einem städtischen Raum, in dem der latente Bürgerkrieg herrscht, ist die Stadtkultur verloren gegangen." (Häußermann 1995, S. 170) Benachteiligte Bevölkerungsgruppen werden in „pockets of poverty konzentriert, die sie erst recht in ihren Partizipationschancen benachteiligen" (Berger/Schmalfeld 1999, S. 328). Dabei ist nicht nur der Blick auf abgehängte und abgesonderte Stadtviertel zu richten, sondern genauso darauf, wie die „offensive Einmauerung der wohlhabenden sozialen Milieus voranschreitet" (Heitmeyer u.a. 1998, S. 11). So ist die räumliche Ausgrenzung sozial benachteiligter Bevölkerungsgruppen nicht nur als Folge gesellschaftlich induzierter Segmentationsprozesse zu begreifen, sondern „die räumliche Ausgrenzung in ihrer Gesamtheit wird selber zu einem Faktor, der soziale Ungleichheit und Benachteiligung erzeugt und die Lebenslage von Betroffenen nachhaltig verschlechtert" (Friedrichs 1999, S. 282). Dabei ist diese Spaltung der Städte heute gerade in Europa längst nicht mehr so sichtbar wie in den 1970er und 1980er Jahren oder in den Stadtagglomerationen Südamerikas und Südostasiens. Die Spaltungen und Ausgrenzungen sind weithin unsichtbar, verdeckt durch eine nivellierende Baumarkt- und Konsumkultur. „Heute wird die alte räumliche Zentrum-Peripherie-Struktur der Städte zunehmend durch kleinteilig polarisierte Gebiete abgelöst, die nicht physisch-räumlich, sondern versteckt die Bewohner einer Stadt voneinander abgrenzen" (Reutlinger 2003, S. 28).

Hinter diesen Entwicklungen wirkt ein räumliches Paradox. Auf der einen Seite forciert der globalisierte Kapitalismus eine Loslösung und Abstrahierung der Ökonomie und Teilen der Politik vom Territorialen, erodiert der räumlich gebundene Nationalstaat; gleichzeitig aber gehen von dieser globalökonomischen Entwicklung massive sozialräumliche Wirkungen aus. Dabei kommen aber nicht nur die Spaltungen der Städte in den Blick, sondern auch die neuen territorialen Bezugnahmen politischer Initiativen und Bewegungen. Die Globalisierung hat ebenso regionalistische Bewegungen freigesetzt wie global orientierte Gegenbewegungen, die sich aber gerade in ihrer Globalisierungskritik auf ihre jeweiligen territorialen Bindungen berufen. Gegen die Privatisierung öffentlicher Räume und die fortschreitende Kapitalisierung öffentlicher Güter haben sich vielerorts gemeinwesenökonomische Gruppierungen gebildet, die im lokalen Raum das „gemeine Eigene" – Luft, Wasser, Energie – zu verteidigen gewillt sind (vgl. dazu Elsen 2007).

Ländliche Lebens- und Wirtschaftszusammenhänge sollten in der Bundesrepublik bis in die 1980er Jahre sozialpolitisch mit dem Konzept der nachholenden Entwicklung modernisiert werden (Schmals/Voigt 1986; Böhnisch/Arnold/Schröer 1999). Die erfolgreiche Modernisierung des Landes folgte dem Entwicklungskonzept der funktionsräumlichen Arbeitsteilung (z.B. in Wohnregionen, Erholungsregionen, regionale Unterzentren, Oberzentren) sollte regionaler Eigenständigkeit und gegenseitiger Verflechtung zugleich Rechnung tragen. Das Dorf gab viele Funktionen an regionale Zentren ab (Bildungs-, Kultur- und Fitnesseinrichtungen, Shopping-Zeilen). Aber dem Verlust von Arbeitsplätzen in Landwirtschaft und Industrie und der Abwanderung stand ein neuer Aufbruch gegenüber. Neue BewohnerInnen waren hinzugekommen: Es entstanden die Neubausiedlungen der Wohn- und Schlafdörfer der einheimischen Pendler. Die Neuzugezogenen suchten im Dorf über Ehrenamtlichkeit Anschluss und gehörten dennoch nicht ganz dazu. Status-Hierarchien haben sich durch den Zuzug aus den Großstädten über- und ausgelagert. Es gab aber nicht nur eine so genannte Sub- und Counterurbanisierung, sondern auch ein Wachstum von Arbeitsplätzen in vielen ländlichen Gebieten (Bade 1997). Der Begriff ‚ländliche Region' im engeren Sinne bleibt bestimmten agrarisch-geprägten Siedlungen mit geringer Verdichtung, vor allem in „ballungsgebietsabgewandten Regionen" vorbehalten (Rudolph 1999).

Die Beschreibung ländlicher Regionen als soziale Räume eigener Art erscheint deshalb heute manchen SozialwissenschaftlerInnen obsolet, Stadt-Land-Unterschiede werden oft nicht mehr berücksichtigt. Doch vervielfältigten sich bei genauer Betrachtung die sozialräumlichen Kontexte und innerregionalen Segmentierungen: Neubaugebiete auf dem Land, das Land in der Spannung zu städtischen Zentren und abseits von Ballungsgebieten, neue Linien innerregionaler Segregation (vgl. Beetz 2008). Angesichts dieser Widersprüche und Spannungen stellt sich die Frage nach subjektiver sozialräumlicher Erfahrung und Verortung dieser Entwicklungen. Fragen der Sozialen Integration und Desintegration, der Verortung und Bearbeitung sozialer Probleme werden aber in den Sozialwissenschaften vorrangig bzw. allein für städtische Räume abgehandelt (Imbusch/Heitmeyer 2008). Integrationswege erscheinen auf dem Land rigider: Überschneidung von Lebensräumen einerseits, Leben zwischen den Welten von neu Zugezogenen eigentlich Städtische-Orientierten andererseits. Denn das Land ist seit langem nicht mehr nur von „Tradition" geprägt. Auch können Traditionen nicht im einfachen Gegensatz zur Modernisierung verstanden werden: „Traditionen" werden immer wieder hergestellt und übernehmen heute vielseitige Funktionen der Aufwertung und Regulierung des Zusammenlebens in Dorf und Kleinstadt. Gerade im beschleunigten sozialen Wandel entstehen Brüche und Konflikte im unmittelbaren Lebensraum, die zerstörerisch wirken können, aber durch ritualisierte Formen des Zusammenlebens aufgefangen und auch ausgeblendet werden. Das Leben zwischen zwei Welten enthält heute mehr Brüche und Anforderungen an Vermittlung als der einfache Gegensatz suggeriert (Herrenknecht 2000).

Der Blick auf die Eigenständigkeit des Landes wurde in der Regionalpolitik durch Konzepte eigenständiger Entwicklungspotentiale bzw. endogener Entwicklung umgesetzt. Z.B. führten die Leader-Programme – so unzureichend sie sein mögen – zu zahlreichen Entwicklungsimpulsen außerhalb der Landwirtschaft. In eine ähnliche Richtung weisen Überlegungen, die Besonderheiten in den Lebenslagen und -bedürfnissen der LandbewohnerInnen mit dem Konzept der Lebensqualität zu erfassen (Beetz/Barlösius/Neu 2008). Diese Ansätze beruhen zwar weiterhin auf dem Grundsatz der Gleichwertigkeit der Lebensbedingungen in allen Regionen, streichen aber gleichzeitig heraus, dass jede Region spezifische Lösungen hervorbringt.

10.4 Soziale Netzwerke

„Der Begriff des sozialen Netzwerkes repräsentiert die Struktur der Verknüpfung von Individuen, Objekten und sozialen Aggregaten, die nach einem bestimmten Kriterium aufeinander bezogen sind.“ Für uns sind dabei vor allem die Netzwerke des „interpersonalen Nahbereichs“ interessant. „In diesem Sinne beschreibt der Netzwerkbegriff [...] die Art und den Grad der sozialen Einbettung eines Individuums in seinen zwischenmenschlichen Nahbereich [...] hinsichtlich seiner Größe, der Anzahl an Gruppen, in denen er verkehrt, hinsichtlich seiner Kontakt- und emotionalen Intensität, seiner rollenmäßigen Untergliederung, seiner geografischen Verteilung und seiner Funktionen, sowohl hinsichtlich Ressourcen wie auch hinsichtlich Belastungen, Kontrolle und Wertvorgaben“ (Laireiter 2009, S. 94f.). Soziale Netzwerke werden in der Sozialpädagogik vor allem unter dem Aspekt der sozialen Unterstützung thematisiert, sind aber auch nach ihren Ambivalenzen und Risiken zu befragen. Soziologisch wiederum sind vor allem die Strukturprobleme sozialer Netzwerke interessant. Hier gilt die Netzwerktheorie als eine Theorie mittlerer Reichweite, die auf der Mesoebene, der intermediären Ebene zwischen Individuum und Gesellschaft angesiedelt ist. Da in soziologischen Netzwerkkonzepten nicht die Individuen im Vordergrund stehen, sondern die gegenseitigen Beziehungen, rechnet man die Netzwerktheorie auch der relationalen Soziologie zu: „Akteure und ihre Handlungen sind interdependent. [...] Gegenstand soziologischer Analysen sind nicht die einzelnen Dyaden zwischen Ego und Alter, sondern deren Einbettung in ein Netz weiterer Beziehungen. [...] Die selektiven Verknüpfungen in Netzwerken kanalisieren den Transfer von Ressourcen und Informationen. Die strukturelle Position der Akteure innerhalb eines Netzwerkes beeinflusst so ihre Wahrnehmungen, Einstellungen und Handlungen und ist deshalb der Bezugspunkt soziologischer Erklärungen. Im Gegensatz zu individualistischen Theorien, die Präferenzen und Motive zur Grundlage der Handlungserklärung machen, ist die Position in sozialen (Netzwerk-) Strukturen entscheidend" (Holzer 2006, S. 260f.). In Netzwerken bilden sich Lebenslagen ab (vgl. Kardorff 1989). Die soziale Netzwerkanalyse richtet ihr Augenmerk auf Netzwerke im Sinne von Sets von AkteurInnen, zwischen denen Beziehungen als Verbindungen laufen. Die Positionen der Akteure werden auch als „Knoten" bezeichnet, die Verbindungen zwischen ihnen als „Kanten". „Je nach dem, auf welche Art von sozialer Beziehung sich das Untersuchungsinteresse richtet, können bei gleicher Akteurskonstellation unterschiedliche Netze sichtbar werden. Welche Beziehungen abgebildet werden, hängt davon ab, wie der Begrenzungsrahmen für eine bestimmte Akteursmenge festgelegt wird (z.B. alle Mitglieder eine Schulklasse). Gesamtnetzwerke lassen sich nur schwer erheben. Neben formalen Aspekten wird bei der Netzwerkanalyse häufig auch die funktionale bzw. inhaltliche Bedeutung von Netzwerken ermittelt. Gängigerweise unterscheidet man nach den Intensitäten der Beziehung: Darunter fallen z.B. die Häufigkeit von Kontakten, die Wichtigkeit der Beziehung für die Akteure oder das Maß des Austausches von Ressourcen. Weiterhin kann nach der Gerichtetheit der Beziehung gefragt werden. Man stellt hierzu fest, ob eine Beziehung einseitig oder wechselseitig ‚gerichtet' ist. Soziale Netzwerke sind aber nicht nur formal-operational zu bestimmen, sondern es kommt darauf an, zu analysieren, welche Bedeutung sie für die Akteure haben. Da es bei Netzwerken vor allem um gegenseitige Interessen geht – und weniger um sozial-emotionale Wir-Gefühle wie bei der Gruppe – werden in Netzwerken Konflikte und Modi der Konfliktaustragung thematisierbar. Während Gruppen aus ihrem Wir-Gefühl heraus in intuitiv-emotionaler Gemeinsamkeit handeln, brauchen Netzwerke einen Working Consensus, der durch die Unterstellung reziproker Perspektiven ein koordiniertes Handeln überhaupt ermöglicht" (ebd., S. 266f.). Auffällig ist, dass die Netzwerkkonzepte die Kategorie Geschlecht kaum thematisieren, obwohl die Struktur der geschlechtshierarchischen Arbeitsteilung und geschlechtsspezifische Muster sozialen Handelns sich genauso in Netzwerkbeziehungen niederschlagen. Frauen agieren eher unter der Überschrift „beziehungsorientiert", Männer funktions- und positionsorientiert. Männer werden dadurch öffentlich sichtbarer, während Frauen meist in der Alltäglichkeit der Netzwerkbezüge verbleiben. Die Soziale Arbeit sieht in Netzwerken zuerst soziale Unterstützungssysteme, in die ihre Hilfen eingebunden und damit erweitert werden können. Bei Übergängen und Brüchen im Lebenslauf wird aber die Frage nach der (immer auch ambivalenten) Qualität von Netzwerken bedeutsam (vgl. Otto 2011).

Über diese Binnenperspektive sozialer Netzwerke im Umfeld sozialer Hilfen hinaus ist aber auch die gesellschaftliche Perspektive der Netzwerkbildung für die Soziale Arbeit interessant, wenn es darum geht, sozialpädagogische Projekte in einer entgrenzten Gesellschaft neu zu verorten. Denn das Netzwerkkonzept ist gleichsam *das* Schlüsselkonzept von *New Governance*-Programmen. In Netzwerken soll die Rückbindung der Politik an das Soziale und die politische Transformation des Sozialen Gestalt gewinnen: „Das bedeutet, dass staatliche Steuerung und politische Regierung auf Aktivierung und Ermöglichung umstellt und den Rahmen für eine Beteiligung unterschiedlichster AkteurInnen reguliert und absichert. Gleichzeitig bedarf dies aber auch bestimmter Regierungstechniken – z.B. Technologien der Agency und Performanz –, durch die AkteurInnen ihre Handlungsfähigkeit selbst herstellen, vermitteln, vergleichen und effektivieren" (Raithelhuber 2006, S. 176). Diese *Verbindung von Steuerung und Beteiligung* wird in der politikwissenschaftlichen Netzwerkdiskussion immer wieder herausgestellt. Entsprechend steht das jeweils unterlegte praktische Funktionsverständnis von Netzwerken zur Debatte. Wenn sie lediglich als Figurationen verstanden werden, in die die Bürger in die Regierungszonen „eingebunden" werden, dann handelt es sich weniger um eine neue Partizipationsform, sondern um eine Reduktion auf Verfahren, durch die „in einer Umwelt, die sich schnell verändert und die sachlich und sozial nicht linear vernetzt ist, Steuerungsprobleme durch Selbstorganisation gelöst" werden sollen (Raithelhuber 2005, S. 334). Ziel ist also eine dynamische Koordination zwischen politisch-administrativem und zivilgesellschaftlichem Bereich zu erreichen.

Eberhard Raithelhuber hat deshalb in weitergehender Konsequenz gefordert, Netzwerke nicht in der Verfahrensprogrammatik des New Governance, sondern als Kontexte der Vergesellschaftung und als „Modelle der Gesellschaftsgestaltung" zu thematisieren. Dann werden auch die Herrschafts- und Machtkonstellationen deutlich, die hinter der „weichen Rhetorik" der „Netzwerk-Talks" stünden. Damit könne sich der Blick dafür öffnen, dass der Netzwerkdiskurs in seinem politischen Gehalt im Strukturwandel der Gesellschaft freigesetzt worden ist. An diese Erkenntnis schließt sich die These an, dass sich in der politisch adaptierten Netzwerkprogrammatik ein Projekt des neoliberalen Kapitalismus verkörpere. Dessen „Regierungsdenkweise" versuche, eine „neue gesellschaftliche Realität zu erfassen und gleichzeitig zu strukturieren" (Lemke u.a. 2000, S. 31). Man könnte diese These wie folgt formulieren: So wie im Digitalisierungsdruck des neuen Kapitalismus die Individualisierung weiter ökonomisch vorangetrieben und zugespitzt wird, verlangt sie nach Verknüpfungen, die aber nicht mehr vom Eigensinn der Individuen ausgehen, sondern nun der Integrationslogik des Marktes unterworfen werden sollen. Politik würde damit zum *informellen,* netzwerkvariierenden Spiel der hegemonialen Akteure (vgl. Altvater/Mahnkopf 2002), das nach ökonomischen Rationalitätsvorgaben und nicht mehr im öffentlich-demokratischen Konflikt abläuft. Integration bemesse sich dann an der Netzwerkfähigkeit von Individuen und Gruppen, die sich um Zugänge zu Netzwerken bemühen müssen. Damit tritt der soziale und demokratische Konflikt in den Hintergrund, wird mit der Netzwerkprogrammatik verdeckt, buchstäblich abgebunden.

Dies ist aber nur die eine Seite des Netzwerkdiskurses. Denn der gouvernementalen Deutung steht die Deutung sozialer und lokaler Bewegungen gegenüber, die über Netzwerke eine Rekonstruktion des Sozialen anstreben können. Soziale Netzwerke werden hier nicht als Medien der Teilhabe am Regieren, sondern als Räume begriffen, in denen soziale Auseinandersetzungen stattfinden, Konflikte freigesetzt werden, sich neue Gegenseitigkeiten und kulturelle Hintergrundsicherheiten entwickeln (vgl. 14.2). Natürlich beziehen die Netzwerkakteure ihren Einmischungs- und Gestaltungsoptimismus daraus, dass sie davon ausgehen können, dass das politisch-administrative System angesichts der desintegrativen Dynamik des neuen Kapitalismus und der beschränkten Regulationsmacht des Sozialstaates nicht mehr allein über die Medien Macht und Recht politisch steuern kann und deshalb auf Netzwerkstrukturen angewiesen ist.

Solche lokalen Netzwerkakteure haben in ihrer Gegenmachtperspektive zum politisch-administrativen System einen Begriff von Zivilgesellschaft (vgl. 14.1), der nicht wie dort institutionell, sondern bürgerrechtlich gemeint ist. Dabei steht die Erfahrung im Vordergrund, dass erst die Garantie sozialer Bürgerrechte (vgl. Marshall 1950) die Aktivierung der politischen Bürgerrechte ermöglicht.

Kapitel 11
Der soziologische Zugang zum Subjekt – Lebenslauf, Biografie, Lebensführung

Haben wir uns in den letzten Abschnitten mit der soziologischen Struktur und Bedeutung sozialer Hilfe beschäftigt, so beginnen wir mit diesem Kapitel noch einmal neu mit soziologischen Grundkategorien, ausgehend von einer Subjektperspektive. Diese erweitern wir entlang der Lebensalter und dann in zentrale Lebensbereiche hinein. Wir wollen damit den Zugang zu den KlientInnen in einen allgemeinen soziologischen Kontext einbetten. Hier bleiben wir bei der Ausgangskonstellation, dass die Soziologie primär an den Strukturen und nicht an den Personen interessiert ist. Wir befassen uns deswegen im Folgenden mit soziologischen Konzepten, die die Einbettung der Person in gesellschaftliche Strukturzusammenhänge thematisieren, wobei die Spannung zwischen handelndem Subjekt und gesellschaftlich institutionalisierten Strukturen im Mittelpunkt steht. Die Sozialpädagogik/Sozialarbeit bezieht sich auf Personen und fragt deshalb nach den Bedingungen des Handelns aus der Subjektperspektive heraus.

Der Subjekt-Begriff steht in einer philosophischen Tradition der Aufklärung im Sinne der Frage nach Möglichkeit und Grenze autonomen Handelns. Seit Beginn der Soziologie hat sich auch das Eingebunden-Sein des Individuums in Gesellschaft gewandelt und damit ist sie aufgefordert, sich reflektierend des Wandels von Subjektpositionen zwischen (Selbst)Unterwerfung und Freiheit hin zu eigenständigem Handeln zu versichern. Ohne diese Möglichkeit ganz aufzugeben, haben Adorno und Foucault dies in radikaler Form in Frage gestellt: Das Autonomiestreben der einzelnen Menschen werde von sich wandelnden dominanten gesellschaftlichen Prozessen in Dienst genommen. Unsere Art und Weise des Subjekt-Seins, d.h. wie wir als Subjekte angesprochen, „adressiert" werden, sei durch und durch gesellschaftlich bestimmt. Das Subjekt, gehe ganz in den sich wandelnden Diskursen auf (Foucault). Andere kritische Positionen greifen auf Adorno zurück: Kritik, Widerständigkeit und auch das Leiden an der Gesellschaft werden heute marktfähig. Statt Probleme am Arbeitsplatz an grundlegenden Belastungen und Konflikten festzumachen, werden diese für Selbstdeutungen z.B. als Burn-Out und entsprechende Organisations-Beratungs-Angebote bzw. Trainings geöffnet. Subjektive Deutungen von Zwangsverhältnissen werden emotionalisiert und finden so bedingt einen anerkannten Handlungsrahmen (Illouz 2007; 2009). Wir sind nur begrenzt – und darin abhängig von sozialen Rechten und Interessenpositionen – in der Lage und aufgefordert, hinter Handlungsproblemen soziale Konflikte wahrzunehmen und zu erkennen; z.B. die nur schwer in Handlungsproblemen und Verhaltensstörungen enthaltene, diffuse Widerständigkeit, wie sie in Schul- und Leistungsverweigerungen von Jugendlichen oft verborgen ist.

Die widersprüchlichen Vergesellschaftungsformen der Subjekte in der fortschreitenden Moderne hat Ulrich Beck (1986) mit dem Konzept der *Individualisierung* (vgl. 5.7)erfasst: Freisetzung des Menschen aus traditionalen Milieubindungen und aus der Geltung traditioneller Wertordnungen, Erosion normativer Sinnhorizonte und die Entstrukturierung der Normalbiografie bilden den Hintergrund dafür, dass das Subjekt und die eigene Biografie zum Zentrum der nun offenen, aber auch unsicheren Lebensgestaltung werden. Individualisierung bedeutet daher nicht nur eine Aufwertung der Subjekte, sondern zeigt, inwiefern Autonomie, individuelle Verselbständigung, gerade schwieriger wird. Der einzelne Mensch wird aus alten Herrschafts- und Versorgungszusammenhängen befreit und steht stattdessen unter Zwängen und Anforderungen abstrakter gesellschaftlicher Institutionen (Bildungseinrichtungen, Arbeitsmärkte, sozialpolitische Versorgungssysteme). Die mit Individualisierung umschriebenen Veränderungen fordern auch die Innenwelten und seelischen Ausstattungen der Subjekte heraus. Sie müssen selbst gegen eine Auflösung innerer und äußerer Sicherheiten gewappnet sein und sich um Einbindung und „soziale Integration" ebenso wie ein gelingendes Leben darin bemühen.

Der biografische Zugang zu Subjekten begründet sich also aus der Offenheit und gleichzeitigen Unverfügbarkeit der strukturellen Bedingungen, insofern das Subjekt individualisiert zum Schnittpunkt gesellschaftlicher Erwartungen geworden ist. Sozialer Sinn muss entsprechend der Aufschichtung der je persönlichen Lebenserfahrungen über biografische Selbstdeutung und Reflexion immer wieder neu hergestellt werden. Diese Aufgabe bezeichnet Ahlheit (1990) als *Biografizität.* Welche Selbst- und Weltdeutungen in einer Gesellschaft wirksam sind, lässt sich an biografischen Narrationen zu zeitgleich erlebten gesellschaftlichen Ereignissen ablesen. Die Freiheit der Selbstdeutung ist aber immer auch von innen her – psychodynamisch – gebunden und von außen durch gesellschaftlich vorgegebene, institutionalisierte Muster beeinflusst.

Die Soziologie bietet für diese Strukturseite des Subjekts drei miteinander verbundene und ineinander vermittelte Konzepte an, die zwar sozialstrukturell hergeleitet, aber genauso – was für die Soziale Arbeit wichtig ist –, einen Zugang zu Grunddimensionen der Lebenswelt ermöglichen: Lebenslauf, Biografie und alltägliche Lebensführung: „Biographie als reflexiv gewordener Lebenslauf und Lebensführung als reflexiv gewordene Lebenspraxis stellen sich wechselseitig her. Die individuelle Biographie wird im Medium alltäglichen Handelns und alltäglicher Erfahrung produziert und reproduziert, alltägliche Lebensführung gewinnt durch den biographischen

Horizont *Sinn* und *lebenszeitliche Perspektivität.* Biographie ist Umschlagplatz und individuelle Geschichte der Lebensführung. Lebensführung die individuelle alltagspraktische Ausgestaltung der Biographie“ (Kudera 1995, S. 97).

Wir haben es also bei diesen Begriffen erst einmal – jenseits der konkret handelnden Personen – mit einem kollektiv wirkenden modernen Vergesellschaftungsmodus zu tun, der einen anderen – traditionalen – Vergesellschaftungsmodus abgelöst hat und nun unmittelbarer am Individuum ansetzt (vgl. Kohli 1985).

Wenn wir vor diesem Hintergrund den Blick auf die Einzelnen richten, dann wird deutlich, dass diese Eigenbestimmtheit nicht einfach eine Kategorie darstellt, über die man individuell beliebig verfügen kann, sondern dass in ihr genauso gesellschaftliche Anforderungen bis Zumutungen enthalten sind. Diese sind vor allem über den gesellschaftlich institutionalisierten Lebenslauf vermittelt. Das Individuum lebt und handelt also in der Spannung von gesellschaftlich institutionalisiertem Lebenslauf und biografischem Lebensverlauf, der durch die alltägliche Lebensführung strukturiert ist, die sich in Normalität und Abweichung wiederum an gesellschaftlichen Grundmustern von Norm und Zeit konform oder abweichend orientiert. Dabei steht das Streben nach biografischer Handlungsfähigkeit (vgl. Böhnisch/Lenz/Schröer 2009) in diesem Spannungsfeld im Mittelpunkt des Lebensinteresses der Subjekte.

Das Konzept des institutionalisierten Lebenslaufs stellt ein Konstrukt dar, mit dem die gesellschaftliche Ordnung der Lebenszeit erfasst werden kann. „Lebenslauf umfasst das Programm, das Gesellschaften für den Ablauf des einzelnen Lebens bereithalten; es strukturiert Möglichkeiten und Spielräume und eröffnet so ‚Biografizität‘ als Chance und Verpflichtung das eigene Leben zu gestalten.“ (Schefold 2009) Das Korsett des Lebenslaufs ist in den modernen Industriegesellschaften durch die Erwerbs- und komplementär die Familienarbeit sowie die Phasen davor – Bildung und Ausbildung – und danach – Entberuflichung, Ruhestand – bestimmt. Diese Phasen sind durch staatliche Rahmungen und Regelungen strukturiert: Schulpflicht, sozialstaatliche Flankierung des Arbeitsverhältnisses und der familialen Produktion, soziale Sicherung im Alter. In diesem Zusammenhang spricht man auch von einem „sozialstaatlichen Lebenslaufregime“.

Vor diesem Hintergrund erhält die altersgemäße Gliederung des Lebenslaufs – Kindheit, Jugend, Erwachsenenalter, Alter – seine soziologische Bedeutung. Die Lebensalter sind hier nicht nur sozialanthropologische und sozialisatorische Figurationen, sondern gesellschaftliche Konstrukte. Martin Kohli (1985), der das Konstrukt des Lebenslaufs in der deutschen Soziologie entwickelt hat, benennt drei zentrale Funktionen des Lebenslaufregimes in der Vermittlung von Individuum und Gesellschaft: Über den institutionalisierten Lebenslauf wird Kontinuität im Sinne der Verlässlichkeit der Lebensspanne vorgegeben, wird der Ablauf des Lebens sequenziell geordnet, in eine gesellschaftlich beziehbare und biografisch lebbare Chronologie gebracht und kann durch Biografizität im Sinne eines personalen „Entwicklungshandelns“ gestaltet werden.

Zum Verständnis des institutionalisierten Lebenslaufs gehört, dass er vor dem Hintergrund der geschlechtshierarchischen Arbeitsteilung (vgl. 5.6) strukturiert ist. In diesem Zusammenhang wird von einer „entzweiten Institutionalisierung des Lebenslaufs“ (Allmendinger 1994) gesprochen. Dies bezieht sich nicht nur darauf, dass die Erwerbsverläufe von Frauen oft durch Familienarbeit unterbrochen sind, was zur Benachteiligung an den Arbeitsmärkten und zu Einbußen in der sozialen Sicherung führt. „Die Geschlechterdifferenz, deren Voraussetzung *und* Ergebnis sozialstrukturell der geschlechtsspezifisch geteilte *Bildungs-* und *Arbeitsmarkt* ist, erhöht geschlechtsspezifische Ungleichheit im Verlauf der männlichen und weiblichen Bildungs- und Erwerbskarrieren selbst dann, wenn *keine* ‚familienbedingten‘ Unterbrechungen vorliegen. Die Ursache liegt darin, dass sich in die Organisationsprinzipien von Bildung und Arbeitsmarkt ein geschlechtsdifferenter *‚Masterstatus‘ der Lebensführung* eingelagert hat, ein männliches und weibliches *Vergesellschaftungsprogramm,* das Geschlecht als *Organisationsprinzip* des Lebenslaufs übernimmt“. Männer und Frauen werden immer noch unterschiedlichen Typen der Lebensführung – marktzentriert oder familienzentriert – zugeordnet. Übersehen wird, „dass die *Marktzentriertheit* der Lebensführung nur für den männlichen Part *dominant* gesetzt ist und sich die Geschlechterdifferenz in den Übergangswegen auch in die daran anschließende Konzipierung der *Berufe* als Ungleichheitsprinzip der Lebensführung hinein verlängert hat“ (Krüger 1995, S. 140f.). Diese Zuschreibungen setzen nicht erst ein, wenn die Familiengründung faktisch ansteht, sondern sie wirken vorab in der Richtung der Bildungs- und Ausbildungsabschlüsse und der beruflichen Platzierung.

Die weitgehende theoretische Vernachlässigung der geschlechtshierarchischen Arbeitsteilung im Konzept der alltäglichen Lebensführung, grundlegender aber auch im Individualisierungskonzept, hat Folgen für die Betrachtung des Strebens nach eigenständiger Lebensgestaltung. Zuerst bleibt die vor allem für Frauen geltende Verpflichtung und Freiheit zur unmittelbaren Sorge für z.B. Kinder und Kranke aus dem Gesellschaftlichen immer wieder ausgeklammert. Die Freisetzung aus traditionalen Versorgungszusammenhängen hat diese Seite der Angewiesenheit auf unmittelbare Pflege, auch Pflege von Beziehungen, zuerst mit Weiblichkeit verknüpft und damit scheinbar aus dem Allgemein-Gesellschaftlichen hinausdefiniert. Dann hat man sie auf den Aspekt der Belastung bezogen und auf berufliche Verfügbarkeit umdefiniert. Vor allem für Frauen entstand daraus die sozial- und familienpolitisch virulente Problematik der Vereinbarkeit. Das allgemeine, geschlechtsübergreifend bestehende, sich selbst und andere Personen einbeziehende Interesse an sozialen Beziehungen in Konstellationen von gegenseitiger sozial verbindlicher Verantwortung kann nun nicht mehr benannt werden. Es geht in alltäglichen Vermittlungsleistungen zwischen Beruf und Privatheit auf (vgl. auch Jurczyk u.a. 2009). Gerade hier sieht Hildegard Maria Nickel eine ambivalente Quelle von Widerständigkeit und Autonomie. In der Zusammenführung der widersprüchlichen Anforderungen – gerade auch in Auseinandersetzung mit einer tendenziell entgrenzten Arbeitswelt – betont sie, dass Eigensinn heute aus der Überforderung des Subjekts entstehen könne: „Subjektivierung nicht nur als diskursiv hergestellt Herrschaftsform, sondern in der Dimension des ‚Eigensinns' zu begreifen, bedeutet auch ernst zu nehmen, dass handelnde, wissende, reflexive Subjekte am Werke sind; Personen, die einen eigenen, lebenspraktischen Anspruch auf Kontrolle ihrer Reproduktionsbedingungen und auf die Gestaltung ihrer persönlichen Verhältnisse haben und leben. Mehr noch Subjektivität und Individualität bilden sich überhaupt erst in der praktischen alltäglichen Lebensführung der Subjekte. Damit kommen nicht nur die lebensweltlichen Existenzbedingungen, Werte und Reproduktionsverhältnisse als Ausgangspunkte der Subjektivierung systematisch in den Blick, sondern auch das, was der nachwachsenden Generation im Lebensalltag praktisch vermittelt wird." (Nickel 2012, S. 18)

Die Chancen für die Neubewertung dieser alltäglichen Vermittlungsleistung und der darin zu bewältigenden Konflikte werden aber immer wieder durch „hegemoniale" d.h. alleinige Geltung beanspruchende Diskurse verringert und verdeckt (Thon 2012). Dazu zählt z.B. die heute in verschiedenen Formen anzutreffende Berichterstattung über die „neuen jungen Frauen", die Gewinn aus der Individualisierung ziehen, indem sie ihre Eigenständigkeit erfolgreich zwischen beruflichen Karriereanforderungen und Selbstverwirklichung in Familie und Beziehungen samt den dazugehörigen Aushandlungsprozessen sowie im freiem Zugang zu Konsumwelten durchsetzen könnten. Darin werden nicht nur Maßstäbe gesetzt ohne die Rahmenbedingungen zu nennen, es werden auch allgegenwärtige Widersprüche und Konflikte negiert. Wichtiger aber noch ist, dass mitmenschliche Angewiesenheit und Abhängigkeit von neuem ausgeblendet oder als Barriere für Selbständigkeit eingestuft und zum Zeichen von Scheitern und zum Defizit erklärt werden.

Der institutionalisierte Lebenslauf unterliegt dem historisch-gesellschaftlichen Wandel und damit auch den Institutionalisierungstendenzen, die gerade in der postmodernen Gesellschaft des beginnenden 21. Jahrhunderts zu beobachten sind. Mit dem Brüchigwerden des Normalarbeitsverhältnisses für große Teile der Erwerbsbevölkerung – lebenslang ausgeübter Beruf und entsprechend tarifliche und soziale Absicherung – ist das traditionelle Korsett des Lebenslaufs porös geworden. Die Erfahrung von Soll-Bruchstellen und entsprechenden Wendepunkten wurde zuerst in den Biografien von Frauen thematisiert. Entsprechende Kontinuität und Sequenzialität über die Lebensalter hinweg sind aber auch schon lange für viele Männer nicht mehr selbstverständlich erwartbar. Wir sprechen in diesem Sinne von einer *Entgrenzung* des Lebenslaufs, die wir im Kapitel über die Lebensalter (vgl. 12.) näher bestimmen werden. Mit der Deinstitutionalisierung und Entgrenzung des Lebenslaufs wächst die Gefahr sozialer Desintegration, da der institutionalisierte Lebenslauf ein kollektives Medium gesellschaftlicher Integration darstellt. So ist Biografizität offenen und riskanten Kontexten ausgesetzt. Sie ist nicht mehr eingebettet in die Verlässlichkeit des Lebenslaufs.

Biografisierung als personale Spiegelung von Individualisierungsprozessen verstärkt die Tendenz, sich Erfolge allein selbst zuzuschreiben ebenso, wie sie die Selbstverantwortlichkeit beim Scheitern überbetont. Erfolg oder Misserfolg des Strebens nach biografischer Handlungsfähigkeit sind aber weiter und immer neu kulturell gerahmt, zugleich werden Erfolg wie Scheitern stärker von außen definiert, meist ohne auf zentrale biografisch und institutionell verschlüsselte Grenzerfahrungen und Konfliktdimensionen zu verweisen. Für die Sozialarbeit geht es aber – unter jeweils besonderen Bedingungen – um die Zuspitzung und Vermehrung von Konflikten und Grenzerfahrungen in der Lebenssituation der KlientInnen. Die Bemühungen um ein gelingendes Leben müssen scheitern, wenn die Lebenslage es nicht erlaubt, die Umstände souverän aushandeln zu können. Die Wertschätzung der praktischen Anstrengungen, Zielvorstellungen und Kooperationen in der alltäglichen Lebensführung der KlientInnen kann unter diesen Bedingungen oft nur schwer aufrecht erhalten werden.

Für die AdressatInnen Sozialer Arbeit ist Handlungsfähigkeit zu einem Problem geworden, das sie ohne Hilfe nicht bewältigen können oder mit Hilfe der Sozialen Dienste bewältigen sollen. SozialpädagogInnen und SozialarbeiterInnen müssen nun den Zugang zu dieser biografisch und institutionell vordefinierten Handlungsunfähigkeit über die Biografie der KlientInnen erschließen können: Im Sinne der Kluft zwischen institutioneller und biografischer Rahmung von Grenzerfahrungen und Konflikten muss die Soziale Arbeit die Erkundungen in die Biografie zugleich schützen und neu zu den Institutionen vermitteln. Das gilt für alle Schritte der Begleitung der KlientInnen auf dem Weg zu alternativen Lebensperspektiven. Denn angesichts des Scheiterns werden oft negative Zuschreibungskontexte verstärkt, die daran beteiligt sind, dass biografische Erfahrungen in der Reflexion zum „Buch des Versagens“ umgeschrieben werden. Oft sind auch sichere Orientierungen in vorgängigen Milieubrüchen verloren gegangen und damit auch die Möglichkeit, einen festen Punkt für eine zukunftsorientierte Selbsteinschätzung zu finden (vgl. Herriger 2010).

Für die Soziale Arbeit reicht das soziologisches Strukturwissen über Lebenslauf und Biografie nicht aus, es bedarf darüber hinaus einer Methodologie des biografischen Erschließens. Hier kann die *interpretative Soziologie* weiterhelfen, mit der Konstellationen des Scheiterns im eigenen Verständnis der KlientInnen benannt und geordnet werden können. Dabei ist es wichtig, dass die biografische Erzählung immer aus dem Blickwinkel des

Heute ihre Färbung erhält und der Selbstdarstellung ebenso wie der Selbsterzeugung von Sinn und Plausibilität dient. Biografische Erzählungen können dennoch einen Zugang zur Lebenswelt und den daraus sich ergebenden Grunddimensionen (normative Orientierungen, Selbstbilder, Erfahrung von Zeit und sozialem Raum, Körperverständnis, Handlungsmuster) eröffnen. Die Brüchigkeit der eigenen Interpretationen der KlientInnen, ihre ambivalenten Bewertungen verdichten sich zu Belastungen und unterliegen im Scheitern gesteigerter Fremd- und Selbstbewertung, so dass zentrale Konflikte, positive Anknüpfungspunkte und wichtige Wendepunkte undeutlich werden und desorientierende Wirkung entfalten. Für die Soziale Arbeit ist es wichtig, dies alles ordnen, offen und neu bewerten zu können. Eine solche Arbeit kann und muss auf der einen Seite in gemeinsamer Reflexion unter PraktikerInnen geleistet, zugleich aber dialogisch mit KlientInnen weitergeführt werden.

Kapitel 12
Soziologie der Lebensalter

Die Lebensalter – Kindheit, Jugend, Erwachsenenalter und Alter – sind auf den ersten Blick nicht als Gegenstand soziologischer Analyse erkennbar. Zu sehr erscheinen sie an Personen und ihre Lebensverläufe gebunden und erhalten in biografischen Zusammenhängen ihre Bedeutung. Natürlich gibt es gesellschaftliche Bilder, die dann auch die persönlichen Selbstbilder von Altsein und Jungsein beeinflussen. Der soziologische Blick aber geht tiefer. Durch ihn werden die Lebensalter als historisch-gesellschaftliche Konstruktionen sichtbar, die sich über die biologische Uhr der Individuen hinweg wie durch sie hindurch herausbilden und gesellschaftlich wandeln. Für die Sozialpädagogik/Sozialarbeit eröffnet dieser soziologische Zugang zu den Lebensaltern eine weitere Perspektive: Lebensalter werden eben nicht nur biografisch durchlaufen, sie müssen im Hinblick auf ihre gesellschaftlichen Auf- und Anforderungsstrukturen „bewältigt" und gestaltet werden.

Jung waren die Menschen schon immer. Aber die *Jugend* als gesellschaftlich eingerichtete Phase der Bildung und Ausbildung, in der eine gesamte Altersgruppe aus der Arbeitsgesellschaft gleichsam herausgenommen wird, um später – nun auf neuer, entwickelterer Stufe – wieder integriert zu werden. Diesen Mechanismus von *Separation* und *Integration* gibt es in Europa erst seit der Moderne. Zuvor gab es für die Mehrheit der jungen Menschen diesen gesellschaftlich institutionalisierten und sozialstaatlich geschützten Entwicklungs- und Experimentierraum Jugend („Moratorium") nicht. Allenfalls adlige, später auch bürgerliche Kinder konnten in den Genuss dieser Jugend kommen. In der industriellen Moderne hat es dann lange gedauert, bis proletarische Kinder „Jugend" erleben konnten. Dem Kindesalter kaum entwachsen, waren sie noch bis zum Ende des 19. Jahrhunderts der Welt der Erwachsenen zugerechnet und dann als billige Arbeitskräfte auch der Fabrikarbeit unterworfen.

Aber auch die *Kindheit* ist so, wie wir sie heute als eigenen soziokulturellen und pädagogischen Raum kennen, ein Produkt der Moderne. Erst im 18. und 19. Jahrhundert werden Kinder als eigene Persönlichkeiten erkannt, mit besonderer Fürsorge und Erziehung bedacht.

Und heute nehmen wir auch das Erwachsenenalter nicht mehr als einen erreichten Endpunkt von Entwicklung und so als stabile Lebensphase wahr. Das Erwachsenenalter hatte erst durch die industrielle Moderne seine bis heute wirkende Grundstruktur erhalten: Es ist geprägt durch den Erwerbsstatus und den von ihm traditionell abgeleiteten Familienstatus. Wir sprechen deshalb nicht umsonst vom Erwachsenenalter als dem „Erwerbsalter". Der Erwachsenenstatus ist also eng verbunden mit einem erreichten Berufs- und Familienstatus geprägt durch das „Normalarbeitsverhältnis" (vgl. 13.2). In dem Maße, in dem dieses gegenwärtig für zunehmend mehr Menschen nicht mehr erreichbar ist, hat auch das Erwachsenenalter seine traditionelle Verankerung verloren, ist von Risiken und Brüchen gekennzeichnet, die eigene und bisher nicht gekannte Bewältigungsaufforderungen freisetzen. Dieser gegenwärtig andauernde Strukturwandel der Arbeitsgesellschaft, der das Erwachsenenalter als Erwerbsalter verunsichert, hat auch seine nachhaltigen Auswirkungen auf das *Alter.* Es ist heute nicht mehr „Restzeit" des Lebens, sondern eine biografisch entwicklungsfähige Lebenszeit, die sich ausdifferenziert und von den Lebensformen her pluralisiert hat. Angesichts des demografischen Wandels in den westlichen Industrieländern mit einer zunehmenden „Überalterung" der Gesellschaft wird es zur gesellschaftspolitischen und ökonomischen Zukunftsaufgabe, dem Alter wieder eine eigene und neue gesellschaftliche Bedeutung zu geben.

Der soziologische Zugang zu den Lebensaltern kann auch den Blick auf sozialpädagogische Aufgaben öffnen. Zum einen erkennen wir die Lebensalter als alterstypische Bewältigungskonstellationen, die als Strukturen jenseits der konkreten Personen existieren und denen sich die Einzelnen nicht so ohne weiteres entziehen können. Gleichzeitig wird aber auch deutlich, dass sich die Lebensalter historisch wandeln, nicht sozialanthropologisch festgeschrieben und überzeitlich starr sind. So wie die industrielle Moderne die uns bekannten Konstellationen der Lebensalter geschaffen hat, so beginnen sie sich in der zweiten Moderne zu verändern. Mit dem Strukturwandel der Arbeitsgesellschaft beginnen die überkommenen Grenzen zwischen den Lebensaltern zu erodieren. Offene und gleichzeitig riskante Übergänge treten hervor, in denen Fragen der sozialen Gestaltung, der Unterstützung und sozialpädagogischen Begleitung in biografischen Übergängen ein besonderes Gewicht erhalten.

Insgesamt können wir die Lebensalter auch unter dem Lebenslagenbegriff (vgl. 6.2) betrachten. Denn über Kindheit, Jugend, Erwachsenenalter und Alter als gesellschaftlichen Konstruktionen hinweg bleiben Segmentierungen der sozialen Ungleichheit bestehen. Damit verbinden sich auch entsprechende gesellschaftliche und sozialpolitisch regulierte Spielräume und Verwehrungen, und es stellt sich die Frage sozialpolitischer Akzeptanz: Welche gesellschaftliche Anerkennung und Absicherung ihrer Lebensrisiken erfährt Jugend, welche gesellschaftlichen Möglichkeiten und existenziellen Absicherungen werden dem Alter zuerkannt? Aber auch die Kindheit, die weitgehend eingebettet in die Familie mit ihrem Schicksal verbunden war, wird heute soziologisch als „eigenständige" Lebenslage gefasst.

Die gesellschaftlich definierten Lebensalter sind von Geschlechterkonstruktionen durchzogen. Wie Mädchen und Jungen aufwachsen, Männer-

und Frauenbilder sich sozial durchsetzen und im Alltags- und Bewältigungsverhalten gelebt werden, haben wir im Kapitel zur *Sozialisation und Bewältigung* beschrieben (vgl. 5.3). Deshalb sollten die LeserInnen bei den nächsten Abschnitten darauf auch immer wieder Bezug nehmen.

12.1 Kindheit als Lebenslage

Kindheit, so wie wir sie heute kennen, ist erst im Übergang von der vorindustriellen zur industriellen Gesellschaft „entdeckt" worden. „Am wirkungsvollsten hat der französische Historiker Paul Ariès die Aufmerksamkeit für Vielfalt und Unterschiedlichkeiten der sozialen und kulturellen Bedingungen und Formen des Kindseins geschärft; seither ist es schwierig geworden, von *der* Kindheit zu sprechen. Ariès meint die bürgerliche Familien- und Schulkindheit, wenn er von der ‚Entdeckung' (oder ‚Erfindung') der Kindheit spricht. Sie wird nicht als eine naturgegebene Lebensphase des Menschen entdeckt, sondern als ein gesellschaftlich zu realisierendes Projekt entworfen, und zwar in einem dreifachen Sinn: „Als Projekt der sozialen Emanzipation und Reproduktion des Bürgertums, als ein Projekt der individuellen Vervollkommnung durch Erziehung und nicht zuletzt als ein aufklärerisches Projekt der Versittlichung der Menschheit. In der Einheit dieser drei Dimensionen ist die Kindheit eine pädagogische Kategorie, sogar die pädagogische Kategorie schlechthin." (Honig 2008, S. 63)

Ariès beschreibt in seinem berühmten Buch zur „Geschichte der Kindheit" (1975) diese erste gesellschaftliche Entdeckung des Kindes durch die Moderne am Beispiel der Malerei und Bildenden Kunst des 18. Jahrhunderts, in der Kinder zum ersten Mal nicht mehr als kleine Erwachsene, sondern als eigene Kinderpersönlichkeiten dargestellt wurden. Die seit der Aufklärung erkannte, besondere Angewiesenheit von Kindern auf Zuwendung und Pflege, die sie in den ersten Lebensjahren besonders verletzlich macht, kann im Generationenzusammenhang vielfältig eingelöst werden. Ein interkultureller und historischer Vergleich zeigt, dass es andere „Modelle" gibt, als dass eine meist weibliche von der Berufsarbeit freigestellte oder privat dafür bezahlte Frau die Hauptrolle dabei spielt und dafür besondere Fähigkeiten und Haltungen erwirbt (vgl. Herwartz-Emden 2011). Die Trennung von beruflicher und familiärer Privatsphäre, die Verdichtung von industrieller Arbeit und Berufstätigkeit und der Organisation des öffentlichem Lebens sind für unsere heutigen soziokulturellen Formen von Kindheit ebenso bedeutsam, wie die veränderte Bedeutung von Kindern, die früher zum Familieneinkommen und zur Alterssicherung beitragen sollten und heute in der persönlichen Lebensplanung von Frauen einen Wert für sich und eine lebenslange familiäre Verpflichtung darstellen. Die Durchsetzung gesellschaftlicher Institutionen wie das Verbot von Kinderarbeit und die seit 1890 allgemein geltende Schulpflicht haben ihre vielseitigen Wurzeln in der Anerkennung von Schutzrechten gegen Ausbeutung und der staatlichen Verantwortung für die steigenden Anforderungen in Bildung und Ausbildung. Dies erforderte auch die früh – in der Wende zum 18. Jahrhundert – einsetzende Vermittlung von Wissen an Mütter und die öffentliche Verantwortung für die sich selbst überlassenen und unversorgten Kinder. Familiäre Lebensverhältnisse von Kindern lösten sich in Umbruchzeiten immer wieder auf und unterlagen dem Druck sich wieder verschärfender Lohnarbeitsbedingungen. Auf diese Einschnitte in den Reproduktionsbedingungen von Eltern und Kindern reagierten Wohlfahrtsverbände und staatliche Familien- und Sozialpolitik. Das Wissen um entwicklungspsychologische Bedürfnisse und Anforderungen an Betreuung, Erziehung und Bildung haben das Bild und das Verständnis für Kinder einschließlich der Einsicht in besondere Gefährdungssituationen erweitert. Mit der gesellschaftlichen Einführung von Kindheit, ihrem erzieherischen Verstehen bis hin zum Eintreten für Kinderrechte wurde auf der einen Seite den Kindern ein eigener Raum bereitet, in dem sie kindliches *Eigenleben* entfalten konnten, gleichzeitig wird dieses Eigenleben wieder elterlicher Sorge und Anforderungen an Erziehung unterstellt, entwicklungspsychologisch untersucht und gedeutet und heute durch Kinderkrippe, Kindergarten und Schule mitdefiniert.

Kindheit ist so zunehmend aus der Familie herausgetreten, auch wenn sie ihr weiter verhaftet bleibt. Neben die Familienkindheit tritt die Schulkindheit, die Medienkindheit und die Konsumkindheit. Der Familie bleiben vor allem die emotionalen Bindungs- und Beziehungsfunktionen. Kindheit ist also, soziologisch gesehen, nicht mehr nur institutionell über Familie und Schule vermittelt, sondern über Kita, Schule, Medien und Konsum in den Ernstcharakter alltäglicher Pflichten und Bewältigungsanforderungen (z.B. jeden Tag mit einer großen lärmenden oder still beschäftigten Gruppe von Gleichaltrigen zurecht zu kommen und darin eigene Lernprojekte zu verfolgen) eingebunden. Kinder sind auch von familiären Belastungen – wie schweren Beziehungskonflikten, Berufsstress oder Zeitarmut der Eltern – direkt betroffen. Sie machen in diesen unterschiedlichen Welten widersprüchliche Erfahrungen, z.B. zwischen individualisiert zugestandener Unterstützung und konkurrenter Leistungsbemessung.

Diese Spannung von Erziehung/Betreuung/Bildung und kindlichem Eigenleben bildet also eine sich historisch-gesellschaftlich wandelnde Formung des modernen Kindesalters bis heute. Dass jetzt gegenüber standardisierten Bildungsangeboten die je individuelle Eigeninitiative der Kinder im Lernen betont wird und die Versorgung in der Familie darauf gerichtet sein soll, dass ein Kind im Alter von neun sich selbst versorgen und allein überleben können müsste, kann einerseits an Überbehütung und als Fremdbestimmung gewertet werden, erhält aber andererseits Bedeutung im übergreifenden gesellschaftlich-ökonomischen Kontext unverbindlicher, flexibel-abstrakter Kompetenzerwartungen (Bildungsziele für eine Welt ohne Sicherheiten). Da, wo gerade auch Kinder immer neuen Gefährdungen ausgesetzt sind, bemessen sich Ansprüche auf Förderung weiterhin an sozial gespaltenen Lebenslagen. Auch heute werden für viele Kinder die Lebensbedingungen nach familien- und sozialpolitischen Mindest-Standards festgelegt und nur begrenzt gesichert.

Besonders deutlich wird dies bei der Kinderarmut. Dass die Kinderarmut kein peripheres Thema ist, zeigt die Statistik, die auf nahezu zwei Millionen armer Kinder in Deutschland verweist. Stärker als jede andere Altersgruppe sind Kinder einem Armutsrisiko ausgesetzt. Inzwischen wird das Armutsrisiko der Kinder höher eingeschätzt als das der anderen Altersgruppen. Bemerkenswert ist in diesem Zusammenhang vor allem, dass Kinder auch dann von Armut heimgesucht werden, wenn ihre Eltern noch nicht unter die Armutsgrenze gesunken sind. Kinderarmut ist meist verdeckt, da Kinder öffentlich über ihre Eltern definiert und nicht als sozial eigenständig anerkannt werden. Kindheit entfaltet sich in gespaltenen Lebenslagen, die sich auch darüber bestimmen, wie der Raum der Kindheit gefüllt wird – z.B. traditional oder durch moderne Bildungsanstrengungen oder als freies Experimentierfeld (vgl. Zinnecker 2000; Betz 2008). Die Rede von der Kindheit verdeckt diese Unterschiede und Veränderungen ebenso wie die ungleiche, d.h. gespaltene sozialpolitische Akzeptanz der Lebensprobleme von Kindern.

Die soziologische Reflexion muss sich also einerseits des Wandels und der soziokulturellen Formen von Kindheit versichern, wie sie heute z.B. als speziell für Kinder inszenierte Welten hergestellt werden und sich eher in Binnenräumen bis hin zur Verhäuslichung abspielen (Behnken/Zinnecker 1989). Andererseits sollten darin die individuellen Erfahrungen aus der Perspektive von Kindern – ihre vielseitig (un-)vermittelten Alltags- und Sozialwelten – erfasst werden (vgl. Honig 2008). Vor diesem Hintergrund ist die neuere soziologische Diskussion um das Kind als selbstständigem Akteur zu verstehen. Die soziologische Kindheitsforschung, wie sie von den angelsächsischen „new social studies of childhood“ (vgl. Alanen 1988) ausgegangen ist, sieht Kinder als „kompetente Akteure“, die ihren Eigensinn für sich selbst entwickeln müssen. Sie kritisiert das institutionell-pädagogische Kindheitskonzept dahingehend, dass es Kindheit in eine generationale Ordnung einpasse und dabei von der Grundmatrix einer Differenz von Kindern und Erwachsenen ausgehe, in der die Kinder lediglich als Noch-nicht-Erwachsene von ihrem Erwachsenwerden und nicht von ihrem aktuellen und empirischen Kind-Sein her thematisiert würden. Kindheit werde so auf ein Entwicklungsalter verengt, ihre Bewältigungserfahrungen, wie sie sich im Prozess des Aufwachsen die Welt aneignen und diese für sie an Sinn gewinnt, blieben gesellschaftlich unberücksichtigt. Damit könne auch die Frage der Partizipation von Kindern nicht thematisiert werden. Kinder wüchsen nicht in die Gesellschaft hinein, wie dies vor allem die entwicklungspsychologisch ausgerichtete Sozialisationsforschung suggeriere, sondern seien von Anfang an in der Gesellschaft. Von frühester Kindheit an werden Erfahrungen aktiv von Kindern bearbeitet. In dieser Perspektive lassen sich z.B. Interaktionen von Kindern unter Gleichaltrigen in deren eigener Sicht erkunden. Dies erfordert, sich methodisch und theoretisch reflektierend in die Lage von Kindern zu versetzen und die eigenen Standards, was ein Kind kann und braucht und z.B. „spielerisch" erleben soll, theoretisch zu relativieren. Die eigenen Welten der Kinder entwickeln sich unterhalb der Logiken der Institutionen, vor allem bei der gemeinsamen Aushandlung von Zugehörigkeit und Ausgleich bei Konflikten unter Gleichaltrigen im ernsten Spiel sozialer Koordination und Kooperation (vgl. Krappmann 1999). In diesen Welten bildet sich der Einfluss der Institutionen in einer je eigenen Weise ab: bei der Herstellung von sozialer Ungleichheit, von Geschlechterhierarchie und im Erleben von Migrationskonflikten, wie sie von einer neu in die Gesellschaft eintretenden Generation unter den jeweilig gegebenen Bedingungen angeeignet und erlitten werden (vgl. Betz 2008).

Die Kritik am Paradigma des „kompetenten Akteurs" hat sich vor allem an dem *Begriff* entzündet und darauf verwiesen, dass gesellschaftliche Handlungsfähigkeit immer neu im Verlaufe der Entwicklung und Erziehung gewonnen werden müsse und dass die leibseelischen Entwicklungen und Reifungsprozesse bis zum Abschluss der Pubertät nicht durch Kompetenzsetzungen ohne Bezug zu jeweiligen sozialen Kontexten außer Kraft gesetzt werden können. Es handele sich daher lediglich um einen „konzeptuellen" Kompetenzbegriff, der das Angewiesen-Sein des Kindes auf existenzielle familiale und gesellschaftliche Unterstützungs- und Förderungssysteme verwische. Auch der „kindliche Akteur" sei ein Entwurf Erwachsener und dies mache doch deutlich, dass Kindheit kein autonomes, sondern ein relationales Konstrukt darstelle. Auch bleibe die Einführung der Kompetenz- und Akteursperspektive in dem sozialwissenschaftlichen Kindheitsdiskurs einseitig, wenn sie die Spannung übergeht, in der die kindliche Eigenständigkeit zu den Machtverhältnissen steht, denen Kinder besonders ausgesetzt sind. Deshalb sei es notwendig, vor die Akteursperspektive die Betroffenenperspektive gleichsam vorzuschalten und die Akteursperspektive in ein Paradigma der „Konstitution von kindlicher Wohlfahrt" (Joost 2001) einzubetten. Damit tritt der Lebenslagenbegriff wieder in den Vordergrund: Welche Spielräume haben Kinder, ihre Interessen jenseits von Familie und Schule in die Gesellschaft einzubringen und wie sieht die gesellschaftliche Akzeptanz von Kinderrechten aus?

12.2 Entgrenzung der Jugend

Der soziologische Jugendbegriff meint nicht den einzelnen Jugendlichen, sondern bezeichnet Jugend als historisch-gesellschaftliche Konstruktion, die sich in der industriellen Moderne entwickelt hat. Vor diesem Hintergrund lassen sich zwei zentrale sozialhistorische und sozialstrukturelle Bezüge herausarbeiten, die Jugend als Lebenslage aufschließen und in die Dialektik der Erweiterung wie der Verwehrung (vgl. 6.2) einbinden können: Jugend als Funktion der modernen industriellen Arbeitsteilung und die Entgrenzung der Jugend im Zuge des Strukturwandels der Arbeitsgesellschaft heute. Wir können dies am Modell der Entwicklung von Jugend in den westlichen Industriegesellschaften der letzten zweihundert Jahre aufzeigen und gehen dabei auch davon aus, dass sich dieser Entwicklungstyp – nun zeitlich wesentlich verkürzt – in den industriegesellschaftlichen Entwicklungs- und Schwellenländern ähnlich gestaltet. Jugend wird gesellschaftlich freigesetzt und konstituiert somit eine Lebenslage, die Bewältigungsaufforderungen und Bewältigungszwänge generiert. Gleichzeitig – und das ist die Besonderheit der Jugendphase – stehen diese Bewältigungsaufforderungen in einer Spannung zu den psychophysischen Entwicklungsaufgaben und -dynamiken der Jugendphase.

Eine gesellschaftlich zum Zwecke des Lernens, der Qualifikation und damit der Reproduktion der arbeitsteiligen Gesellschaft eingerichtete Lebensphase ist ein modernes Phänomen. In der vorindustriellen Zeit kamen nur wenige Kinder und Jugendliche aus dem Adel und später aus dem Bürgertum in den Genuss einer Jugend, die nach der Kindheit nicht gleich zum Lebensunterhalt der Familie beitragen musste, sondern – wie daraufhin auch im Bürgertum als Bedingung der Statussicherung – eine Bildungsphase durchlief. In der Geschichte der Pädagogik kursiert die Metapher, die beiden wichtigsten Erfindungen der industriellen Moderne seien – ungefähr gleichzeitig – die Dampfmaschine und die Jugend gewesen (Musgrove 1964). Die Dampfmaschine steht für den Beginn technologischer Innovationen, die Jugend für die Entwicklung von Humankapital per Bildung und Qualifikation. Beide Größen – Investivkapital und Humankapital – machen in ihrem Zusammenwirken den industriellen Prozess aus.

In diesem Sinne kann man die Jugend soziologisch als Funktion der modernen industriellen Arbeitsteilung begreifen, als gesellschaftlichen Mechanismus von Separation und Integration: Die jungen Menschen werden nach der mittleren Kindheit von der Arbeitsgesellschaft separiert, damit sie sich in einem Schon- und Experimentierraum lernend auf die spätere Eingliederung (Integration) in die Gesellschaft vorbereiten können. Integration durch Separation heißt also – angesichts der Verlängerung der Bildungsprozesse – bis heute die jugendsoziologische Grundformel. Wir sprechen in diesem Zusammenhang auch von einem Moratorium, das der Jugend gesellschaftlich eingeräumt wird. Mit dieser Formel ist aber auch ein Spannungs- und Konfliktmoment in die Lebenslage Jugend eingebaut: Können sich die Jugendlichen auf die spätere Integration verlassen oder nicht. Jugend ist damit den Krisen der Arbeitsgesellschaft ausgesetzt und von daher schon eine strukturelle Risikolage.

In diesem Moratorium entfaltete sich als entwicklungstypisches Spannungsverhältnis das Erleben der Pubertät. Der entscheidende Unterschied zwischen Pubertät und frühkindlicher Entwicklung besteht darin, dass die psycho-sexuellen Reifungsprozesse in der Jugendphase nun nicht mehr – wie in der frühkindlichen Entwicklungszeit – strikt innerhalb des familialen Kontextes ablaufen, sondern diesen überschreiten müssen. Die damit verbundene Ablösung von der Familie, das selbstständige Hinaustreten in die soziale Welt strukturiert die Pubertät als Spannungsverhältnis zwischen Familie und Kultur der Arbeitsgesellschaft. Dieses Spannungsverhältnis wird von Mario Erdheim (1988) als „Dilemma" der Adoleszenz bezeichnet. Denn Familie und Arbeitsgesellschaft sind durch ganz unterschiedliche, in ihren Charakteristika widersprüchliche Strukturelemente gekennzeichnet: „Die Familie zentriert sich um Intimitätsstrukturen herum, die Beziehungsformen sind in erster Linie Verinnerlichungs- und Identifikationsprozesse. Kultur hingegen strukturiert sich um das Phänomen der Arbeit" (ebd., S. 193). Familie und Kultur der Arbeit stehen also in einem deutlich widersprüchlichen Verhältnis. Beide sind notwendige Formen menschlichen Zusammenlebens, aber sie können nicht – da sie eben verschiedenen Grundprinzipien gehorchen – ineinander überführt und nicht voneinander abgeleitet werden.

Diese gleichsam freischwebende und nicht entschiedene Lage zwischen Familie und Arbeitsgesellschaft bringt die spezifischen Milieus der *Gleichaltrigen-Kultur* hervor. Die Milieus der Gleichaltrigen-Beziehungen (Peer-Beziehungen) stellen vor allem Kulturen der Gleichen dar und bilden damit einen Kontrast zur hierarchischen Abhängigkeitsstruktur von Familie und Arbeitsgesellschaft. Die Orientierung an Gleichaltrigen im Jugendalter ist ein zentraler Prozess der biografischen Neuorientierung, der Ablösung vom Elternhaus und der Suche nach neuen personalen und sozialen Orientierungen außerhalb der Herkunftsfamilie (vgl. Hurrelmann 2010). Die Bindung an die Eltern wird dabei in der Regel nicht aufgegeben, der Ablösungsprozess ist komplex: Von traditionellen Push- und Pull-Situationen, zwischen Konflikt und Versöhnung bis hin zur heute verbreiteten frühen Selbstständigkeit mit den Eltern und *neben* ihnen gibt es eine differenzierte Spannbreite von Ablöseverhalten im Jugendalter. Diese Bindung hält auch bei jungen Erwachsenen heute im Übergang in die Arbeitsgesellschaft an, weil sich diese Übergänge verlängert und entgrenzt haben.

In der Gleichaltrigen-Kultur werden soziale Rollen erprobt, kann erlebt und erfahren werden, wie man Konflikte austragen und Gemeinsamkeiten gestalten kann, werden Grenzen erprobt und damit Normen ausgetestet. Gleichaltrigen-Beziehungen sind in sich ambivalent. Die Jugendlichen schwanken zwischen Abgrenzung von der Erwachsenenwelt und der Sehnsucht erwachsen zu werden. Gleichaltrigen-Milieus stehen in einer typischen Bewältigungsspannung zur Lebenslage Jugend. Alles, was in der Struktur der Lebenslage Jugend an Verwehrungen steht – das Noch-Nicht gesellschaftlicher Anerkennung und sozialer Wirksamkeit – wird in den Gleichaltrigen-Beziehungen ausgeglichen. Hier sucht man soziale Anerkennung und Wirkung aus dem eigenen Lebensgefühl, der Erfahrung der eigenen Lebenssituation heraus. Man kann die soziokulturelle Selbstständigkeit, die man längst hat, die aber gesellschaftlich nicht wirksam werden kann, ausleben. Das macht auch den Unterschied zur Schule aus, die Anerkennung und Wirksamkeit nur in Bezug auf die Schülerrolle, also bloß selektiv vermittelt und dabei Jugendliche ausschließen kann. Eben oft jene Jugendlichen, die dann der Jugendhilfe zugewiesen werden. Die Lebenslage Jugend ist von dieser Grundstruktur der Ablösungs-, Experimentier- und Gruppendynamik her eine Risikolage, die riskantes Verhalten strukturell freisetzt.

Aufgabe der Jugendarbeit ist deshalb vor allem, „Jugend zu ermöglichen“, d.h. Beziehungen und Räume zu eröffnen, in denen das soziale Experimentieren und die Gruppenkultur ausgelebt werden kann. Jugend ermöglichen heißt zum Zweiten, dass Jugendliche davor geschützt werden, dass ihre riskanten und oft sozial abweichenden Gesellungsformen in antisoziale oder kriminelle Zonen geraten, sondern immer wieder kreativ gewendet werden können. Damit ist schon der Auftrag der offenen Jugendarbeit aber vor allem auch der Streetwork grob umrissen.

Ein weiterer reflexiver Zugang ergibt sich aus dem sich wandelnden gesellschaftlichen Bild von der Jugend im Generationenzusammenhang. Keine andere soziale Bewegung der neueren deutschen Sozialgeschichte hat die Jugend-Generation derart herausgehoben wie die 1968er-Studentenbewegung. Sie hat zum ersten Mal in der Nachkriegszeit ein politisches Generationenbild von unten hervorgebracht. Dieses war freilich getragen von den sozialökonomisch gegebenen Chancen, die im Modernisierungsschub und der ökonomischen Prosperität zu dieser Zeit gegeben waren. Jugendliche galten nicht nur als politische Opponenten, sondern sehr bald auch als Protagonisten einer Modernisierung, die das Humankapital der Bildungsjugend brauchte, genauso wie sie den politischen Protest als Öffnung für die notwendige gesellschaftliche Demokratisierung – wenn auch widerwillig – aufnahm. Aber schon die Jugend der 1970er Jahre wurde kritisch mit der Geschichte ihrer Vorgeneration konfrontiert, gleichsam unter Druck gesetzt. Nicht dass sie protestieren sollte, aber sie sollte sich politisch aufgeklärt, emanzipiert und interessiert am reformierten demokratischen Staat verhalten. So entstand ein paradoxes Bild. Nicht die Jugend kämpfte um Emanzipation, sondern der Sozialstaat und seine PädagogInnen hielten Emanzipationsangebote bereit und – Ironie der Geschichte – etikettierten die Jugendlichen, die sich in eben diesem progressiven Dienstleistungsstaat individuell einrichten wollten, als unpolitisch, apathisch. Der Slogan von der „versorgten Generation“ war geboren. Das Gespenst von der passiven Generation, die sich nur um ihr eigenes Glück und Wohlergehen und nicht um die Zukunft der Gesellschaft kümmere, geisterte durch die gesellschaftspolitische und pädagogische Landschaft. Die in den Jugendumfragen der 1980er Jahre ermittelten Einstellungen, Orientierungen und Verhaltensweisen der durchschnittlichen bundesrepublikanischen Jugend wurden nun vor allem unter dem Aspekt diskutiert, ob diese Jugend überhaupt noch in der Lage sei, die Gesellschaft in der Zukunft zu tragen, ihren Bestand zu sichern. Die Mutmaßungen darüber wurden in öffentlichen Diskussionen mit pessimistischen Einschätzungen über die Zukunft des Generationenvertrages geführt.

In den 1990er Jahren war Jugend auf einmal nicht mehr Bühne der Gesellschaftspolitik. Angesichts des technologischen Strukturwandels der Arbeitsgesellschaft, wie er sich seit den 1980er Jahren vollzogen hatte, wurde die Vorstellung von Jugend als human capital ökonomisch nicht mehr gebraucht. Denn die mikroelektronische Wende der Arbeitsgesellschaft führte zu einer weitgehenden Entkoppelung von technisch-ökonomischem Fortschritt und breiter Bildungsmobilisierung. Elektronische Prozessoren und technologische Eliten und nicht mehr die Jugend waren als Fortschrittssymbole gefragt. Der Bildungsoptimismus, der mit dem modernen Jugendbild verknüpft war, wich einem sozialen Bildungsdruck, dem sich Jugendliche nun ausgesetzt sahen und sehen. Jeder muss Bildung erwerben, heißt es nun, um sich Chancen zum Mithalten zu schaffen oder zu bewahren, um sich vor der Gefahr der Deklassierung zu schützen. Gleichzeitig drehte sich das Jugendbild von der gesellschaftlichen Chance Jugend zum gesellschaftlichen Problem Jugend. Jugendliche, die nicht mithalten können oder wollen, werden nun zur Risikogruppe abgestempelt. Wieder muss die Jugend als Bühne herhalten, auf der sich die Furcht der Gesellschaft vor den neuen Kräften der sozialen Ausgrenzung und Gewaltproduktion, wie sie vor dem Hintergrund einer nie gekannten Dynamik globaler industrieller Arbeitsteilung freigesetzt wurde, entzündete. Und in dieser Fixierung auf die gesellschaftliche Metapher Jugend ist untergegangen, dass sich die Lebenslage Jugend selbst unter dem Strukturwandel der Arbeitsgesellschaft einschneidend verändert hat. Die sozialpolitische Dialektik der Erweiterung, von der die Lebenslage Jugend als Bildungsjugend in den letzten Jahrzehnten profitiert hat, ist zunehmend von einer Dialektik der Verwehrung überformt. Dies wird im gegenwärtigen Jugenddiskurs mit der Begrifflichkeit der „Entgrenzung von Jugend" umschrieben (vgl. Böhnisch/Lenz/Schröer 2009).

Damit ist gemeint, dass der Strukturwandel der Arbeitsgesellschaft in die Lebensphase Jugend hineinwirkt. Es ist „von einer neuen Form des Übergangs [ins Erwachsenenleben] auszugehen, deren bestimmende Merkmale ihre Offenheit und Ungewissheit sind" (Walther 2000, S. 59). Das *junge Erwachsenenalter,* von dem hier die Rede ist, ist zwar nicht mehr dem Jugendalter aber auch noch nicht dem Erwachsenenalter zurechenbar, wenn man den Status der ökonomischen Selbstständigkeit als Maßstab heranzieht. In dieser Phase wird der arbeitsgesellschaftliche Erreichbarkeitsdruck besonders gespürt, der vorher schon als Bildungsdruck wahrgenommen wird, obwohl weiterhin jugendkulturelle Identifikationen beherrschend sind (vgl. Stauber/Walther 2002). An diesem Punkt setzt wieder die „Entgrenzungsthese" an. Danach ist auch die Jugendforschung aufgefordert, die neuen

Mischungen von Freizeit, Lernen und Arbeit „im Skript des modernen Jugendlebens" zu lesen und die alltägliche Lebensführung Jugendlicher entsprechend zu analysieren. Dann kann man sehen, wie Jugend als experimentelle Lebensphase erodiert und in den Sog der „Verarbeitlichung" gerät (vgl. Lange 2003). So ist nun der gesellschaftliche Jugendbegriff der industriekapitalistischen Moderne, nach dem Jugend als Lebensphase aus der Arbeitsgesellschaft herausgenommen und in einem Moratorium sich entwickeln und qualifizieren kann, um dann mit einem neu gewonnenen Status in die Gesellschaft eingegliedert zu werden (s.o.) infrage gestellt: „Die entgrenzte Arbeitswelt, das entgrenzte Lernen und die sich entgrenzenden privaten Lebensführungen greifen […] ineinander. Die Übergänge ins Erwachsenenalter werden für viele nicht nur länger, unstrukturierter und unsicherer, sondern werden auch individuell folgenreicher. Der bisher zeitlich eng begrenzte soziale Freiraum, in dem man sich austoben konnte, bevor man in den Arbeitsalltag eintrat, löst sich auf." (Kirchhöfer 2003, S. 17) Dass die Krise der Arbeitsgesellschaft nun auch die Jugend erreicht hat, resümierten schon die Jugendstudien zu Beginn der 2000er Jahre.

Das Moratorium ist heute also vielfach durchbrochen, die Lebensphase Jugend mit psychosozialen Bewältigungsproblemen belastet, die in den als Schutz vor dem Ernst des Erwachsenenalters gedachten Räumen eigentlich nichts zu suchen hätten. Die ehemals geschützte und als „eigenständig" anerkannte Jugendphase, die obendrein ein gesellschaftlich positiv bewertetes Bild von Experimentierraum transportierte, ist für viele zum offenen, eher riskanten Bereich der Selbstbehauptung in der Generationenkonkurrenz geworden. Die im Jugendalter inzwischen früh einsetzende Individualisierung und Biografisierung – „ich muss mich früh um mich selbst und die Einlösung meiner Lebensziele kümmern" – hat die Generationseinheit Jugend immer mehr aufgelöst. Die Kluft zwischen dem, was die Gesellschaft weiterhin an Offenheit und Risikofreude auf dem Weg in die Autonomie von Jugend erwartet, und dem, wie sich die einzelnen Jugendlichen erleben, ist größer geworden. So musste sich zwangsläufig eine pragmatische Lebenshaltung bei der Mehrzahl der Jugendlichen entwickeln (vgl. Hurrelmann/Albert 2006).

In den Vordergrund der jugendsoziologischen Forschung sind dementsprechend die unterschiedlichen Bewältigungskonstellationen gerückt, die den Alltag der jungen Menschen zwischen 12 und 27 Jahren charakterisieren. Sie alle gehören zur Jugend, doch sind sie kaum mehr in das Modell von Jugend zu integrieren, das sich im vergangenen Jahrhundert durchgesetzt hatte. Im weitesten Sinne geht es um die Frage, wie das Verhältnis von Jugend und Gesellschaft, nicht mehr im Modell des Moratoriums, sondern in der Perspektive offener Übergänge neu bestimmt werden muss. Denn diesbezügliche Untersuchungen zeigen, dass der Strukturwandel der Arbeitsgesellschaft und die damit verbundenen Risiken sich in die Lebensphase Jugend hinein ausbreiten.

Fragt man nach dem Bewältigungsverhalten angesichts von Unsicherheit, so kann man zeigen, wie Jugendliche bis ins junge Erwachsenenalter hinein versuchen, die Motivation zu Lernen und Arbeiten aufrechtzuerhalten und diese dabei zugleich gefährden. Entstandardisierungen des Lebenslaufs und ungleich verteilte Unsicherheiten der Integration in Ausbildung und Arbeit lassen „YOYO-Übergänge" entstehen (vgl. Stauber/Walther 2008). Junge Erwachsene sehen sich vor ambivalente Konstellationen mit ungleich verteilten Chancen zur aktiven Bewältigung gestellt: Anspruch auf selbstbestimmte Wahl auch um den Preis des Rückzugs, Optionen ohne Einfluss auf deren Einlösbarkeit offenhalten, Vereinbaren von Fragmentierungen und Widersprüchlichem, Selbstinszenierung auch ohne Hintergrundgewissheit. Für junge Erwachsene spitzt sich so das Problem der Prekarisierung der Lebensverhältnisse infolge der Entgrenzung von Armut zu.

Die Kluft zwischen den Lebenslagen kann – wie in neueren Jugendstudien (vgl. Jugend 2000–2012) – in den Einstellungen abgelesen werden: Sind – mehrheitlich – allgemein gestiegene optimistische Bewältigungshaltungen zu finden, empfinden Jugendliche am anderen Ende zu einem Drittel Verunsicherung und verschlossene Zukunftsaussicht. Zu diesen Aussagen müssen aber weitere Dimensionen der Lebenslage herangezogen werden, die heute eher ausgeblendet bleiben. Dazu gehören Ausgrenzungsprozesse in der Schule, Entwertungen, die an Schulleistungen und -abschlüssen ansetzen, rassistisch einzuordnende Abwertungen und Vorurteile gegenüber Jungen und Mädchen mit türkisch-stämmigen oder russisch-deutschen Familienhintergrund. In seiner Diskussion der Ergebnisse aus einer HauptschülerInnen-Studie hebt Wellgraf (2011) hervor, dass es den Jugendlichen nicht möglich ist, sich gegen die in Schule und im Übergang zur Ausbildung erfahrenen Verletzungen und stigmatisierenden Abwertungen zu wehren. Das gelte nicht nur für ihre Herkunft, sondern insbesondere für ihre Klassenlage als „Ungebildete", die gegen die unkritisch ins Feld geführte Geltung der Bildungsstandards keine Ansprüche auf Respekt mehr ausbilden können. Männliches Dominanzverhalten von türkischen Jungen erweist sich so als eine der letzten erreichbaren Möglichkeiten, sich Respekt, Sicherheit und Status auf Kosten von Mädchen zu verschaffen.

Die widersprüchlichen, je individuell gemachten biografisch bedeutsamen Erfahrungen bestimmen über Selbstentwicklungs- und Integrationsprozesse zwischen Jugend- und Erwachsen-Sein. Für die Sozialpädagogik entstehen neue Herausforderungen gerade auch für junge Menschen da zu sein, die mehr Unterstützung brauchen, ihre Angewiesenheit auf Hilfe aber ausblenden müssen. Mehr denn je läuft die Programmatik und Praxis einer kompensatorischen Unterstützung ins Leere, die nicht mehr zur Verteidigung der Jugendlichen und zur Sicherung positiver biografischer Erfahrungen beitragen kann (vgl. Stauber/Walther 2008). Hier erweist sich die Jugendhilfe selbst nicht nur als selektierende Cooling-Out-Institution, sondern auch als Verursacherin von Überforderungssituationen. Jugendliche und junge Erwachsene werden in einen Wechsel von Hilfeformen hineingeschoben, die mit ihren Regelungen des Forderns und Förderns für die Sicherung des Übergangs in Ausbildung und Erwerb unangemessen und entwertend sein können. Sie stellen eher Belastungen dar und erschweren es, auf die Anstrengungen, Verletzungen und das Leiden am Scheitern anerkennend einzugehen.

12.3 Erwachsenenalter im Wandel

Das traditionelle Bild vom Erwachsenen als dem „fertigen Menschen“, der seine Identität gefunden hat und in Arbeit und Familie integriert ist, stimmt so nicht mehr. Das heißt nicht, dass es diesen konventionellen Typus nicht mehr gibt, sondern meint, dass dieser tradierte Erwachsenenstatus seine Selbstverständlichkeit eingebüßt hat. Das Erwachsenenalter ist längst einer offenen Entwicklungsdynamik unterworfen, in der die – meist erzwungene – Aufgabe des bisher Erreichten und Erlernten sowie Phasen des unübersichtlichen und riskanten Neubeginns die Biografie mehr in Atem halten, als dass sie durch ein traditionelles Normalarbeitsverhältnis stabilisiert wäre. Befunde zur Entgrenzung des Erwachsenenalters kommen vor allem aus der Biografie- und Lebenslaufforschung (vgl. Sackmann 2007). Aufgezeigt werden vor allem Tendenzen der Erosion der Kontinuität und Geschlossenheit der Erwerbsphase. Damit wird die berufliche Erwerbsarbeit als Strukturkorsett und lineare Entwicklungsachse des Erwachsenenalters relativiert. Erwerbsarbeit hat sich für viele in ihrer Bedeutung vom planbaren Karrieremodell zum schwer kalkulierbaren aber andauernden biografischen Bewältigungsproblem gewandelt. In wechselnden kritischen Lebenskonstellationen suchen die Subjekte immer wieder Handlungsfähigkeit herzustellen. Die Matrix aus Chancen und Risiken, die in Entgrenzungsprozessen besonders prägnant freigesetzt wird, schreibt sich nunmehr fest in die Struktur des Erwachsenenalters ein. Die Bewältigungsproblematik der Integrität, die sich in der Diskrepanz zwischen dem Erhofften und dem Erreichten aufschaukelt und die traditionell um die Midlife-Crisis herum gesetzt wurde, hat sich vor diesem Hintergrund pluralisiert. Schon in der Lebensphase der jungen Erwachsenen treten für junge Leute dann Integritätsprobleme auf, wenn sie die verschiedensten Anläufe ins Arbeitsleben gemacht und oft bereits an der „zweiten Schwelle“, dem Übergang von der Ausbildung in den Beruf hängen geblieben sind. Gleichzeitig haben sie sich längst ihren eigenen selbstständigen Lebensstil erworben und sind dennoch weiter finanziell auf die Eltern angewiesen.

Deshalb hat sich auch der sozialwissenschaftliche Blick auf das Erwachsenenalter und die Aufmerksamkeit für strukturelle Risikokonstellationen mit dem sozialen Wandel, der diese Lebensphase erfasst hat, verändert. Dass auch gesellschaftliche Bilder von Erwachsenen in Bewegung geraten sind, kann mit den Begriffen der Entstrukturierung (vgl. Olk 1984) und Entgrenzung der Lebensalter erfasst werden. Für das Erwachsenenalter bedeutet es, dass die institutionelle Rahmung einer Normalbiografie (vgl. Kohli 1985) für Erwachsene erodiert, insofern jeweils zu erreichende (Status-)Positionen und die Einlösung von Lebenszielen und Verantwortlichkeiten nicht mehr als gesichert gelten können. Die Standardisierung von Erwartungen ist damit auch – je nach Lebenslage – in Bewegung geraten. Mit dem Wandel von Arbeits-, Familien- und Beziehungsformen verbindet sich hier die Chance zur Offenheit der Lebensplanung mit einer gesteigerten Verpflichtung zur Eigenverantwortung und Orientierung an sich wandelnden Leitbildern einer gelingenden Lebensführung (vgl. Schönberger 2007). Über die Individualisierung der Lebensführung und die Flexibilisierung von Anpassungs- und Gestaltungsleistungen wird die eigene Biografie zum wichtigen Bezugsrahmen eines inneren Zusammenhalts, verbunden mit dem steten Bemühen um soziale Zugehörigkeit (vgl. Ahlheit 1990).

Die Veränderungen spiegeln sich im neuen Interesse der Entwicklungspsychologie für diese Lebensphase wider, die heute entsprechend der Anforderung ‚lebenslangen Lernens‘ eine weiter bestehende Plastizität und Lernoffenheit von Erwachsenen im Sinne einer „flexiblen Immaturität“ (Baltes 2001) betont. Theoretische Konzepte beleuchten vom frühen Erwachsenenalter an die Stabilisierung von Selbsterfahrung, von sozialen Fähigkeiten im Zusammenhang mit der Sicherung von Erwerbsquellen, der Fähigkeit zur Aufrechterhaltung von (intimen) Beziehungen und Teilhabe an vielseitigen sozialen Rollen (vgl. Faltermeier u. a. 2002). Schon früh stellen sich heute Fragen nach dem Erhalt persönlicher Integrität und bei der Bewertung des bisher Erreichten müssen Diskrepanzen zwischen Lebenszielen/Erwartungen und Realität bilanziert werden. Die Fähigkeit zur Aufrechterhaltung intimer Beziehungen steht hier sowohl im Zusammenhang mit der Fähigkeit zur Konfliktbewältigung als auch mit gelungener beruflicher Einmündung. Dazu kommen aber auch neue Themen in der Alltagsbewältigung oder der Lebensplanung für Frauen und für Männer. Die Bearbeitung von Doppelbelastung durch häusliche und berufliche Aufgaben und der daraus resultierende Konflikt erweist sich für Frauen drängender, aber auch offener aussprechbar. Sozialer Rückhalt wird heute häufiger und gleichrangig mit Familie in Freundschaftsbeziehungen gesucht.

Im mittleren Lebensalter verändern und intensivieren sich Aufgaben z.B. mit den Konflikten und Sorgen um die eigenen jugendlichen Kinder, dazu kommt die Sorge um die alten Eltern. Im Hintergrund von Neuorientierung und auch von Verunsicherung stehen lebensalterspezifische Herausforderungen: Endlichkeit des Daseins, Sinnsuche und Neuordnung der Lebenssituation unter diesem neuen Vorzeichen. Bei körperlichen Alterungsprozessen waren und sind im mittleren Erwachsenenalter zunächst Frauen im Blick (Ende der Gebärfähigkeit, Wechseljahre), erst im höheren Alter sind zunehmend auch Männer angesprochen, damit verbundene Einschränkungen und Entwertungen für sich zu bearbeiten. Diese Veränderungen werden auch mit Konzepten der Entwicklungsaufgaben erfasst, die allerdings selbst einem Wandel unterworfen sind: Weitergabe von Wissen an die nächste Generation wird heute ergänzt um das Lernen von und zusammen mit der jüngeren Generation (Generativität). Die Bewältigung von Verlusterfahrungen in Beziehungen geht einher mit der Notwendigkeit, sich flexibel an neuen Wohnorten heimisch zu machen (vgl. Bertels/Herlyn 1990).

In der Lebenslaufforschung, die nach verlaufsprägenden Ereignissen und Wendepunkten fragt, wird betont, dass historisch-epochale Konstellationen Erfahrungen auch geschlechtsspezifisch prägen, aber auch „normale und erwartbare Übergänge wie Heirat oder Elternschaft“ mit Veränderungen des Selbstbildes einhergehen (Sackmann/Wingens 2001, S. 27). So ist immer wieder zu fragen, wie stillschweigend weiter bestehende gesellschaftliche Normen, sich wandelnde Bilder vom erwachsenen Mann und der erwachsenen Frau sowie innere Leitbilder (überkommen aus Herkunft und Herkunftsfamilie) im Erwachsenenalter neu eingeordnet und mit Lebenskonstellationen, mit biografischen Erfahrungen und Identitätskonstruktionen abgeglichen werden. Seit den 1970er und 1980er Jahren nimmt eine Reihe von Untersuchungen dieses Problem im Paradigma der ‚Midlife Crisis‘ auf. Hier öffnete sich der Blick auf den Umgang mit Verunsicherungen und Neuorientierungen der Lebensziele bei Männern und Frauen. Faltermeier u.a. (2002) betonen aber zusammenfassend „dass Entwicklungsprozesse im mittleren Erwachsenenalter nur kohortenspezifisch, geschlechtsspezifisch und lebensbereichspezifisch beschreibbar sind“ (ebd., S. 142).

Mit Blick auf die in Geschlechterverhältnisse eingelagerten Widersprüche und Ambivalenzen ist aber die hier ausgeblendete Konflikthaftigkeit und Überforderung in den Blick zu nehmen. „Aus dieser Fragilität der Lebensführung resultieren weitere Kommunikationspathologien: Der Schein des einverständigen und rationalen Handelns auf der Vorderbühne wird immer wieder in Frage gestellt durch die alltagspraktischen Turbulenzen auf der Hinterbühne, die sich (z.B. in Form regelmäßiger Wutanfälle, Angstausbrüche oder Depressionen) punktuell den Weg nach vorne bahnen, aber dann wieder schnell vergessen und verschwiegen werden (man verträgt oder beruhigt sich wieder und spricht nicht mehr davon“ (Braun 2003, S. 413).

Der Umgang mit Brüchen und Umwegen in der biografischen Rückschau wurde zuerst mit dem Konzept der Nachträglichkeit in der Frauenforschung thematisiert (vgl. Becker-Schmidt 1994) Da erscheint der ‚weibliche Blick‘ als der offenere. Auch da, wo es um Umwege und um die Möglichkeit des Aussteigens in der Lebensplanung geht, sind Frauen bisher immer noch eher bereit und in der Lage z.B. eine „Kinderpause“ einzulegen und damit das Risiko des Wiedereinstiegs mit zu kalkulieren (vgl. Völker 2004).

Wenig untersucht und reflektiert wird, wie Bilder von Männern und Frauen normativ zu wirken beginnen, wenn es um ein Scheitern an den Anforderungen des Erwachsenen-Lebens und die Suche nach Rückhalt in Beziehungen geht. Aus Lebenslaufanalysen geht z.B. hervor, dass für „ressourcenschwache" Männer die Verheiratungschancen mit der Perspektive dauerhafter Ehelosigkeit sinken (vgl. Sackmann 2007; Hagen/Niemann 2001).

So sind inzwischen etliche der neuen Arbeitsfelder der Sozialen Arbeit im Erwachsenenbereich in den Situationen des Scheiterns im Erwachsenenleben angesiedelt. Die Fähigkeit, sich diesem Scheitern von Männern und Frauen zuzuwenden, hängt davon ab, ob ein Zugang zu geschlechtsspezifisch verdeckten, aber dennoch bedeutsamen aktuellen und vergangenen Entwertungs- und Ausgrenzungserfahrungen und deren Bewältigungsmustern gefunden wird (vgl. 5.3).

12.4 Strukturwandel des Alters

In der industriellen Moderne ist das entberuflichte Alter zur nichtproduktiven Restzeit des Lebens geworden. Für die Mehrzahl der älteren Leute gab es – ausgenommen von den familialen Großelternrollen – keine sozialen Rollen mehr. Diese Rollenlosigkeit des Alters hat vor allem den Männern, deren biografische Identität sich primär über Arbeit und Beruf definiert, zu schaffen gemacht. In der gesellschaftlich-öffentlichen Diskussion ist das Bild von der sozialen Rollenlosigkeit des Alters immer noch vorherrschend. Allerdings sind die Altersnormen weniger verbindlich, pluralisiert, und die Altersgrenzen von sozialen Rollen sind flexibler geworden. Mit dem demografischen Wandel hin zu einer alternden Gesellschaft ist diese zudem gezwungen, den Diskurs über gesellschaftliche Altersrollen außerhalb der Familie – vor allem im Spektrum einer erweiterten Arbeits- und Tätigkeitsgesellschaft – zu führen. Immer noch aber besteht eine Kluft zwischen der kulturellen und politischen Definition und Akzeptanz des Alters und der realen Entwicklung der Lebensverhältnisse alternder Menschen in der zweiten Moderne. Insofern können wir von einer gespaltenen Lebenslage Alter sprechen.

Mit der gesellschaftlichen Anerkennung des Alters als gesellschaftsstrukturierende Kategorie wäre die Spaltung der Lebenslage gemindert bis aufgehoben. Dann müsste auch nicht mehr von einer alternden Gesellschaft gesprochen werden, sondern von einer Gesellschaft der zweiten Moderne, in der das Alter mit seinem zunehmenden demografischen Gewicht als eigene Gesellschaftskategorie anerkannt und entsprechend – jenseits der Erwerbsarbeit – zum Faktor der Gestaltung von Gesellschaft wird.

Mit der Entgrenzung und der Entwertung der Arbeit im Lebenslauf – viele stehen nicht mehr im Normalarbeitsverhältnis – und der Biografisierung der Lebensverhältnisse ist das Alter vom Stigma der Nichtproduktivität weitgehend befreit. Biografische Erfüllung suchen und finden viele angesichts beruflicher Brüche und breitem Risiko der Arbeitslosigkeit nicht mehr allein in der Arbeit, sondern in konsumtiven Lebensstilen und biografischen Projekten, die man hofft, vor allem auch im Alter realisieren zu können. Hier spiegelt sich die *Differenzierung* und *Pluralisierung* des Alters (vgl. dazu Backes/Clemens 2008). Wenn man dazu bedenkt, dass sich in Deutschland eine breite Vorruhestandspraxis eingependelt hat und zwischen dem 60. und 65. Lebensjahr nur noch ein Drittel der Erwerbstätigen arbeitet, kann man sich vorstellen, dass das jüngere und mittlere Alter (von 65 bis 75) zunehmend durch eine eigene Entwicklungs- und Entfaltungsdynamik gekennzeichnet ist. Das traditionelle Konzept der „Lebenszufriedenheit" (vgl. Havighurst 1963) als hingenommenes, schicksalhaftes Gleichgewicht zwischen den biologischen, psychischen und sozialen Altersumständen reicht für die psychosoziale Bestimmung des modernen Alters längst nicht mehr aus. Natürlich gehört zum Alter weiterhin das Privileg, verlangen zu können, vom arbeitsgesellschaftlichen Stress verschont zu bleiben und sich auch sozial zurückziehen zu können. Gleichzeitig verbreitert sich aber auch eine Tendenz zur mentalen Verjüngung bei älteren Menschen (vgl. Thieme 2008). Lebenszufriedenheit äußert sich heute für zunehmend mehr ältere und alte Menschen in der Balance von selbstgewähltem Rückzug und selbstbestimmter Aktivität.

Damit ist das Alter in der Zweiten Moderne als erweiterte Bewältigungslage gekennzeichnet. Dies vor dem Hintergrund einer Lebenslagenkonstruktion, die sich in dem Maße in die historisch-gesellschaftliche Dialektik der Erweiterung einfädelt, in dem der Wandel der Arbeitsgesellschaft und der demografische Wandel für die Gesellschaft der Zweiten Moderne strukturbildend sind. Das Alter ist zum gesellschaftsstrukturellen Konstituens der Zweiten Moderne geworden (vgl. im Überblick: Saake 2008; Naegele 2011).

Was aber die Bestimmung des Alters als Lebenslage heute schwierig macht, ist die Tatsache, dass die historisch-gesellschaftliche Freisetzung der Lebenslage Alter und die soziale Wirklichkeit des Alters auseinander klaffen. Entscheidend dafür ist eine doppelte Diskrepanz. Zum Ersten ist es die gesellschaftliche Rollenlosigkeit des Alters, die trotz der zunehmenden biografischen Optionen auf das Alter weiterhin anhält; zum Zweiten ist es die soziale Spaltung des Alters, die darin besteht, dass ein größer werdender Teil der älteren Menschen an der Erweiterung der Lebensmöglichkeiten partizipieren kann, während ein anderer großer Teil davon ausgeschlossen bleibt und zunehmend von Verarmung betroffen sein wird.

Diese soziale Spaltung der Lebenslage Alter bekommt vor allem die Soziale Arbeit zu spüren. Sie hat es vor allem mit sozial benachteiligten alten Menschen zu tun, an denen die Erweiterungsdynamik des Alters vorbeigeht. Damit läuft auch die soziale Altenarbeit Gefahr, als Profession in die Randständigkeit gezogen zu werden. Gleichzeitig kommt ihr aber zukünftig zugute, dass die demografisch sich wandelnde Gesellschaft erkennen muss, dass die soziale Spaltung der älteren Bevölkerung sich – demografisch gesehen – zu einer Spaltung der Gesellschaft insgesamt ausweiten wird, wenn keine sozialstaatlichen Integrationsperspektiven entwickelt werden. Eine lebenslagenorientierte Soziale Arbeit muss daher eine Doppelperspektive entwickeln: Einerseits wird sie ihre Arbeit an der durch soziale Ausgrenzung gekennzeichneten Bewältigungslage ihrer älteren KlientInnen ausrichten, gleichzeitig wird sie sich aber in ihrem Selbstverständnis an den Entfaltungsperspektiven orientieren, die die Entwicklung der Lebenslage Alter in der Zweiten Moderne verspricht. Dabei sollte ihr vor allem auch bewusst werden – und das muss sie viel stärker öffentlich machen –, dass ihr nicht nur ein sozialpolitisches Mandat (soziale Integration), sondern darüber hinaus ein sozialethisches Mandat zukommt. Denn gerade im benachteiligten Alter entscheidet sich, inwieweit Gesellschaften in der Lage sind, ein menschenwürdiges Leben auch und gerade an seinen Grenzen zu ermöglichen.

Insgesamt ist die Bewältigungslage Alter durch einen besonderen Zeitbezug charakterisiert. Da ist zum einen der Horizont der Endlichkeit des Lebens, dessen Konturen nun deutlich werden, zum anderen die gelebte Zeit, die Biografie, die prägend weiterwirkt und die Bewältigungsspielräume im Alter mitbestimmt. Schließlich beeinflusst die körperliche Konstitution und die damit verbundene leibseelische Befindlichkeit – landläufig immer noch als „Abbau" etikettiert – die Lebenslage in besonderem Maße.

Im Alter wirkt ein besonderes Integritätsprinzip. So wie man sich als Erwachsener mit seiner bisherigen Biografie arrangieren muss, um ein stabiles Selbstkonzept ausbilden zu können, geht es nun im Alter darum, dass man zu dem Eingeständnis in der Lage ist, ab jetzt begrenzt zu sein. Dies ist die Voraussetzung, um das Niveau zu halten, von dem aus man Möglichkeiten der Entwicklung im Alter und über das Alter suchen kann. Dabei bedeutet die Wahrnehmung der eigenen Endlichkeit keinesfalls einen Abbau gesellschaftlicher Verantwortung. Je stärker das Prinzip der Nachhaltigkeit über seine ökologische Bedeutung hinaus zum Vergesellschaftungsprinzip wird, desto mehr werden die Erfahrungen des Alters für die Zukunft gefragt sein. So spiegelt sich im Alter der Konflikt zwischen technologisch fortschreitender, externalisierter Entwicklung und entschleunigter Nachhaltigkeitsperspektive. Das spiegelt sich in den alten Menschen selbst wider: Einen deutlichen Abbau von mechanisch fluiden Kompetenzen (wie z. B. nachlassender Verarbeitungsgeschwindigkeit) steht die Verdichtung von qualitativkristallinen Segmenten wie Erfahrung, Expertise, biografische Distanz gegenüber. Diese Befunde der Sozialgerontologie gesellschaftsfähig zu machen, die Bedeutung dieser Erfahrungskompetenzen für den Zukunftsdiskurs herauszustellen, ist nicht nur Legitimationsgrundlage für eine sozial aktivierende Altenarbeit, sondern kann auch das sozialpolitische Mandat der Sozialen Arbeit für die Zukunft stärken.

Dabei gilt es immer auch die alterstypische Balance zwischen Aktivität und Rückzug zu wahren. Vor dem Hintergrund dieser Bewältigungsbalance können dann die vier Dimensionen der Bewältigungslage Alter – Ausdruck, Abhängigkeit, Anerkennung und Aneignung – strukturiert werden (vgl. 6.3). Dabei wird wieder deutlich, dass die Spielräume des Ausdrucks, die Möglichkeiten also, seine Altersbefindlichkeit zur Sprache zu bringen, wesentlich von der Art der gesellschaftlichen Anerkennung des Alters abhängen. Dabei geht es aber nicht nur um die Lebensfragen der Endlichkeit und Gebrechlichkeit, sondern auch um die Kernfrage, welche sozialen Rollen alten Menschen über die private Großelternrolle hinaus zuerkannt werden. Gerade die Diskrepanz zwischen der subjektiven Wahrnehmung der eigenen Kompetenzen und der gesellschaftlichen Rollenlosigkeit des Alters kann zu Blockierungen führen, aus denen sich regressive Bewältigungsmuster entwickeln. Deshalb ist es so wichtig, dass zumindest die soziale Altenarbeit in ihrem Umfeld Anerkennungsmilieus und Anerkennungskulturen durch Rollendifferenzierung und Netzwerkentwicklung aufbauen kann.

In dem Maße, in dem spezifische Abhängigkeitsstrukturen das Alter bestimmen, gehört es zur Aufgabe der Sozialen Arbeit, Abhängigkeiten im sozialen Bereich aufzufangen. In der Altenpflege – in den stationären Altersheimen noch mehr als in der Familienpflege – kann sie eine fatale Schere ausbilden: Die Intensivierung der Spezialbetreuung und der Spezialdienste für die alten Menschen verstärkt oft ihre soziokulturelle Ghettoisierung und damit den traditionellen Status der Menschen, die nicht mehr gebraucht werden, sondern nur versorgt sein müssen. In Familien wird dies zwar individuell durch die Familienbindung gemindert. Aber eine soziokulturelle Eigenständigkeit, die eine wesentliche Voraussetzung für ein selbstbestimmtes Alter darstellt, ist in der ausschließlichen Angewiesenheit auf die Familie, von der man sich beim Aufbau eines „eigenen Alters“ wieder ablösen müsste, schwer zu erreichen. Denn gerade in der Familienpflege muss immer auch die prekäre Umkehrung der Eltern-Kinder-Beziehung bewältigt werden. Häusliche Gewalt gegen alte Menschen wird in Zukunft dann ein brisantes Thema werden, wenn es nicht gelingt, kommunale Begleit- und Unterstützungsstrukturen zu schaffen, in die die familiale Altenbetreuung eingebettet werden kann.

Zentral in der Bewältigungslage Alter ist die Dimension der (Wieder-) Aneignung. Sie ist sowohl räumlich, wie zeitlich als auch in Bezug auf die Entwicklung eines Lebenssinns im Alter zu thematisieren. Im Alter nehmen viele Menschen erst einmal einen räumlichen Bruch wahr. Der Weg zur Arbeitsstätte, der den Alltag strukturiert hat, entfällt, der territoriale Rückzug auf Wohnung oder Altenheim hat begonnen. Das Wohnen reicht nun in den Mittepunkt der Lebensgestaltung und wird zur Herausforderung, da gerade in den mittleren Jahren die Wohnung stark nach außen funktionalisiert, das heißt, auf die Erfordernisse des Arbeitsprozesses und der Kindererziehung zugeschnitten war. Deshalb haben Erwachsene in den mittleren Jahren wenig neuen lebensweltlichen Gestaltungssinn im Wohnbereich entwickeln und ins Alter mitnehmen können. Vor und während der Familiengründung strömt man noch in die Wohnparadiese, die eigene Wohnung ist Teil des gemeinsamen Lebenstraumes; später, wenn dieser abebbt, verflacht auch das Interesse für die Ästhetik des Wohnraumes und es weicht der lustvolle Gestaltungsantrieb dem Zweckmäßigkeitsdenken. Im Alter muss also geradezu wieder gelernt werden, die Wohnung als Lebensmittelpunkt für sich zu entdecken und zu gestalten. Neben der Neugewichtung der Wohnfunktion bekommt auch das Wohngebiet im Alter einen neuen Stellenwert. Alte Menschen sind stärker auf die räumliche Nahwelt verwiesen, denn die räumliche Mobilität, wie sie sich in der Anfahrt zur täglichen Arbeitsstätte und in den mit Beruf und Arbeit verbundenen Sozialkontakten entwickelt hat, ist zumindest zum Teil im Alter verloren gegangen. Jetzt kommt zum Tragen, ob man sich in der mittleren Lebenszeit räumliche Mobilität außerhalb der Arbeitsbezüge schaffen und einüben konnte. Hier liegt auch der sozialpädagogische Ansatzpunkt der Befähigung: Es geht um (Wieder-)Aneignung der räumlichen Nahwelt, die für viele ältere Menschen zwar irgendwie vertraut, aber keine aktivierende Sozialwelt ist, weil das soziale Geschehen im Alter keine sozial signifikanten Räume strukturieren kann. Da geben die Boule- und Piazza-Gesellschaften der Alten in den südeuropäischen Ländern schon mehr her. Wir reden von Kinder- und Jugendräumen und -kulturen, von Altenräumen und Altenkultur sprechen wir nicht. Was wir im Kapitel über die Ermöglichung von Kindheit zur sozialräumlichen Aneignung bei Kindern hergeleitet haben, bekommen wir nun wieder zurückgespiegelt – allerdings als seitenverkehrtes Bild, denn die Unmittelbarkeit des kindlichen Eindrucks ist inzwischen biografisch verloren gegangen. Aber auch im Alter geht es um die Frage, wie man sich in seiner räumlichen Umgebung lebensaltertypisch wiederfinden und spiegeln kann.

Der Übergang vom Erwerbsalter in das Rentenalter bringt für die meisten Menschen eine einschneidende biografische Zeitumstellung mit sich, da die in der mittleren Lebenszeit strukturierte Biografie an der Linearität des modernen Arbeitsprozesses ausgerichtet war. Man durchlief seine Berufszeit als *Berufskarriere* mit einer fortlaufenden Perspektive, in der neue Berufserfahrung gemacht, bisherige umgewichtet oder auch entwertet wurden. Gerade die ungeheure Beschleunigung des technologischen Wandels in Industrie, Dienstleistung und Verwaltung hat diese Linearität dynamisiert. Man musste und muss immer wieder auf neue Entwicklungen gefasst sein, kann dieses Neue aber immer weniger auf die bisherigen eigenen biografischen Erfahrungen beziehen, sondern ist ihm offen ausgesetzt. *Mithalten* und *Anschluss behalten* sind längst als Synonyme für diese unbedingt beschleunigte Linearität der technologisch-ökonomischen Wachstumsprozesse und ihrer sozialen Konsequenzen in die Alltagssprache eingegangen. Digitalisierte Programme der Arbeitsorganisation halten nicht nur immer mehr Menschen rund um die Uhr in Gang, sondern verschärfen auch die zudem schon längst vollzogene Entstrukturierung der zeitlichen Zuordnungen und Rhythmen von Arbeit und Freizeit. Unterschiedliche Arbeits-, Frei- und Ferienzeiten existieren nebeneinander. Aber auch außerhalb der Erwerbsarbeit steht der durchschnittliche Haushalt unter dem linearen Zeitdiktat des arbeitenden Menschen und der zur Schule gehenden Kinder. „Im Alter kommt es zu einem stärkeren Gewahrwerden der Kluft […] zwischen dem gesellschaftlich verankerten Konzept einer beschleunigten Zeit und der metabolischen Eigenzeit des viel langsameren Körpers. Die Beschleunigung der Zeit als Strategie gegen die Zeitlichkeit des Lebens verliert im Alter die Kraft der Überzeugung. Sie vermittelt keine Sicherheit mehr. Es kommt zu einer Entbergung aus dem gesellschaftlich verankerten Zeitverhältnis mit Gefühlen der Ratlosigkeit, Einsamkeit und Angst“ (Wulf, 1996, S. 45). Denn im Gegensatz zum linearen Zeitverständnis der technologischen Moderne, das dem stetigen und beschleunigten Wachstum und der fortschreitenden Differenzierung von Produktion und Konsum behaftet ist, steht die zyklische Zeiterfahrung, die an die innere Natur des Menschen gebunden ist. Der menschliche Körper, seine psycho-physischen Energien, die ihn umgebende Natur im Wechsel von Tag und Nacht, den Jahreszeiten und der Wiederkehr des Wachstums- und Lebensrhythmus der Pflanzen und Tiere sind zyklisch strukturiert. Der Mensch braucht sie als Zeitkontexte der Regeneration und der Rückbesinnung auf sich selbst. Wir leben aber in dem Paradox, dass wir auf zyklische Lebensrhythmen von unserer menschlichen Natur her angewiesen sind, dass sich aber in der hektischen Linearität von Arbeit und Konsum eine Mentalität herausbildet, die dieses Angewiesensein entwertet und entöffentlicht. Im Alter kommt dann ein relativ abrupter Übergang vom linearen zum zyklischen Zeiterleben, zu Zeitbrüchen also, die bewältigt werden müssen. Zum Kern Sozialer Altenarbeit gehört es deshalb, den individuell-biografischen Wert zyklischer Lebenstätigkeit und die daraus erwachsenen neuen Möglichkeiten der Gemeinschaft erlebbar zu machen, gleichzeitig aber auch den gesellschaftlichen Wert zyklischer Lebensformen in der Perspektive der Nachhaltigkeit zu thematisieren. Dies reicht wieder in die Anerkennungs- und Ausdrucksdimension der Bewältigungslage Alter hinein.

Dieser Zeitbruch beim Übergang ins Alter ist meist deshalb so einschneidend, weil die marktdefinierte Erwerbsarbeit der einzige Maßstab ist und das Alter als Arbeitsverlust und Entberuflichung erscheint. Könnten wir schon im Erwerbsalter unsere soziale Identität an einer wesentlich erweiterten und so gesellschaftlich anerkannten Arbeitsdefinition – Lebensarbeit einschließlich der Haus- und Beziehungsarbeit – festmachen, wären diese Brüche im Altersübergang wohl erheblich gemindert, und es bestünde die Chance, auch im Alter gesellschaftlich anerkannte Arbeit zu verrichten. Wenn Hausarbeit, soziale Beziehungsarbeit und Arbeit in Gemeinschaftsdiensten, die in der Regel außerhalb des Marktes getätigt werden und deshalb gesellschaftlich abgewertet sind, gesellschaftlich der konventionellen Arbeit gleichgestellt werden, hätten die Menschen die Chance, Arbeitserfahrungen auch aus den mittleren Jahren in die Altersphase mitzunehmen und in einer neuen, dem Altersstatus und der Autonomie des Alters entsprechenden Arbeitsidentität weiterzuentwickeln. Dies ist ein entscheidender Schritt der weiteren Integration des Alters in die Gesellschaft der Zweiten Moderne auch in der Richtung, dass das Alter als Vergesellschaftungsprinzip (rück-)wirken, strukturelle Anforderungen an die Gesellschaft stellen kann (vgl. Fürstenberg 2002).

12.5 Soziologie der Übergänge

Die theoretischen und empirischen Grundlagen für die sozialwissenschaftliche Übergangsforschung wurden schon in den 1970er und 1980er Jahren gelegt (Vgl. Kohli 1980; Heinz 1988). Damals war es vor allem die sozialwissenschaftliche Bildungsforschung, die im Zuge der Bildungsmobilisierung und der Differenzierung der Bildungs-und Ausbildungssysteme (vor dem Hintergrund der ökonomisch-gesellschaftlichen Modernisierungsprozesse) die Übergangsproblematik in den Mittelpunkt rückte. Dies weist – wissenssoziologisch gesehen – darauf hin, dass Übergangsdiskurse vor allem in gesellschaftlichen Transformationsprozessen entstehen. So hat der Strukturwandel der Arbeitsgesellschaft in der gegenwärtigen Zweiten Moderne längst zu einer Erosion des Normalarbeitsverhältnisses und damit der erwerbsarbeitsstrukturierten Normalbiografie geführt. Lebenslang ausgeübte und entsprechend tariflich und sozial abgesicherte Berufstätigkeit ist für viele nicht mehr erreichbar. Das Korsett der Arbeit hält den Lebenslauf nicht mehr selbstverständlich zusammen, die institutionalisierte Abfolge der Lebensalter ist vielfach durchbrochen. Wir sprechen in diesem Zusammenhang von einer Entgrenzung des Lebenslaufs. Individuelle Lebensverläufe und institutionelle Statuspassagen driften auseinander. Dadurch entstehen besondere Bewältigungslagen des Übergangs. Entsprechend hat in der sozialwissenschaftlichen Lebenslaufforschung das Übergangskonzept das Konzept der (institutionalisierten) Statuspassagen abgelöst. „Die Perspektive der Übergänge rückt demgegenüber den Aspekt der prinzipiellen biografischen Offenheit und damit die Bewegung der Biografie in den Mittelpunkt [...] Entscheidender als der Statuspassagenerwerb werden nun die subjektive Bewältigung der Übergängen biographischer Perspektive sowie die sozialen Prozesse zur Stärkung der Handlungsfähigkeit“ (Brandel/Gottwald/Oehme 2010, S. 9f.). Die Biografie wird nun vor allem an den offenen, kritischen Übergängen des Lebenslaufs betrachtet, an denen sich die Grundfrage des Zusammenspiels von (biografischer) Lebensbewältigung und lebenslauf- und gesellschaftsorientierter Integration besonders stellt. Die Übergänge und ihre Wendepunkte bei der Einschulung und im schulischen Bildungsverlauf, bei der Berufs- und Arbeitssuche, bei berufsbiografischen Brüchen und Lebenskrisen bis in die Altersübergänge setzen subjektive Bewältigungsaufforderungen frei. Während viele Übergangssituationen über biografische Umwege, verlängerte Statuspassagen und ein familial wie institutionell gestütztes Übergangsmanagement bewältigt werden und entsprechend absehbar in einen neuen gesicherten Status münden, mehren sich jene prekären Übergangskonstellationen, deren Ausgang immer wieder offen und ungewiss ist (vgl. Stauber/Walther 2008).

Übergänge sind also „Schnittstellen individueller biographischer Verläufe und sozialer Strukturen, Verzweigungen vorgeformter Entwicklungsbahnen. Sie markieren Brüche, die es zu überbrücken gilt" (Kutscha 1999, S. 113). Es gilt darüber hinaus der Grundsatz der „differentiellen Übergangsforschung", nach dem nicht nur die struktur- und subjektbezogene Dimensionen der Konstitution von Übergängen miteinander zu vermitteln sind, sondern auch nach der Art der gesellschaftlichen Regulierung von Übergängen in der Spannung von Selbstorganisation und Steuerung gefragt werden muss (vgl. Heinz 1988). In diesem Zusammenhang müssen wir aber auch analysieren, welche Art von Übergangskonstellationen und darin enthaltene Bewältigungsaufforderungen sich in der ökonomisch-gesellschaftlichen Entwicklung der Zweiten Moderne entwickeln und danach fragen, wie die betroffenen Menschen aus ihrer altersspezifischen Lebenslage heraus damit konfrontiert sind und welche Bewältigungsstrategien sie entwickeln. Der regulationstheoretische Zugang eröffnet uns eine gesellschaftskritische Perspektive der Übergangsforschung: Das radikal flexibilisierte System des neoliberalen Kapitalismus setzt immer wieder offene und riskante Brüche im Lebenslauf frei, die zu „Über-gängen" definiert und den Menschen als individuelle Bewältigungsprobleme zugemutet werden. Individuelle Lebensverläufe und institutionelle Statuspassagen – vor allem bei jungen Leuten im Übergang in die Erwerbsgesellschaft – driften auseinander. Dadurch entstehen besondere Bewältigungslagen. Kritische Übergangskonstellationen werden aber nicht nur im jungen Erwachsenenalter freigesetzt, sondern gerade auch im Erwerbsalter in Phasen der Arbeitslosigkeit und der Prekarisierung der Beschäftigungsverhältnisse. Während viele Übergangssituationen über biografische Umwege, verlängerte Statuspassagen und ein familial wie institutionell gestütztes Übergangsmanagement bewältigt werden und entsprechend absehbar in einen neuen gesicherten Status münden, hat es die Soziale Arbeit in der Regel mit jenen prekären Übergangskonstellationen zu tun, deren Ausgang offen und ungewiss ist. Es handelt sich dabei um Bewältigungslagen, die vor allem durch Anerkennungs- und Aneignungsprobleme gekennzeichnet sind und bei denen Chancen der Thematisierung mit Fortdauer der Übergangssituation sinken.

In einer entgrenzten Arbeitsgesellschaft (vgl. 13.2) – so die Programmatik des neuen Kapitalismus – soll der einzelne Mensch nicht mehr durch die Grenzen der industriellen Erwerbsarbeit eingeengt sein, sondern wird zum selbstorganisierten Gestalter seiner Lebens- und Arbeitszeit erklärt. Nach dem Humankapitalansatz (vgl. auch 13.4) wird die arbeitsgesellschaftliche

Integration nicht mehr über den Sozialstaat als traditionellem Gewährleister des Normalarbeitsverhältnisses gesteuert, sondern die Bürger werden – als Inhaber ihres Humankapitals – zu selbstständigen Akteuren (UnternehmerInnen) auf dem Arbeitsmarkt ernannt: Die „Arbeitskrafteigner" müssen demnach versuchen, sich selbst am Arbeitsmarkt zu platzieren.

Dies setzt vor allem in der Lebensphase neuartige Bewältigungsprobleme frei, in der die Integration in die Arbeitsgesellschaft als Einfädelung in eine Berufskarriere angesagt ist. Diese Übergangsphase ist angesichts entgrenzter arbeitsgesellschaftlicher Strukturen für viele offen und riskant geworden. Es entstehen zeitlich unübersichtliche und hinsichtlich der sozialen Verortung unsichere Übergangskonstellationen, die den Lebenslauf einschneidend verändern können. Insgesamt ist mit dieser Verlängerung und Enstrukturierung der Übergänge für viele der Altersgruppe zwischen zwanzig und dreißig Jahren eine Lebensphase entstanden, die nicht mehr dem Jugendalter, aber auch noch nicht dem Erwachsenenalter zurechenbar ist, wenn man den Status der ökonomischen Selbständigkeit als Maßstab heranzieht. Diese „Zwischenphase" hat somit für viele junge Menschen immer noch Übergangscharakter, sie sind aber schon deutlich status- und einkommensorientiert (vgl. Stauber/Walther 2008).

Im jungen Erwachsenenalter wirkt ein Freisetzungsparadox, das hauptsächlich von der Ambivalenz und Doppelbödigkeit der Ökonomie herrührt. Jungen Leuten wird zwar abverlangt, dass sie früh und zielgerichtet (‚auf den Punkt') ihre Ausbildung abschließen, dass sie als ‚fertige' Menschen im Arbeitsprozess verfügbar sind, ob sie damit aber auch mittel- und langfristig biographisch abgesichert sind, bleibt im Ungewissen, ist ihnen privat überlassen. Instrumentelle Berufsqualifikation und biographische Lebensperspektive sind deshalb für viele erst nach der Jugendzeit aufeinander beziehbar. Dieser Zusammenhang ist es, der die Lebenszeit junger Erwachsener zur Schlüsselphase der biographischen Suche nach personaler Identität und sozialer Integration macht. Dabei ist es nicht nur die Altersgruppe der 18–25 Jährigen, die noch oder wieder in der Ausbildung sind, die in diesem Bewältigungskontext hineingezogen sind. Auch die jungen Erwachsenen, die den gesellschaftlichen durchschnittlichen Einkommens- und Familienstatus schon erreicht haben, sind mehr als früher dem Strukturwandel der Arbeitsgesellschaft ausgesetzt, dem Druck der ökonomisch-technologisch implizierten Durchsetzungs- und Verdrängungskultur unterworfen. In beiden sozialen Sphären des jungen Erwachsenenseins, sowohl in der Sphäre ökonomischer Selbstständigkeit als auch in der offenen und sozialökonomisch ungesicherten Übergangssphäre, wirken sozialisatorische Dynamiken, die nicht mehr in das Bild der ‚Verlängerung der Jugendphase' gebracht werden können.

Diese Problematik stellt sich dann oft auch geschlechtstypisch. Da Männlichkeit und Männerrolle in unserer Gesellschaft eng an das Normalarbeitsverhältnis gebunden, da dieses aber nicht mehr selbstständig erreichbar ist, können männliche Durchsetzungs- und Konkurrenzmuster wieder Platz greifen, auch wenn sie in der Jugendzeit wenig sozialisationswirksam waren. Junge Frauen wiederum, die über das gesellschaftliche Rollenbild der Vereinbarkeit von Familie und Beruf verfügen und sich an ihm orientieren, sehen sich aus diesem Bild heraus und bei steigender Geschlechterkonkurrenz um den guten und sicheren Arbeitsplatz in die familiale Rolle zurückgedrängt. Es gilt gesellschaftlich als zumutbar, dass sie angesichts eines krisenhaften Arbeitsmarktes sich in ihrer ‚Erwerbsneigung' zurückhalten. Damit geraten sie in die Situation, dass sie keine eigene biographische Entscheidung treffen und damit keine selbst bestimmte Lebensperspektive entfalten können. Dies ist umso problematischer, als Befunde der geschlechtsbiographischen Berufs- und Übergangsforschung zeigen, dass auch Mädchen und junge Frauen, die auf den Status ‚sozial Benachteiligte' verwiesen sind, trotz aller verwehrten Zugänge an einer übergreifenden beruflichen Lebensperspektive orientiert sind, die sie aber immer wieder zurückschrauben und sich dann mit geschlechtstypischen Verengungen zufrieden geben müssen (vgl. dazu Schittenhelm 1998). Im jungen Erwachsenenalter geraten sie dann zudem in eine geschlechtstypische ‚Anerkennungsfalle'.

Die Soziale Arbeit als Kinder- und Jugendhilfe steht in diesem Zusammenhang vor der Herausforderung, dem kompensatorischen Randdasein in den arbeitsweltbezogenen sozialen Diensten zu entwachsen und zu einem neuen Ort in regionalen Übergangs- und Bildungsstrukturen (vgl. Brandel/Gottwald/Oehme 2010) zu werden. Bisher haben die Berufszentrierung und Formalisierung der Bildungswege sowie die Fixierung der Beschäftigungshilfen auf dem ersten Arbeitsmarkt für die Kinder- und Jugendhilfe – von der Schule über die Berufsausbildung zur Beschäftigung – kein eigenständiges Funktionsspektrum gleichsam als dritte Säule neben Schule und den unterschiedlichen (Aus)Bildungsformen zugelassen. Doch die Kinder- und Jugendhilfe wird den gegenwärtigen Herausforderungen nicht gerecht, soweit sie nur kompensatorische Hilfen anbietet und eine nachholende oder begleitete Berufsausbildung und Beratung für von sozialer Benachteiligung betroffene Jugendliche und junge Erwachsene entwirft und sich nur ergänzend auf die Bildungssequenzen im Lebenslauf bezieht, die zur Erwerbsarbeit führen sollen.

12.6 Generation

Die im traditionellen pädagogischen Denken primär sozialanthropologische Definition der Generation erhielt in der industriellen Moderne eine signifikante soziologische Bedeutung, weil nun die Lebensalter – vor allem die Jugend – vor dem Hintergrund der arbeitsteiligen Modernisierung gesellschaftlich neu bewertet wurden. War das vormoderne Generationenverständnis sozial und kulturell rückgebunden an ein zyklisches Bild der Lebenskreise, die sich um eine feste und überlieferte Autoritätsordnung der Altersgruppen Kindheit, Jugend, Mannesalter und Greisenalter bildeten, so schaffte die industrielle Arbeitsteilung eine spezifische Hierarchie und neue Bewertungen der Lebensalter. Generation meint nun einen gemeinsamen Erfahrungshorizont von Altersgruppen, der darauf beruht, dass man sich nicht nur altersmäßig ähnlich ist, sondern vor allem auch über das gemeinsame Zeiterleben und die Erfahrung einer gemeinsamen lebensaltertypischen Stellung in der modernen Arbeitsteilung – über Klassen und Schichten hinweg – miteinander verbunden bzw. ähnlich sozial „gelagert“ ist (vgl. Mannheim 1965). Vor dem Hintergrund dieser modernen Generationenlagerung erhält vor allem die junge Generation ihre epochale Bedeutung in der industriellen Gesellschaft. Das Prinzip des arbeitsteiligen linearen Fortschritts lässt die Jugend immer wieder dem Neuen näher und rücksichtslos gegenüber dem Alten erscheinen. Dieses Fortschrittsgefühl der jungen Generation schlägt sich in entsprechenden Haltungen nieder, die gesellschaftliche Generationskonflikte erzeugen können. Gleichzeitig werden die jungen Menschen als ProtagonistInnen des Neuen gesehen.

Das über diese Generationenlagerung vermittelte Generationserleben kann als gemeinsames Zeiterleben eine soziale Kraft ausbilden, die Klassenunterschiede und soziale Ungleichheiten für die Jugend biografisch zurücktreten lässt. Natürlich – so Karl Mannheim, der Klassiker der soziologischen Generationentheorie – können innerhalb eines solchen gesellschaftlichen Generationsrahmens durchaus konträre Orientierungen bis hin zur weltanschaulichen Polarität weiter bestehen. Die Generationslagerung und das in ihr freigesetzte Generationserleben stellen aber dennoch eine eigene gesellschaftliche Dimension dar, auch wenn sie sich im Verhalten ganz unterschiedlich ausprägen kann. Die Jugend ist auf Grund ihrer besonderen Generationenlagerung grundsätzlich zum Neuen bereit. Wie dieses Neue allerdings ausfällt, ob es nun in progressiver oder regressiver, passiver oder aktiver, konformer oder abweichender Gestalt auftritt, hängt von den gesellschaftlichen Rahmenbedingungen ab, in denen sich Jugend konstituiert und von der jeweiligen Verortung Jugendlicher im sozialen Raum.

Seit den 1990er Jahren signalisieren nun verschiedene Jugendstudien das Ende der jungen Generation als kritische Masse der Zukunftsentwicklung der Gesellschaft. Die Jugend bleibe zwar weiterhin eine besondere Sozialgruppe in der Spannung von Separation und Integration, von Entwicklung und Selbstständigkeit, sie sei aber nicht mehr – per Generationsdefinition – den anderen Lebensaltern gegenüber in einer Ausnahmestellung. Denn das Generationenverhältnis und -gefüge scheint sich nachhaltig zu ändern: Zum einen kommt das Alter, das die Modernisierung als Restkategorie zu Gunsten der jungen Generation zurückgelassen hatte in dem Maße wieder ins gesellschaftliche Generationenspiel, in dem die Jugend an gesellschaftspolitischer Relevanz verloren hat. Zum anderen hat sich das Label

„junge Generation“ mit seinem Gütezeichen des Neuen, Unverbrauchten von der Sozialgruppe Jugend abgelöst und ist, zum Warenetikett (Produktgenerationen) geworden. Die Generationenspannung, in der Karl Mannheim noch einen Grundantrieb moderner Arbeitsteilung gesehen hat, scheint entgesellschaftet, privatisiert. Angesichts der Entkoppelung lebensweltlicher und ökonomisch-gesellschaftlicher Bezüge verschwimmen auch die gesellschaftlichen Generationenverhältnisse, treten eher die privaten Sorgeverhältnisse hervor, in denen weniger der Generationskonflikt, sondern die Suche nach familialer Generationenharmonie im Aufeinander-Angewiesen-Sein zum Ausdruck kommt. Was aber gesellschaftlich bleibt und überdauert, ist Karl Mannheims Kernthese, dass die jeweilige Jugendgeneration neu in die Gesellschaft eintritt und sich deshalb erst einmal indifferent oder gar rücksichtslos gegenüber dem sozial und politisch gewordenen verhält, strukturell verhalten „muss“.

Kapitel 13
Lebensbereiche: Familie, Erwerbsarbeit, Gesundheit, Bildung, Konsum, Medien

Das alltagstheoretische Bild von der „Normalfamilie“ beeinflusst bis heute die sozialpädagogische Diagnostik im Spannungsfeld von lebensweltorientierter Hilfe und auf Typisierung drängender organisatorischer Kontrolle. So ist es plausibel, dass es einer familiensoziologischen Reflexivität bedarf, um diese Alltagsvorstellung von der Normalfamilie zu dekonstruieren und die Pluralität wie auch Fragilität der Familiennormalität aufzeigen zu können. Ähnlich wollen wir dann im Hinblick auf die gesellschaftliche wie die darauf bezogene subjektive Bedeutung von Erwerbsarbeit und Konsum verfahren. Sozialpädagogik/Sozialarbeit hat ja traditionell eine gesellschaftliche Integrationsperspektive entwickelt – bzw. ist ihr diese zugewiesen worden –, in deren Zentrum die Erwerbsarbeit – bzw. die von ihr abgeleitete Familienarbeit – stand und vielfach immer noch steht. Maßgabe für die soziale (Re-)Integration ihrer KlientInnen ist also der Erwerbsarbeitsstatus, der zu erreichen ist oder dem man möglichst nahe kommen sollte. Gleichzeitig – und das wird von manchen SozialarbeiterInnen so empfunden – wird KlientInnen, besonders wenn sie öffentliche Unterstützungsleistungen erhalten, der Konsumentenstatus abgesprochen, bzw. werden sie negativ bewertet, wenn sie sich hier so wie andere verhalten und deshalb ihre finanziellen Mittel frühzeitig verausgaben. Dabei ist der Konsum für sie oft die einzige Möglichkeit, am gesellschaftlichen Alltag teilzuhaben. Diese Funktion des Konsums soll soziologisch aufgeklärt werden. In diesem Zusammenhang wird auch der ambivalente Charakter des Konsums als Medium der Vergesellschaftung deutlich, mit dem sich die Soziale Arbeit auseinander setzen muss und dem sie sich nicht entziehen kann.

In den Fall- und Hilfekonstellationen der Sozialen Arbeit spiegeln sich nicht nur die Strukturprinzipien der Lebensbereiche Familie, Arbeit und Konsum, sondern auch die von Bildung und Medien wider. Im Prozess der neokapitalistischen Vergesellschaftung zu Beginn des 21. Jahrhunderts sind auch diese Lebensbereiche zunehmend in den Sog der Ökonomisierung geraten. Die Menschen werden vorrangig aus der Humankapital-Perspektive betrachtet, ihre lebensweltlichen Bezüge und Eigenheiten scheinen in den Hintergrund getreten zu sein. Den KlientInnen der Sozialen Arbeit, die in der Regel kaum „marktfähig“ sind, drohen von daher neue Ausgrenzungen. Die Soziologie kann der Sozialen Arbeit hier spezifische Erkenntnisse und

Argumente vermitteln und damit einen Beitrag zu ihrer aktuellen Diskursfähigkeit in diesen Feldern leisten. In diesem Sinne sollen die nächsten Abschnitte keinen ausführlichen innerdisziplinären Überblick über die jeweiligen Teil-Soziologien (Familien-, Arbeits-, Bildungssoziologie etc.) geben. Uns kommt es vielmehr darauf an, einige kritisch-reflexive Zugänge für die Soziale Arbeit zu eröffnen.

13.1 Zur Soziologie der Familie

In der sozialwissenschaftliche Definition bezeichnet ‚Familie' die Zusammengehörigkeit von zwei oder mehreren aufeinander bezogenen Generationen, die zueinander in einer Eltern-Kind-Beziehung stehen. Von der Position des Kindes aus gesehen ist es die Herkunftsfamilie, von der Elternposition aus die eigene Familie. Als kleinste Größe umfasst eine Familie ein Kind und ein Elternteil, die inzwischen meist als ‚Ein-Eltern'- oder ‚Ein-Elter-Familie' bezeichnet wird. Eine Familie, die mehrere Generationen einbezieht, wird als ‚Mehrgenerationenfamilie', eine, die neben einem Generationszusammenhang noch weitere Positionen (z.B. Geschwister der Eltern) einschließt, wird als ‚erweiterte Familie' bezeichnet (vgl. Böhnisch/Lenz 1999). Setzt sich eine Familie aus einem Kind oder mehreren Kindern und einem Elternpaar zusammen, dann spricht man von ‚Kernfamilie'. Die heutige Kernfamilie ist eine ‚Erfindung' der Moderne und hat sich im Zuge der industriellen Arbeitsteilung als Ort sozioemotionaler Reproduktion des Nachwuchses und der Arbeitskraft herausgebildet. Dennoch wird sie – wegen ihres Merkmals der Blutsverwandtschaft und ihres Intimcharakters – von den Subjekten immer wieder als ‚naturgegeben' empfunden und in dieser Naturalisierung als gesellschaftspolitisches Leitbild beschworen. Durch die kulturelle Dominanz, die dieses Modell im 20. Jahrhundert erreicht, wird die Kernfamilie auch häufig als Normalfamilie bezeichnet; dabei besteht die Gefahr, dass davon abweichende Formen übergangen oder diskriminiert und auch die wiederkehrenden Spannungen und Veränderungen, die Familie erfährt, nicht angemessen wahrgenommen werden.

Heute noch sind es in der Mehrheit Mutter-Kind-Familien. In der Jugendhilfe stellen Ein-Eltern-Familien einen überproportionalen Anteil an KlientInnen, ein Fakt, der selten in seiner Problematik von Überlastung, sozioökonomischer Unsicherheit, eingeschränkter Hilfe und vermehrter Kontrolle reflektiert wird.

In historischer Rückschau zeigt sich der Wandel von archaischen Formen des Zusammenleben der Generationen in Sippen, zur „familia" als patriarchale Produktions- und Lebenseinheit von Bauern und Handwerkern, die nicht nur ein elterliches Paar und dessen Kinder, sondern auch unverheiratete Familienmitglieder und Hilfskräfte umfasste. Die Ehe- und Elternbeziehung unterlag lange engen kirchlichen und rechtlichen Regulierungen und war oft nicht allen erwachsenen Personen zugänglich. Im Übergang zum Industriezeitalter trennten sich die Welt der Erwerbsarbeit und des Berufs vom Haushalt und die gestiegenen Anforderungen an Kindererziehung und Haushaltsführung wurden zur Aufgabe und Welt der bürgerlichen Frau. Im Übergang zum Industriezeitalter war ein Überleben von Eltern mit Kindern durch die wild wachsenden Städte, durch Ausbeutung in den Fabriken wie in den Haushalten des Bürgertums und in der Landwirtschaft gefährdet. Im Verlauf des Industriezeitalters unterschieden sich dann die Lebensformen bürgerlicher und proletarische Familien, während heute „Familie" für alle die Form einer modernen Institution angenommen hat, für die man sich entscheidet und die durch familien- und sozialrechtlichen Regelungen flankiert ist.

Die moderne Familie gründet auf intimen, emotionalen Beziehungen, wobei sich nebeneinander eine Paarbeziehung und eine Eltern-Kind-Beziehung entwickeln und mit dem Alter der Kinder wandeln. Dabei gilt es, in wechselnden Zusammenhängen das Geflecht der Beziehungen aufrechtzuerhalten und zu gestalten. Dass dies auch neue Anforderungen an Väter stellt, wird heute mit den Begriffen der aktiven oder engagierten Vaterschaft beschrieben (vgl. Fthenakis 1999). Die neuere empirische Familienforschung weist zudem darauf hin, dass es angesichts des gesellschaftlichen Strukturwandels mit der Folge der Individualisierung und Pluralisierung der Lebensformen, längst nicht mehr gerechtfertigt ist, die Familie als ortsgebunden und im Kleinfamilienmodell als relativ sozial isoliert zu betrachten. Vielmehr muss bei vielen Familien von einem multilokalen Netzwerk ausgegangen werden (vgl. Bertram 1995). Kennzeichen dieser multilokalen Familienform ist, dass die Mitglieder nur noch zu einem kleinen Teil ihres Lebens in einem Haushalt zusammen sind, danach und gleichzeitig aber in multiplen Kommunikationsbeziehungen miteinander stehen. Familie kann somit auch als Netzwerk gelebter multilokaler Beziehungen betrachtet werden. In den letzten Jahren haben sich über die traditionelle Kernfamilie hinaus unterschiedliche Familienformen gebildet, z.B. Mehr-Eltern-Familien, Patchwork-Familien homosexuelle Paare mit Kindern, die aber in ihren Beziehungsstrukturen doch dem Kernmodell nahe sind (vgl. Peuckert 2008). Dabei entstehen auch neue Verantwortungskonstellationen zwischen Erwachsenen und dazugehörigen Kindern, die bisher aber unter der Dominanz des traditionalen Familienleitbilds unserer Wahrnehmung entgehen (vgl. Roseil 2000).

Der Anstoß zu Veränderung von Familie kommt heute wieder aus der Arbeitswelt mit ihrem „massiven Erwartungsdruck", dem Zwang, die eigene Arbeitskraft nach Markterfordernissen zu verwerten und verfügbar zu halten. Die Anforderungen an ein anderes Zeitmanagement entstehen aus den „familiären" Verpflichtungen und der notwendigen Zeit für gedeihliches privates Zusammenleben, die – insbesondere unter „Konkurrenzdruck gegenüber KollegInnen ohne Sorgepflichten" an ihre Grenzen geraten. Davon sind alle beruflichen Statuspositionen betroffen (Jurczyk 2010 und Jurczyk u.a. 2009). Familien suchen unterschiedliche Lösungen: die Entlastung durch private Dienstleistungen, eine bis auf 24 Stunden erweiterte Kinderbetreuung in Kitas, zwischen Mutter und Vater neu ausgehandelte oder frei gewählte „retraditionalisierte" Rollenverteilung. Diese Veränderungen verlangen Flexibilität in der Vereinbarkeit von Familie und Beruf, aber gleichzeitig auch immer wieder die offene Aufforderung, Familie täglich immer wieder herzustellen (vgl. auch Achter Familienbericht 2012). Es ergeben sich Chancen zu neuen Geschlechterarrangements aber auch die Aufgabe, sich auf Neues einzulassen und darüber neu zu verständigen. Elterliches Konflikt-Verhalten und Paarkonflikte – insbesondere die Konfliktfähigkeit – werden nicht durch die Häufigkeit von Konflikten, sondern am meisten durch beruflichen Alltagsstress beeinträchtigt (Ossysek u.a. 1995). Aus einer Sekundäranalyse des Kinderpanels von Tanja Betz, die auf mögliche Unterschiede entlang von Familienmilieus zu schließen versucht, geht – im Gegensatz zu anderen Ergebnissen – hervor, dass *„Stress und Hektik"* im Alltag (aus Muttersicht) vor allen Dingen in Elternhäusern mit hohem Einkommen und hohen Bildungsabschlüssen zu beobachten sind (Betz 2008, S. 250).

Das Spezifikum einer Familie sind die besonderen Generationenbeziehungen. Die Familie wurde oft als „Gruppe besonderer Art" charakterisiert (vgl. z.B. Tyrell 1983). Familien umfassen zwar meist drei oder mehr Mitglieder, sie können aber auch – wie bei Ein-Eltern-Familien – nur aus zwei Mitgliedern bestehen. Die Verwendung des Gruppenbegriffs im Zusammenhang mit Familien ist eng verknüpft mit der Vorstellung der Kernfamilie. Doch sollte an die Stelle des Gruppenkonzepts das Konzept der persönlichen Beziehung treten (vgl. Lenz 2008). Denn auch wenn die Familien Gruppen sein können, ist der Gruppencharakter kein allgemeines Kennzeichen der Familie. Vielmehr entsprechen Familien dem Strukturtypus der emotional strukturierten persönlichen Beziehung, wobei sich deren Besonderheit daraus ergibt, dass diese Beziehungen aus Personen gebildet werden, die unterschiedlichen, unmittelbar aufeinander bezogenen (Abstammungs)Generationen angehören. Umso notwendiger ist es, ihre soziologische Struktur herauszuarbeiten, einmal mit Verweis auf ihre gesellschaftlichen Funktionen, zum anderen als soziodynamisches Beziehungssystem besonderer Art. Zu den gesellschaftlichen Funktionen zählen in der Soziologie die Regulierung der Sexualität, die Selbstrekrutierung und Reproduktion ihrer Mitglieder im biologischen Verständnis und als primäre Sozialisationsinstanz (Schutz und Fürsorge für Säuglinge, Kleinkinder, Rückhalt für Jugendliche), die Einreihung in die Herkunftsfamilie (Filiation), die Befriedung der Bedürfnisse nach Liebe und emotionaler Geborgenheit, die Pflege von kranken und abhängigen Familienmitgliedern. Inzwischen wird darüber diskutiert, inwiefern diese „Funktionen" dort einem Wandel unterliegen, wo die Familie Funktionen an Kitas, Horte und Schule abgegeben hat, und ob man hier gar von einem Funktionsverlust sprechen kann. Die Frage nach den grundlegenden gesellschaftlichen Funktionen von Familie muss vor allem aber um die Problematik der darin eingelassenen Spannungen und Widersprüche erweitert werden.

Die bürgerliche Familie, wie sie im Kontext industrieller Arbeitsteilung entstand, ist vor allem durch die Trennung von öffentlicher und privater Sphäre bestimmt. Trotz der Trennung von häuslichem Leben und Arbeit, von außerfamilialer Produktion und familialer Reproduktion sind Familien und familien-ähnliche Beziehungen widersprüchlichen gesellschaftlichen Anforderungen ausgesetzt. Familien sollen zugleich Anforderungen, Lebensschwierigkeiten und soziale Probleme bearbeiten, die über ihre Mitglieder in den Familienkreis hineingetragen werden. Aus Sicht der Schule wird z.B. erwartet, dass innerhalb der Familie Leistungsforderungen der Schule unterstützt und zugleich Entlastung und selbstverständliche Wertschätzung für das Kind aufrechterhalten werden. Oder die Familie soll durch gemeinsame Anstrengung Engpässe aus beruflichem Zeitdruck auffangen. Doch der innere Kreis der Familie ist zugleich für die Öffentlichkeit tabu, die Familie muss also die von außen induzierten Probleme privat lösen. Dies kann Familien stärken, doch bei Versagen zu Überforderungssyndromen und internen Belastungen führen, welche zunächst in der familialen Intimität verbleiben, aber einer äußeren Bewertung unterliegen. Aufgrund der allseits geteilten und geforderten Privatheit der Familie können diese Konflikte und Probleme dann nur unter Schwierigkeiten nach außen getragen und mittels Übersetzung in ein „öffentliches Interesse" oder soziales Problem (vgl. 7.) weiter bearbeitet werden. Emotionalisierung und Intimisierung des Familienlebens stellen zusammen mit der Freiheit zur Gestaltung der privaten Eltern-Kind-Beziehungen positive, aber auch hoch ambivalente Eigenschaften des privaten Lebens dar, was nicht zuletzt an der Flut von Ratgeber-Texten ablesbar ist. Nicht-einlösbare Glücksansprüche und Leiden an der häuslichen Intimität kann von der sozialen Blockierung einzelner Familienmitglieder – vor allem der Kinder – bis zur „verhäuslichten Gewalt" – in der Paarbeziehung, von Vätern gegen Frauen und Kinder und/ oder von Müttern gegen Kinder und Partner – reichen; diese sind eng mit (geschlechts-)hierarchischen Vorgaben verbunden – Männer und Frauen sind jeweils anders betroffen und in Verantwortung verstrickt (vgl. 7.5). Familien sind Intimitätsstrukturen, die durch Verinnerlichung in die Familie und die Personen hinein wirken; die gesellschaftliche Umwelt aber ist durch eine formal-abstrakte Kultur der Arbeit bestimmt. Beides sind dennoch notwendig unterschiedliche Formen des menschlichen Zusammenlebens, aber sie können – da sie verschiedenen Grundprinzipien gehorchen – nicht ineinander überführt und nicht voneinander abgeleitet werden. Das kulturelle System der Arbeit ist durch universalistische, formell-rationale Normen und Symbole gekennzeichnet. Die Familie und der private Reproduktionszusammenhang sind vom binnenorientierten Prinzip des Zusammenhalts und der Loyalitätsbindung gegen das Gesellschaftliche, also in sich hinein gerichtet (vgl. dazu Erdheim 1988; Böhnisch/Lenz/Schröer 2009).

Die eigene Qualität der familialen Binnenstrukturen kann mit den theoretischen Konzepten der systemischen Familientherapie erfasst werden. Diese können durchaus als psychologisches Pendant zum systemtheoretischen Paradigma der Soziologie gesehen werden. Nach Art von sich selbst aufrechterhaltenden und ausbalancierenden Regelkreisen verbinden sich hier Interaktionsmuster aus universal-kulturellen Bedeutungen der Partnerschafts-, Eltern-Kind- und Geschwisterverhältnisse mit den sich entwickelnden individuellen Persönlichkeitsmustern. Sie verstärken und wandeln sich über die Zeit in den Verrichtungen des Alltags zu gegenseitigen Erwartungen entlang von Subsystemen der Paar-, der Geschwister- und Eltern-Kind-Subsysteme (vgl. Minuchin u.a. 2000). In diesen gegenseitigen Erwartungen werden tiefgreifende Botschaften für die Identitäten der Familienmitglieder transportiert: Bestimmung familiärer Mitgliedschaft, der Umgang mit primärer Bindung und Ablösung, die Qualitäten von innerfamilialer Ordnung und Austausch, der Umgang mit Konflikten und die Entwicklung von Mustern des Ausgleichs. In der Perspektive der System-Umweltbeziehung lassen sich dann auch identitätsbelastende Konstellationen des familialen Zusammenhalts bestimmen: „Rigide undurchlässige Grenzen“ im Innern und nach außen gehen mit gering entwickelten Gefühlen von Zugehörigkeit, von Loyalität und Empathie in der Familie einher. Diffuse und verwischte Grenzen nach außen und untereinander können zu wenig persönlichen Entwicklungsmöglichkeiten und Angst vor Trennung führen. Davon lässt sich theoretisch eine Form familiären Zusammenhalts unterscheiden, die zugleich Offenheit und eine Balance zwischen Innen und Außen ermöglicht – bei klaren, verhandelbaren Rollen und der Chance zu eigenständigem Handeln (ebd.). Für die Sozialarbeit ergibt sich der der wichtige systemische Hinweis, dass Interventionen von außen in die innere Dynamik eingebunden werden und hier Veränderungen in Gang setzen. Für Interventionen kann damit eine konstruktive Perspektive eingenommen und gefragt werden, welche Richtung diesen Veränderungen – in geduldiger schrittweiser kollektiver Abstimmung mit allen Familienmitgliedern – gegeben werden kann. Familiensystemische Ansätze stellen bedeutsame Interpretationsmöglichkeiten – insbesondere auch für mehrfach-belastete Familien – zur Verfügung, gerade auch wenn sie unter dem Druck stehen, nach außen Normalität darzustellen, obwohl sie im Innern von ihren Möglichkeiten her keine Beziehungen mehr gestalten können. Das gilt gerade für Eltern, die ihre familialen Rollen nicht ausfüllen können oder in denen sich Eltern-Kind-Rollen verkehren.

Der systemische Ansatz kann uns auch die komplexen Wirkungszusammenhänge erschließen, die bei verschiedenen Formen von drohender oder akuter Kindeswohlgefährdung in Familien zusammenwirken. Hier spielen besondere biografische Erfahrungen im Lebenslauf, wie schwerwiegende nicht gelöste Bindungsprobleme aus der Kindheit, nicht bearbeitbare oder in guter Form einer Bewältigung zugeführte Gewalt- und Abhängigkeitserfahrungen, eine Rolle, die zu negativen Kreisläufen im „System" der familialen Beziehungen z.B. bei schweren Partnerschaftskonflikten führen (vgl. Brückner 2006).

Untersuchungen zum Einfluss von sozioökonomischer und Stressbelastung auf die Häufigkeit von Kindeswohlgefährdung haben zunächst festgestellt: „Die Fachkräfte des ASD treffen bei der Bearbeitung von Gefährdungsfällen überwiegend auf Familien, die mit lohnersetzenden Transfereinkommen auskommen müssen und in denen die betroffenen Kinder nicht mit beiden Eltern zusammenleben [...]. Obwohl diese Umstände unstrittig Belastungsfaktoren im Leben von Kindern darstellen, kommt ihnen beim Verständnis der Entstehung von Kindeswohlgefährdung doch nur eine eher geringe Rolle zu, da für sich genommen die negativen Effekte eines Aufwachsens in Einkommensarmut und ohne beide Elternteile im Mittel weit unterhalb der Schwelle zur Kindeswohlgefährdung im Sinne des § 1666 BGB liegen und die überwiegende Mehrzahl aller Kinder die unter solchen Umständen aufwachsen, keine Kindeswohlgefährdung erlebt" (Reinbold/Kindler 2006, S. 191). Das bedeutet aber im Umkehrschluss, dass Entwicklungsbelastungen, wie sie auch unter wohlhabenden Lebensbedingungen für Kinder entstehen können, nicht zu offiziellen „Gefährdungsfällen" gezählt werden. Gefährdungslagen stehen auch weniger im direkten Zusammenhang mit Stressbelastung als „dass in vielen Fällen sowohl die Entstehung der Gefährdung als auch die fehlende Unterstützung durch grundlegende Einschränkungen in den sozialen Fähigkeiten misshandelnder vernachlässigender oder missbrauchender Elternteile verursacht wird" (ebd., S. 191). Zur Entwicklung und Unterstützung der grundlegend fehlenden „sozialen Fähigkeiten" braucht es allerdings eine intensive, fachlich sichere Begleitung auf der Grundlage einer oft erst aufzubauenden vertrauensvollen, von Respekt getragenen Kooperation mit den Eltern. Die für alle Beteiligten risikovolle Intervention von außen in die Privatheit hinein erfolgt jedoch meist unter Druck, steht selbst oft auf unsicherer Grundlage und kann – da viele „fremde Institutionen" mit ihren eigenen, wechselnden Logiken beteiligt sind, eher als zusätzliche Belastung erlebt werden. „Das fehlende Zusammenpassen der Systeme (Inkongruenz) bzw. die negative Häufung von Konflikten (Problempotenzierung) bei gleichzeitiger mangelhafter Unterstützung von außen machen die wesentlichen Bedingungen für Misshandlung und Vernachlässigung aus" (Wolff 2007).

Schließlich muss auch gesehen werden, dass die Fähigkeit eine elterliche Rolle zu spielen und elterliche Verantwortung einzulösen mit dem Verlust anderer Erwachsenen-Rollen einhergeht. Es ist daher als Aufgabe für Soziale Arbeit abzuleiten, dass elterliche Positionen auch über Konflikt- und Versagenserfahrungen hinweg anerkannt und gestützt werden müssen – wenn dabei zunehmend auch der Schutz des Kindes gewährleistet werden kann.

Elterliche Kompetenzen entstehen nicht natürlicherweise von selbst. Aus einer zentralen Kritikperspektive der Frauenbewegung hat sich hier die analytische Frage entwickelt, wie die Bereitschaft und der Raum zur Übernahme elterlicher Verantwortung immer wieder aufgebaut, abverlangt, aber nicht ausreichend abgesichert wird, so dass Frauen und Männer in belasteten Lebenslagen unter den Druck geraten, ihre ganze Kraft in die Aufrechterhaltung von Familienleben zu setzen und dabei vom Scheitern bedroht sind. Die gesellschaftlichen Rahmenbedingungen dafür werden aufgezehrt und die Belastbarkeiten überdehnt (vgl. Jurczyk 2010).

Das Habituskonzept (vgl. 5.4) ermöglicht es uns des Weiteren, „unbewusste" Milieu-Einflüsse zu erfassen: Zu den zentralen Leistungen der Familie gehört neben der sozialemotionalen Rahmung und Unterstützung des Aufwachsens von Kindern und Jugendlichen die erzieherische Vermittlung von Bildung. Der familiale Bildungsprozess verläuft aber nicht formal und in diesem Sinne intentional, sondern aus der Routine von Familientraditionen und alltäglichen Familiengewohnheiten heraus. Individuelle Bildungsbiografien sind also durch intergenerationale Habitusentwicklungen beeinflusst, die auf die Herkunftsfamilie und ihr gewachsenes Milieu zurückgehen (vgl. Brake/Kunze 2006).

Mit dem Habituskonzept kann also aufgezeigt werden, dass Bildungserwartungen der Eltern gegenüber ihren Kindern nicht nach einem eindeutigen Kosten-Nutzen-Modell ablaufen. Es lenkt die Aufmerksamkeit über den engeren Entscheidungskontext hinaus auf die Bewältigungs-Konstellationen, wie sie sich in Familienmilieus als beziehungsvolle Gegenseitigkeitsstrukturen entwickelt konnten. Wie und wann sich in der Familie erworbene Kompetenzen biografisch umsetzen, ist nicht eindeutig prognostizierbar und messbar und tritt unterschiedlich sowie zeitlich verzögert in neuen Lebenssituationen zutage. Eltern wundern sich oft, wenn ihre Kinder erst später, wenn sie junge Erwachsene sind, in ihren Partnerbeziehungen, ihren kulturellen Orientierungen und ihrem alltäglichen Verhalten vieles tun, was sie als Kinder und Jugendliche, wenn es die Eltern von ihnen verlangten, nur widerwillig getan oder abgewehrt haben. Das Konzept des Habitus verweist auf ein implizites Bildungsgeschehen, auf eine nicht bewusste Inkorporation im Zusammenspiel mit anderen außerfamilialen Einflüssen. Damit wird der Bildungseinfluss der Familie wieder in einen familienübergreifenden kulturellen und sozialen Kontext gestellt. Familie erscheint dann als Teil eines Netzwerks der Lernorte, in dessen Magnetfeld sich erste, je biografische Bildungslinien herauskristallisieren. Strukturelle Einflüsse von eigenem Gewicht ergeben hier durch die „Abwertung" von Familien aus Sozialmilieus, die einem dominanten Bild von bildungsorientierten Familien nicht entsprechen, z.B. andere familienbezogenen Schwerpunkte gemeinsamer Freizeitgestaltung pflegen oder ihren Kindern eher ungeplante Freizeiträume überlassen. Diese Abwertung – auch durch entsprechende sozialwissenschaftliche Kategorisierungen (wie z.B. „bildungsfern") – trifft verstärkt vor allen Dingen Familienmitglieder, bei denen Lebenserfahrungen vor einem türkischen Migrationshintergrund bzw. von EinwanderInnen russisch-deutscher Herkunft sich mit den Anstrengungen zur Bewältigung sozio-ökonomischen Belastungen überschneiden (Betz 2008).

Im Jugendalter stehen die Ablösung von der Familie und die Suche nach sozialer Integration in Gleichaltrigenbeziehungen im Mittelpunkt der sozialen Entwicklung. Seit den 1980er Jahren hat die Jugendforschung registriert, dass Jugendliche sich tendenziell nicht von ihren Familien abwenden, sondern sich – trotz bedeutungsvollen Gleichaltrigen-Beziehungen – weiter an den Eltern orientieren. Familienbezogene und gleichaltrigenbezogene Identifikations- und Orientierungsmuster schließen sich nicht mehr aus. Die Eltern erleben also eine bemerkenswerte Nähe der Jugendlichen, auch wenn die Gleichaltrigen-zentrierte Orientierung in der Jugend vorherrschend ist. In der Regel ist es so, dass die Orientierung an der Gleichaltrigenclique und am Elternhaus auch in der Wahrnehmung der Jugendlichen selbst miteinander vereinbart ist und nicht kollidiert. Die Beziehung zu den Eltern hat durchaus wieder an Bedeutung gewonnen. Die Gleichaltrigengruppe ist deshalb auch nicht gegen die Eltern gerichtet. In diesem konfliktarmen Nebeneinander von Familie und Gleichaltrigenkultur hält die Bindung an die Familie auch bei jungen Erwachsenen im Übergang in die Arbeitsgesellschaft in dem Maße an, in dem sich die Übergänge verlängert und entgrenzt haben. Das Verhältnis der Eltern zu ihren Jugendlichen wird zu einem Sorgeverhältnis, die Eltern werden eher zu Bewältigungsvorbildern, das familiale Zusammenleben wird grundsätzlich neu herausgefordert. Konflikte müssen im gemeinsamen Bewältigungszwang latent gehalten, lebbare Balancen neu gesucht werden. Der generationale Zusammenhang verschiebt sich von einer Ablösungs- zu einer Übergangslage, die fragil bleibt, gleichwohl aber den Jugendlichen Hintergrundsicherheit bei den offenen Herausforderungen biografischer Selbstorganisation bieten soll (vgl. Menz 2008). Damit haben sich aber auch die Risiken und Kreisläufe des Scheiterns in der Eltern-Kind-Beziehung und der Ablösungskonflikte bis über die Jugendzeit hinaus verlängert. Unter dem Druck von Sorge und sich verstärkender Kontrolle von Seiten der Eltern lösen sich manche Jugendlichen ganz von der Familie oder fallen in alte destruktive Abhängigkeitsbeziehungen zurück. SozialpädagogInnen sind hier u.a. wichtige Personen, die von außen Eltern von der zu lange aufgehäuften Sorge entlasten können, statt schnell – unter dem Einfluss der Sparzwänge – erneut auf elterlichen Einfluss zu bauen.

13.2 Arbeitssoziologische Zugänge

Soziologisch betrachtet stellt Arbeit die zentrale Vergesellschaftungsform moderner Industriegesellschaften dar, auch wenn sie inzwischen durch technologische Prozesse (Rationalisierung) teilweise aber nachhaltig ersetzt und in andere Arbeitsfelder z.B. Werbung und Vermarktung, Gesundheitsdienstleistungen oder in den Kulturbetrieb umgeschichtet worden ist. Arbeit strukturiert die ökonomisch-gesellschaftliche Ordnung (Arbeitsteilung), prägt das Leben der Menschen (institutionalisierter Lebenslauf), gilt als zentraler gesellschaftlicher Wert und als Maßstab erreichter Eingliederung in die Gesellschaft (soziale Integration). Die alltägliche Reproduktion ist über Arbeit gesichert – auch wenn manche Löhne heute unter dem Reproduktionsniveau liegen. Die Systeme der Sozialen Sicherung sind geknüpft an bezahlte Arbeit (materielle Reproduktion). Wenn wir Arbeit so industriegesellschaftlich verorten, sprechen wir von *Erwerbsarbeit.*

(Erwerbs-)Arbeit als Struktur- und Entwicklungsprinzip moderner Gesellschaften stand auch im Mittelpunkt der Arbeiten der Klassiker moderner Soziologie. *Karl Marx* (1894) analysierte den Grundwiderspruch zwischen Arbeit und Kapital und daraus das dialektische Konflikt- und Bewegungsprinzip moderner Industriegesellschaften. *Emile Durkheim* (1893) erkannte den scheinbar paradoxen Zusammenhang zwischen fortschreitender arbeitsteiliger Differenzierung der Gesellschaft und zunehmender sozialer Integration (steigender Angewiesenheit der Menschen aufeinander) und *Max Weber* (1922) fand im Prinzip der Rationalisierung das zentrale Entwicklungs- und Organisationsprinzip industrieller Prozesse.

Dagegen wurde – in der Wissenschaftsgeschichte der Soziologie – erst viel später systematisch diskutiert, dass die moderne Arbeitsgesellschaft eine in sich gespaltene ist, aus zwei gesellschaftlich verschieden bewerteten Grundformen besteht. Ausgearbeitet worden ist das Wissen über diese Spaltung vor allem im Rahmen der Frauenbewegungen und der feministischen Frauenforschung des 20. Jahrhunderts. Arbeit existiert demnach als bezahlte Arbeit in Form von Erwerbsarbeit, deren Zweck die Produktion von Gütern und Dienstleistungen in der Form von marktbewerteten Waren ist. Sie existiert ferner in verschiedenen Formen unbezahlter Arbeit, die im weitesten Sinne der alltäglichen Reproduktion des menschlichen Lebens dienen, das alles umfasst, was an Tätigkeit notwendig ist, um als Einzelner oder als soziale Gruppe überhaupt existieren und der Erwerbsarbeit nachgehen zu können. Diese Arbeit wird überwiegend in Form von Hausarbeit geleistet, sie obliegt in der Regel, aufgrund der überkommenen Geschlechterteilung den Frauen, sie bleibt weitgehend unbezahlt. Erwerbsarbeit ist bis heute deshalb so hoch bewertet, weil sie nicht nur industrielle Güterproduktion schafft, sondern gleichzeitig als Warenform in sie eingeht und somit marktfähig ist. Ihre Bewertung hängt also an der vergesellschafteten Form der Arbeit, sie gilt ungeachtet der realen Beiträge, welche die beiden Grundformen von

Arbeit für den fortlaufenden Prozess der Herstellung von Lebensmöglichkeiten leisten. So kommt etwa der Beziehungsarbeit und Versorgungsarbeit, welche Mütter in der Familie leisten, in der gesellschaftlichen Wertung eine bescheidene Bedeutung zu, während hochspezialisierte Lohnarbeit, etwa zur Produktion von Gütern, auf die jeder auch problemlos verzichten könnte, sowohl materiell wie sozial hoch bewertet wird, weil die eine eben marktfähig ist, die andere aber ihren Wert unmittelbar aus sich selbst heraus erhält.

Erwerbsarbeit und die damit verbundenen Qualifikationen, Belohnungen und sozialen Einflussmöglichkeiten gelten in unserer Gesellschaft als Grundlage für die Zuweisung von sozialem Status. Folgt man der Ideologie der Leistungsgesellschaft, so fungiert Erwerbsarbeit sogar als einzig legitimes Medium, über das Personen über ihre Lebenschancen und ihren sozialen Rang entscheiden können. Welchen sozialen Rang ein Mensch hat, in welchem Maße er sich anerkannt und geschätzt fühlen kann, hängt danach in hohem Maße von seiner beruflichen Tätigkeit ab. Diese soziale Bedeutung von Erwerbsarbeit lässt sich in ihrer Ordnungsfunktion für die Gesellschaft kaum überschätzen. Erwerbsarbeit schafft „soziale Verortung“: Sie gibt Menschen für sich und andere einen Kontext vor, in dem sie die Frage, wer sie im Verhältnis zu anderen sind, behandeln und beantworten können.

Arbeit – und die Erwerbsarbeit viel stärker als häusliche/private Reproduktionsarbeit – gilt auch als das zentrale Medium des Generationenvertrages. Mit der Institutionalisierung der sozialen Daseinsvorsorge durch die Herausbildung differenzierter Systeme sozialer Sicherung hat sich diese von der Abhängigkeit der Einzelnen von sozialen Gruppen, in der Regel der Familie oder des Familienverbandes abgelöst und ist auf individuelle Arbeitsleistung hin organisiert worden. Von dem Arbeitsentgelt des Einzelnen werden Beiträge erhoben, die das Recht begründen, Leistungen im Falle von Krankheit, Arbeitslosigkeit, Invalidität und Alter zu beanspruchen. Die soziale Sicherheit der Einzelnen beruht also bei uns auf einer einfachen Gleichung: Wer heute arbeitet, kann sich darauf verlassen, dass morgen andere für ihn arbeiten. Diese Grundidee gilt über alle Unterschiede in der Beitragsleistung und den Leistungsansprüchen hinweg. Die Frage, wie die pflegerische Verantwortung ohne nachwachsende Generationen eingelöst werden kann und welche Rolle dabei die familiär getragenen Lasten spielen sollen, ist erst dabei in öffentliche Diskussionen Eingang zu finden.

Erwerbsarbeit gilt nicht nur als Garant für soziale Sicherheit, sondern auch als zentrales Medium der Sinnstiftung. Die Tatsache des Arbeiten-Müssens wird heute von den meisten Menschen nicht als äußerlicher Zwang empfunden, sondern sinnhaft gedeutet und positiv emotional besetzt. Natürlich werden nur wenige ihre berufliche Arbeit noch als ihren gottgewollten Beitrag zur eigenen transzendental angelegten Heilsgeschichte verstehen können, wie dies, nach Max Webers These, die Gründerväter des westlichen Kapitalismus in einer säkularisierten Übernahme calvinistischer Tradition taten. Vielmehr haben sich heute eine Fülle säkularer Sinngebungsformen entwickelt, die an den verschiedenen Aspekten des Arbeitens festgemacht sind: etwa an der Nützlichkeit der Arbeit für andere, an den im Arbeitsprozess erforderlichen Kompetenzen, an den sozialen Beziehungen, die Arbeit ermöglicht. Individuelles Fortkommen, Selbstverwirklichung, soziale Anerkennung, Funktionslust – solche in unterschiedlichste Richtungen weisende Momente der Sinngebung individueller Existenz werden heute immer noch von vielen dem Arbeitsprozess abgewonnen, auch und gerade wenn die Arbeit eher fremdbestimmt nur der Existenzsicherung dient

Ohne Arbeit – so haben wir es schon in frühester Kindheit gelernt – gibt es keine Entwicklungsperspektive und mithin keine Erziehung. Sozialisation in sozialstaatlich organisierten Gesellschaften ist auf die Reproduktion der durchschnittlichen Arbeitskraft und zugleich auf die Herausbildung identischer Personen verpflichtet. Die Arbeitsfähigkeit des Einzelnen und damit auch die jeweils gegebenen und erreichbaren Arbeitsverhältnisse, sind so Kern der Zielorientierung aller Bildungs- und Erziehungsprozesse. Selbstverständlich erschöpft sich Erziehung nicht in Qualifikationsprozessen, sie umfasst auch erwerbsarbeitsferne kulturelle, soziale und politische Kompetenzen. Diese bleiben aber in ihrer Bedeutung sowohl institutionell als auch auf der Ebene der meisten individuellen Sozialisationsbiografien dem strukturierenden Moment Arbeit untergeordnet oder werden in den letzten Jahren auch als Kompetenzen erkannt, die die Erwerbsarbeitskompetenz anreichern.

Ohne Arbeit – und hierin gipfelt das abendländische Arbeitsverständnis – scheint es schließlich keine individuelle und gesellschaftliche Zukunft zu geben. Seit der Aufklärung, der sukzessiven Durchsetzung der bürgerlichen Gesellschaft, spätestens jedoch seit der emphatischen Bewertung der Produktivkräfte als Fortschrittsmotor durch die Arbeiterbewegung, gilt menschliche Arbeit als zentrales, unverzichtbares Medium gesellschaftlichen Fortschritts. Die „bessere Welt" als Zielhorizont der verschiedenen Fortschrittsmodelle wird als eine *herzustellende* verstanden, also eine, deren Erreichung der Arbeit bedarf. Sie gilt im Kontext der großen Ideologien des 19. Jahrhunderts als eine Welt für alle, die nicht durch Träume, Verzicht, Rückzug oder religiöse Umdeutung geschaffen wird. Diese Grundidee des „Fortschritts durch Arbeit" ist heute verblasst, durch die Formel „Fortschritt durch Technologie" weitgehend ersetzt. Dies betrifft aber vor allem die altindustriellen Arbeitsformen, „Wissensarbeit" ist an ihre Stelle getreten.

Insofern ist die „Krise der Arbeitsgesellschaft", von der in den letzten dreißig Jahren gesprochen wird, keine Verwertungskrise des Produktionsfaktors Arbeit. Denn die neuen Qualifikationen und Arbeitsformen, die gebraucht werden, werden auch angeboten und organisiert. So teilt sich die Erwerbsbevölkerung in jene Gruppen, die Arbeit – und vor allem qualifizierte Arbeit – haben, wobei sich diese Arbeit bei vielen intensiviert hat, und solchen, die arbeitslos sind oder in prekären Arbeitsverhältnissen leben. Die Beschäftigungsrisiken verteilen sich dabei unterschiedlich auf einzelne Personengruppen. Auf verengte Zugänge beim Berufsstart stoßen neben außerbetrieblich ausgebildeten Fachkräften in noch stärkerem Maße ungelernte Jugendliche, die sich damit auf dem Weg in die berufliche und soziale Marginalität befinden.

Vor allem für sie soll die Sozialpädagogik/Sozialarbeit in ihren Projekten der *Beschäftigungsförderung* Auswege und neue Perspektiven entwickeln. Der Begriff der Beschäftigung stellt insofern einen erweiterten Arbeitsbegriff dar, als er sich auf Tätigkeitsbereiche bezieht, die nicht über den Erwerbsarbeitsmarkt vermittelt aber gesellschaftlich sinnvoll sind. Sie müssen sich eigene regionale Märkte suchen oder werden als *gemeinnützige Arbeiten* im öffentlichen Interesse von den Kommunen organisiert. So werden Wege befestigt, Böschungen gemäht, Naherholungsgebiete angelegt, mit Sport- und Spielmöglichkeiten ausgestattet oder auch Ödland kultiviert. Lokale Beschäftigungsinitiativen wiederum operieren kleinräumig, finanzieren sich zum größten Teil aus öffentlichen Fördermitteln, haben eine zumeist überschaubare Betriebsgröße.

Auch wenn Beschäftigungsprojekte nur bedingt einen Übergang zum ersten Arbeitsmarkt aufbauen können, verschaffen sie den Betroffenen Arbeit und geben ihnen damit das Korsett alltäglicher Lebensführung, Möglichkeiten sozialen Anschlusses und der Kompetenzerweiterung. In diesen sozialen Dimensionen liegen auch die Funktionen sozialpädagogischer Begleitung solcher Projekte. Diese Möglichkeiten werden gerade für Jugendliche, die nie eine Ausbildung oder Erwerbsarbeit durchlaufen haben, durch die neuen auf Zeitdruck hin konzipierten Konzepte von Fordern und Fördern erheblich erschwert und befinden sich in einem beständigen Umbau.

Aber auch für die, die weiter Arbeit haben und am Erwerbsarbeitsmarkt bestehen können, hat sich Arbeit im Lebenszusammenhang sowie die Arbeitsorganisation grundlegend und nachhaltig verändert. Es wird auch in diesem Zusammenhang von Prozessen der *Entgrenzung* von Arbeit gesprochen, womit einmal die Auflösung der Grenzen zur Privatheit hin gemeint ist, zum anderen aber Prozesse, die mit dem Begriff der *Subjektivierung der Arbeit* gefasst werden. Eine Tendenz zur Entgrenzung wird vor allem im Bild der „work-life-balance" beschrieben. Die Grenzen von Familie und Arbeitswelt diffundieren, es kann – so das Szenario – mit Hilfe der elektronischen Medien genauso zu Hause gearbeitet werden wie in den Betrieben, die Arbeitszeit geht in die Freizeit ein, viele nehmen sich die Arbeit mit nach Hause. Sozialwissenschaftlich wird dies in die These von der *Verarbeitlichung des Alltags* gefasst: „Was wir beobachten, ist eine Entgrenzung und ein partielles Aufeinander-Übergreifen von Erwerb, Bildung und Freizeit, Partnerschaft in räumlicher, zeitlicher und sachlicher Hinsicht […]. Die exklusive strukturelle Zuordnung von Arbeit zu bestimmten Sphären kommt durch eine ‚Rückverlagerung' von Erwerbsarbeit in die Privatsphäre, vor allem aber durch die von gesellschaftlichen Strukturveränderungen induzierte Verarbeitlichung des Alltags weit mehr ins Schwimmen, als dies bislang durch die Anerkennung von Hausarbeit als Arbeit schon nahegelegt war" (Jurczyk/Voß 1995, S. 405ff.). Arbeit durchzieht demnach zunehmend Lebensbereiche, die im Bild der modernen Ausdifferenzierung und Arbeitsteilung von dieser getrennt vergesellschaftet sein sollten. Gleichzeitig hat sich die Struktur der Erwerbsarbeit verändert: Das Normalarbeitsverhältnis – lebenslang beständiger Beruf, entsprechende tarifliche und soziale Absicherung – ist für viele nicht mehr die Regel und Selbstverständlichkeit. Das Verhältnis von Arbeit und Biografie scheint sich umzukehren. Für viele kann sich nicht mehr die Biografie im erwerbsarbeitlichen Beruf erfüllen, sondern es muss nach wechselnden Tätigkeiten gesucht werden, um die materielle Basis für eine Biografie schaffen zu können, die sich nicht mehr direkt in der Arbeit verwirklicht. Dieser Prozess der *Entwertung* der Arbeit, hat aber nicht unbedingt etwas mit einem Wertewandel zu tun. „Die Frage, ob Arbeit positiv oder negativ zu bewerten ist, steht nicht zur Disposition der einzelnen Betroffenen. Zur Disposition steht vielmehr die Selbstverständlichkeit, dass ein gutes Leben auch eine erfolgreiche Berufslaufbahn meint." (Schefold 2009, S. 73)

Mit der Entgrenzung der Arbeit stellt sich die Frage nach den Möglichkeitsräumen im Alltag, die Grenzen zwischen Arbeit und Nicht-Arbeit zu definieren. In diesem Kontext wird davon ausgegangen, dass die traditionelle Erwerbsarbeit als solche zwar stetig abnehmen und technologisch substituiert werden wird, dass dieser Prozess aber nicht zwangsläufig zur entsprechend grassierenden Massenarbeitslosigkeit führen müsse. Vielmehr würden bisher übergangene oder neue Formen von Tätigkeit – Haus-, Eigenarbeit und Bürgerarbeit freigesetzt. Die oben beschriebenen Beschäftigungsmodelle können als Vorläufermodelle dieser Entwicklung angesehen werden.

All diese Modellüberlegungen, die mit dem Ende der Vollbeschäftigung freigesetzt wurden, werden vor dem Hintergrund einer postmodernen Arbeitsgesellschaft diskutiert, in deren Kern sich Formen der Arbeitsorganisation entwickelt haben, die den Menschen – über die beschriebenen Entgrenzungstendenzen hinaus – nicht nur in Zeit und Raum, sondern auch seiner ganzen Person in den Arbeitsprozess hineinziehen. Arbeitsorganisation und Regulierung von Arbeit werden in die Initiative der Subjekte verlegt. Sie sollen nun zwischen den Anforderungen und Risiken im Arbeitsprozess und in der Balance zwischen Arbeit und Leben selbst vermitteln können. Dies steht auch im Zusammenhang damit, dass Produktions- und Arbeitsprozesse nicht langfristig geplant und damit für die Einzelnen nicht mehr biografisch stabil sind, sondern in zeitlich befristete Projekte gegliedert werden, damit eine immer stärker verlangte Marktflexibilität gewahrt bleiben kann. Die Einzelnen sind nun für „ihr" Projekt verantwortlich. Das heißt es sind tarifrechtliche Regularien aufgehoben worden, die das Risiko für Erfolg am

Markt und die Weiterführung des Betriebs vor allem auf den Unternehmer verteilt hatten. Dazu hatte er Bedingungen zu garantieren, dass die Arbeit in der geforderten Zeit und der geforderten Qualität leistbar war. Nur auf den ersten Blick hat sich hier eine überraschende Koinzidenz der Interessen von Arbeitenden und Unternehmern entwickelt: Qualifizierte ArbeitsnehmerInnen entwickeln hohe Ansprüche an die Arbeit und die Unternehmen offerieren ihnen entsprechend anspruchsvolle und verantwortungshaltige Projekte.

Zu den Schattenseiten dieser Entwicklung zur *Subjektivierung der Arbeit* (vgl. Moldaschl/Voß 2003; Lohr/Nickel 2005) zählt weiter, dass die Arbeitnehmer das Arbeitsplatzrisiko und die damit verbundene biografische Unsicherheit allein übernehmen, nachdem das Normalarbeitsverhältnis durch die befristeten Projekte tendenziell außer Kraft gesetzt ist. Es wird auch von ihnen verlangt, dass sie so in der Arbeit aufgehen können, dass ihre sozialen Bindungen vom Arbeitsverhältnis abgekoppelt bleiben. Der *abstract worker* ist gefragt. Zwar zeigen Untersuchungen, dass sich Bestrebungen der Subjekte aus dem Privaten heraus entwickeln, der Vereinnahmung durch die Arbeit Grenzen zu setzen. Doch sind diese Bestrebungen meist hoch individualisiert und biografisch begrenzt. Auch lassen sich hier geschlechtsdifferente Entwicklungen erkennen. Frauen sind von ihrer Reproduktionsorientierung her eher bestrebt, solche Grenzen zu setzen, während die Verfügbarkeit der Männer eher steigt. Empirisches Indiz dafür liefern Männerstudien, die zeigen, dass zwar der Wunsch vieler Männer, Familienarbeit kontinuierlich zu leisten und dafür von der Arbeit freigestellt zu sein, überproportional gestiegen ist, die Intensivierung der Arbeit bei hoher Gebundenheit der männlichen Identität an die Arbeitsrolle dies aber verwehrt (vgl. Volz/Zulehner 2009).

In der Welt der Betriebe kann die Subjektivierung der Arbeit zu Tendenzen sozialer Desintegration führen. Denn auch Anerkennungsverhältnisse werden subjektiviert und schaffen damit neue Konkurrenzkonstellationen vor allem zwischen jüngeren und älteren, zwischen belastbaren und weniger belastbaren ArbeitnehmerInnen. Kollektive Arbeitsverhältnisse geraten aus dem Blick, das bekommen vor allem die Gewerkschaften in ihrem Mitgliederschwund zu spüren. Man kommt nur noch über das Unternehmensprojekt sozial zusammen und nicht mehr über die geteilte Erfahrung der Arbeitsverhältnisse. Mangel an Anerkennung zusammen mit geringem Verdienst für geleistete Arbeit und Arbeitsplatzunsicherheit werden in einer entsprechenden Untersuchung bei älteren ArbeitnehmerInnen als „Gratifikationskrisen" bezeichnet und in einen nachweisbaren Zusammenhang mit gesundheitlicher Stressbelastung, insbesondere ablesbar an depressiven Verstimmungen, gestellt (Siegrist u.a. 2009).

Dieser organisatorische Prozess der Subjektivierung von Arbeit wird flankiert von der ideologischen Durchsetzung eines neoliberalen Vergesellschaftungsmodells von Arbeit, das die Bürger selbst zu verantwortlichen Akteuren ihrer eigenen arbeitsgesellschaftlichen Integration erklärt. Er soll jenseits sozialstaatlicher Regulationspolitik in eigener Verantwortung agieren und wird so zum „Unternehmer seiner Arbeitskraft" erklärt: „In der Humankapitaltheorie werden die Einzelnen als Teilnehmer des Arbeitsmarktes definiert. Sie spielen hier eine Doppelrolle. Sie sind zum einen Arbeitskraft und zum anderen Bürger, die die Arbeitskraft als Humankapital besitzen. Die Arbeitskraft gleicht dinglichem Kapital darin, dass über sie instrumentell verfügt werden kann. Der Humankapitaltheorie zufolge liegt die Verfügungsgewalt über die Arbeitskraft bei den Bürgern selbst" und nicht bei der staatlichen Regulationspolitik (Lenhart 2001, S. 316). ProtagonistInnen des Humankapitalansatzes sehen darin eine Befreiung der Bürger aus der sozialstaatlichen Zuweisung ihrer Arbeitsmarktchancen. Sie wollen den Sozialstaat dagegen allein in die Pflicht nehmen, als Dienstleistungsstaat über das Bildungssystem den einzelnen Bürgern die Chance auf eine arbeitsgesellschaftliche Integration zu erhöhen. Kritiker sehen darin eine Verschärfung des „positionalen Wettbewerbs" (vgl. Brown 2004). Die arbeitsgesellschaftlichen Erreichbarkeitsmodelle würden zu individuellen Akkumulationsentwürfen von Humankapital umdefiniert. Konfliktorientierte und lebensaltertypische Lern- und Bewältigungsmodelle hätten hier keinen Platz mehr. Denn die gegenwärtigen „Implikationen für positionalen Wettbewerb sind klar – das wichtigste Politikziel ist es, andere Länder bei der Entwicklung des Humankapitals zu übertreffen. Amartya Sen (2000) kritisiert entsprechend, dass der Humankapitalansatz dazu tendiere, den Menschen allein als Produktionsmittel anzusehen und nicht mehr als Sinn und Ziel des Produktionsprozesses.

So wie sich die Humankapitalperspektive in der arbeitsgesellschaftlichen Entwicklung weltweit durchzusetzen scheint, wird sie nicht ohne gravierende Folgen für die Klienten der Sozialarbeit und damit für die Sozialarbeit selbst bleiben. Denn die meisten der Klienten können sich nicht als „Arbeitskraftunternehmer" auf dem Markt behaupten und sind auf sozialstaatliche Integration angewiesen. Wird diese aber arbeitsgesellschaftlich zurückgedrängt, geraten auch die KlientInnender sozialen Arbeit und damit sie selbst (wieder) an den Rand der Gesellschaft. Besonders für MigrantInnen und Asylsuchende sind die Folgen einschneidend. In der Migrationsforschung ist die Humankapitalperspektive bisher in erster Linie aus der Sicht der Herkunftsländer der MigrantInnen betrachtet worden. Gefragt wurde nach den Konsequenzen, die die Abwanderung von hochqualifizierten Fachkräften – der *Brain Drain* – für die Herkunftsländer hat. Offensichtlich ist aber, dass die Humankapitaltheorie in den Einwanderungsländern auch zu einer politischen Neubestimmung der Selektionskriterien führt. So wird die Frage, wer als BürgerIn anerkannt wird, in Zukunft immer stärker damit verbunden, welches Humankapital er oder sie besitzt, wer mit seinem Humankapital Zugang zu welchen (Arbeits-)Märkten hat und haben darf und in welchem Verhältnis die ökonomische Nützlichkeit zum Bürgerstatus gesetzt werden kann. Die migrationspolitischen Diskussionen der 2010er Jahre in Europa spiegeln diese Herausforderung wider. Die Zugangsfrage wird aus der Perspektive der Humankapitaltheorie neu verhandelt und gespalten beantwortet. Die Menschen mit Migrationshintergrund werden in zwei Gruppen auseinander dividiert: in Humankapital, das der wirtschaftlichen Entwicklung nutzt, deren Kompetenzen gebraucht werden und in diejenigen, vor denen die einheimischen sozialen Sicherungssysteme abgeschottet werden sollen (vgl. Schröer/Sting 2003).

13.3 Gesundheitssoziologische Zugänge

Nach dem erweiterten Gesundheitsbegriff der Weltgesundheitsorganisation (WHO), soll Gesundheit mehr bedeuten als bloße Abwesenheit von Krankheit, sondern muss auch den Schutz vor sozialen Gefährdungen des Wohlbefindens einschließen. Entsprechend hat sich ein sozialwissenschaftlicher Gesundheitsdiskurs im Wandel „vom pathogenetischen zum salutogenetischen Verständnis“ entwickelt: „Die Untersuchungen von Antonoysky machen deutlich, dass sich Herstellung und Erhaltung von Gesundheit nicht in der Krankheitsbekämpfung und –vermeidung erschöpfen, sondern dass Prozesse der „Salutogenese“ eine eigenständige Relevanz im Gesundheits- und Krankheitsgeschehen zukommt. […] Gesundheit wird zu einer aktiven, dynamischen Kategorie, auf die Handeln, Lebensweise und Lebensverhältnisse wesentlichen Einfluss haben“ (Homfeldt/Sting 2011, S. 569). Vor allem der Zusammenhang zwischen Sozialstruktur, sozialen benachteiligten Milieus, Armut und Gesundheit ist in den letzten Jahren verstärkt in den Focus der soziologischen Gesundheitsforschung geraten (vgl. Wendt/Wolf 2006). Es wird in diesem Zusammenhang inzwischen von „gesundheitlicher Ungleichheit“ gesprochen (vgl. Richter/Hurrelmann 2006). So werden z.B. bei Kindern aus sozial schwachen Familien Entwicklungsverzögerungen und Gesundheitsstörungen festgestellt. Besondere Häufungen von Gesundheitsrisiken und Gesundheitsproblemen zeigen sich im Zusammenhang zwischen Arbeitslosigkeit, Armut und eingeschränkter Gesundheit (vgl. Lampert/Ziese 2012).

Hier liegen praktische Anknüpfungspunkte für die Soziale Arbeit. Allerdings ist damit noch nicht die gesellschaftliche Tragweite des Gesundheitsdiskurses erfasst. Denn Gesundheit ist in der Zweiten Moderne zum Medium des neuen Typs der Vergesellschaftung geworden. Dies aber ist ein ambivalenter Prozess, der entsprechend kritischer soziologischer Reflexivität bedarf. Hieraus kann gerade die Soziale Arbeit Nutzen ziehen, wenn sie den Bereich soziale Gesundheit für sich reklamiert, dabei aber die Ambivalenz dieser Vergesellschaftung nicht übersieht, die auch ihr durchaus zum Problem werden kann. Denn der neue Gesundheitsdiskurs ist neben den traditionellen Arbeitsdiskurs getreten. Der Mensch solle sich, wenn dies zukünftig nicht mehr über selbstbestimmte Arbeit im Normalarbeitsverhältnis möglich sei, über die Eigenverantwortung für seinen Körper und seine Gesundheit entfalten können. Es geht gar nicht mehr so sehr um die klassischen Risiken körperlicher Arbeit, sondern um den Körper überhaupt. Er wird zum Medium des Eigenen und der Durchsetzung von Eigenverantwortung. Dass dieser Körper inzwischen hoch vermarktet ist, scheint dann auf, wenn über den explosionsartigen Anstieg der Kosten des Gesundheitswesens und die Gewinne der Pharmaindustrie debattiert wird, und über das Paradox, dass die Gesundheitsindustrie die Krankheit braucht, um ökonomisch gewinnfähig zu bleiben. Der risikogesellschaftliche Strukturwandel, der in seiner Allgegenwart von Prävention und Vorsorge Bewältigungszwänge freisetzt, bringt die Menschen unter Stress und produziert neue psychophysische Krankheitsbilder, die dann gewinnbringend mit neuen Medikamenten der Pharmaindustrie behandelt werden.

Über den Körper und nicht mehr unbedingt über die Arbeit sollen zukünftig die Menschen zu sich kommen, „Autonomie“ und „Authentizität“ spüren können. Die Ideologie des Körpers verheißt mir, dass ich aus den Zwängen der Gesellschaft heraus und zu mir finden kann. Über den Körper und seine unterschiedlich intensive bis radikalisierte Ästhetik wird aber auch Gewalt wieder extensiv auslebbar und kann eine eigene – auch soziale – Faszination erhalten. Die Filmindustrie hat das längst erkannt und in Erfolg versprechende Filmstoffe umgesetzt. Diese neuen Ästhetisierungen wirken – über nunmehr pluralisierte Idealbilder und Schönheits-Standards – disziplinierend auf Männer und mehr noch auf Frauen, und werten trotz der Freiheit zur kreativen Gegenwehr Unvollkommenheiten ab (vgl. McRobbie 2010).

Die Soziale Arbeit scheint von diesen neuen Zwängen bisher relativ unbeeindruckt. Den Übergang vom Arbeits- zum Gesundheitsdiskurs hat sie professionell mit der Aussicht auf neue Aufgabenfelder, methodische und gesundheitspolitische Ansatzpunkte für ihre Arbeit vollzogen. Man reflektiert nicht so sehr die ökonomisch-gesellschaftlichen Hintergründe, sondern diskutiert eher besorgt, dass Psychologie und Medizin in der Sozialen Arbeit über den Gesundheitsdiskurs die Definitions- und Interventionshoheit im sozialen Feld haben.

Das Gesundheitsparadoxon strukturiert aber auch die professionelle Arbeit: Präventionsprogramme in Bezug auf das Risikoverhalten Jugendlicher stehen direkt neben psychosozialen Rehabilitations- und Resozialisierungsprogrammen, Vorsorge und Aufklärung werden im vollen Bewusstsein steigender Risiken betrieben. Dieses professionelle Sich-Einrichten in Paradoxien blockiert aber die kritische Reflexion, darüber, wo die Handlungsspielräume und Möglichkeiten der Kooperation sich strukturell verengt haben. Diese Frage stellt sich in der Entstehung und Bearbeitung von Problemlagen aus der Sicht der Betroffenen, aber auch für die Professionellen in den Praxisfeldern der Sozialen Arbeit, überall da, wo es um Mittel und Zeit für die Begleitung von KlientInnen in Krisen- und Konfliktsituationen geht.

Die Kooperation von Medizin, Psychologie und Sozialer Arbeit ist ja nicht einfach nur ein Problem des fachlichen Austauschs, sondern auch Ausdruck eben jener Ökonomisierung des Menschen über den Körper, wie wir sie oben beschrieben haben.

An den aktuellen Diskursen über Gesundheit und Körper – kann in der Analyse nachvollzogen werden, dass sich das Integrationsproblem vom Sozialstaat auf die Ebene der Individuen verschoben hat. *Exklusion* und *Inklusion* heißen die neuen sozialwissenschaftlichen Begriffe, die die gesellschaftliche Einbindung nun am Einzelnen thematisieren. Die sozialpädagogische Praxis orientiert sich hauptsächlich am Leitbild der „Integration", das den sozialstaatlichen Rahmen bezeichnet, in dem sich die sozialpädagogischen Hilfen verorten. Darin betont der Sozialstaat seine prinzipielle Integrationsfähigkeit, niemand kann aus diesem Rahmen herausfallen. Wer an der Normalität sozialstaatlicher Integration scheitert, werde über die „sekundären" Integrationsmechanismen, die von der Sozialen Arbeit organisiert werden, aufgefangen. Da das Sozialstaatsmodell eng mit der Arbeitsgesellschaft verknüpft ist, bemisst sich der Grad der Integration an der Eingliederung in das System der Erwerbsarbeit mit dem Normalarbeitsverhältnis im Mittelpunkt. Mit dem Strukturwandel der Arbeitsgesellschaft, der Ökonomisierung der gesellschaftlichen Strukturen und der Neuorientierung des politisch-fiskalisch geschwächten Sozialstaats hat sich die Integrationsperspektive vom kollektiven Gesamtrahmen hin zur Selbstverantwortung und Selbstorganisation der Einzelnen gedreht.

Gesundheitskampagnen hingegen können alle erfassen, das Land in immer neuen Wellen aktivieren und Kollektivgeist und Unterstützung für Projekte zumindest periodisch erzeugen. Gesundheit kann als individuelles und kollektives Gut gleichermaßen aktiviert werden. Aber auch hier ist das Solidarprinzip zusammen mit neuen Ausgrenzungs-Mechanismen gekoppelt: Wer nicht gesund lebt, bürdet der Gemeinschaft und damit den anderen die Kosten auf. Ökonomische und sozialintegrative Perspektive laufen hier einzigartig aufeinander zu. Gemeinschaft wird nur sektoral erzeugt, wenn die Eigenverantwortung des Einzelnen vorrangig ist. Es wird darüber diskutiert werden, welche neuen Widersprüchlichkeiten hinter dieser Programmatik liegen bzw. welche sie erzeugt. Was ist mit der Masse der Freizeitunfälle, der Stresskrankheiten, der Umweltrisiken? Erschöpft sich die Gesundheitsfrage in fettarmer Kost und Bewegung? Natürlich ist das für die Einzelnen, ihre Lebensweise und ihr körperliches Wohlbefinden wichtig und erstrebenswert. In der gesellschaftlichen Perspektive ist vielmehr ausschlaggebend, dass Gesundheit zu einem Medium der Vergesellschaftung geworden ist, das dem marktkompatiblen Individuum entspricht: Subjekte verhalten sich selbstverantwortlich, marktfähig und darin gemeinschaftsfähig und sind darüber hinaus selbst – mit ihren Körpern – vermarktbar.

Damit ist auch die Einbindung in die Gesellschaft neu – nun nicht mehr über den sozialstaatlichen Integrationsmechanismus, sondern über einen körperzentrierten Inklusionsmodus erreichbar. Das hochindividualisierte Subjekt ist so auf sich bezogen, dass auch bei Ausschluss aus der Arbeitsgesellschaft oder angesichts prekärer Arbeitssituationen das eigene (Über-) Leben als Lebensziel bleibt. Niklas Luhmann hat in diesem Sinne „Exklusion" als „eine an der Selbst- und Fremdwahrnehmung aufs Körperliche reduzierte Existenz" umschrieben, „die den nächsten Tag zu erreichen sucht" (1995, S. 147). Nun war diese Begrifflichkeit noch vor dem Hintergrund des Modells einer sozialstaatlich gefassten Arbeitsgesellschaft formuliert, in der die Erwerbsarbeit das Maß eines befriedigenden Lebens geworden war. Inzwischen ist „die Unterscheidung, Arbeit zu haben oder arbeitslos zu sein [...] zunehmend uneindeutig" geworden (Bude 2008, S. 437). Weil sich so die Grenzlinie zwischen sozialer Exklusion und Inklusion verflüssigt hat, bedeutet ein arbeitsgesellschaftlich exkludiertes Dasein nicht mehr unbedingt den sozialen Ausschluss. Die „Reduktion" der Existenz auf das Körperliche kann damit – zumindest im Selbstgefühl der betroffenen Menschen – durchaus positive Aspekte beinhalten, zumal dann, wenn das Körperliche aktivierbar und – wie über den Gesundheitsdiskurs – sozial anerkannt ist. Über den Körper haben sich Bewältigungsmodelle entwickelt, aus denen heute viele etwas machen müssen, wenn sie Lebenssinn erfahren wollen. Dass dies über den Körper laufen kann, hat auch die Werbung längst als Botschaft vermittelt. Mit der Ästhetisierung des Körpers – des kreativen, wie beim Break-Dance, des modischen oder auch des aggressiven – kann soziale Aufmerksamkeit und damit – in der subjektiven Wendung – Anerkennung erlangt werden. Gerade Jugendliche und junge Erwachsene, die in prekären Übergangskonstellationen hängen, kompensieren ihre Bewältigungsprobleme mit neuen körperbezogenen Ausdrucksformen aber auch mit aggressiver Körperlichkeit. Deshalb ist die Selbstaktualisierung allein über Körper und Gesundheit ambivalent.

Spätestens hier muss die Frage kommen, ob nicht Gesundheit als Medium der Vergesellschaftung zwangsläufig zur sozialen Spaltung in Gesunde und Kranke, Behinderte und Nichtbehinderte führen muss. Die ProtagonistInnen des digitalen Kapitalismus werden das Gegenteil behaupten. Gesundheit wie Krankheit und Behinderung seien doch inzwischen so vom kapitalistisch erfolgreichen Markt erfasst, dass sie geradezu als Produktivkräfte und deshalb alle Menschen – ob behindert oder nicht behindert – als inkludiert gelten können. Seit der Mensch als Ganzes vermarktungsfähig ist, seien doch wieder alle dabei. Der Sozialstaat mit seiner Erwerbsarbeitszentrierung habe doch die behinderten Menschen zu Bürgern zweiter und dritter Klasse gemacht. Natürlich ist der Sozialstaat in seiner Gesundheitspolitik aufgefordert, dass er dafür die finanziellen Marktgarantien gibt, eventuell auch Kosten reguliert. Aber der Staat agiert im digitalen Kapitalismus nicht mehr als vormundschaftliche Versorgungsinstanz für die Exkludierten, sondern als Institution, die ein gesellschaftliches Geschehen reguliert, in dem die Einzelnen sich in einen Gesundheitsmarkt einbringen und erst das jeweilige Marktergebnis staatlich gewertet wird. Die Konflikte in den europäischen Ländern um die Kosten der Gesundheitsreformen und die Deckelung der Arzneigebühren spiegeln diese Verschiebung vom Sozialstaat zum Markt wider.

Die medizinischen Fortschritte und gesundheitstechnologischen Entwicklungen sind für die einzelnen Menschen von hohem Wert. Hier aber geht es um die Transformation der ökonomisch-technologischen Logiken in gesellschaftliche Machbarkeitsoptionen. Und hier schlagen sie – wenn auch verdeckt – auf die Einzelnen zurück. Deshalb ist es für zukünftige sozialpädagogische Diskurse wichtig, vor allem den Begriff der „sozialen Gesundheit" besser auszuformulieren, zu operationalisieren, um ihn zu den medizinisch-ökonomischen Modellen kontrastieren zu können.

Bisher wurde die Perspektive der sozialen Gesundheit vor allem im Bereich der Prävention entwickelt. Hier sieht sie ihre Aufgaben, wenn es um die professionelle Teilhabe an der Entwicklung des gesellschaftlichen Bereichs Gesundheit geht. Doch gerade in den Präventionsprogrammen wirkt das Verdikt der Selbstverantwortlichkeit, werden die Einzelnen in ihrer Pflicht zur Selbstorganisation aufgefordert, ohne dass danach gefragt wird, ob dies unter ihren Lebensbedingungen und in ihrer alltäglichen Lebensbewältigung überhaupt möglich ist. So entwickelt und verbreitert sich ein generalpräventives Programm, dem die Subjekte unterworfen sind, das aber keinen sozialstaatlichen Rahmen aufweist, der die ökonomischen und sozialpolitischen Bedingungen formuliert, unter denen die Perspektive und der Erfolg individuell organisierter Präventionsprogramme auch gesellschaftlich abgesichert sind. Die sozialstaatliche Daseinsvorsorge wird stattdessen weiter privatisiert und schrittweise dem Markt überlassen werden. „In diesem Lichte kann es nicht verwundern, dass der aktivierende auch ein zur Prävention mobilisierender Sozialstaat ist, der Präventionsstaat somit als *alter ego* der Aktivgesellschaft in Erscheinung tritt. Ob nun im Gesundheitswesen oder in der Alterssicherung, in der Arbeitsmarktpolitik oder in der Jugendhilfe, bei der pränatalen Diagnostik oder der präfinalen Patientenverfügung: Überall hat der Vorsorgegedanke Hochkonjunktur, stets sollen die Individuen dazu angehalten werden, den Eintritt sozial schädlicher Ereignisse oder Zustände durch Eigentätigkeit und Selbstsorge vorausschauend zu vermeiden. Dabei teilt die Präventions- mit der Aktivierungssemantik […] den Duktus der Unabschließbarkeit […]: Niemals kann ausreichend Vorsorge geleistet werden oder (im Nachhinein betrachtet) geleistet worden sein, immer könnte Vorsorgepolitik noch früher beginnen bzw. einen noch größeren Personenkreis als Zielgruppe der Prävention erschließen." (Lessenich 2008, S. 121)

13.4 Bildungssoziologische Bezüge

Bildung und Wissen sind im traditionellen Verständnis der Sozialpädagogik eng an das Subjekt unter dem Einfluss seiner sozialen Umwelt gebunden. Die makrosoziologische Frage der ökonomischen und gesellschaftlichen Verwertbarkeit des Wissens wurde in diesem Zusammenhang kaum gestellt, sie wurde gleichsam als gegeben vorausgesetzt. Ebenso die Frage, ob und wie sich in der Durchsetzung dieses im Bildungsprozess behandelten Wissens gesellschaftliche Machtbeziehungen ausdrücken. Analog der Vorstellung von einer pädagogischen Autonomie wurde vor allem das Fachwissen meist als „neutral", als außerhalb von Machtbeziehungen stehend gesehen. Foucaults diskurstheoretische Erkenntnis, dass es kein Wissen gibt, das nicht zugleich mit Machtbeziehungen verflochten ist, weil es sozial an Durchsetzung gebunden ist und immer auch regulativ wirkt bzw. eingesetzt werden kann, wird in der Pädagogik bis heute nicht allgemein geteilt.

In der Modernisierungsphase der 1960er und 1970er Jahre in Deutschland erfuhr die Bildungszentriertheit des Wissens allerdings eine einschneidende gesellschaftliche Öffnung. Bildung rückte als „Humankapital" in das Zentrum ökonomisch-technologischer Modernisierungsprozesse. Dabei blieb aber der pädagogische Subjektbezug durchaus erhalten und wurde darüber hinaus in ein gesellschaftlich-politisches Verhältnis gebracht. „Bildung ist Bürgerrecht" (Dahrendorf 1963) lautete die entsprechende Formel. Bildung und das durch sie gerahmte Wissen erhielt damit einen dreifachen Bezug: Zum einen und weiterhin als Bildung der Persönlichkeit, zum anderen als Faktor der ökonomischen Entwicklung und schließlich als Medium des Demokratisierungsprozesses. Die politisch-soziale Perspektive der Teilhabe an Bildung als Teilhabe an Gesellschaft rückte auch pädagogisch neben die traditionelle Sicht der Bildung der Person.

Diese multiple Verknüpfung von Bildung und Wissen mit den Ebenen Person-Wirtschaft-Gesellschaft war damals und in den folgenden Jahren in dem Maße möglich, in dem das ökonomische System um seiner Modernisierung willen auf eine massenweise Mobilisierung von Humanvermögen („Bildungsmobilisierung") angewiesen war. Dieses sozialpolitisch vermittelte und sozialstaatlich institutionalisierte Verhältnis von Arbeit und Kapital war also Voraussetzung dafür, dass Wissen zwar verwertungsorientiert aktiviert wurde, gleichzeitig aber an den Menschen als Bildungswissen, das seiner allseitigen Entfaltung dienen sollte, gebunden blieb.

In dem Maße aber, in dem nun der neue, technologisch vorangetriebene und globalisierte Kapitalismus nicht mehr auf massenhaftes wie nationalgesellschaftlich begrenztes Humankapital angewiesen ist, droht sich das bisher als interdependent betrachtete Verhältnis von persönlichkeitsbezogener Bildung, verwertungsorientiertem Wissen und politisch-gesellschaftlicher Beteiligung aufzulösen. Es wird von einem „Bruch zwischen Bildung und Wissen" (Wimmer 2002) gesprochen. Wissen wird dadurch immer mehr aus seinem subjektbezogenem Bildungsrahmen herausgelöst. Die neokapitalistisch gepolte Gesellschaft hat nicht mehr die Bildsamkeit des Menschen, sondern seine Fähigkeit, Träger und Optimierer der Ressource Wissen zu sein, im Blickpunkt. Der *abstract worker,* der sich mit seinem Wissen sozial ungebunden anzubieten hat, schiebt sich als Leitbild in den Vordergrund: „Subjekttheoretisch wird hierbei der bildungstheoretische Topos der Selbstvervollkommnung des Subjekts als teleologischer Bezugspunkt des Bildungsbegriffs von der Figur des funktional unspezifischen, flexiblen Subjekts abgelöst, das auf Grund bestimmter Schlüsselkompetenzen in unterschiedlichen Kontexten agieren kann." (Höhne 2003, S. 99) Das Wissen wird so aus der sozialen Gebundenheit des Einzelnen gelöst, wirkt aber in seiner vom Menschen nicht mehr verfügbaren Macht auf diesen zurück. Indem Wissen ohne Rücksicht auf lebensweltliche Bedingungen abverlangt wird, kann es seinen konstitutiven Bezug zu den Prozessen der Persönlichkeitsentwicklung wie der demokratischen Partizipation verlieren. Die abstrakte und dadurch scheinbar neutrale Wissensfrage wird aber gerade dadurch eminent politisch. Dies kann am Beispiel der Programmatik des *Lebenslangen Lernens* dargestellt werden, die seit einiger Zeit die bildungspolitische Szene beherrscht: „Konzepte Lebenslangen Lernens oder Vorstellungen von Kompetenz greifen auf die ‚ganze Person' zu. Ein Effekt ist, dass sich die Grenzen von privat/öffentlich bzw. Lebenswelt/System verschieben, um nicht zu sagen: systematisch aufgelöst werden." (ebd., S. 105)

Dabei entsteht eine neue Paradoxie: Auf der einen Seite sprechen wir von einer zunehmenden Entgrenzung von Arbeit und Familie, gleichzeitig entwickelt sich eine neue Grenzziehung, indem die Arbeit von sozialen Bindungen und Rücksichten gereinigt werden soll. Es findet also eine Ökonomisierung der Privatsphäre statt. Die Mitbestimmungsfrage hat sich gleichsam gedreht: Es ist nun mehr und mehr die Ökonomie, die mitbestimmt, wie das Privatleben ablaufen soll. Ebenso wird vom Sozialstaat verlangt, dass er die Reproduktionsbedingungen des flexiblen Humankapitals so sichert, dass die sozialen Barrieren überwunden werden können, welche die ökonomische Verfügbarkeit und Flexibilisierung des Humankapitals beeinträchtigen oder verhindern. Diese Ökonomisierung des Verhältnisses von Produktion und Reproduktion hat eine neuen Bedeutungszuwachs geschaffen, den man als *Sorge um das Humankapital* bezeichnen könnte. Wir werden an späterer Stelle (vgl. 15.2) zeigen, wie sich der Sorgebegriff im digitalen Kapitalismus gleichsam gedreht hat und zum Marktfaktor geworden ist. So geht es bei den Bildungskampagnen, die heute und wohl auch in Zukunft in Kindergärten und Schulen gestartet werden, selbstredend um das Wohl der Kinder, aber eigentlich um die Konkurrenzfähigkeit des heimischen Humankapitals im Vergleich zu anderen Ländern im Rahmen des globalen Standortwettbewerbs. Diese neue Formel des Verhältnisses von Reproduktion und Produktion hat ihre eigene integrative Dynamik: Sie ist

– aus ökonomischer Sicht – vom Menschen abgehoben, kann aber gleichzeitig in den Menschen aktiviert werden. Damit taugt sie sowohl als ökonomisches Wachstums- wie persönliches Motivations- und politisches Steuerungsprinzip. Gleichzeitig erweist diese Formel ihre soziale Integrationskraft: Bildung als Mobilisierung von Humankapital bedient die Sorge, ohne genügend Bildung sozial absteigen zu müssen und gleichzeitig den Optimismus, mit möglichst viel Bildung zu denen zu gehören, die in den flexiblen Bahnen des neuen Kapitalismus aufsteigen können. Dieser Druck verstärkt noch einmal das auch von der Schule vertretenes meritokratische Prinzip, „dass die eigene Position nach individueller Leistung vergeben wird“. Es wird auch von Kindern und auch von Eltern aus benachteiligten Gruppierungen anerkannt (Betz 2008).

Generell wird im neuen Bildungsdiskurs – in der Perspektive des *lebenslangen Lernens* – übersehen, dass sich die Lebensläufe entgrenzt haben und somit offene und riskante Übergangskonstellationen freigesetzt werden, die bewältigt werden müssen. Der psychosoziale Druck, biografische Brüche und Entwertungen durchstehen zu müssen und gleichzeitig Neu- und Umqualifikationen ausgesetzt zu sein, steht meist nebeneinander, wird nicht bildungspolitisch aufeinander bezogen. Dies verstärkt die soziale Exklusionsdynamik einer Bildung, die am sozial entbetteten abstract worker ausgerichtet ist, dem Arbeitstyp, den der digitale Kapitalismus kreiert und zunehmend durchgesetzt hat.

Theoretisch lässt sich bilanzieren, dass mit dem gegenwärtig favorisierten, an der Humankapitalperspektive ausgerichteten Bildungsbegriff die Sozialisationsperspektive weitgehend außer Kraft gesetzt wird. Die Erziehungsinstitutionen kommen so unter Druck: Sie müssen linear und direkt reagieren, Umwege werden diskreditiert. Die Soziale Arbeit, die bisher das Lob der Umwege zu singen gewohnt ist, wird damit aus dem Bildungsdiskurs gedrängt oder wird zur Anpassung gezwungen. Schaut man sich die Konzeption des aufwändig finanzierten Nationalen Bildungspanels der Bundesrepublik Deutschland an, so wie es seit 2009 angelegt ist, sucht man vergeblich nach sozialpädagogischen Ansätzen, etwa der Anerkennung der alltäglichen Lebensbewältigung. Im Hintergrund steht vielmehr die neue Verortung der Bildung im Prozess der Transformation der Industriegesellschaften hin zu *Wissensgesellschaften.*

Nun gehört es zu den zentralen Problemen der Wissensgesellschaft, dass ein sich verselbstständigendes Wissen zum Vergesellschaftungsprinzip und damit Bildung zum Ort der Bewältigung dieses Wissens wird. Das heißt, die Menschen müssen immer wieder neues Wissen akkumulieren, nicht um sich im traditionellen Sinne zu bilden und darin ihre Persönlichkeit zu entfalten, sondern um Marktanschlüsse nicht zu verpassen. Das Wissen, das nur dem Prinzip der Machbarkeit und seiner Grenzenlosigkeit folgt, verliert somit den Bezug zum begrenzten Menschen, hat keinen Begriff vom Menschen mehr. In diesem Sinne folgt Bildungspolitik unhinterfragt dem Pfad der ökonomisch-technologischen Modernisierung und es entsteht die Frage, wo die Konflikte, die daraus folgen, verhandelt werden können.

Die Einzelnen sollen sich selbst im wechselnden Sog der Risiken und Chancen behaupten können. Das ist aber nicht mehr der Autonomiegedanke des klassischen Bildungsbegriffs. Dafür wird jetzt der Kompetenzbegriff favorisiert. *Kompetenz* als „Vermögen" kommt zwar formal dem gleich, was die klassischen Bildungstheorien im Menschen sahen und – naturrechtlich begründet – über Bildung aufgeschlossen und gestaltet sehen wollten. Jener Bildungsbegriff hatte aber noch nicht die Zurichtung des Menschen im industriellen Verwertungsprozess angenommen, sondern setzte sich gleichzeitig und ausdrücklich von dem Begriff „reiner Nützlichkeit" ab. Zudem ist die Kompetenzdebatte nicht aus dem Bildungsdiskurs, sondern im Kontext der neokapitalistischen Verwertungsdiskussion entstanden.

Im Bildungsbegriff des 20. Jahrhunderts – eigentlich bis heute – wurde dagegen Bildung im Sinne des Aufschließens von menschlichem Vermögen als soziales Regulativ vom Subjekt her betrachtet. In dieser radikalen Subjektorientierung wurde mitunter übersehen, dass dies nur dann funktioniert hat, wenn es von sozialen Bewegungen und – später – von sozialstaatlichen Sicherungen und Aktivierungen getragen war, die auf soziale Gerechtigkeit abzielten. Gleichzeitig liegt in dieser Perspektive ein entscheidender Punkt, der bis heute – auch in der neueren Kompetenzdebatte – kaum thematisiert wird: Vermögen bilden sich erst innerhalb sozialer Prozesse aus und sind nicht einfach in den Individuen so vorhanden (vgl. Sting 2002), wie sie im Bildungsdiskurs als „Ressourcen" vorausgesetzt werden. Schon von daher wird plausibel, dass Lebensbewältigung und Bildung in einer Spannung zueinander stehen und dass darin eben unterschiedliche Erfahrungen gemacht werden, die in ethnisch-milieuspezifisch vielfach differenzierten Lebensbedingungen ihre eigene Bedeutung haben.

In dieser Perspektive muss die Soziale Arbeit einen entsprechend bewältigungsorientierten Bildungsdiskurs führen und veröffentlichen, gerade weil die Bewältigungsseite der Bildung zukünftig noch stärker hervortreten wird. Dies umso mehr, als vor dem Hintergrund des Strukturwandels der Arbeitsgesellschaft ein Typus sozialer Ungleichheit wiederkehrt, den gerade auch die Schule stützt: Es kommt wieder nicht nur darauf an, ob und wie ich durch meine Familie gehalten und unterstützt werde, damit ich Brüche und Übergänge bewältigen kann, sondern auch, ob die Bewältigungsstrategien für ein Vorwärtskommen in der Schule passförmig sind (Betz 2008). Bildung und Bildungsförderung wird hier nicht als Dimension der Entwicklung der Lebenslage, sondern als gleichsam die entsprechende Lebenslage voraussetzend begriffen. Lebenslagenbestimmend ist in diesem Verständnis hauptsächlich die Familie. Die Familie wird von der Schule aber nicht nur als Ressourcensystem sozialer Reproduktion und von Leistungsmotivation betrachtet. Neben der Leistungsmotivierung soll sie auch der Ort sein, wo neue soziale Bildungs- und Befähigungsprozesse stattfinden, die in der

Schule auf Grund ihrer stoff- und unterrichtszentrierten Struktur nicht geleistet werden können. Die Familie soll wieder der Ort sein, an dem sich soziale Fähigkeiten entwickeln, an dem auch gesellschaftsbezogenes Bewältigungs-, Beteiligungs- und Konfliktverhalten gelernt werden soll. Familiensoziologisch ist aber unstrittig, dass die Familie zwar ein wichtiger Ort der Persönlichkeitsbildung ist, dass sie aber kein gesellschaftliches Lernen ersetzen kann, weil ihre Bindungs- und Kommunikationsstrukturen von Intimität geprägt sind, während in der Schul- und Arbeitswelt rationale Regeln und Verfahren samt ihrer Widersprüchlichkeit vorherrschen, die gesellschaftlich erfahren und erlernt werden müssen.

13.5 Konsumsoziologische Zugänge

Die Tendenzen der Entwertung und Subjektivierung der Arbeit haben also auch den Horizont gesellschaftlicher Integration verschwimmen lassen, so wie er traditionell in den Industriegesellschaften durch Arbeit gebildet wurde. Soziale Teilhabe bis hin zur gesellschaftlichen Integration ist heute vor allem auch über den Konsum symbolisch darstellbar. Im Konsum kann ich immer neu eine biografische Perspektive, dass sich etwas erfüllen könnte, entwerfen. Die interaktiven Technologien erlauben es, sich so einzubringen, dass sich eine subjektive Erfahrung der Aneignung herstellen kann: Ich werde nicht mehr – gleichsam fremdgesteuert – an das Produkt gebunden, sondern ich kann das Produkt an mich binden; es ist – so die entsprechende Suggestion der Werbung – von vornherein für mich produziert. Ich kaufe also mit dem Produkt auch das Segment Mitbestimmung, das in sich eine Aneignungskultur enthält. Von Entfremdung kann hier scheinbar keine Rede mehr sein. Talcott Parsons war einer der ersten Soziologen, der die sozialen Funktionen des Konsums für die (amerikanische) Gesellschaft analysiert und systematisiert hat (vgl. Parsons/Smelser 1956). Vor allem hat er erkannt, dass der Konsum nicht mehr nur eine Funktion des familialen Haushalts und der individuellen Befriedigung gesteigerter Bedürfnisse über das Existenzminimum hinaus ist, sondern, dass er die sozialen Beziehungen und das Verhältnis von Individuum und Gesellschaft prägen kann. Konsum schafft danach die Möglichkeit der Symbolisierung von sozialen Unterschieden und Gemeinsamkeiten, von Lebensstilen und Zugehörigkeiten, von Werten und Normen. Der Konsum ist aber nicht nur ein soziales Medium; sein Wirken schafft eine eigene soziale Wirklichkeit, und nicht umsonst bezeichnen wir unsere modernen Industriegesellschaften als Konsumgesellschaften (vgl. Jäckel 2004).

Diese moderne soziale Bedeutung des Konsums ergibt sich aus der sozialökonomischen Entwicklungstypik der industriekapitalistischen Gesellschaftsformation, die sich plakativ in der Formel *Massenproduktion durch Massenkonsum* (und umgekehrt) ausdrücken lässt. Sie ist untrennbar mit der Struktur moderner Arbeitsteilung verbunden, welche die industrielle Massenfertigung und Warendistribution erst ermöglicht hat. Nach dem Begründer der industriellen Massenproduktion, dem amerikanischen Autofabrikanten Henry Ford, wird diese das 20. Jahrhundert beherrschende Gesellschaftsformation auch „fordistisch" genannt. In dieser politisch-ökonomischen Dimension wird der Massenkonsum als gesellschaftsformierende Kraft, als Medium der Vergesellschaftung feststellbar. Konsum ist zu einem zentralen Faktor gesellschaftlicher Integration geworden. Wir konsumieren nicht nur die stofflichen Gehalte und die Gebrauchs- und Genusswerte der Konsumgüter, wir konsumieren vor allem auch ihre sozialen und kulturellen Attribute, mit denen sie versehen sind. Die Produkte werden in der Konsumwerbung um Lebensstile herum gruppiert, mit ihrem Kauf wird suggeriert, dass sie über ihren Verbrauchswert hinaus soziale Qualitäten haben müssen. Der Makel des temporären Verbrauchs wird durch eine verbrauchsübersteigende Qualität verwischt. Wenn du das Produkt immer wieder neu kaufst, dann erwirbst du mit seinem Verbrauch ein Lebensgefühl, das andauernd und, indem es verbraucht wird, dir hilft, nicht nur den Alltag zu meistern.

Zwei Aspekte sind es, welche die ambivalente soziale Qualität des modernen Konsums ausmachen: Zum einen das Phänomen der Gleichzeitigkeit und Vereinbarkeit des Widersprüchlichen, das er hervorbringt, zum anderen das der Konfliktharmonisierung. Wir können heute an einem Ort und in einem Akt Dinge kaufen, die soziokulturell Widersprüchliches beinhalten. Es werden Produkte hergestellt, die mit den gleichen positiven Lebensstilverheißungen Umwelt oder Gesundheit zerstören, wie Produkte, welche eben diese Schäden sanieren und heilen helfen sollen. Mode und Lifestyle-Produkte bedienen sich geschlechtstypischer Klischees – variieren, verstärken und überschreiten sie zugleich. Soziale Ungleichheit scheint nivelliert: Die Konsumindustrie stellt – ihrer Logik der Produktdifferenzierung folgend – sehr wohl schichtunterschiedliche Produkte und Accessoires her, für betuchte und weniger betuchte Leute auf der Schichtskala von der exklusiven Marke über die Imitationsware bis hin zum Massenramsch. Aber: Auch noch die Ärmsten können kaufen, haben Zugang zu der Konsumszenerie, in der auch die Reichen – wenn auch in einem anderen Produkthimmel – es ihnen gleichtun. Es gibt nur noch Konsumniveaus und keine Klassenunterschiede mehr, heißt die soziale Botschaft.

Im Konsum spiegelt sich auch die Gleichzeitigkeit von Individualisierung und Standardisierung (vgl. 5.7). Der moderne Individualisierungsprozess symbolisiert sich über den Konsum: Ich kaufe mir etwas Eigenes, Unverwechselbares, inszeniere mich in meinen Accessoires selbst und gleichzeitig bin ich Teil einer sozialen, Zusammengehörigkeit stiftenden Stilrichtung oder Markengruppe, sei es symbolisch oder in den sozialen Zusammenschlüssen der Marken- und Fanclubs. Der Konsum bietet also nicht nur das uneingeschränkte Erlebnis des Ich, sondern genauso das Erlebnis der Teilhabe an einer – über die Konsumdynamik symbolisierten – Erfolgskultur, in der sich das Soziale als das konsumtiv Erreichbare darstellt. Er nivelliert die Generationenunterschiede und akzentuiert sie gleichermaßen.

Sozialpädagogisch interessant ist das Problem der Grenzenlosigkeit, die der Konsum symbolisiert: Ich verbrauche etwas, um etwas Neues, Anderes, Besseres kaufen zu können, vielleicht auch – um der Statusdemonstration willen – zu müssen. Es werden Produkte um Lebensstile gruppiert, die Grenzenlosigkeit verheißen: schrankenlosen Genuss, grenzüberschreitende Erlebnisse, traumhafte Erfüllungen, grenzenlose Möglichkeiten. Wir finden diese Assoziationen in den Werbeparolen wieder. Die Lebensphase der Kids und Jugendlichen ist noch einmal besonders von diesem Aspekt der Grenzenlosigkeit berührt. Kinder und Jugendliche, die noch nicht in berufliche und institutionelle Positionen und Rollen eingebunden sind, bei denen die Aneignung der sozialen und kulturellen Welt noch sozialräumlich-offen verläuft, benutzen den Konsum als Raum, als ihr lebensphasentypisches Experimentierfeld. Jugendliche brauchen Experimentierräume, um sich von der Herkunftswelt ihrer Eltern ablösen, neue soziale Rollen erproben, Beziehungen testen, sich selbst in einem neuen und eigenständigen Status erfahren und mit Konflikten allein umgehen zu können. Dieses lebensaltertypische Experimentieren bringt notwendigerweise Risikoverhalten mit sich: sich an den Grenzen reiben, sie überschreiten und verletzen, um die eigenen Grenzen und Möglichkeiten erfahren zu können. Grenzen werden erprobt, provoziert, überschritten, verändert, akzeptiert – aber sie müssen da sein und man muss sie spüren können. Diese Formung der Identität beinhaltet das Erkennen der und das Umgehen mit den eigenen Grenzen. Ist der grenzenlose Konsum das einzige Experimentierfeld, so ist der Mechanismus der Grenzwahrnehmung, des Umgangs mit Grenzen, oft außer Kraft gesetzt. Jugendliche suchen entwicklungstypische Grenzen und geraten so in die Dynamik des Konsumrausches: Grenzen sind beim Konsumakt nicht greifbar, weil immer Neues verheißen ist, der nächste Konsumschritt getan werden muss, um die Hoffnung auf das Finden der Grenzen aufrechterhalten zu können. Übersteigerter Konsum bis hin zur Sucht ist dann oft nichts anderes als eine Variante vergeblicher Grenzsuche. Andererseits ist es offensichtlich, dass sich die Selbstständigkeit der modernen Jugend maßgeblich über ihren eigenständigen Konsumstatus herstellt. Es sind auch nicht die Eltern, es ist in erster Linie der Einfluss der Gleichaltrigengruppen und -szenen, welche die Konsumentscheidungen der Jugendlichen bestimmen. Und es ist die Konsumindustrie, welche die Jugendlichen als eigenständige KonsumentInnen behandelt. Insgesamt ist der kommerzielle Konsum zu einem Raum geworden, in dem Jugendliche jene Resonanz für die eigene Qualität ihrer Lebensphase suchen und subjektiv auch finden, die sie gesellschaftlich selten oder nicht erhalten. Indem der Konsum über die neuen Medien interaktiv geworden ist, Produkte und ihre Inhalte subkulturell verfremdet und kontrastiert werden können, bietet er Jugendlichen Erlebnisse der Abgrenzung von und der Widerständigkeit gegenüber der Erwachsenenwelt.

Diese Verbindung von Konsum und neuen Medien hat aber auch insgesamt die sozialen Suggestionen der Teilhabe und Mitbestimmung qua Konsum gesteigert. Produkte werden immer offensichtlicher weniger über ihre Funktionen, sondern über ihre „Erlebnisfolgen" angeboten. Das Produkt wird zum Event, das im Erleben des Käufers von den Kommunikationsmedien – und eigentlich nicht in der Fabrik – erst endgültig produziert wird. Der „physische Marktplatz" verschwindet zugunsten des virtuellen, in dem die Ware mit ihrem Bild verschmilzt; die „Symbiose von Markt und Medium" ist perfekt (Haug 2001, S. 183 f.). Dabei wird der Anschein vermieden, dass die KonsumentInnen manipuliert werden. Es wird „auf den ‚produktiven' Zuschauer reagiert. Der Konsument erhält mehrere Deutungsangebote." (Röll 1998, S. 413) Die neokapitalistische Sozialform des flexiblen Menschen (vgl. Sennett 1998) ist nicht nur die des abstract worker, sondern auch die des abstract consumer.

13.6 Mediensoziologische Zugänge

Schon der Konsum stellt eine Dimension der Vergesellschaftung dar, die fiktive Welten produziert, die aber durch das konsumtive Handeln sozial wirksam werden. Diese *parasoziale* Struktur ist beim Medienkonsum besonders ausgeprägt. Vor allem die neuen, interaktiven Medien verstärken die parasozialen Effekte. Mit dem Begriff parasozial ist gemeint, dass wir mediale Inhalte rezipieren – aber auch interaktiv verändern und steuern können – die weg von der sozial gebundenen Wirklichkeit sind, dadurch aber, dass wir sie aus der sozial gebundenen Wirklichkeit heraus aufnehmen und mit ihnen aktiv umgehen, wirken sie auf das Soziale zurück und werden damit in einer neuen Form sozial wirklich. Der inzwischen alte und noch längst nicht entschiedene Streit um die Frage der psychischen und sozialen Wirkungen von gewalthaltigen Medien zeigt aber auch, dass gerade die Soziologie als sozial gebundene Wissenschaft in der Grenzenlosigkeit des Virtuellen ihre Grenzen findet, leicht spekulativ werden kann. Deshalb wollen wir uns im Folgenden darauf beschränken, darzustellen, wie soziale und virtuelle Kontexte sich miteinander vermischen können. Dass sich dadurch als relativ fest und selbstverständlich angenommene soziale Konstellationen in einer Art und Weise entgrenzen können, die soziologisch thematisierbar, aber eben nicht fassbar ist, werden wir am Beispiel der Jugend untersuchen, die von ihrer psychosozialen Befindlichkeit mehr als andere Gruppen in den neuen Medien aufgeht. Hier können wir auch deutlich machen, wie wichtig eine mediensoziologische Reflexivität ist, will man in der sozialpädagogischen Bildungsarbeit Jugendliche verstehen, die nicht nur ihre Experimentierwelt im Internet und in Computerspielen inszenieren, sondern vor allem auch jene, die ihre Lebensschwierigkeiten im virtuellen Raum zu bewältigen versuchen.

Wir wissen allgemein aus der Jugendsoziologie, dass im jugendtypischen Übergang von der Herkunftsfamilie in die Erwachsenengesellschaft mit Grenzen experimentiert wird, Grenzen infrage gestellt, aber auch gesucht werden, um sich im Zuge der adoleszenten Identitätsbildung sozial verorten zu können. Dies geschieht nicht nur in der herkömmlichen Auseinandersetzung mit erziehenden Erwachsenen und gesellschaftlichen Normen und Symbolen, sondern vor allem auch im Überschreiten und Entgrenzen und besonders im eigenwilligen Markieren territorialer und symbolischer Räume in der Szenerie der Gleichaltrigen- und Medienkultur.

Bei der symbolischen Überschreitung des konkreten Sozialraumes entsteht das Parasoziale. Es handelt sich hier um mediale Raumaneignungen, die einen versetzen, loslösen und in Ton- und Bildimaginationen wegtragen können. So konstituieren sich Kindheit und Jugend als Medienkindheit und Medienjugend. Es ist einerseits eine Scheinwelt, andererseits erzeugt sie auch soziale Wirklichkeit: Je nach sozialem Kontext, Bildungsstand, Geschlecht und biografischer Bewältigungskompetenz, können solche medialen Scheinwelten die reale soziale Erfahrung verengen (reale Konflikte und Widersprüche verdecken) oder erweitern (z.B. die kulturelle Produktivität des Jugendalters steigern). Offensichtlich aber ist, dass die symbolischen, medial vermittelten Imaginationsräume und ihre subjektive Bedeutung in einem signifikanten Zusammenhang mit der Art und Weise stehen, wie reale Sozialräume und ihre Aneignungsmöglichkeiten beschaffen sind. Dies wird z.B. empirisch unterstützt durch Beobachtungen, dass Fernseh- und Computerkonsum dort den Mittelpunkt der Kinder- und Jugendfreizeit bilden („Vielseher"), wo der soziale Nahraum keine jugendkulturellen Anregungen bietet oder sie ausdrücklich verwehrt und wo Kinder und Jugendliche über ihre Familien und in der Gleichaltrigenkultur sozial eher isoliert sind. Andererseits sehen wir überall, dass Jugendliche sich über Medien und ihre Nutzung öffentlich ausdrücken und von der Erwachsenenkultur abgrenzen können, dass sie über die Medien Anschluss an Szenen und Stile finden können, dass sie die für uns fiktiven Räume, die sie erobern, zu ihren eigenen Jugendräumen machen. Während sich die Jugendbewegung vor hundert Jahren ihren Jugendraum abseits der urbanen Gesellschaft noch konkret räumlich mit den Füßen erwandern konnte, hat mit dem Walkman schon vor einigen Jahrzehnten ein medialer Jugendaufbruch stattgefunden, der die Jugendlichen von einer auf die anderen Minute in eine symbolisch eigene elektronische Welt versetzt hat, die sie – tendenziell außerhalb der sie sozial bindenden Gesellschaft – gestalten können.

Hier wird die Ambivalenz der Medien offenkundig: Einmal liegt die Betonung mehr auf dem Negativen, auf der Ersatzwelt und Fluchtwelt angesichts eines sozialen Nahraums, der für viele Kinder und Jugendliche nicht mehr Entfaltungs-, sondern Problemort geworden ist. Andererseits wird aber auch die positive Bedeutung der neuen Medien deutlich. Sie können in einer individualisierten und durchfunktionalisierten Gesellschaft den Jugendlichen immer noch Räume eröffnen, in denen sie sich von dieser Gesellschaft absetzen können, ohne dass sie zu früh sozial vereinnahmt oder zu früh sozial ausgegrenzt werden. Ideale Räume sind in diesem Zusammenhang Experimentierräume, die von den Jugendlichen für ihre Entwicklung gebraucht werden. Gleichzeitig aber sind sie Markträume, in die die Jugendlichen früh und damit auch wieder in die reale Gesellschaft oft manipulativ hineingezogen werden.

Für die Sozialpädagogik und ihren Zugang zu Kindern und Jugendlichen ist in diesem Zusammenhang besonders relevant, dass in medialen Räumen Empfindungen und Betroffenheiten der Lebensbewältigung aus ihren realen sozialen Kontexten freigesetzt und entgrenzt werden und sich mit den Medieninhalten verbinden, die selbst wiederum aus den jeweiligen sozialen Kontexten heraus ausgewählt werden. In der Verbindung von Medieninhalt und emotionaler Empfindung konstituiert sich ein positiv empfundener Zustand sozialer Entstrukturierung und Verflüssigung, der das soziale Handeln mental und sozial beeinflusst. Mental, indem er das Alltagsleben erträglicher und seine Erweiterung möglich erscheinen lässt, sozial, indem er Handlungselemente zumindest situativ von ihrer sozialen Bindung lösen kann.

Als soziologisches Konzept für die theoretische Erschließung solcher parasozialen Interaktionen bietet sich das interpretative Paradigma, die Interaktionstheorie an (vgl. 8.3). In der Grundlegung eines solchen Konzepts haben Charlton/Neumann-Braun (1992; vgl. auch Neumann-Braun/Dohm 2000) eine handlungstheoretisch orientierte Medienrezeptionstheorie entwickelt, die bis heute in ihren Grundzügen Geltung beanspruchen kann. Es ist ein Prozessmodell, das die Ambivalenz, die im Umgang mit Medien steckt, aufzeigen kann und in dem damals schon aufgezeigt wurde, dass Medien nicht nur einseitig beeinflussen, sondern auch in der Medienrezeption gestaltet werden. Dies ist in Richtung und Qualität abhängig von der Art der sozialen Einbettung der Medienrezeption, der thematischen Voreingenommenheit gegenüber den medialen Inhalten und der Art und Weise, wie sich das Mediale in die konkreten Lebenssituationen hinein vermittelt. Die symbolisch-interaktionistische Herangehensweise kann also deutlich machen, dass nicht nur der Umgang mit den Medieninhalten, sondern vor allem auch die von den Kindern und Jugendlichen geteilten Bedeutungen, die sie in der medialen Interaktion mit den Inhalten verbinden, im Vordergrund der Analyse stehen müssen. Medien sind vor allem dann für Kinder und Jugendliche attraktiv, wenn sie Schlüsselthemen des Kindes- und Jugendalters symbolisch aufbereiten und widerspiegeln, die von den Erziehungsinstanzen wie Elternhaus und Schule nicht oder nicht jugendgemäß aufgenommen werden können. Solche Themen sind: Selbstständig-Werden, Abschied von den Eltern, Freundschaft und Sexualität, Mann-/Frau-Werden, Erwachsenwerden, pubertäre Omnipotenz- und Ohnmachtsgefühle, Geborgenheit,

Sehnsucht etc. Diese Themen der Adoleszenz werden in den Medieninhalten und durch sie hindurch gesucht. Die äußere Ablauffassade des medialen Programms ist nicht das Entscheidende, und deshalb ist es plausibel, dass Handlungsabläufe eines Films nicht einfach nachgeahmt werden. Bei dem, was Jugendliche z.B. in Action-Filmen suchen, geht es gar nicht so sehr um die Gewaltakte, sondern eher um die Frage, wie sich ein Mann in kritischen Situationen verhält, wie man alltägliche Prüfungen besteht, aber auch darum, wie man sich mit Medieninhalten, die die Erwachsenen als schrecklich empfinden, von den Eltern absetzen und ihnen gegenüber Eigenständigkeit demonstrieren kann. Medien werden also nicht über Nachahmung von Handlungs- und Aktionsfiguren sozialisationswirksam, sondern über die parasoziale Bestätigung und symbolische Verifizierung von Entwicklungsproblemen des Kindes- und Jugendalters. Die impliziten Regeln der Bewältigung des jugendkulturellen Themas, das sich für die Jugendlichen im Film verbirgt, obwohl die Story nach außen oft wenig damit zu tun hat, sind für die Jugendlichen entscheidend.

Entscheidend ist aber auch, dass die Medien, auch wenn sie die Grenzen der konkreten sozial gebundenen Welt überschreiten, dennoch dieser verhaftet bleiben. Deshalb stellt sich die in den Mediendiskursen immer wieder aufgeworfene Frage: „Was ist Fiktion, was ist Wirklichkeit?“ so nicht. Vielmehr muss gefragt werden: „Wie sind Fiktion und Wirklichkeit miteinander vermittelt?“ Gerade am bereits eingeführten Beispiel der Medienrezeption von Jugendlichen kann gezeigt werden, dass die Pubertät in ihrer eigenartigen Verkettung von Wirklichkeit und Unwirklichkeit im virtuellen Netz ein Medium findet, das sie besonders anzieht. Dies gilt für Jungen und Mädchen gleichermaßen, wobei sich für die Mädchen, die traditional sozialräumlich begrenzter aufwachsen als die Jungen, mit dem Internet ein neuer Raum öffnet. Im virtuellen Raum sinken geschlechtstypische soziale Schwellen und die im Alltag zurückgehaltenen Wünsche und Träume können offengelegt werden. Es ist aber nicht so, dass sich hier eine Parallelwelt herausbildet, sondern die den konkreten sozialen Raum überschreitenden Selbstdarstellungen und Verständigungen gestalten sich auch wieder vor dem Hintergrund der realen alltäglichen Lebenserfahrungen und sozialen Einbettungen (vgl. Iske u.a. 2007). Auch verändert die Online-Nutzung nicht die sozialen Orte, von denen aus die Mädchen virtuell agieren. „Das ‚eigene Zimmer‘ ist nach wie vor der Ort, an dem die Mädchen ihr Mädchensein am stärksten aushandeln. […] Anders als in den eigenen vier Wänden, ermöglicht die persönliche Homepage den Mädchen allerdings einen Schritt aus der häuslichen Sphäre hinaus – ihre Interessen und Gefühle werden plötzlich sichtbar“ (Tillmann 2008, S. 391). Insofern stellt das Internet eine völlig andere Plattform dar als das traditionelle Mädchentagebuch, in das die Mädchen ihre Wünsche und Träume in das geheime Innere ihres Selbst einschreiben und das Tagebuch entsprechend vor anderen verbergen. Die Internet-Präsentation dagegen verheißt eine parasoziale Öffentlichkeit, die sozial wirklich, wenn auch nicht sozial verbindlich ist. Dort erhalten die Mädchen Selbstbestätigung und Anerkennung und Netzwerke können erweitert und zusätzliche Unterstützungsressourcen gesucht werden. Bei alldem bleibt, dass nicht nur die soziale Umgebung, sondern auch die soziale Lage die medialen Möglichkeiten strukturiert. Was im *real life* sozial ungleich verteilt ist, erfährt im *second life* vielleicht eine suggestive, aber keine sozial reale Veränderung. Insgesamt kann davon ausgegangen werden, dass unter den NutzerInnen des Internets die Ausprägungen sozialer Ungleichheit sich auch in der Art und Weise niederschlagen, wie das Internet genutzt wird. Das betrifft sowohl die Nutzung unterschiedlicher Angebote als auch die unterschiedliche Nutzungsweise gleicher Angebote.

Aber nicht nur die Dimension der parasozialen Interaktion ist in diesem Zusammenhang von soziologischem Interesse, sondern vor allem auch der Einfluss, den die neuen Medien auf Vergesellschaftungsprozesse ausüben können. Hier steht für die Sozialpädagogik/Sozialarbeit vor allem wieder die Jugend im Vordergrund, da sie vor allem in den neuen Medien aufgeht. Wir haben an anderer Stelle dargelegt, dass Jugend nicht nur eine individuell-biografische Lebensphase, sondern genauso eine gesellschaftliche Konstruktion darstellt. Diese wird mit dem Begriff des Moratoriums umschrieben, wobei gleichzeitig diskutiert wird, dass sich dieses Moratorium Jugend heute in dem Maße entgrenzt hat, in dem soziale Bewältigungsprobleme früh in das Jugendalter eindringen und sich Jugend in prekären Übergängen immer weiter verlängert. Diese Übergänge aber sind schon voll in der Konkurrenz- und Verdrängungsszenerie der segmentierten Arbeitsgesellschaft aufgegangen. So ist für viele junge Menschen in Deutschland und in anderen europäischen Ländern mit der Erosion des sozialstaatlich-gerahmten Moratoriums die ehemals geschützte Jugendphase zum offenen und deshalb riskanten Bereich der Selbstbehauptung in der Generationenkonkurrenz geworden. Die neokapitalistische Arbeitsgesellschaft zieht ihre Fortschrittssymbolik inzwischen nicht mehr aus der Jugend, sondern aus ihrer ökonomisch-technischen Eigendynamik. Neue „Produktgenerationen“ werden kreiert, das Symbol der Jugendlichkeit hat sich von der Jugend gelöst. Die alte Jugendsymbolik scheint zwar noch in der Konsumwerbung auf, aber auch dort ist die Jugend längst eine Gruppe unter anderen.

Jugendliche werden aber auch in Zukunft ihren Entwicklungs- und Experimentierraum brauchen, und sie haben ihn längst gefunden: Im Internet hat sich ein digitales Jugendmoratorium eröffnet, das Jugend neu erfindet, von den Jugendlichen aber nicht kontrollierbar ist. Es baut sich auf über experimentelle Bilder, Selbstdarstellungen in Foren, Kommunikationsnetzwerken, die einen grenzenlosen Sog auf die Jugendlichen ausüben. Es sind interaktive Medien und indem die Jugendlichen Bilder von sich hineingeben, können sie den digitalen Raum als den ihren betrachten. Damit wird gleichzeitig die gesellschaftliche Fiktion aufrechterhalten, dass es noch Jugend im Sinne des experimentellen Moratoriums gibt und damit auch die gesellschaftliche Kontrolle über Jugend weiter aufrechterhalten werden kann. So wie die neuen interaktiven Medien bei Jugendlichen (trans-)soziale Phantasien aufsteigen lassen, so lösen sie entsprechende gesellschaftliche Kontrollphantasien der Jugend gegenüber aus. Eine Jugend der enthemmten Computerspiele.

Der Jugenddiskurs scheint sich entsprechend in den virtuellen Raum verschoben zu haben. Er wird nicht mehr arbeitsgesellschaftlich und in diesem Sinne zukunftspolitisch, sondern medienpolitisch geführt. Die junge Generation erscheint in ihrer digitalen Gestalt nicht mehr als die Zukunftsgeneration. Alle Altersgruppen partizipieren inzwischen am Internet und damit an der technologischen Zukunft, die in die digitalen Punkte des Jetzt eingelagert ist. Die Jugend wird damit als besondere Generation entzaubert. Sie ist zwar den Erwachsenengenerationen technologisch voraus, da sie biografisch unbefangen, nicht vorbelastet in das neue Medium einsteigt. Das Internet ist aber nicht allein „ihr Medium". Es schlägt eher als Kontrollmedium auf die Jugendlichen zurück. Jugend kann so, wie sie sich dort medial inszeniert, gleichzeitig identifiziert und kontrolliert werden.

In den 1920er Jahren, als Karl Mannheim seine soziologische Generationentheorie entwickelte (vgl. 12.6), wurde Jugend als Protagonist und Träger der Modernisierung, als Generation des Fortschritts stilisiert. Die Jugend des 20. Jahrhunderts war eine raum-zeitlich gebundene Gruppierung, auf die sowohl die gesellschaftliche Faszination an der Modernisierung wie die Befürchtung der Risiken projiziert wurden. Heute hat sich die Projektion von Fortschrittshoffnungen auf die Kindheit verlagert. Sicher werden immer noch bestimmte Gruppen von Jugendlichen gefördert. Aber es ist weniger, das jugendkulturell provokative Experiment, das man dabei im Auge hat, sondern das Humankapital, das sich Jugendliche früh aneignen und in die Gesellschaft einbringen sollen. Sicher, von der Symbolik her, bleibt Jugend weiterhin mit dem technischen Fortschritt verknüpft, weil Jugendliche anders als die Erwachsenengeneration mit den neuen Medien umgehen können. Aber dieser Experimentierbereich gehört den Jugendlichen nicht, denn er ist inzwischen hochkapitalisiert. Jugend ist damit nicht mehr per se eine Generation, die Neues gesellschaftlich provoziert, sondern sie wird in ihrer konsumtiven Generationsqualität eingespannt für die neuen Technologien. Sie ist daher von ihrer besonderen Generationendynamik geeigneter, sie ist gleichsam zur Testfahrergeneration geworden.

Die mediale Welt ist also kein Raum, in dem Jugendliche – entsetzt von ihren Alltagswelten – selbstbestimmt experimentieren können. Aber sie bilden sich darin ab. Denn es ist nicht mehr das anonyme Medium wie früher. So wie sie sich darstellen, kann es im real life von anderen verwendet werden, ohne dass es die Jugendlichen kontrollieren können. Eine parasoziale Falle tut sich auf. Jugendliche denken, sie geben ihre Selbstdarstellung von sich weg, im Medium aber führen diese Selbstdarstellungen ihr eigenes Leben. Und viele Erwachsene glauben dann, dass sie in solchen Medieninszenierungen die wirklichen Jugendlichen vor sich haben: So wie sie sich darstellen, zeigen sie ihr wirkliches Gesicht.

Jugendliche gehen heute selbst in das Medium hinein und können sich dort als Jugend in ihrer experimentellen Unbefangenheit darstellen. Sie finden hier einen Raum, in dem sie sich selbst abbilden können. Sie können das ausprobieren, was ihnen die Gesellschaft im real life verwehrt. Und die Möglichkeiten sind grenzenlos. Man kann als 16-Jähriger schon eine Bloggerexistenz aufbauen, man kann aber auch abweichendes Verhalten zelebrieren. Experimentierräume können aufgetan und gleichzeitig der sonst verwehrte Erwachsenenstatus schon früh in Anspruch genommen werden. Diese Gleichzeitigkeit der widersprüchlichen Möglichkeiten ist das Faszinierende am Internet. Man hat die Chance, mit 17 oder 18 Jahren auf den Markt zu kommen, man kann aber auch seine pubertären Träume ausleben. In dieser Entwicklung driftet Jugend auseinander, ist der Generationenbegriff ausgehöhlt. Man ist über das Medium integriert, aber man weiß nicht, was diese Integration bedeutet. Man fühlt sich autonom, aber man kann diese Autonomie nicht lokalisieren. Die digitale Welt trifft keine Unterscheidung zwischen Jugendlichen und anderen Altersgruppen.

Im Moratoriums-Konzept des 20. Jahrhunderts wurde davon ausgegangen, dass Jugendliche geschützt werden müssen, damit sie risikolos experimentieren können. Nun experimentieren sie in den ungeschützten medialen Räumen. Mit der Gefahr, dass das, was sie dort heute tun, morgen immer wieder neu hervorgeholt werden kann. Die „Jugendsünden" blieben bisher immer im Schleier des Moratoriums zurück. Sie waren und sind gesellschaftlich nicht nur toleriert, sondern auch gewollt: Du musst experimentieren, über die Grenzen gehen, um für später zu lernen, wie man mit Grenzen und Konflikten umgeht. Die Experimentierräume des Moratoriums waren gleichermaßen passager wie sozial, kulturell und rechtlich geschützt. Der digitale Raum des Internets ist in diesem Sinne nicht schützbar. Deshalb sagen die MedienpädagogInnen: Wir müssen den Jugendlichen die Kompetenz vermitteln, dass sie sich diese Grenzen im Umgang mit den Medien selbst setzen können. Sonst fällt das Grenzenlose des Internets auf sie zurück und erzeugt Desorientierung, Hilflosigkeit und vielleicht sogar Gewalt, in der sie abgespalten wird. Wenn also die Grenze nicht im digitalen Raum hergestellt werden kann, dann muss sie in sich selbst hergestellt werden. Jugendliche sollen „Medienkompetenz" dergestalt erwerben, dass sie das Moratorium in sich aufbauen. Das würde aber bedeuten, dass Jugend selbstreflexiv werden muss. Um später reflexiv werden zu können, braucht es aber die aktuelle Auseinandersetzung mit der Welt. Jugend wird also in Zukunft durch die Spannung und die Balance zwischen einer grenzenlosen Medienwelt und einer verbindlichen sozialen Welt definiert sein. Das digitale Moratorium kann ausgelebt, muss aber zugleich bewältigt werden.

Kapitel 14
Soziologie der Bürgergesellschaft

Mit der Entstrukturierung der administrativen und verbandlichen Trägerkonstellationen vor dem Hintergrund der politischen und fiskalischen Schwächung des Sozialstaats (vgl. 6.), haben bürgergesellschaftliche Konzepte und soziale Bewegungen als alternative Zugänge zur Thematisierung oder gar Lösung Sozialer Probleme für die Soziale Arbeit an Attraktivität gewonnen. Allerdings werden dabei auch die Barrieren ihrer Vermittlung zur Sozialen Arbeit sichtbar, die in deren sozialstaatlichen Struktur und entsprechenden sozialpolitischen Verortung liegen. Die soziologische Analyse kann die Chancen und Grenzen möglicher Transformationen aufzeigen.

14.1 Die Zivilgesellschaft

Seit Ende des 20. Jahrhunderts reicht die Idee der „Bürgergesellschaft" – die deutsche Variante der „Zivilgesellschaft" – in die Mitte des gesellschaftspolitischen Diskurses in Deutschland hinein. Hier, aber auch in anderen europäischen Gesellschaften, erhofft man sich von der Bürgergesellschaft eine politische Antwort auf die Krise des Sozialstaates und die Erstarrung der lokalen politischen Institutionen im Spagat zwischen ökonomischem Standortdruck und sozialen Integrationsanforderungen (vgl. 10.3). Vor allem wird – angesichts einer konstatierten politischen Entfremdung zwischen den staatlich-hoheitlichen Institutionen und dem Alltag der Bürger, die im Staat nicht mehr den selbstverständlichen Garanten für Arbeit und soziale Sicherung sehen – ein historisch neuer und anderer Partizipationsschub erwartet: Nicht über den Erwerbsarbeits- und davon abgeleiteten Familienstatus sollen die Bürger fürderhin ihre Rechte und Partizipationschancen erhalten, sondern über einen universalen Bürgerstatus, der allen herkömmlichen Beteiligungs- und Versorgungskonstellationen übergeordnet sein soll. Dieser bürgergesellschaftliche Diskurs ist in der Krise von Arbeitsgesellschaft und Sozialstaat mit einer entsprechend drängenden Programmatik entstanden, die ihre empirischen Formen immer noch sucht. Axel Honneth hat in diesem Zusammenhang bereits Anfang der 1990er Jahre darauf hingewiesen, dass Konzepte, über die Demokratisierung angestrebt wird, auf ihren machttheoretischen Realismus überprüft werden müssen. Das heißt vor allem, dass die politisch-ökonomischen Bedingungen der Genese und Verwirklichung bürgerschaftlicher Konzepte zu untersuchen sind.

Den bürgergesellschaftlichen Konzeptionen ist die These implizit, dass politisches Handeln nicht in der Spannung Bürger-Staat steht, sondern dass es gemeinschaftliche Sozialformen hervorbringt bzw. hervorbringen soll, zu denen sich der Staat in Beziehung setzen muss. Diese *Politisierung des Gesellschaftlichen* ist ein Modell, das nicht an Strukturen und ihren Institutionalisierungen, sondern am strukturbildenden Handeln von Individuen und Gruppen ansetzt. Freilich handeln die Bürger erst einmal auf sich bezogen, und die These, dass mit der jeweiligen Optimierung dieses individuellen Handelns ein gemeinschaftliches Surplus entsteht, ist weithin spekulativ. Dennoch öffnet sich uns der Blick auf eine neue Perspektive der Entwicklung der Demokratie, indem nicht mehr danach gefragt wird, wie sich demokratische Institutionen und Verfahren legitimieren und von welchen sozialen Gruppen sie getragen werden, sondern es wird nun thematisiert, wie soziales Handeln Demokratie aktivierende Strukturen erzeugen kann (vgl. Delanty 2000). Dieser sozialkonstruktivistische Diskurs hat aber seine öffentliche Aktualität nicht dadurch erfahren, dass er bereits institutionelle Repräsentationen bürgerschaftlicher Vergesellschaftung in gesamtgesellschaftlich nennenswertem Ausmaße präsentieren kann. Er ist historisch – angesichts des Strukturwandels der Arbeitsgesellschaft und der Krise des Sozialstaats zumindest in Europa – freigesetzt worden (vgl. Fürstenberg 2011).

Im deutschen Diskurs wird meist die kapitalismuskritische Konfliktperspektive ignoriert, die von Beginn an die Durchsetzung der *community organisation* in angelsächsischen Ländern begleitete – man erinnere sich nur der Kämpfe, die Jane Addams in Chicago geführt hat (vgl. Eberhart 1995). *Found-raising, social-sponsoring* und auch die Strategie des *corporate citizenship* der Unternehmen sollen die Gegensätze zwischen ökonomischen und sozialen Interessen überdecken. Zudem wird kaum über die soziokulturellen und sozialpolitischen Einbindungen, Traditionen und Bedingungen sowie über die soziale Zufriedenheit mit bürgerschaftlichen Engagement in den entsprechenden Ländern gesprochen oder darüber, dass gerade aus dem angelsächsischen Raum sehr kritische Stimmen über den Zustand der Solidarität in diesen Ländern zu vernehmen sind.

Der bürgergesellschaftliche Diskurs in Deutschland geht überdies immer vom erwachsenen Erwerbsbürger aus, weniger von Bürgerinnen in einer abhängigen Hausfrauen-Situation und ihren instabilen Statuspositionen. Jugend wie Alter geraten so gut wie nicht in den Blick. Obwohl in seiner Eigenschaft als Gegendiskurs zum Sozialstaatsdiskurs ist er – wenn auch indirekt – gerade wegen seiner Substitutionsideologie an das sozialstaatlich-arbeitsgesellschaftliche Modell gebunden. Jugendliche und alte Menschen, die entweder noch nicht in dieser Arbeitsgesellschaft sind oder ihr nicht mehr angehören, erscheinen deshalb auch als gleichsam nicht bürgerfähige gesellschaftliche Gruppen, um die man sich allerdings kümmern muss, soweit sie sich nicht selbst in Gegenseitigkeit versorgen. Viele der Projekte von lokalen Bürgerstiftungen, aber auch von überregionalen Stiftungen, die sich bürgergesellschaftlich darstellen, sind Projekte aus sozialer Verantwortung für solche Gruppen und damit oft nichts anderes als Ersatz oder Lückenbüßer im Verhältnis zum Sozialstaat.

So wird die Familie wieder als Schlüsselressource für die Erreichbarkeit eines gefestigten sozialen Status und damit auch für ‚Hervorbringung' des Bürgers wichtig. Denn jene Gruppen der zivil aktiven Bürger, die sich in der bürgergesellschaftlichen Praxis herausgebildet haben und bürgergesellschaftliches Engagement in der Alten- und Sozialarbeit zeigen, schöpfen aus dem jeweiligen ökonomischen Surplus, das sie von ihren biografischen Ressourcen her mitbringen: Eine lokale Gruppe ‚fertiger surplusfähiger' Bürger ‚kümmert sich' um die sozial Benachteiligten oder um Projekte, die zwar Bürgersinn repräsentieren, aber wenig darüber aussagen, welchen Bürgerstatus die haben, um die sich die ‚fertigen Bürger' kümmern. Die bürgerschaftlichen Klienten erhalten also keine konfliktfähigen Teilhaberechte, sondern es wird ihnen patrimonale Teilhabe gewährt. Eine solche Bürgergesellschaft entpuppt sich als asymmetrische Gewährungsgesellschaft, der ‚fertige Bürger' braucht den ‚nicht bürgerfähigen' um seinen Bürgerstatus darstellen zu können. Irgendwann wird deshalb in den Bürgerstiftungen der Konflikt ausbrechen, ob und wie die vom bürgerschaftlichen Engagement Gemeinten bei den Gewährungsprozeduren – die ja nicht sozialrechtlich abgesichert sind – mitbestimmen können.

Dieses Modell hat also zwei typische ideologische Haken der bürgergesellschaftlichen Idee. Zum einen fällt die Suche nach einer neuen Mitte in der Gesellschaft auf, zu einer Zeit, in der die alte bürgerliche Mitte mit der Segmentierung der Arbeitsgesellschaft in Auflösung begriffen ist. Zum Zweiten – und damit zusammenhängend – ‚setzt' der Bürgerdiskurs eine Vorstellung vom (politischen) Subjekt, wie sie sozialisationstheoretisch nicht nachvollzieh- und haltbar ist. Auch setzen bürgergesellschaftlich ProtagonistInnen darauf, dass bestimmte familiale Klimate – die Mittelschichtfamilie mit aufgeklärtem Erziehungsstil – jenes selbstbestimmte Subjekt hervorbringt, aus dem sich der Bürger dann wie von selbst formen soll.

Bürgergesellschaftliche Projekte weisen deshalb oft eine schichtspezifische Selektion auf, die besonders die KlientInnen der Sozialen Arbeit betrifft. Chantal Munsch hat in ihrer ethnographischen Untersuchung über die „Effektivitätsfalle" der Gemeinwesenarbeit gezeigt, wie ökonomisch-technologische Prinzipien der Effizienz einen bestimmten Typus des beteiligungsfähigen Bürgers voraussetzen und jene, die diesem Typus nicht nahe kommen, in ihrem Engagement nicht mehr sichtbar werden lassen: Dass politisches Engagement und soziale Beteiligung eng mit den Spielräumen der Lebenslage, der jeweiligen Verfügung über ökonomisches, soziales und kulturelles Kapital verbunden sind, ist inzwischen oft geschrieben worden. Die Enquete des Bundestages zur Entwicklung des bürgerschaftlichen Engagements in der Bundesrepublik Deutschland (2002) macht in diesem Zusammenhang die engagierten BürgerInnen als Mitglieder jener Bevölkerungsgruppe aus, die im Bezug zu einem Normalarbeitsverhältnis stehen und an ihrem Wohnort in soziale Netze eingebunden sind. Dass sich sozial Benachteiligte in diesem Sinne wenig bis kaum engagieren, ist deshalb auch auf ihre prekäre Lebenslage zurückzuführen.

14.2 Zur Soziologie sozialer Bewegungen

Alain Touraine (1978) hat soziale Bewegungen als Beitrag zur „Selbstproduktion moderner Gesellschaften" gewertet. Er hatte dabei vor allem die Arbeiterbewegung im Blick, die – in der Dialektik industriekapitalistischer und sozialstaatlicher Modernisierung – schließlich im Strom des gesellschaftlichen Modernisierungsprozesses aufgegangen ist – darin allerdings auch institutionell eingefangen wurde – und damit als historische Grundlage der sozialen Demokratie gilt. Wie er hatten auch die TheoretikerInnen der sozialen Bewegungen – ungeachtet des Internationalitätsanspruchs der Arbeiterbewegung – immer die nationalstaatliche oder nationalimperialistische und damit politisch fassbare Bühne vor Augen. Heute ist die Ausgangs- und Motivationslage im Vorfeld solcher sozialer Bewegungen wohl eine andere als zu der Zeit, als der Konfliktrahmen für Auseinandersetzungen sozial sichtbar und im Inneren der Person selbst spürbar war. Alain Ehrenberg hat in seinem Bestseller „Das erschöpfte Selbst" (2004) die Depression zur Grundkrankheit der Postmoderne erklärt. Die Menschen verspüren Hilflosigkeit, weil z.B. Sachzwänge und unpersönlich vermittelte Kontroversen keine Angriffsflächen für Konflikte mehr bieten und Reibungspunkte verschwimmen. Nach innen wirkt das individualistische Streben nach einer erfüllten und damit harmonischen Biographie, nach außen die Versprechungen und Kompensationen des Konsums zusammen mit der Unübersichtlichkeit und Undurchdringlichkeit des ökonomisch-politischen Geschehens. Viele leben in einer brisanten Dissonanz: Sich gleichzeitig als ProduzentInnen ihrer eigenen Biographie zu fühlen und zur selben Zeit keinen Einfluss auf die Lebensverhältnisse mehr sehen. Der Selbstwert spaltet sich, es kommt zu einer Stresskonstellation, die dieses Minderwertigkeitsgefühl aufziehen lässt, ohne dass es die betroffene Person psychosozial verorten kann. „In der Depression liegt die Psychologie der Minderwertigkeit, eine Verletzlichkeit, die bei der Angst viel weniger ausgeprägt ist" (Ehrenberg 2004, S. 201). Axel Honneth versucht, Ehrenbergs Botschaft konflikttheoretisch zu formulieren: Danach „gefährdet der Umstand, dass die psychische Struktur der Subjekte sich heute ohne fundamentale Reibung an sozialen Herausforderungen, ohne inneren Konflikt mit der Gesellschaft bildet, in bedenklicher Weise die kulturellen Voraussetzungen einer zivilen Demokratie; denn deren Vitalität ist elementar auf das Engagement von Bürgerinnen und Bürgern angewiesen, die zur kontroversen Stellungnahme, zur Mitwirkung an konfliktreichen Prozessen der öffentlichen Meinungsbildung nur dann in der Lage sind, wenn sie in ihrer eigenen Entwicklung die Erfahrung intrapsychischer Konflikte haben machen können, die ihnen für die Tatsache des sozialen Dissenses gewissermaßen einen Verständnishorizont verschafft" (Honneth 2004, S. IX). Insofern ist es nicht verwunderlich, dass neue soziale Bewegungen Orte brauchen, an denen sie Konfrontationen herstellen müssen, um Konfliktlinien, die im Alltag nicht erkennbar und damit auch nicht als solche fühlbar sind, sichtbar und „begreifbar" zu machen. Dadurch wird der Grat zwischen kontrollierter Konfrontation und Gewalt bei solchen Bewegungen schmal, können sich doch auch leicht Gruppen mit Eventinteressen (Zoff und Randale) untermischen, da überdies der Organisationsgrad von Bewegungen und damit ihre innere Kontrollmacht sehr gering ist.

In welcher Beziehung standen und stehen nun Soziale Bewegungen zur Sozialen Arbeit? Vor nun fast neunzig Jahren sah der Sozialpädagoge Herman Nohl (1927) in den sozialen Bewegungen der damaligen Zeit – Arbeiter-, Frauen- und Jugendbewegung – die geistigen Energien der Kinder- und Jugendhilfe. Verkörpert wurde diese Interpretation durch die vielen Frauen und Männer, die zu Beginn des 20. Jahrhunderts aus der Frauen- und Jugendbewegung kamen und in die Soziale Arbeit gingen und dort ihre sozialen Ideen zu verwirklichen versuchten. In den 1970er Jahren ergaben sich vergleichbare Konstellationen: Junge Menschen aus der Studentenbewegung, der Kinderladen- und Jugendzentrumsinitiativen aktivierten sich in der Heimkampagne schufen eigenen Jugendwohngruppen, Kindertagesstätten und autonome Jugendhäuser, die gegen eine institutionell starre Soziale Arbeit gerichtet waren (vgl. Baader 2009). Gemeinwesenkampagnen agierten an der Grenze zu sozialen Bewegungen. Hier entstanden neue Formen der Praxis insbesondere auch in der Öffnung zum öffentlichen Leben und der bewussten Auseinandersetzung mit den Erfahrungen der Kinder, Jugendlichen und betroffenen Erwachsenen. In den Initiativgruppen der Frauen- und Mädchenarbeit entwickelten sich z.T. in bewusster Abkehr und Kritik von der Praxis der Sozialen Arbeit Orte und Wege der Selbstthematisierung insbesondere gegen verweigerte Persönlichkeits-Rechte und tabuisierte Gewalterfahrungen. Den Raum dazu eröffneten die kritische Auseinandersetzungen mit herrschenden Mädchen- und Frauenbildern, mit Formen verdeckter (struktureller) Gewalt, das offene, anerkennende Interesse und die Erlaubnis zur Äußerung von Ambivalenzen, Konflikten, Wünschen und Ängsten. Es entstanden neue bildnerische Methoden z.B. zu Lebensplanung, Biographie, Körperbildern. Zur Einübung neuer Haltungen und Perspektiven wurden Rollenspiele, öffentliche Foto-Aktionen und Sozialraum-Inszenierungen entwickelt und in politische Forderungen übersetzt. In der Auseinandersetzung mit den institutionellen z.B. sozialpolitischen Vorgaben des Sozialstaats transformierten sich die Anstöße aus diesen Bewegungen in Modernisierungsprojekte der Sozialen Arbeit. Der emanzipatorische

Geist, der über solche Reformen in die Soziale Arbeit einzog, erhielt in der Folge ein sozialtechnologisches Korsett und hatte in einer „fortschrittlichen Fachlichkeit“ aufzugehen. Was bis heute bleibt ist eine stille Hoffnung darauf, dass sich aus einer heimlichen Nähe der Sozialen Arbeit zu den sozialen Bewegungen, eine Kritik und eine Belebung der professionellen Sozialen Arbeit ergeben kann. Doch Professionalität und soziale Bewegungen scheinen sich nicht zu vertragen. Die Professionellen wenden sich gegen das Ungerichtete und Parteiliche sozialer Bewegungen, die Mitglieder sozialer Bewegungen kritisieren die behauptete fachliche Neutralität und Rationalität der Professionellen. Was kann heute aus Nohls Aussagen über die sozialen Bewegungen als geistigen Energien der Sozialen Arbeit entnommen werden?

Soziale Bewegungen neueren Typs sind dadurch gekennzeichnet, dass sie an Betroffenheiten der Menschen anknüpfen, sich rationalitätskritisch gegen die einseitige Logik der Ökonomisierung wenden und universale Lebensthemen aufgreifen. Damit sind sie erst einmal einer anderen Welt zugehörig, als die der Sozialen Arbeit. Denn diese orientiert sich mehrheitlich an institutionell definierten sozialen Problemen und rationalen Verfahren. So suchen heute manche SozialarbeiterInnen in den sozialen Bewegungen die Energie, aus einer professionell verfestigten Sozialen Arbeit herauszukommen. Man müsse wieder von den sozialen Bewegungen lernen, wenn es um die Zukunft der Sozialen Arbeit geht.

Viele der neuen sozialen Bewegungen sind eher Bewegungsgruppen, die sich durch unterschiedliche Arten und Grade der Betroffenheit und in ihren Themen unterscheiden. „Insofern themenzentrierte Bewegungen sich auf keine objektive Lage mehr berufen können, die zum Protesthandeln zwingt, ziehen sie ihre Konsequenz aus den neuartigen Identitätsformen, die in der modernen Gesellschaft entstanden sind. […] Die Neuen sozialen Bewegungen […] erfinden zwar viele neue Themen. Doch das konstitutive Problem einer sozialen Bewegung, eine kollektive Identität ihres selbst gegen die Gesellschaft zu setzen und neu zu konstruieren“, ist für die meisten der Bewegungsgruppen gar nicht relevant. Sie entwickeln aber immer wieder „Experimente neuer kollektiver Praktiken und bieten einen neuen interkulturellen Raum, in dem postnationale Identitäten erprobt werden können“ (Eder 2000, S. 79ff.). Es sind vor allem die „bürgerschaftlichen Zugewinne“ (Rucht/Roth 2008, S. 656ff.), die die Neuen Sozialen Bewegungen auszeichnen. Diese richten sich also im Kern weniger direkt auf die institutionelle Form, sondern wirken als Medium der Befähigung zur Einnahme einer bürgerschaftlichen Perspektive, aus der sie institutionell nicht kalkulierbare Gegenprozesse in Gang setzen. Die Soziale Arbeit wird also in Zukunft nur dann Energien aus den sozialen Bewegungen ziehen können, wenn sie ihre Adressatinnen und Adressaten als BürgerInnen anerkennt und zu befähigen versteht. Das bedeutet, dass sie eine Diskurskultur entwickeln muss, die sich nicht im Fallverstehen auf institutionelle Interventionslogiken begrenzt. Hier kann sie von den sozialen Bewegungen lernen. „Dass man dazu eine andere Lerntheorie braucht als die, die wir aus der Aufklärung [...] übernommen haben, ist eine theoretische, dennoch folgenreiche Schlussfolgerung [...]. Der Vorschlag, narrative Elemente [...] stärker ins Blickfeld zu rücken und [...] Lernen an die Logik narrativen Verstehens anzuschließen, ist ein mögliches Element einer weitergehenden Theorie kollektiven Lernens. Diese Theorie vermutet, dass Narratives dort Kommunikation fortzuführen erlaubt, wo Argumentation sich festläuft. Narrative Formen der Kommunikation können Grenzen rationaler Verständigung überbrücken." (Eder 2000, S. 237f.) Damit kann auch die transnationale Brücke geschlagen werden. Denn Betroffenheiten beziehen sich auf universale Lebensthemen und nicht auf nationalstaatlich definierte soziale Probleme. Armut in Europa und in anderen Teilen der Welt ist sozialpolitisch nicht vergleichbar, wohl aber von der Betroffenheit der Armen her. Die Angst vor der Enteignung der Lebensgrundlagen durch internationale Konzerne besteht z.B. in Europa genauso wie in Asien. Die Soziale Arbeit aber ist hier in sozialpolitischen Definitionen gefangen, die den Zugang zu den Lebensthemen versperren. Gleichzeitig wird sie doch über ihre bisherigen sozialstaatlichen Grenzen springen müssen, wenn sie die neuen Betroffenheiten verstehen will. Sie kann zwar nicht zur sozialen Bewegung werden. Sie kann aber die sozialen Bewegungen und lokalen Basisinitiativen als Spiegel für die eigene kritische Reflexivität anerkennen.

Denn Betroffenheiten werden nicht argumentativ vorgebracht, sondern erzählt. Oft indirekt, in Bildern in deren verschiedenen Schichten erst die Botschaft einer Betroffenheit durch einen Konflikt steckt. Soziale Bewegungsgruppen sind entsprechend narrativ strukturiert, erscheinen deshalb dem rationalen Blick als diffus, argumentationssperrig. Auch die Soziale Arbeit beginnt in der Fallarbeit mit „Narrationen", bleibt nah an den Formen, in denen KlientInnen ihre Hilflosigkeit und Ohnmacht zur Sprache bringen. Daraus muss in der Begleitung Schritt für Schritt ein sich erweiternder Auftrag der KlientInnen formuliert werden, der sich in – institutionell aufbereitete Hilfeformen übersetzen lässt und diese im Sinne der KlientInnen auch erweitern muss: Doch die Soziale Arbeit kann in den gesellschaftlichen Anteilen des Falles nicht öffentlich werden. Wo liegt hier die andere Qualität eines BürgerInnen-Status? Aus den Erfahrungen von Initiativen weiß man, dass hier „Betroffenen" anders erzählen, wenn sie an Aktionen beteiligt sind. Die Teilnahmen an öffentlich sichtbaren Aktionen setzten andere Formen der Anerkennung und Wirksamkeit frei, als dies in einer Klientenbeziehung organisiert werden kann. Erst in der öffentlich agierenden Gruppe werden Betroffene zu Bürgerinnen und Bürgern. Von der Sozialen Arbeit wird aber erwartet, dass sie die Anliegen ihrer KlientInnen erfolgreich bearbeitet und andere Institutionen nicht mit bis dahin ausgeblendeten gesellschaftlichen Problemen konfrontiert. Einige Ansätze der Gemeinwesenarbeit der 1970er Jahre waren auf solche Konfrontation aus und haben sich in politischen Konflikte und Kontrollen hineinbegeben – die KlientInnen dabei aber auch überfordert. Deshalb gilt es, aus einer Professionalität heraus Brücken und neue Bewegungsräume zu schaffen, die den bürgerschaftlichen Anspruch der KlientInnen in der Einlösung ihrer Ansprüche aufnehmen können.

Man kann aber doch davon ausgehen, dass es diese Brücken immer noch gibt. In einer Kritik stellte Manfred Kappeler eine nach seiner Erfahrung verbreitete Lücke fest, wenn es darum geht, in der Praxis des Einzelfalls gültige Rechtsnormen umzusetzen und der Verletzung von Menschenrechten im Arbeitsalltag entgegenzutreten – z.B. gegen manifeste Verletzungen von Grundrechten in Bereichen der Kriminalisierung von Drogenabhängigen. „Ein anderes Bild zeigt sich da, wo die Soziale Arbeit als Teil oder in enger Zusammenarbeit mit sozialen Bewegungen geschieht: in der Flüchtlingsarbeit (z.B. Asyl in der Kirche), in antirassistischen Initiativen, in aus der Frauenbewegung hervorgegangenen Projekten, in Initiativen zur Durchsetzung und Stärkung der Rechte von Kindern – die Aufzählung ließe sich fortsetzen. Meine Beobachtung bezieht sich auf die klassischen und von ihrem sozialpolitischen Gewicht her bedeutendsten Berufsfelder der Sozialen Arbeit.“ (Kappeler 2008, S. 36) Und Reinhart Wolff formuliert ein bürgergesellschaftliches Programm einer gelingenden Kinderschutzarbeit gegen den neuen Kontrolldiskurs: „Kinderschutz in der Demokratie würde dann grundsätzlich davon ausgehen, dass hier freie Bürgerinnen und Bürger mit unaufgebbaren Rechten und Pflichten Fachleuten der öffentlichen und freigemeinnützigen Jugendhilfe begegnen. Diese Fachleute haben allerdings auch unaufgebbare Rechte und Pflichten, sie stehen also nicht mit Vorrechten und Sonderrollen zum gesellschaftlichen Containment von Gefahrenherden *vor* den ‚Klientenobjekten‘, sondern sie haben die Aufgabe, Eltern und Kinder davor zu schützen, in und an der Gewalt zu scheitern und dergestalt das Wohl und die Entwicklung von Kindern zu fördern.“ Und er fährt fort: „Im modernen demokratischen Rechtsstaat begegnen sich im Hilfeprozess grundsätzlich zwei Gleichberechtigte, wie auch immer konfliktreich sich die jeweilige Situation darstellen und wie sehr sie auch immer durch Ungleichheiten, Interessen- und Machtunterschiede geprägt sein mag […]. Kinderschutz muss ein Dispositiv demokratischer Macht werden.“ (Wolff 2007, S. 41)

Kapitel 15
Soziologie der kollektiven Werte

In dem von Heinrich Popitz entwickelten Paradigma der „normativen Konstruktion der Gesellschaft“ (1980) sind kollektive Werte und an ihnen orientierte Normen Grundlage für das Vertrauen in die Gesellschaft, weil sie für alle Gesellschaftsmitglieder Chancen und Grenzen der Erreichbarkeit partikularer Interessen signalisieren und sie in ein abstraktes Verhältnis der Gleichheit durch Zugehörigkeit setzen. „In jeder Gesellschaft ist die normative Differenzierung so gebremst, dass sie nicht bis zur Trennung aller einzelner Individuen vordringt“ (Popitz 1980, S. 71). Damit richten sie sich prinzipiell gegen die Individual- und Konkurrenznormen des Marktes, sind aber in ihrer empirischen Umsetzung massiven Geltungskonflikten ausgesetzt. Das bekommt gerade die Soziale Arbeit zu spüren, wenn sie die allgemeine Geltung der für sie und ihre KlientInnen so zentralen Werte wie Sorge (Care), soziale Gerechtigkeit und soziale Nachhaltigkeit gesellschaftlich einfordert. Hier stößt sie rasch an Strukturgrenzen der Geltung, wie sie in der geschlechtshierarchischen Arbeitsteilung, den Eigentumsverhältnissen und dem Marktprinzip des „Wachstums durch Verbrauch“ eingeschrieben sind. Die Soziologie der kollektiven Werte kann die sozialstrukturellen Hintergründe dieser Geltungskonflikte aufklären und damit einen kritischen Beitrag zur empirischen Einschätzung solcher Wertediskurse leisten.

15.1 Soziale Gerechtigkeit

Eine Soziologie sozialer Gerechtigkeit braucht einen empirischen Rückbezug, den sie in wohlfahrtsstaatlich verfassten Gesellschaften im sozialpolitisch realisierten Sozialstaatsprinzip finden kann. Die sozialstaatliche Bindung der Gerechtigkeitsperspektive ist aber heute mit der Entgrenzung des Sozialstaates in der Folge der Globalisierung deutlich gelockert und wird in Zukunft wohl noch weiter an Kraft einbüßen. Exklusion und Inklusion sind keine Gegenpole mehr, sondern sind in einer digitalen Welt als soziale Punkte freigesetzt, die sich immer wieder zu verändern scheinen und kaum noch feste Bezugspunkte kennen. Die Finanz- und Wirtschaftskrisen der 2000er Jahre haben die Mittelschichten in den Sog eines möglichen Abstiegs gezogen und damit Bezugspunkte des sozialstaatlichen Gerechtigkeitsmodells ungültig werden lassen. Gleichzeitig ist das Gerechtigkeitsprinzip der Grenze – im Sinne von Begrenzung – nachhaltig beschädigt. Nachhaltig deswegen, weil es wohl in absehbarer Zukunft nicht möglich sein wird, eine nationalstaatlich verfügbare Grenze zu ziehen noch transnational verbindliche Begrenzungen zu erreichen. Das Neue und Unübersehbare an der globalen Konstellation ist die tendenzielle Spaltung in zwei miteinander unvereinbare Normwelten, die sich auf widersprüchliche Funktions- und Legitimationsprinzipien berufen. Der globale Kapitalmarkt ist grenzenlos, aber in einer Grenzenlosigkeit, die die sozial gebundenen Menschen nicht begreifen können, obwohl die dort produzierten Krisen für sie folgenschwer spürbar sind. Dadurch wird ein Un-Gerechtigkeitsschock freigesetzt, der aber nicht zu einem sozial gebundenen Gerechtigkeitsdiskurs führen kann, weil eben die geahnte bzw. verspürte Ungerechtigkeit nicht in sozial vermittelten Kontexten bestimmbar ist. In gleichem Maße wächst der Zweifel an der Gerechtigkeitspolitik des Sozialstaates, die den globalen Veränderungen nur Unzureichendes entgegenzusetzen hat.

Vor diesem Hintergrund war zu erwarten, dass sich auch der innergesellschaftliche, bisher sozialstaatlich zentrierte Gerechtigkeitsdiskurs auflöst, andere Bezüge sucht und darin pluralisiert. Angesichts dieser Entwicklungen können sich Soziale Arbeit und Sozialpädagogik nicht mehr selbstverständlich wie bisher auf die sozialstaatliche Gerechtigkeitsformel berufen, sondern sind gezwungen, aus den Praxiszusammenhängen heraus eine Gerechtigkeitsperspektive zu rekonstruieren, um diese dann sozialpolitisch neu verorten zu können. Hier kann uns David Millers sozialempirisch rückgebundene, soziologisch gehaltvolle Gerechtigkeitstheorie weiterhelfen. Miller (2008) unterscheidet drei Gerechtigkeitsprinzipien, die in drei empirisch auffindbaren Sphären alltäglicher Gerechtigkeitsauffassungen wirken: Das Bewusstsein gleicher Bürgerrechte, die meritokratische Anerkennung unterschiedlicher Einkommen und Verdienste auf der Grundlage entsprechend unterschiedlich zu bewertender Funktionen und das Gefühl für basale, aber oft nicht vergleichbare Bedürfnisse in sozialen Milieus und sozialen Beziehungen. Miller geht also von einem Gerechtigkeitspluralismus aus, in dem das bürgerrechtliche Gleichheitsprinzip genauso wirkt wie das meritokratische Prinzip der Organisationen und des Marktes sowie das Bedürfnisprinzip solidarischer Gemeinschaften. Diese Gerechtigkeitsprinzipien können nebeneinander bestehen, miteinander konkurrieren und aufeinander bezogen sein.

Auch sozialstaatliche Gerechtigkeitsprogramme verheißen nicht direkt Gerechtigkeit, sondern legitimieren sich in der Perspektive des *Strebens nach Gerechtigkeit.* Dies lässt durchaus die Vorstellung von differenten Gerechtigkeitsbezügen in einer Gesellschaft zu. Gerade deshalb ist Millers Gerechtigkeitskonzeption mit ihren empirisch differenzierten Gerechtigkeitstableaus für uns interessant. Sie verweist auf unterschiedliche Gerechtigkeitseinstellungen und Praxen, die sich in den Bevölkerungen moderner Industriegesellschaften herausgebildet haben. Weil Menschen in unterschiedlichen sozialen Beziehungskontexten – als StaatsbürgerInnen, als Rollenträger in Organisationen und als Mitglieder in milieugebundenen Gemeinschaften leben – entwickeln sie unterschiedliche Gerechtigkeitsvorstellungen: „Bei solidarischen Gemeinschaften besteht der wesentliche Gerechtigkeits-Grundsatz in der Verteilung gemäß Bedarf. [...] Die zweite Form der Beziehung ist der Zweckverband. [...] Soweit die Beziehungen einer Gruppe von Menschen einem Zweckverband nahe kommen, lautet das einschlägige Gerechtigkeitsprinzip Verteilung gemäß dem Verdienst. Jeder Akteur kommt mit einem Bündel an Fähigkeiten und Talenten in den Verband und setzt diese für die Verbandsziele ein. Der Gerechtigkeit ist Genüge getan, wenn er als Entgelt ein Äquivalent seines Beitrages zurückerhält. [...] Die dritte relevante Vergesellschaftungsform in meiner Gerechtigkeitstheorie ist die Staatsbürgerschaft. [...] Das primäre Verteilungsprinzip in einem Verband von Staatsbürgern ist die Gleichheit. Als Staatsbürger sind alle gleich: Jeder genießt die gleichen Rechte und Freiheiten“ (Miller 2008, S. 68ff.). Diese drei Grunddimensionen können – wie z.B. im Falle der staatlichen Sozialhilfe – aufeinander bezogen sein: Es herrscht gesellschaftlicher Konsens darüber, dass z.B. Arbeitslosen zur Wahrung ihres *Bürgerstatus* ein nach dem *Verdienstprinzip* (definiert über das Lohnabstandsgebot) sowie nach dem *Bedarfsprinzip* (festgesetzt nach dem Prinzip menschenwürdigen Existenzminimums) „gerechte“ Unterstützung zukommen muss. „Für Miller scheint es demnach anscheinend keine theoretische Rechtfertigung von Normen der sozialen Gerechtigkeit zu geben, sondern nur eine praktische Fundierung im menschlichen Leben. Wo Prinzipien nicht gelebt werden, wo das gemeinsame Verständnis wegbricht, verschwinden sie als Prinzipien der Gerechtigkeit“ (Schramme 2006, S. 115).

Diese Interpretation der millerschen Logik ist für uns wichtig und in ihr können wir eine Brücke zum Gerechtigkeitskosmos der AdressatInnen Sozialer Arbeit schlagen. Unsere These ist in diesem Zusammenhang, dass die Art und Weise, wie sozial benachteiligte und vom Abstieg bedrohte Gruppen Gerechtigkeit erleben und leben können, abhängig ist von dem Wirken sozialpolitischer Hintergrundsicherheit und den damit verbundenen Möglichkeiten und Verwehrungen. Diese zeigen sich empirisch in erweiterten oder regressiven Bewältigungsformen. Wenn das sozialstaatliche Band der Gerechtigkeit – im Sinne sozialpolitischer Hintergrundsicherheit – reißt, können Haltungen freigesetzt werden, in denen sich das Gerechtigkeitsempfinden aus den sozialstaatlichen Bindungen löst und sich gleichsam verkehrt. Denn sozialstaatliches Gerechtigkeitsempfinden herrscht auch dann vor, wenn sie sich immer noch als sozialpolitisch anerkannte gesellschaftliche Gruppe fühlen. Ist diese sozialpolitische Hintergrundsicherheit aber bedroht, werden auch von einer randständigen Position aus soziale Vergleichsgruppen gesucht. Allerdings meist nicht in der innergesellschaftlichen Status- und Einkommenshierarchie – die wurde ja schon traditionell nicht tangiert – sondern in statusähnlichen Gruppen, denen gegenüber man sich abgrenzen kann. Das sind vor allem MigrantInnen und Flüchtlinge, auf die man das nun freigesetzte Empfinden der Ungerechtigkeit abspaltet. Gerechtigkeitsempfinden und Lebensbewältigung sind also eng miteinander verbunden. Damit ist auch eine Operationalisierung der Gerechtigkeitsperspektive für den Bereich der Sozialen Arbeit möglich: Erweiterte Handlungsfähigkeit, wie sie in sozialpädagogischen Projekten befördert wird, kann jenen sozialen Surplus bringen, der die Wahrnehmung der Folgen des eigenen Handelns für andere ermöglicht und damit das Gerechtigkeitsempfinden weg von antisozialen Abspaltungen hin zu einer selbstbestimmten Interessenartikulation lenken kann.

Soziale Gerechtigkeit ist in den letzten Jahren – vornehmlich angestoßen durch die Arbeiten von Nancy Fraser (1996) – zunehmend in Verbindung mit *Geschlechtergerechtigkeit* thematisiert worden. Wohlfahrtsstaatliche Gerechtigkeit zeichnet sich demnach „durch die beiden Prinzipien soziale Gerechtigkeit/Umverteilung und eine symmetrische Anerkennungsordnung der Geschlechter aus“ (Klein 2009a, S. 300). Vor dem Hintergrund des strukturell weiter bestehenden Systems der geschlechtshierarchische Arbeitsteilung ist dies plausibel, da der Diskurs zur sozialen Gerechtigkeit – meist implizit – den Reproduktionsbereich übergeht. Es geht also darum, dass neben die ökonomisch notwendige auch die gesellschaftlich notwendige Arbeit gleichberechtigt und mit einem entsprechend zivilgesellschaftlich legitimierten Regime treten soll. Dafür aber ist eine sozialethische Leitvorstellung zu entwickeln, die zur sozial entbetteten ökonomistischen Logik des Sachzwangs in Spannung gesetzt werden kann. Hier lohnt es sich – gerade auch für die Soziale Arbeit – an der Care-Diskussion anzuknüpfen. Margit Brückner hat gezeigt, dass sich über die Dimension Care die sozialökonomischen Zukunftsprobleme unserer Gesellschaft – Neudefinition des Arbeitsbegriffs, Gegenstrategien zur sozialen Entbettung und Aufbau einer Perspektive des ‚social citizenship‘ von familialer und öffentlicher Sorge aufnehmen lassen (vgl. Brückner 2011).

Dies ist die Bedingungskonstellation, in der die Soziale Arbeit soziale Gerechtigkeit im Sozialstaat alltagswirksam transformieren kann. Auch in Zukunft werden die KlientInnen der Sozialen Arbeit vom Sozialstaat abhängig sein, genauso wie dieser den globalen Dynamiken dort Grenzen setzen wird, wo die gesellschaftliche Integration bedroht ist. Die Hintergrundsicherheit, die sozialstaatlich geboten werden kann, wird aber brüchig bleiben. Deshalb werden regionale soziale und kulturelle Netzwerke der sozialen Unterstützung und Anerkennung weiter an Bedeutung gewinnen, die aber aus der Sozialarbeit heraus initiiert und moderiert werden müssen, damit sie auch für deren KlientInnen zugänglich sind (vgl. Munsch 2005).

15.2 Soziologie der Sorge

In der Mitte dieser Einführung haben wir die soziale Hilfe als gesellschaftlich-sozialstaatliche Institution und professionelles Handlungsmuster in soziologischer Perspektive vorgestellt. Ein anderer, verwandter, aber historisch-gesellschaftlich übergreifender Begriff ist der der *Sorge.* Übergreifend deshalb, weil sich in ihm nicht nur ein institutionelles Muster, sondern eine spezifische gesellschaftliche Integrationsperspektive in der Spannung von Mensch und Ökonomie/Technik ausdrückt, die die Entwicklung der industriekapitalistischen Gesellschaft bis heute prägt.

Die Soziologie der Sorge befasst sich also – ähnlich wie im Falle der Hilfe – nicht mit privaten, familialen Sorgeverhältnissen, sondern mit Sorge als gesellschaftlichem Verhältnis, wie es zum Beispiel in der Daseinsvorsorge des Sozialstaates institutionalisiert ist. Dennoch kann man Sorge – ähnlich wie die Kategorie Geschlecht – nicht einfach von ihren anthropologischen und alltagskulturellen Bindungen abtrennen. Das macht ja auch ihre besondere sozialintegrative Qualität aus. Vor allem die Frauenbewegung und die feministische Frauenforschung haben die Dualität von öffentlicher und privater Sorge nie akzeptiert. Gerade auch in der Sozialpädagogik und Sozialarbeit wurde – besonders seit Alice Salomon in den 1920er Jahren – immer darauf insistiert, dass Sorge (care) als Vergesellschaftungsprinzip vom Menschen her gedacht werden kann und damit als Medium der Humanisierung der industriekapitalistischen Gesellschaft zu betrachten ist. Von daher ist es notwendig, erst die unterschiedlichen Dimensionen des Sorgebegriffs aufzuzeigen und dann in einen soziologischen Bezug zu bringen.

Sorge hat eine sozialanthropologische, eine interaktive und eine gesellschaftliche Dimension. Sozialanthropologisch betrachtet stellt sich Sorge als menschliche, frühkindlich internalisierte Erfahrung des Umsorgt-Seins, also ein basales Bindungsverhältnis dar. Der Charakteristik des Menschen als sozialem Wesen entspricht die interaktive Seite der Sorge als Kontext des Aufeinander-Angewiesen-Seins. In der systemisch-gesellschaftlichen Perspektive schließlich definieren wir Sorgeverhältnisse als öffentliche Kontexte stellvertretender Inklusion (vgl. 9.1). Die drei Dimensionen stehen nicht getrennt nebeneinander, sondern sind in unterschiedlicher Weise und in verschiedenartigen Kontexten aufeinander bezogen. Daraus ergibt sich auch die Ambivalenz des Sorgens und Umsorgtwerdens. Sorge als tiefenpsychisch verankerte und sozial wirksame Beziehungskategorie ist von ihrer Struktur her asymmetrisch und durch entsprechend diffuse Machtbeziehungen geprägt.

Das Lebensthema Sorge im Sinne der aktiven Teilnahme am Schicksal anderer war in den Jahren sozialstaatlicher Stabilität kein öffentliches Thema. In dem Maße, in dem der Sozialstaat zum Inbegriff der Daseinsvorsorge geworden war, blieb Sorge im Privaten vor allem auf die Bereiche der Gesundheit und die verwandtschaftlichen Beziehungen beschränkt, während die sozialen Fragen – auch im Generationenverhältnis – eher in einer sozialstaatlich vermittelten Zuversicht aufzugehen schienen. Es herrschte ein allgemeines Klima der öffentlichen „Sorglosigkeit“, das auch einen gewissen – sozialstaatlich transformierbaren – Konsens gespeist hat, nach dem genug Surplus in der Gesellschaft da war, um soziale Verantwortung für andere zu übernehmen.

Mit der Entgrenzung des Sozialstaates ist diese Kultur der Sorglosigkeit aufgeweicht, soziale Probleme, die befriedet und gelöst schienen, sind wieder zum Gegenstand einer Sorge geworden, die sich nicht mehr auf das Gemeinwohl verlässt, sondern sich eher in einem regressiven Selbstverständnis verpuppt hat, nach dem sich jeder der Nächste ist. Zwar flackern immer wieder Lichter der Großzügigkeit auf, wenn es um Wohltätigkeit und Katastrophenhilfen geht. Aber diese können nicht den Prozess der Individualisierung und Privatisierung der Sorge durchbrechen, der mit der Entgrenzung des Sozialstaates um sich greift. Und: In dieser Entgrenzung und Freisetzung ist Sorge zu einem Marktgut geworden, für das längst entsprechende Vermarktungsstrategien entwickelt worden sind, mit denen sich der neue Kapitalismus in den Lebenswelten der Menschen verankert hat. Ein Netzwerk von Wohltätigkeit lässt kommerzielle und privatisierte Sorge zu einem gesellschaftlichen Format werden, das den neuen Warencharakter der Sorge überformt. In der medialen Welt der Werbeindustrie wird Sorge allenthalben in Modulen angeboten, werden Bausätze offeriert, in denen Sorge und Warenelemente, so widersprüchlich sie auch in sich sein mögen, miteinander verbunden werden können (vgl. 13.5). Die Auto-, Versicherungs- und Immobilienwerbung sind Protagonisten in diesem Bereich.

Gleichzeitig hat sich – der Globalisierungsdynamik des fortgeschrittenen Kapitalismus entsprechend – auch eine globalisierte Sorgekultur entwickelt. Die Welt ist aufeinander angewiesen. Klimadiskurse, Migrationsdiskurse, Armuts- und Reichtumsdiskurse bestimmen die Schlagzeilen. Beim näheren Hinsehen wird aber deutlich, dass diese Sorgediskurse eine bezeichnende Asymmetrie aufweisen: Es sind Diskurse einer Zitadellenkultur. Wir müssen uns um die Armen und Zurückgebliebenen dieser Welt kümmern, müssen uns um sie sorgen, damit sie uns nicht eines Tages bedrohen, noch mehr als heute vor unseren Mauern stehen. Sozialökonomische und politische Konflikte werden in Sorgeverhältnisse umgedeutet. Die Milliardäre dieser Welt kümmern sich um die Probleme dieser Welt. Das amerikanische Modell *success and benefits* schlägt global durch: Wenn du ökonomischen Erfolg hattest, egal wie du dein Geld verdient hast (z.B. auf Kosten anderer), dann bist du moralisch verpflichtet, etwas davon den Armen abzugeben. Natürlich kann von diesen erwartet werden, dass sie sich dann auch entsprechend verhalten, die Geber nicht enttäuschen. So können bestehende Machtverhältnisse in Sorgeverhältnisse umgedeutet und auf diese Weise weiter, aber legitimatorisch neu, stabilisiert werden. Sorgekulturen können so zu Verdeckungskulturen werden. Diese neue Vergesellschaftung der Sorge steht in krassem Kontrast zu dem Vergesellschaftungsanspruch von care, den die Frauenbewegung und Frauenforschung in den letzten Jahrzehnten erhoben hat. Diese sah im Sorgediskurs vor allem eine Perspektive der Überwindung der geschlechtshierarchischen Arbeitsteilung und damit einhergehend der Humanisierung der kapitalistischen Gesellschaft. Zum einen wird care ethisch und handlungstheoretisch als „innere Einstellung“ und „zwischenmenschliche Tätigkeit“ gesehen, zum anderen und gleichzeitig als „gesellschaftlich notwendige Arbeit“, die stark geschlechtsspezifisch konnotiert ist und damit zum gesellschaftspolitischen Ziel wird. „Zusammenfassend geht es um die Neubewertung traditioneller Aufgabenbereiche, die eng mit der weiblichen Geschlechterrolle im System der Zweigeschlechtlichkeit verknüpft sind und um die sozialpolitische Anerkennung der Frauenarbeit“ (Brückner 2001, S. 150). Mit der Verstetigung struktureller Arbeitslosigkeit, dem demografischen Wandel (Zunahme alter hilfsbedürftiger Personen) und der Pluralisierung der Familienstrukturen (Rückgang familialer Fürsorgeleistungen) sei die gesellschaftliche Durchsetzung von care nicht nur feministisch-interessenpolitisch, sondern vor allem auch allgemein gesellschaftlich begründbar. Von daher sei es notwendig, Care nicht nur als weiblich-konnotierte Form von Arbeit zu begreifen und ihre Gleichstellung zur Erwerbsarbeit zu fordern, sondern darüber hinaus als „gesellschaftliche Praxis“ einzufordern, „die auf dem Care-ethischen Anspruch der Verbundenheitssymbole aller aufbaut“. Care enthält damit den Rang von „social citizenship“, womit weniger ein Rechtskonstrukt gemeint ist, sondern eher eine „Form des Handelns auf ethischer Grundlage. Damit erhält Care in Anlehnung an Hannah Arendt den Charakter einer republikanischen Tugend, deren Organisation in öffentlicher (statt bisher privater) Verantwortung – unter Beibehaltung privater Aspekte des Sorgens – liegt, ohne als Teil weiblicher Identität und Verpflichtung festgeschrieben zu werden“ (ebd., S. 171). Dies geht in eine Richtung einer gesellschaftlichen Kultur des Sorgens, die sich als Gegenkultur zum ökonomisch-technologischen Externalisierungsdruck des globalisierten Kapitalismus entwickeln kann (vgl. auch Brückner 2011).

Eine solche gesellschaftliche Kultur der Sorge bleibt aber programmatisch, wenn sie nicht in der historisch-gesellschaftlichen Spannung von Mensch und Ökonomie neu verortet werden kann. Bisher war diese Verortung sozialstaatlich definiert. Mit der Schwächung der nationalen Sozialstaaten braucht es eine neue Verankerung, und hier bietet sich die Perspektive der *Nachhaltigkeit* an (vgl. 15.3). Im Nachhaltigkeitsdiskurs geht es nicht nur um den Konflikt zwischen Mensch und Ökonomie, sondern insgesamt um das Überleben der Menschheit angesichts einer destruktiven Beherrschung und Ausbeutung der Natur und – in der Perspektive der sozialen Nachhaltigkeit – um die existenziellen Grundlagen des Zusammenlebens und Überlebens. Die Globalisierung mit ihrer Spaltung der Welt in eine sozial gebundene und eine sozial entbettete Sphäre hat die moderne Technologie „von einem dem Menschen dienstbaren Mittel zum eigenständigen Medium, in dem der Mensch aufgeht, werden lassen“ (Fischer 2006). Denn die ständig nach Fortentwicklung verlangende eigendynamische Technologie setzt gleichsam aus sich heraus Wertmaßstäbe der Machbarkeit und Handlungskontexte des Sachzwanges frei, die immer weniger Menschen begreifen, geschweige denn mit der Begrenztheit der menschlichen Natur in Einklang bringen können. In der Faszination ihrer Unbegrenztheit ziehen die neuen Technologien die bisher sozial gezähmten Phänomene der Macht an und verbinden sie mit ihrer Grenzenlosigkeit zu Lasten der Autonomie und Mündigkeit der handelnden Subjekte. Die „Seinsbestimmung“ des Menschen gerät in Gefahr, von der Technik aufgesogen zu werden. Die ökonomisch-technologischen Konstrukte selbst können nur mehr einen verwertungsfixierten Begriff vom Menschen hervorbringen und eben keinen Seinsbegriff (vgl. Jonas 2003). Hier sind die Grenzen des soziologischen Denkens gesprengt. Denn „wenn Wesen und Existenz des Menschen aufgrund der ihm zugewachsenen, aber handelnd nicht mehr verantwortbaren technischen Macht auf dem Spiel stehen, dann muss die Ethik begründen, warum Existenz und Wesen des Menschen überhaupt erhalten werden sollen“ (Fischer 2006, S. 115). Die Soziologie der Sorge muss also in eine Spannung zu einer Ethik der Sorge gesetzt werden.

15.3 Soziale Nachhaltigkeit

Zum Strukturprinzip des digitalen Kapitalismus gehört, dass er einen entsprechend digitalen Begriff der *Innovation* enthält. Dieser ist auf die jeweils aktuelle Marktfähigkeit eines Produktes zentriert. In dieser ökonomischen Logik ist aber zwangsläufig das Problem des Verbrauchs und der Entwertung früherer „innovativer“ Güter enthalten. Dies ist aus Marktgesichtspunkten notwendig, um auf der einen Seite das Konsumenteninteresse freisetzen, gleichzeitig die Spirale technischer Neuerungen und damit den Markt auf Zukunft öffnen zu können. Dahinter liegt eine lineare Fortschritts- und Wachstumsideologie, die bewegungsfixiert ist und das Fortbestehen von Strukturen prinzipiell in den Bereich der Nicht-Entwicklung verschiebt.

Von seiner Entstehung her ist der Nachhaltigkeitsbegriff ein ökologischer Begriff, der sich aus der Forstwirtschaft entwickelt hat, wo er „nicht mehr zu verbrauchen als nachwächst“ bedeutet. Übertragen auf die Bereiche der Wirtschaft und des Sozialen, ist darin die Aufforderung enthalten, die Lebensbedingungen der Menschen so zu verbessern, dass die langfristige Sicherung der Lebensgrundlagen über die Generationen hinweg gewährleistet wird. Es handelt sich also nur vordergründig um ein ökologisches Konzept, da das Verhältnis von Mensch und Natur ein sowohl anthropologisch existenzielles wie sozial folgenreiches ist. Die Geschichte des Menschen hat sich im Spannungsverhältnis zwischen seiner Abhängigkeit von der Natur und dem Streben, diese Abhängigkeit zu überwinden, bewegt. Diese grundlegende Interdependenz, in der der Mensch sich als Teil der Natur begreifen und sich als Lebensgestaltung und Lebenssinn nicht so einfach von ihr abkoppeln kann, begründet das soziale Problem der Nachhaltigkeit. Dabei geht es nicht nur darum, dass Umweltprobleme soziale Probleme freisetzen, wie wir das an der Armutsentwicklung afrikanischer oder asiatischer Regionen beobachten können. Vielmehr kommt es uns darauf an zu zeigen, dass die Ökonomisierung als Kapitalisierung der Natur wie des Sozialen ein zusammenhängendes Nachhaltigkeitsproblem auslöst. Soziale Güter werden unter dem Druck des Marktes und der Profitmaximierung ähnlich verbraucht wie Güter der Natur. Dagegen hat der Sozialstaat in der Institution der Daseinsvorsorge überdauernde soziale Infrastrukturen geschaffen, die in der Gefahr stehen, Schritt um Schritt abgebaut zu werden. Dies wird die Absicherung und den Wiederaufbau des Sozialen von unten notwendig machen. Die gesellschaftliche und gesellschaftspolitische Stellung der Sozialen Arbeit wird also in Zukunft auch maßgeblich dadurch bestimmt sein, ob und inwieweit sie sich mit ihrem Auftrag einer Absicherung sozialer Infrastruktur einbringen kann und für sich einen solchen sozialpolitischen Zugang sucht.

In sozialstaatlich verfassten Gesellschaften war und ist es immer noch das sozialpolitische Prinzip, das Bedingungen ermöglichte, unter denen der Mensch über seine ökonomische Verfügbarkeit und Verwertbarkeit hinaus die Grundlagen seiner Existenz zu thematisieren imstande war. Institutionalisiert im Sozialstaat entwickelte sich jene Hintergrundsicherheit, vor der die Sorge um das eigene Überleben mit der Sorge um die Menschheit verbunden werden konnte. Mit der Schwächung des nationalen Sozialstaates ist diese Hintergrundsicherheit nicht nur brüchig geworden, die digitalen Gesellschaften vermitteln ihren BürgerInnen auch den radikal konstruktivistischen Wahn, sie könnten jeden Tag sich und ihre Welt neu erschaffen. Damit sei ein Nachhaltigkeitsdiskurs strukturell überflüssig. Denn die Ökonomie hat von ihrer Logik her ein großes Interesse an einem erhöhten Ressourcenverbrauch ohne die Grenze der Nachhaltigkeit, weil sie auf der Formel Wachstum durch Verbrauch basiert. Da es im Prinzip des Konsums liegt, dass etwas verbraucht werden muss, damit etwas Neues entsteht, wirkt der neue Konsumkapitalismus Nachhaltigkeitsoptionen entgegen. Wissen wird schnell aufgebraucht und entwertet, indem es unter stetigem Wandel der Produktions- und Arbeitsformen steht. Die damit verbundenen Entwertungserfahrungen müssen alltäglich durchgestanden werden. Hinter der neuen Bildungsformel des lebenslangen Lernens steht für viele das Problem, dass sie nicht auf biografische Nachhaltigkeit bauen können, dass sie ihre Energien immer wieder aufbrauchen, ohne sich eine biografische Plattform schaffen zu können. Wird der Mensch so wiederholt bis ständig in einen Bewältigungsstress getrieben, gerät er unter den Druck der Abspaltung und wird anfällig für die Ideologie der Machbarkeit, die er dann nicht mehr als Zwang empfindet. Die Kurzfristigkeit des ökonomisch-technologischen Machbarkeitszwangs durchdringt die sozialen Beziehungen genauso wie die politische Kultur. Machbarkeitszwang und Bewältigungsdruck gehen dann ineinander über und können so die Aufarbeitung vergangener Erfahrungen, wie das Hineinfühlen in zukünftige Entwicklungen, blockieren.

Dass die kapitalistische Wirtschaft ihre Grenzen immer wieder krisenreich hinausschieben kann, macht Prognosen nahezu unmöglich. Deshalb ist es für den Nachhaltigkeitsdiskurs in der Sozialen Arbeit interessant, ob sich im ökonomischen Diskurs selbst nachhaltigkeitsorientierte Ansätze finden lassen. Solche Konzepte wenden sich gegen die Fortschreibung der marktzentrierten Wachstumsformel, die das Marktversagen im Hinblick auf die sozialen Kosten der herrschenden Wirtschaftsweise ausblendet. „Die Tatsache, dass inzwischen zwei Milliarden Menschen die Armutsgrenze unterschritten haben, wurde als Versagen des Marktes trotz weltweit insgesamt steigender Wirtschaftsleistung betrachtet. Die fortdauernde Orientierung am ‚produktivistischen Ansatz' kommt praktisch einer Beschleunigung gleich, indem Wachstumsroutinen befördert werden, die keine Abhilfe schaffen, sondern die Krisensituationen im Großen und Ganzen befördern" (Diefenbacher/Zieschank 2008, S. 12). Man spricht deshalb aus sozialpolitischer Sicht von einem „Leerlauf-Wachstum" und bringt ökonomische Modelle ins Zukunftsspiel, welche die so begründete Notwendigkeit eines Nullwachstums (steady-state-economics) oder sogar einer „de-growth"-Orientierung betonen. Die herkömmliche Wachstumsformel gilt hier nicht nur als Barriere für soziale Gerechtigkeit, sondern auch als Verhinderung sozialer Nachhaltigkeit. Der kritische Wohlfahrtsdiskurs fordert also die Entwicklung einer *Sozialökonomie der Sozialen Arbeit* zwingend heraus. Damit kann auch eine Gegenkonzeption zur gegenwärtig herrschenden Ökonomisierung des Sozialen geschaffen werden.

Wann die Grenzen des digitalen Kapitalismus auch für eine Mehrheit fühlbar werden, ist angesichts einer Ökonomie erfüllbarer Konsumversprechen nicht absehbar. Anzeichen gibt es heute schon in Bereichen, wo die sozialstaatliche Veröffentlichung sozialer Probleme nicht mehr wirken, stellvertretend genannt sei hier die ungelöste Frage der angemessenen stationären Versorgung pflegebedürftiger Menschen oder die zukünftig ansteigende Armut im Alter. Armut in den westeuropäischen Staaten bisher als sozialstaatlich regulier- und begrenzbar. Nun empfinden viele die Angst vor Armut sogar in europäischen Wohlstandsregionen und man sieht sich plötzlich einem globalen Sog ausgesetzt, der aber starke sozialpolitische Initiativen bisher eher verhindert. Doch aus sozialen Problemen werden *existenzielle Lebensthemen,* die biografisch nicht mehr so ohne weiteres ausgrenzbar sind und die die bisher privilegierte abendländische Situation für einige Menschen mit der in anderen Teilen der Welt vergleichbar macht. Auch werden die Folgen einer globalen Enteignungsökonomie am eigenen Leibe gespürt: Die Privatisierung öffentlicher Güter (commons), vor allem von Basisgütern wie Wasser und Energie setzen Betroffenheit und die Erfahrung kollektiver Abhängigkeit frei und fordert nachhaltige Lösungen heraus. Hier finden SozialarbeiterInnen neue eigene Positionen und können zusammen mit anderen darauf verweisen, dass historisch gewachsene kollektive Widerstands- und demokratische Konfliktformen zu den Grundlagen sozialer Nachhaltigkeit gehören.

Literatur

Abels, Heinz (2009): Ethnomethodologie. In: Kneer, Georg/Schroer, Markus (Hrsg.): Handbuch Soziologische Theorien. Wiesbaden.

Achter Familienbericht (2012): Hrsg. v. BMFSFJ. Berlin.

Ader, Sabine (2006): Was leitet den Blick? Wahrnehmung, Deutung und Intervention in der Jugendhilfe. Weinheim und München.

Alanen, Lilly (1988): Rethinking Childhood. In: Acta Sociologica 31.

Albrecht, Günther (Hrsg.) (1999): Handbuch Soziale Probleme. Opladen.

Alheit, Peter (1990): Alltag und Biographie. Studien zur gesellschaftlichen Konstitution biographischer Perspektiven. Bremen.

Allmendinger, Jutta (1994): Lebensverlauf und Sozialpolitik. Die Ungleichheit zwischen Mann und Frau und ihr öffentlicher Ertrag. Frankfurt a.M./New York.

Altvater, Elmar/Mahnkopf, Birgit (2002): Globalisierung der Unsicherheit. Münster.

Anhorn, Roland (2005): Einleitung: Warum sozialer Ausschluss für Theorie und Praxis Sozialer Arbeit zum Thema werden muss. In: Anhorn, Roland/Bettinger, Frank (Hrsg.): Sozialer Ausschluss und Soziale Arbeit. Wiesbaden.

Ariès, Philippe (1975): Geschichte der Kindheit. München.

Arnaud, Dominique (2011): Betroffenenorientierung. In: Ehlert, Gudrun/Funk, Heide/Stecklina, Gerd (Hrsg.) (2011): Wörterbuch Soziale Arbeit und Geschlecht. Weinheim und Basel.

Baader, Meike (2009) (Hrsg.): „Seid realistisch, verlangt das Unmögliche!“ Wie 1968 die Jugend bewegte. Weinheim und Basel.

Backes, Gertrud, M./Clemens, Wolfgang (2008): Lebensphase Alter. Weinheim und München.

Bade, Franz-Josef (1997): Regionale Entwicklung der Berufstätigkeit 1997–2004. In: Mitteilungen aus der Arbeitsmarkt- und Berufsforschung. Heft 4.

Baecker, Dirk (1999): Organisation als System. Frankfurt a.M.

Baecker, Dirk (2001): Systemtheorie. In: Otto, Hans-Uwe/Thiersch, Hans (Hrsg.): Handbuch Sozialarbeit Sozialpädagogik. Neuwied, Kriftel.

Baltes, Paul B. (2001): Das Zeitalter des permanent unfertigen Menschen: Lebenslanges Lernen nonstop. In: Aus Politik und Zeitgeschichte. B 26.

Barlösius, Eva/Beetz, Stephan (2008): Lebensqualität und Infrastruktur. In: Beetz, Stephan u.a. (Hrsg.): Zur Zukunft ländlicher Räume. Berlin.

Bauer, Rudolf (2001): Personenbezogene soziale Dienstleistungen. Wiesbaden.

Bauman, Zygmunt (2005): Moderne und Ambivalenz. Das Ende der Eindeutigkeit. Hamburg.

Beck, Ulrich (1986): Risikogesellschaft. Frankfurt a.M.

Beck, Ulrich (1991): Der Konflikt der zwei Modernen. In: Beck, Ulrich (Hrsg.): Politik in der Risikogesellschaft. Frankfurt a.M.

Beck, Ulrich (1998): Politik der Globalisierung. Frankfurt a.M.

Becker-Schmidt, Regina (1994): Diskontinuität und Nachträglichkeit. Theoretische und methodische Überlegungen zur Erforschung weiblicher Lebensläufe. In: Dietzinger, Angelika et al. (Hrsg.): Erfahrung mit Methode – Wege sozialwissenschaftlicher Frauenforschung. Freiburg i.Br.

Beck-Gernsheim, Elisabeth (1980): Das halbierte Leben. Männerwelt Beruf, Frauenwelt Familie. Frankfurt a. M.
Beetz, Stefan (2008): Peripherisierung als räumliche Organisation sozialer Ungleichheit. In: Materialien Nr. 1 der LAG Land-Innovation der Berlin-Brandenburgischen Akademie der Wissenschaften. Berlin.
Beher, Karin/Liebig,Reinhard/Rauschenbach, Thomas (1999): Das Ehrenamt in empirischen Studien. Schriftenreihe des BMFSFJ Band 163. Stuttgart u. a.
Behnken, Imbke/duBois-Reymond, Manuela/Zinnecker, Jürgen (1989): Stadtgeschichte als Kindheitsgechichte. Opladen.
Behrens, Roger (2009): Kritische Theorie. In: Kneer, Georg/Schroer, Markus (Hrsg.): Handbuch Soziologische Theorien. Wiesbaden.
Bereswill, Mechthild (2006): Biografische Vaterbilder und Vaterbilder marginalisierter junger Männer In: Bereswill, Mechthilde/Scheiwe, Kirsten/Wolde, Anja (Hrsg.): Vaterschaft im Wandel. Geschlechtertheoretische Perspektiven. Weinheim und München.
Bereswill, Mechthild (2011): Intersektionalität. In: Ehlert, Gudrun/Funk, Heide/Stecklina, Gerd (Hrsg.): Wörterbuch Soziale Arbeit und Geschlecht. Weinheim und München.
Bereswill, Mechthild/Ehlert, Gudrun (2010): Geschlecht. In: Bock, Karin/Miethe, Ingrid (Hrsg.): Handbuch Qualitative Methoden in der Sozialen Arbeit. Opladen & Farmington Hills.
Berger, Irena/Schmalfeld, Elke (1999): Stadtentwicklung in Hamburg zwischen „Unternehmen Hamburg“ und „sozialer Großstadtstrategie“. In: Dangschat, Jens S. (Hrsg.): Modernisierte Stadt – gespaltene Stadt. Opladen.
Berger, Peter, L./Luckmann, Thomas (1972): Die gesellschaftliche Konstruktion der Wirklichkeit. Frankfurt a. M.
Bertels, Lothar/Herlyn, Ulfert (Hrsg.) (1990): Lebenslauf und Raumerfahrung. Opladen.
Bertram, Hans (Hrsg.) (1995): Das Individuum und seine Familie. Opladen.
Betz, Tanja (2008): Ungleiche Kindheiten. Theoretische und empirische Analysen zur Sozialberichterstattung über Kinder. Weinheim und München.
Bien, Walter (Hrsg.) (1994): Eigeninteresse oder Solidarität. Opladen.
Birkholz, Kai u. a. (2006): Public Management. Potsdam.
Bitzan, Maria (2000): Konflikt und Eigensinn. In: neue praxis H.4.
Blumer, Herbert (1975): Der methodologische Standort des Symbolischen Interaktionismus. In: AG Bielefelder Soziologen (Hrsg.): Alltagswissen und Interaktion in der gesellschaftlichen Wirklichkeit 1. Symbolischer Interaktionismus und Ethnomethodologie. Hamburg.
Böhnisch, Lothar (1994): Gespaltene Normalität. Weinheim und München.
Böhnisch, Lothar (2003): Die Entgrenzung der Männlichkeit. Opladen.
Böhnisch, Lothar (2004): Männliche Sozialisation. Weinheim und München.
Böhnisch, Lothar (2010): Abweichendes Verhaltens. Weinheim und München.
Böhnisch, Lothar (2012): Sozialpädagogik der Lebensalter. Weinheim und Basel.
Böhnisch, Lothar/Arnold, Helmut/Schröer, Wolfgang (1999): Sozialpolitik. Weinheim und München.
Böhnisch, Lothar/Funk, Heide (2002) Soziale Arbeit und Geschlecht. Weinheim und München (2007): Politische Pädagogik. Weinheim und München.
Böhnisch, Lothar/Lenz, Karl (1999): Familien. Weinheim und München.
Böhnisch, Lothar/Lenz, Karl/Schröer, Wolfgang (2009): Sozialisation und Bewältigung. Weinheim und München.
Böhnisch, Lothar/Schröer, Wolfgang (2012): Sozialpolitik und Soziale Arbeit. Weinheim und Basel.

Böhnisch, Lothar/Schröer, Wolfgang/Thiersch, Hans (2005): Sozialpädagogisches Denken. Weinheim und München.

Böllert, Karin (2000): Dienstleistungsarbeit in der Zivilgesellschaft. In: Müller, Siegfried u. a. (Hrsg.): Gesellschaftliche Bedingungen und professionelle Perspektiven. Neuwied.

Bommes, Michael/Scherr, Albert (2012): Soziologie der Sozialen Arbeit. Weinheim und Basel.

Bonacker, Thorsten (2009): Konflikttheorien. In: Kneer, Georg/Schroer, Markus (Hrsg.): Handbuch Soziologische Theorien. Wiesbaden.

Bonvin, Jean-Michel/Rosenstein, Emilie (2010): Jenseits evidenzbasierter Steuerungsmodelle: Kognitive Rahmen und ihre normativen Implikationen in Politiken der sozialen Integration. In: Otto, Hans-Uwe/Polutta, Andreas/Ziegler, Holger (Hrsg.): What Works – Welches Wissen braucht soziale Arbeit. Opladen & Farmington Hills.

Bourdieu, Pierre (1982): Die feinen Unterschiede. Frankfurt a. M.

Bourdieu, Pierre (1985): Sozialer Raum und „Klassen". Zwei Vorlesungen. Frankfurt a. M.

Bourdieu, Pierre (1993): Die verborgenen Mechanismen der Macht. Frankfurt a. M.

Brake, Anna/Kunze, Johanna (2006): Der Transfer kulturellen Kapitals in der Mehrgenerationenfolge. In: Engler, Stefani/Krais, Beate (Hrsg.): Das kulturelle Kapital und die Macht der Klassenstruktur. Weinheim und München.

Brandel, Rolf/Gottwald, Mario/Oehme, Andreas (2010): Übergangsmanagement im Kontext lebenslangen Lernens. In: Dies. (Hrsg.): Bildungsgrenzen überschreiten. Wiesbaden.

Brandel, Rolf/Gottwald, Mario/Oehme, Andreas (Hrsg.): Bildungsgrenzen überschreiten. Wiesbaden.

Brandes, Holger (2001): Der männliche Habitus. Band 1, Männer unter sich. Opladen

Braun, Frank u. a. (1996): Lokale Politik gegen Jugendarbeitslosigkeit. Arbeitsweltbezogene Jugendsozialarbeit Bd. 1. Weinheim und München.

Braun, Karl-Heinz (2003): Lebensführung in der zweiten Moderne. Überlegungen zur Neukonzipierung der sozialpädagogischen Alltagsforschung. In: neue praxis Heft 4.

Brown, Philip (2004): Gibt es eine Globalisierung positionalen Wettbewerbs. In: Mackert, Jürgen (Hrsg.): Die Theorie sozialer Schließung. Wiesbaden.

Brown, Philip/Lauder, Hugh (1998): Post-fordist Possibilities for Life-Long-Learning. In: Walther, Andreas/Stauber, Barbara (Hrsg.): Lebenslanges Lernen in Europa. Band 1. Tübingen.

Brückner, Margit (2001): Geschlechterverhältnisse im Spannungsfeld von Liebe, Fürsorge und Gewalt. In: Brückner, Margit/Böhnisch, Lothar (Hrsg.) Gechlechterverhältnisse. Weinheim und München.

Brückner, Margit (2011): Zwischenmenschliche Interdependenz – Sich sorgen als familiale, soziale und staatliche Aufgabe. In: Böllert, Karin/Heite, Catrin (Hrsg.): Sozialpolitik als Geschlechterpolitik – Geschlechterpolitik als Sozialpolitik. Wiesbaden.

Bude, Heinz (2008): Die Überflüssigen als transversale Kategorie. In: Imbusch, Peter/ Heitmeyer, Wilhelm (Hrsg.): Integration – Desintegration: Ein Reader zur Ordnungsproblematik moderner Gesellschaften. Wiesbaden.

Butler, Judith (1991): Das Unbehagen der Geschlechter. Frankfurt a. M.

Butler, Judith (1997): Körper von Gewicht. Frankfurt a. M.

Castel, Robert (2000): Die Metamorphosen der Sozialen Frage. Konstanz.

Charlton, Michael/Neumann-Braun, Klaus (1992): Medienkindheit, Medienjugend. München.

Coleman, James S. (1961): The Adolescent Society. Glencoe.

Connell, Raweyn (2010): Im Innern des gläsernen Turms. In: Feministische Studien H. 1.

Connell, Robert W. (1987): Gender and Power. Cambridge.

Connell, Robert W. (1999): Der gemachte Mann. Konstruktion und Krise von Männlichkeiten. Opladen.
Connell, Robert W./Kimmel, Michael S./Hearn, Jeff R. (Hrsg.): Handbook of Studies on Men and Masculinities. Thousend Oaks/London/New Delhi.
Coser, Lewis A. (1965): Theorie Sozialer Konflikte. Darmstadt.
Cremer-Schäfer, Helga (2005): Situationen sozialer Ausschließung und ihre Bewältigung druch die Subjekte. In: Anhorn, Roland/Bettinger, Franz (Hrsg.): Sozialer Ausschluss uns Soziale Arbeit. Positionsbestimmungen einer kritischen Theorie und Praxis Sozialer Arbeit. Wiesbaden.
Dackweiler, Regina-Maria (2004): Wohlfahrtsstaat: Institutionelle Regulierung und Transformation der Geschlechterverhältnisse. In: Becker, Ruth/Kortendiek, Beate (Hrsg.): Handbuch Frauen- und Geschlechterforschung. Wiesbaden.
Daheim, Hansjürgen/Schönbauer, Günter (1993): Soziologie der Arbeitsgesellschaft. Weinheim.
Dahrendorf, Ralf (1957): Klassen und Klassenkonflikte. München.
Dahrendorf, Ralf (1963): Gesellschaft und Freiheit. München.
Dahrendorf, Ralf (2010): Homo Sociologicus. Wiesbaden.
Dangschat, Jens S./Diettrich, Ben (1999): Regulation, Nach-Fordismus und global cities – Ursachen der Armut. In: Dangschat, Jens S.: Modernisierte Stadt – gespaltene Gesellschaft. Opladen.
Delanty, G. (2000): Citizenship in a Global Age. Buckingham, Philadelphia.
Dewe, Bernd/Otto, Hans.Uwe (2001): Profession. In: Otto, Hans-Uwe/Thiersch, Hans (Hrsg.): Handbuch Sozialarbeit Sozialpädagogik. Neuwied, Kriftl.
Diefenbacher, Hans/Zieschank, Roland (2008): Wohlfahrtsmessung in Deutschland: Ein Vorschlag für den neuen Wohlfahrtsindex. Heidelberg.
Durkheim, Emile (1893/1988): Über soziale Arbeitsteilung. Frankfurt a. M.
Durkheim, Emile (1897/1973): Der Selbstmord. Neuwied.
Eberhart, Cathy (1995): Jane Adams. Rheinfelden/Berlin.
Eckart, Christel (1991): Selbständigkeit von Frauen im Wohlfahrtsstaat? Wider eine Sozialpolitik verleugneter Abhängigkeitsverhältnisse. In: Widersprüche 39.
Eckart, Christel (2000): Zeit zum Sorgen. In: Feministische Studien extra.
Eder, Klaus (2000): Kulturelle Identität zwischen Tradition und Utopie. Frankfurt a. M./New York.
Ehlert, Gudrun/Funk, Heide (2008): Strukturelle Aspekte der Profession im Geschlechterverhältnis. In: Bütow, Birgit/Chassé, Karl-August/Hirt, Rainer (Hrsg.): Soziale Arbeit nach dem sozialpädagogischen Jahrhundert. Opladen, Farmington Hills.
Ehlert, Gudrun/Funk, Heide/Stecklina, Gerd (Hrsg.) (2011): Wörterbuch Soziale Arbeit und Geschlecht. Weinheim und München.
Ehrenberg, Alain (2004): Das erschöpfte Selbst. Depression und Gesellschaft der Gegenwart. Frankfurt a. M./New York.
Ehrenreich, Barbara (2001): Arbeit poor. München.
Elias, Norbert (1976): Über den Prozess der Zivilisation. Frankfurt a.M.
Elsen, Susanne (2007): Gemeinwesenökonomie. Weinheim und München.
Elsen, Susanne (Hrsg.) (2011): Ökosoziale Transformation. Neu-Ulm.
Enders-Dragässer, Uta/Fichtner, Jörg/Sellach, Brigitte (2006): Lebenslagen und Handlungsspielräume von Frauen und Männern mit Wohnungsnotfallproblematik. In: Archiv für Wissenschaft und Praxis der Sozialen Arbeit. Heft 4.
Enders-Dragässer, Uta/Sellach, Brigitte (2005): Der Lebenslagen-Ansatz in der Frauen- und Geschlechterforschung – Nutzen und Erkenntnisgewinn. In: Zeitschrift für Frauenforschung und Geschlechterstudien, 2 und 3.

Enders-Dragässer, Uta/Sellach, Brigitte (2011): Lebenslagen. In: Ehlert, Gudrun/Funk, Heide/Stecklina, Gerd (Hrsg.)(2011): Wörterbuch Soziale Arbeit und Geschlecht. Weinheim und München

Enquête-Kommission zur Zukunft des bürgerschaftlichen Engagements in der Bundesrepublik Deutschland (2002): Deutscher Bundestag Berlin.

Erdheim, Mario (1988): Psychoanalyse und das Unbewußte in der Kultur. Frankfurt a. M.

Esping-Andersen, Gösta (1998): Die drei Welten des Wohlfahrtskapitalismus. In: Lessenich, Stefan/Ostner, Ilona (Hrsg.): Welten des Wohlfahrtskapitalismus. Frankfurt a. M./ New York.

Esser, Hartmut (2001): Sinn und Kultur. Soziologie Bd. 6. Frankfurt a. M./New York.

Evers, Adalbert/Heinze, Rolf G. (2008): Sozialpolitik. Ökonomisierung und Entgrenzung. Wiesbaden.

Evers, Adalbert/Nowotny, Helga (1987): Über den Umgang mit Unsicherheit. Frankfurt a. M.

Faltermeier, Josef (2001): Verwirkte Elternschaft. Münster.

Faltermeier, Toni u. a. (2002): Entwicklungspsychologie des Erwachsenenalters. Stuttgart/Berlin/Köln.

Fischer, Michael (2006): Politische Ethik. Stuttgart.

Flösser, Gaby/Wohlgemuth, Katja (2011): Soziale Kontrolle. In: Otto, Hans-Uwe/ Thiersch, Hans (Hrsg.): Handbuch Soziale Arbeit. München und Basel.

Foucault, Michel (1976): Mikrophysik der Macht. Frankfurt a. M.

Foucault, Michel (1977): Überwachen und Strafen. Die Geburt des Gefängnisses. Frankfurt a. M.

Foucault, Michel (2003): Die Anormalen. Vorlesungen am Collège de France (1974–1975) Frankfurt a. M.

Foucault, Michel (2007): Ästhetik der Existenz. Schriften zur Lebenskunst. Frankfurt a. M.

Foulkes, Sigmund H. (1992): Gruppenanalytische Psychotherapie. München.

Fraser, Nancy (1996): Die Gleichheit der Geschlechter und das Wohlfahrtssystem. In: Nagl-Docekal, Herta/Pauer-Studer, Herlinde (Hrsg.): Politische Theorie, Differenz und Lebensqualität. Frankfurt a. M.

Friebel, Harry (1995): Der Mann, der Bettler. Opladen.

Friedrichs, Jürgen (1999): Stadtökologische Forschung. Berlin.

Fthenakis, Wassili (1999): Engagierte Vaterschaft. Opladen.

Fürstenberg, Friedrich (2002): Perspektiven des Alter(n)s als soziales Konstrukt. In: Backes, Gertrud M./Clemens, Wolfgang (Hrsg.): Zukunft der Soziologie des Alter(n)s. Opladen.

Fürstenberg, Friedrich (2011): Die Bürgergesellschaft im Strukturwandel. Münster.

Galm, Beate/Hees, Katja/Kindler, Heinz (2010): Kindesvernachlässigung. Verstehen – erkennen – helfen. München.

Galtung, Johan (1975): Strukturelle Gewalt. Reinbek bei Hamburg.

Garfinkel, Harold (1967): Studies in Ethomethodology. Malden/MA.

Garland, David (2001): The Culture of Control. Oxford.

Gehlen, Arnold (1956): Urmensch und Spätkultur. Bonn.

Gehring, Petra (2007): Sprengkraft von Archivarbeit – oder: Was ist so reizvoll an Foucault. In: Anhorn, Roland/Bettinger, Frank/Stehr, Johannes (Hrsg.): Foucaults Machtanalytik und Soziale Arbeit. Wiesbaden.

Geißler, Karl-Heinz (2004): Grenzenlose Zeiten. In: Aus Politik und Zeitgeschichte. Das Parlament B 31-32.

Gemende, Marion (1999): Migranten in den neuen Bundesländern – Interkulturelle Zwischenwelten und Ethnizität als Ressource gegen politische Missachtung. In: Gemende, Marion/Schröer, Wolfgang/Sting, Stephan (Hrsg.): Zwischen den Kulturen. Weinheim und München.

Gemende, Marion (2002): Interkulturelle Zwischenwelten. Weinheim und München.
Giddens, Anthony (1988): Die Konstitution der Gesellschaft. Frankfurt a. M./New York.
Giddens, Anthony (1995): Konsequenzen der Moderne. Frankfurt a. M.
Goffman, Erving (1972): Asyle. Über die soziale Situation psychiatrischer Patienten und anderer Insassen. Frankfurt a. M.
Goffman, Erving (1973): Interaktion: Spaß am Spiel. Rollendistanz. München.
Goffman, Erving (1994): Interaktion und Geschlecht. Frankfurt a. M./New York.
Gramsci, Antonio (1996–99): Gefängnishefte. Bd. 7–9. Hamburg.
Grathoff, Richard (1991): Milieu und Lebenswelt. Frankfurt a. M.
Gronemeyer, Axel (2011): Soziale Probleme. In: Otto, Hans-Uwe/Thiersch, Hans (Hrsg.): Handbuch Soziale Arbeit. München und Basel.
Grünbuch Europäische Sozialpolitik (1993). Kommission der Europäischen Gemeinschaft (Hrsg.). Luxemburg.
Grundmann, Matthias u. a. (2006): Handlungsbefähigung und Milieu. Münster.
Grunwald, Klaus (2001): Organisationsentwicklung/-beratung. In: Otto, Hans-Uwe/ Thiersch, Hans (Hrsg.) Handbuch Sozialarbeit Sozialpädagogik. Neuwied, Kriftel.
Gutiérez Rodriguez, Encarnación (2006): Positionalität übersetzen. http//eipcp.net/transversal/0606/guiterrez-rodriguez/de/print 13.8.2012.
Gutiérrez-Rodríguez, Encarnación (2010): Postkolonialismus: Subjektivität, Rassismus und Geschlecht. In: Becker, Ruth/Kortendiek, Beate (Hrsg.): Handbuch Frauen- und Geschlechterforschung. Wiesbaden.
Habermas, Jürgen (1973): Legitimationsprobleme im Spätkapitalismus. Frankfurt a. M.
Habermas, Jürgen (1978): Politik. Kunst. Religion. Frankfurt a. M.
Habermas, Jürgen (1981): Theorie des kommunikativen Handelns. 2 Bde. Frankfurt a. M.
Habermas, Jürgen (1985): Die neue Unübersichtlichkeit. Frankfurt a.M.
Hagemann-White, Carol (1997): Strategien gegen Gewalt im Geschlechterverhältnis. Bestandsanalyse und Perspektiven. In: Hagemann-White, Carol/Kavemann, Barbara/ Ohl, Dagmar (Hrsg.): Parteilichkeit und Solidarität. Bielefeld.
Hagen, Christine/Niemann, Heike (2001): Sozialhilfe als Sequenz im Lebenslauf? Institutionelle und individuelle Bedeutung der Übergänge aus der Sozialhilfe. In: Sackmann, Reinhold/Wingens, Matthias (Hrsg.) Strukturen des Lebenslaufs. Weinheim und München.
Hamburger, Franz (1999): Modernisierung, Migration und Ethnisierung. In: Gemende, Marion/Schröer, Wolfgang/Sting, Stephan: Zwischen den Kulturen. Weinheim und München.
Hasse, Raimund/Krücken, Georg (2009): Neo-institutionalistische Theorie. In: Kneer, Georg/Schroer, Markus (Hrsg.): Handbuch Soziologische Theorien. Wiesbaden.
Haug, Fritz W. (2001): Warenästhetik im Zeitalter des digitalisierten Scheins. In: Candelas, Mario/Deppe, Frank (Hrsg.): Ein neuer Kapitalismus? Hamburg.
Häußermann, Hartmut (1995): Zuwanderung und die Zukunft der Stadt. In: Häußermann, Hartmut/Siebel, Wolfgang: Dienstleistungsgesellschaften. Frankfurt a. M.
Havighurst, Robert J. (1951): Developmental Tasks and Education. New York.
Havighurst, Robert J. (1963): Successful Aging. In: Tibbits, William RH/Donahue, Wilma Processes of Aging. New York.
Heimann, Eduard (1929/1980): Soziale Theorie des Kapitalismus. Tübingen Frankfurt a. M.
Heinz, Walter, R. (1988): Übergangsforschung. In: Deutsches Jugendinstitut (Hrsg.): Berufseinstieg heute. München.
Heitmeyer, Wilhelm (1987): Rechtsextremismus bei Jugendlichen. Weinheim und München.
Heitmeyer, Wilhelm (1994): Das Desintegrationstheorem. In: Heitmeyer, Wilhelm u. a. (Hrsg.): Das Gewalt-Dilemma. Frankfurt a. M.

Heitmeyer, Wilhelm (1999): Was treibt die Gesellschaft auseinander? Frankfurt a. M.
Heitmeyer, Wilhelm (2010): Krisen – Gesellschaftliche Auswirkungen, individuelle Verarbeitungen und Folgen für Gruppenbezogene Menschenfeindlichkeit. In: Ders. (Hrsg.): Deutsche Zustände – Folge 8. Frankfurt a. M.
Heitmeyer, Wilhelm u. a. (1998): Die städtische Dimension ethnischer und kultureller Konflikte. In: Heitmeyer, Wilhelm u. a. (Hrsg.): Die Krise der Städte. Frankfurt a. M.
Herrenknecht, Albert (2000): Jugend im regionalen Dorf. In: Deinet, Ulrich/Sturzenhecker, Benedikt (Hrsg.): Jugendarbeit auf dem Land. Opladen.
Herriger, Nobert (2010): Empowerment. Stuttgart.
Herwartz-Emden, Leonie/Mehringer, Volker (2010): Multikulturelle Kindheit. Lebenswelt und Sozialisationsbedingungen von Kindern mit Migrationshintergrund aus der Sicht aktueller Kinderstudien. In: Svendy Wittmann/Thomas Rauschenbach/Hans-Rudolf Leu (Hrsg.): Kinder in Deutschland. Eine Bilanz empirischer Studien. Weinheim und München.
Höhne, Thomas (2003): Pädagogik und Wissensgesellschaft. Bielefeld.
Holland, Dorothy u. a. (1998): Identity and Agency in Cultural World. London.
Holzer, Boris (2006): Netzwerke. Bielefeld.
Homans, George C. (1959): Theorie der sozialen Gruppe. Köln/Opladen.
Homfeldt, Hans-Günther/Schröer, Wolfgang/Schweppe, Cornelia (2008): Vom Adressaten zum Akteur. Opladen & Farmington Hills.
Homfeldt, Hans-Günther/Sting, Stefan (2011): Gesundheit und Krankheit. In: Hans-Uwe Otto/Hans Thiersch (Hrsg.): Handbuch Soziale Arbeit. München Basel..
Honig, Michael-Sebastian (2008): Lebensphase Kindheit. In: Abels, Heinz u. a.: Lebensphasen. Wiesbaden.
Honneth, Axel (2004): Vorwort. In: Ehrenberg, Alain: Das erschöpfte Selbst. Depression und Gesellschaft der Gegenwart. Frankfurt a. M./New York.
Hoops, Sabrina/Permien, Hanna/Rieker, Peter (2001): Zwischen null Toleranz und null Autorität. München.
Horkheimer, Max/Adorno, Theodor W. (1969): Dialektik der Aufklärung. Frankfurt a. M.
Hormel, Ulrike/Scherr, Albert (2004): Bildung für die Einwanderungsgesellschaft. Perspektiven der Auseinandersetzung mit struktureller, institutioneller und interaktioneller Diskriminierung. Wiesbaden.
Hörning, Karl H./Michailow, Matthias (1990): Lebensstil als Gesellschaftsform. In: Soziale Welt. Sonderheft 7.
Hradil, Stefan (1992): „Lebensführung“ im Umbruch. Zur Rekonstruktion einer soziologischen Kategorie. In: Thomas, Michael (Hrsg.): Abbruch und Aufbruch. Berlin.
Hurrelmann, Klaus (1986): Einführung in die Sozialisationstheorie. Über den Zusammenhang von Sozialstruktur und Persönlichkeit. Weinheim und Basel.
Hurrelmann, Klaus (2010): Lebensphase Jugend. Weinheim und München.
Hurrelmann, Klaus/Albert, Matthias (2006): Eine pragmatische Generation unter Druck. In: Jugendwerk der Deutschen Shell (Hrsg.): jugend 2006. Frankfurt a. M.
Illouz, Eva (2007): Gefühle in Zeiten des Kapitalismus. Frankfurt a. M.
Illouz, Eva (2009): Die Errettung der modernen Seele. Therapien, Gefühle und Kultur der Selbsthilfe. Frankfurt a. M.
Imbusch, Peter (2002): Macht und Herrschaft. In: Korte, Hans/Schäfers, Bernhard (Hrsg.): Einführung in die Hauptbegriffe der Soziologie. Opladen.
Imbusch, Peter/Heitmeyer, Wilhelm (Hrsg.) (2008): Integration – Desintegration. Wiesbaden.
Iske, Stefan u. a. (2007): Virtuelle Ungleichheit und informelle Bildung. In: Kompetenzzentrum Informelle Bildung (Hrsg.): Grenzenlose Cyberwelt? Wiesbaden.
Jäckel, Michael (2004): Einführung in die Konsumsoziologie. Wiesbaden.
Jahoda, Marie u. a. (1933/1975): Die Arbeitslosen von Marienthal. Frankfurt a. M.

Jakob, Gisela (1993): Zwischen Dienst und Selbstbezug. Eine biographieanalytische Untersuchung ehrenamtlichen Engagements. Opladen.

Janshen, Doris (Hrsg.) (1999): Frauen über Wissenschaften. Weinheim und München.

Joas, Hans (1991): Rollen- und Interaktionstheorien in der Sozialisationsforschung. In: Hurrelmann, Klaus/Ulich, Dieter (Hrsg.): Neues Handbuch der Sozialisationsforschung. Weinheim und Basel.

Jonas, Hans (2003): Das Prinzip Verantwortung. Frankfurt a. M.

Joos, M. (2001): Die soziale Lage der Kinder. Weinheim und München.

Jugend 2000–2012. Jugendwerk der Deutschen Shell (Hrsg.). Opladen; Frankfurt a. M.

Junge, Matthias (2003): Macht und Moral. Eine programmatische Skizze. In: Ders. (Hrsg.): Macht und Moral. Wiesbaden.

Junge, Matthias (2004): Sozialisationstheorien vor dem Hintergrund von Modernisierung, Individualisierung und Postmodernisierung. In: Hoffmann, Dagmar/Merkens, Hans (Hrsg.): Jugendsoziologische Sozialisationstheorie. Weinheim und München.

Jurczyk, Karin (2010): Herausforderungen für eine familiengerechte Arbeitswelt. Präsentation anlässlich der DGB-Fachtagung. 13. Dez. 2010 in Berlin. PDF

Jurczyk, Karin u. a. (2009): Entgrenzung von Arbeit – Entgrenzung von Familie. Berlin.

Jurczyk, Karin/Voß, G. Günter (1995): Zur gesellschaftsdiagnostischen Relevanz der Untersuchung von alltäglicher Lebensführung. In: Projektgruppe „Alltägliche Lebensführung" (Hrsg.): Alltägliche Lebensführung. Arrangements zwischen Traditionalität und Modernisierung. Opladen.

Jurczyk, Karin/Voß, Günther (2000): Entgrenzte Arbeitszeit – reflexive Alltagszeit. Berlin.

Kappeler, Manfred (2008): Den Menschenrechtsdiskurs in der Sozialen Arbeit vom Kopf auf die Füße stellen In: Widersprüche 28. Jg. Heft 1.

Kardorff, Ernst von (1989): Soziale Netzwerke. In: Kardorff, Ernst v. u. a.(Hrsg.) (1989): Zwischen Netzwerk und Lebenswelt. Soziale Unterstützung im Wandel. München.

Kaufmann, Franz-Xaver (2003): Sozialpolitisches Denken. Frankfurt a. M.

Kautz, Nicole (2010): Wohnungslosigkeit bei Frauen. Skizzen eines Geschlechterproblems. Freiburg.

Kavemann, Barbara/Kreyssig, Ulrike (Hrsg.) (2006): Handbuch Kinder und häusliche Gewalt. Wiesbaden.

Keller, Monika (2007): Selektive Effekte des Wohnquartiers. In: Zeitschrift für Soziologie der Erziehung und Sozialisation. Heft 3.

Kessl, Fabian (2005): Der Gebrauch der eigenen Kräfte. Weinheim und München.

Kessl, Fabian (2010): Diskursanalytische Vorgehensweisen. In: Bock, Karin/Miethe, Ingrid (Hrsg.): Handbuch Qualitative Methoden in der Sozialen Arbeit. Opladen, S. 346–362

Kessl, Fabian/Otto, Hans-Uwe (Hrsg.) (2004): Soziale Arbeit und Soziales Kapital. Zur Kritik lokaler Gemeinschaftlichkeit. Wiesbaden.

Keupp, Heiner/Höfer, Renate (Hrsg.) (1997): Identitätsarbeit heute. Reinbek: Rowohlt.

Kieselbach, Thomas (1998): Arbeitslosigkeit. In: Grubitzsch, Siegfried/Weber, Klaus (Hrsg.): Psychologische Grundbegriffe. Reinbek bei Hamburg.

Kieselbach, Thomas/Voigt, Peter (Hrsg.) (1992): Systemumbruch, Arbeitslosigkeit und individuelle Bewältigung in der Ex-DDR. Weinheim.

Kirchhöfer, Dieter (2003): Lernkultur Kompetenzentwicklung. Hrsg. von der Arbeitsgemeinschaft betriebliche Weiterbildungsforschung. Berlin.

Klein, Christian (Hrsg.) (2009): Handbuch Biographie. Stuttgart/Weimar.

Klein, Thomas (2005): Sozialstrukturanalyse. Reinbek bei Hamburg.

Klein, Uta (2009a): Geschlechterverhältnisse, Sozialstaat und die Europäische Union. In: Gawrich, Andrea/Knelangen, Wilhelm/Windwehr, Jana (Hrsg.): Sozialer Staat – Soziale Gesellschaft? Opladen.

Kohli, Martin (1980): Lebenslauftheoretische Ansätze in der Sozialisationsforschung. In: Hurrelmann, Klaus/Ulich, Dieter (Hrsg.): Handbuch der Sozialisationsforschung. Weinheim Basel.
Kohli, Martin (1985): Institutionalisierung des Lebenslaufs. Historische Befunde und theoretische Argumente. In: Kölner Zeitschrift für Soziologie und Sozialpsychologie, Heft 1.
Kohli, Martin/Robert, Günter (Hrsg.) (1984): Biographie und soziale Wirklichkeit. Neue Beiträge und Forschungsperspektiven. Stuttgart.
Köngeter, Stefan (2009): Der methodologische Nationalismus der Sozialen Arbeit in Deutschland. In: Zeitschrift für Sozialpädagogik Heft 4.
Kontos, Silvia (2008): Mit „Gender" in der Bewegung? In: Casale, Rita/Rendtorff, Barbara (Hrsg.): Was kommt nach der Genderforschung. Bielefeld.
Krais, Beate/Gebauer, Gunter (2002): Habitus. Bielefeld.
Krappmann, Lothar (1999): Spielen, Lernen, Bildung. In: Petillon, Hans/Valtin Renate (Hrsg.): Spielen in der Grundschule. Frankfurt a.M.
Krappmann, Lothar (2000): Soziologische Dimensionen der Identität. Stuttgart.
Krüger, Helga (1995): Prozessuale Ungleichheit. Geschlecht und Institutionenverknüpfung im Lebensalter. In: Berger, Peter A./Sopp, Peter (Hrsg.) Sozialstruktur und Lebenslauf. Opladen.
Kruse, Volker (1994): Historisch-soziologische Zeitdiagnosen. Frankfurt a. M.
Kudera, Werner (1995): Lebenslauf, Biographie und Lebensführung. In: Berger, Peter A./ Sopp, Peter (Hrsg.) Sozialstruktur und Lebenslauf. Opladen.
Kutschau, Günter (1999): Übergangsforschung. In: Beck, Klaus/Kell, Adolf (Hrsg.): Bilanz der Bildungsforschung. Weinheim.
Laireiter, August-Rupert (2009): Soziales Netzwerk und soziale Unterstützung. In: Lenz, Karl/Nestmann, Frank (Hrsg.): Handbuch Persönliche Beziehungen. Weinheim und München.
Lamnek, Siegfried (1997): Neue Theorien Abweichenden Verhaltens. München.
Lampert, Thomas/Ziese, Thomas (2005): Armut, soziale Ungleichheit und Gesundheit. Expertise des Robert Koch-Instituts zum 2. Armuts- und Reichtumsbericht der Bundesregierung Berlin.
Lange, Andreas (2003): Theorieentwicklung in der Jugendforschung durch Konzeptimport. In: Mansel, Jürgen/Griese, Hartmut M./Scherr, Albert (Hrsg.): Theoriedefizite in der Jugendforschung. Weinheim und München.
Lefèbvre, Henri (1976): Die Revolution der Städte. Frankfurt a. M.
Leiprecht, Rudolf (Hrsg.) (2011): Diversitätsbewusste Soziale Arbeit. Schwalbach/Ts.
Leisering, Lutz (2008): Die Dynamik von Ausgrenzung. In: Huster, Ernst-Ulrich/ Boeckh, Jürgen/Mogge-Grotjahn, Hildegard (Hrsg.): Handbuch Armut und soziale Ausgrenzung. Wiesbaden.
Leithäuser, Thomas (1978): Alltagsbewußtsein. In: Fuchs, Werner u. a. (Hrsg.): Lexikon zur Soziologie. Opladen.
Lemert, Edwin M. (1974): Der Begriff der sekundären Devianz. In: Lüderssen, Klaus/ Sack, Fritz (Hrsg.): Seminar Abweichendes Verhalten I. Frankfurt a. M.
Lemke, Thomas u. a. (2000): Gouvernementalität, Neoloberalismus und Sozialtechnologie. In: Bröckling, Ulrich u. a. (Hrsg.): Gouvernementalität der Gegenwart. Frankfurt a. M.
Lenhardt, Gero (2001): Bildung. In: Joas, Hans (Hrsg.): Lehrbuch der Soziologie. Frankfurt a. M./New York.
Lenz, Karl (2002): Symbolischer Interaktionismus. In: Endruweit, Günter/Trommsdorff, Gisela (Hrsg.): Wörterbuch der Soziologie. Stuttgart.
Lenz, Karl (2007): Soziologie der Zweierbeziehung. Eine Einführung. Opladen.

Lenz, Karl/Adler, Marina (2010): Geschlechterverhältnisse. Einführung in die sozialwissenschaftliche Geschlechterforschung. Band 1. Weinheim und München.
Lenz, Karl/Adler, Marina (2011): Geschlechterbeziehungen. Geschlechterverhältnisse. Einführung in die sozialwissenschaftliche Geschlechterforschung. Band 2. Weinheim und München.
Lessenich, Stephan (2008): Die Neuerfindung des Sozialen: der Sozialstaat im flexiblen Kapitalismus. Bielefeld.
Liebsch, Katharina (2002): Identität und Habitus. In: Korte, Hans/Schäfers, Bernhard (Hrsg.): Einführung in die Hauptbegriffe der Soziologie. Opladen.
Lippitz, Werner (1992): „Lebenswelt" – kritisch betrachtet. In: neue praxis. Heft 2.
Lohr, Karin/Nickel, Hildegard M. (Hrsg.) (2005): Subjektivierung von Arbeit – Riskante Chancen. Münster.
Löw, Martina (2001): Raumsoziologie. Frankfurt a. M.
Ludes, Peter (1989): Drei moderne soziologische Theorien. Göttingen.
Luedtke, Jens (2008): Abweichendes Verhalten. In: Willems, Herbert (Hrsg): Lehr(er)-buch Soziologie. Bd. 1 Wiesbaden.
Luhmann, Niklas (1973): Formen des Helfens im Wandel gesellschaftlicher Bedingungen. In: Otto, Hans-Uwe/Schneider, Siegfried (Hrsg.): Gesellschaftliche Perspektiven der Sozialarbeit Bd. 1. Neuwied.
Luhmann, Niklas (1984): Soziale Systeme. Frankfurt a. M.
Luhmann, Niklas (1995): Soziologische Aufklärung Bd. 6. Die Soziologie und der Mensch. Opladen.
Lyotard, Jean-François (1987): Der Widerstreit. München.
Mackert, Jürgen (Hrsg.) (2004): Die Theorie sozialer Schließung. Wiesbaden.
Mannheim, Karl (1964): Wissenssoziologie. Neuwied.
Mannheim, Karl (1965): Das Problem der Generationen (1928). In: Friedeburg, Ludwig v. (Hrsg.): Jugend in der modernen Gesellschaft. Köln/Berlin.
Marx, Karl (1966): Das Kapital. Kritik der politischen Ökonomie. Bd.3 (1894). Berlin.
Maschewsky-Schneider, Ulrike. u. a. (1992): Frauen, Gesundheit und soziale Lage. In. Kieselbach, Thomas/Voigt, P. (Hrsg.): Systemumbruch, Arbeitslosigkeit und individuelle Bewältigung in der Ex-DDR. Weinheim.
Matuschek, Bernd/Wodak, Ruth/Januschek, Franz (1995): Notwendige Maßnahmen gegen Fremde? Genese und Formen von rassistischen Diskursen der Differenz. Wien.
Maurer, Andrea (1999): Herrschaft und soziale Ordnung. Opladen.
Maurer, Andrea (2012): Institutionen. In: Horn, Klaus Peter u. a. (Hrsg.): Klinkhardt Lexikon Erziehungswissenschaft. Bd. 2
May, Michael (2004): Versuch einer Entmystifizierung Sozialen Kapitals. In: Kessl, Fabian/Otto, Hans-Uwe (Hrsg.): Soziale Arbeit und Soziales Kapital. Wiesbaden.
Mayntz, Renate (1969): Organisation. In: Bernsdorf, Wilhelm (Hrsg.): Wörterbuch der Soziologie. Stuttgart.
McRobbie, Angela (2010): Top Girls. Feminismus und der Aufstieg des neoliberalen Geschlechterregimes. Wiesbaden.
Mead, George H. (1991): Geist, Identität und Gesellschaft aus der Sicht des Sozialbehaviorismus. Frankfurt a. M.
Menz, Simone (2008): Übergänge und Familie. Weinheim und München.
Merton, Robert K. (1968): Sozialstruktur und Anomie. In: Sack, Fritz/König, René (Hrsg.): Kriminalsoziologie. Frankfurt a. M.
Messner, Heinz (2003): Der soziale Konflikt. Stuttgart.
Meuser, M. (2010): Geschlecht, Macht, Männlichkeit. In: Erwägen, Wissen, Ethik, H.3.
Miller, David (2008): Grundsätze sozialer Gerechtigkeit. Frankfurt a. M./New York.
Minuchin, Patricia/Colapinto, Jorge/Minuchin, Salvdor (2000): Verstrickt im sozialen Netz. Neue Lösungswege für Mulitproblemfamilien. Heidelberg.

Moldaschl, Manfred/Voß, Günter (Hrsg.): Subjektivierung der Arbeit. München und Mering.
Muckenfuss, Katrin (2007): „Du bist immer irgendwie gefangen“ – Zumutungen und Bewältigungsstrategien sozialer Ausschließung. In: Masterstudiengang Gemeinwesenentwicklung. Quartiersmanagement und Lokalen Ökonomie an der Fachhochschule München (Hrsg.) Für mehr Teilhabe. Neue Forschungsansätze zu Gemeinwesenentwicklung, Armutsbewältigung und Selbstorganisation. München.
Munsch, Chantal (2005): Die Effektivitätsfalle. Hohengehren.
Munsch, Chantal (Hrsg.) (2003): Sozial Benachteiligte engagieren sich doch. Weinheim und München.
Musgrove, Frank (1964): Youth and Social Order. London.
Naegele, Gerhard (2011): Alter. In: Otto, Hans-Uwe/Thiersch, Hans (Hrsg.) Handbuch Soziale Arbeit. München und Basel.
Nahnsen, Ingeborg (1975): Bemerkungen zum Begriff und zur Geschichte des Arbeitsschutzes. In: Osterland, Martin (Hrsg.): Arbeitssituation, Lebenslage und Konfliktpotential. Frankfurt a. M.
Nave-Herz, Rosemarie (2004): Veränderte familiale Bedingungen des Aufwachsens von Kindern und Jugendlichen in Gegenwart und Zukunft. In: Bock, Karin/Thole, Werner (Hrsg.): Soziale Arbeit und Sozialpolitik im neuen Jahrtausend. Wiesbaden.
Neckel, Sighard/Körber, Karen (1997): Last exit ethnicity? Zur politischen Konstruktion von Ethnizität in den USA und Deutschland. In: Hettlage, Robert u. a. (Hrsg.): Kollektive Identität in Krisen. Opladen.
Neubert, Harald (2001): Antonio Gramsci. Hamburg.
Neumann-Braun, Klaus/Müller-Dohm, Stefan (Hrsg.): Medien und Kommunikationssoziologie. Weinheim.
Nickel, Hildegard M. (2012): Individualisierung und Subjektivierung aus der Geschlechterperspektive: Riskante Chancen. In: Moser, Vera/Rendtorff, Barbara (Hrsg.): Jahrbuch Frauen- und Geschlechterforschung in der Erziehungswissenschaft. Bd. 8.
Nohl, Herman (1927): Jugendwohlfahrt. Leipzig.
Nohl, Herman (1949): Der männliche Sozialbeamte und die Sozialpädagogik in der Wohlfahrtspflege. In: Nohl, Herman: Pädagogik aus dreißig Jahren. Frankfurt a. M..
Nussbaum, Martha (1999): Gerechtigkeit oder das gute Leben. Frankfurt a. M.
Nussbaum, Martha (2006): Frontiers of Justice. Bellknap (Harvard).
OECD (Hrsg.) (1994): Globalization of Industrial Activities. Background Report. Paris.
Olk, Thomas (1984): Jugend und gesellschaftliche Differenzierung. Zur Entstrukturierung der Jugendphase. In: Helmut Heid/Wolfgang Klafki (Hrsg.): Arbeit – Bildung – Arbeitslosigkeit (Zeitschrift für Pädagogik, Beiheft 19). Weinheim und Basel.
Ossyssek, Friedolf/Böckler, Susanne/Giebel, Désirée (1995): Alltagsbelastungen, Ehebeziehungen und elterliches Erziehungsverhalten. In: Gerhart, Ute/Hradil, Stefan u. a. (Hrsg.): Familie der Zukunft. Opladen.
Ostner, Ilona (1995): Wandel der Familienformen und soziale Sicherung der Frau oder: von der Status- zur Passagensicherung. In: Döring, Dieter/Hauser, Richard (Hrsg.): Soziale Sicherheit in Gefahr. Frankfurt a. M.
Ostner, Ilona (1996): Individualisierung der Familie – Individualisierung in Familie. In: Karsten, Marie-Eleonora/Otto, Hans-Uwe (Hrsg.): Die Sozialpädagogische Ordnung der Familie. Weinheim und München.
Otto, Hans-Uwe/Ziegler, Holger (2011): Managerialismus. In: Otto, Hans-Uwe/ Thiersch, Hans (Hrsg.): Handbuch Soziale Arbeit. München und Basel.
Otto, Hans-Uwe/Ziegler, Holger (Hrsg.) (2007): Capabilities – Handlungsbefähigung und Verwirklichungschancen in der Erziehungswissenschaft. Wiesbaden.
Otto, Ulrich (2011): Soziale Netzwerke. In: Otto, Hans-Uwe/Thiersch, Hans (Hrsg.) Handbuch Soziale Arbeit. München und Basel.

Ottomeyer, Klaus (1991): Gesellschaftstheorien in der Sozialisationsforschung. In: Hurrelmann, Klaus/Ulich, Dieter (Hrsg.): Neues Handbuch der Sozialisationsforschung. Weinheim und Basel.
Parsons, Talcott (1972): Das System moderner Gesellschaften. München.
Parsons, Talcott/Smelser, N. I. (1956): Economy and Society. London.
Peuckert, Rüdiger (2008): Familienformen im sozialen Wandel. Wiesbaden.
Popitz, Heinrich (1980): Die normative Konstruktion der Gesellschaft. Tübingen.
Popp, Ulrike (2002): Geschlechtersozialisation und schulische Gewalt. Weinheim und München.
Prahl, Hans-Werner/Schroeter, Klaus R. (2000): Altern im Fadenkreuz von Individualisierung und Vergesellschaftung. In: Ethik und Sozialwissenschaften. Heft 3.
Prengel, Annedore (1993): Pädagogik der Vielfalt. Opladen
Putnam, Robert, D. (2000): Bowling alone. New York.
Raithelhuber, Eberhard (2005): Wenn Netzwerke auf Verfahren reduziert werden. Plädoyer für eine gesellschaftstheoretische und sozialpolitische Rückbindung des Netzwerkdiskurses. In: Arnold, Helmut/Böhnisch, Lothar/Schröer, Wolfgang (Hrsg.): Sozialpädagogische Beschäftigungsförderung. Weinheim und München.
Reinbold, Claudia/Kindler, Heinz (2006): Was ist über familiäre Kontexte, in denen Gefährdungen auftreten, bekannt? In. Kindler, Heinz/Lillig, Susanna/Blüml, Herbert/Meysen, Thomas/Werner, Annegret (Hrsg.) Handbuch Kindeswohlgefährdung nach § 1666 und Allgemeiner Sozialer Dienst (ASD) München.
Rendtorff, Barbara (2008):Über den (möglichen) Beitrag der Psychoanalyse zur Geschlechterforschung. In: Casale, Rita/Rendtorff, Barbara (Hrsg.): Was kommt nach der Genderforschung. Bielefeld.
Reutlinger, Christian (2003): Jugend, Stadt und Raum. Opladen.
Richter, Matthias (2005): Gesundheit und Gesundheitsverhalten im Jugendalter. Der Einfluss sozialer Ungleichheit. Wiesbaden.
Richter, Matthias/Hurrelmann, Klaus (Hrsg.) (2006): Gesundheitliche Ungleichheit. Wiesbaden.
Richter, Rudolf (2008): Individualität und Individualisierung. In: Willems, H. (Hrsg.): Lehr(er)buch Soziologie Bd. 2. Wiesbaden.
Röll, Franz-Josef (1998): Mythen und Symbole in populären Medien. Frankfurt a. M.
Rosa, Hartmut (2005): Beschleunigung. Frankfurt a. M.
Roseil, Sasha (2008): Neue Freundschaftspraktiken. Fürsorge und Sorge im Zeitalter der Individualisierung. In: Mittelweg 36, Heft 3.
Roth, Roland/Rucht, Dieter (2008): Die sozialen Bewegungen in Deutschland seit 1945. Frankfurt a. M.
Rucht, Dieter/Neidhardt, Friedhelm (2001): Soziale Bewegungen und kollektive Aktionen. In: Joas, Hans (Hrsg.): Lehrbuch der Soziologie. Frankfurt a. M.
Rudolph, Martin (1998): Bleibenkönnen. Jugendliche in ländlichen Regionen. In: Böhnisch, Lothar u. a. (Hrsg.): Jugendarbeit als Lebensort. Weinheim und München.
Saake, Irmhild (2008): Lebensphase Alter. In: Abels, Heinz u. a.: Lebensphasen. Wiesbaden.
Sackmann, Reinhold (2007): Lebenslaufanalyse und Biografieforschung. Wiesbaden.
Sackmann, Reinhold/Wingens, Matthias (2001): Theoretische Konzepte des Lebenslaufs: Übergang, Sequenz und Verlauf. In: Sackmann, Reinhold/Wingens, Matthias (Hrsg.): Strukturen des Lebenslaufs. Weinheim und München.
Salomon, Alice (1931): Der soziale Frauenberuf. In: Schmidt-Beil, Ada (Hrsg.): Die Kultur der Frau. Berlin-Frohnau.
Sander, Uwe/Heitmeyer, Wilhelm (2008): Was leisten die Integrationsmodi? Eine vergleichende Analyse aus konflikttheoretischer Sicht. In: Imbusch, Peter/Heitmeyer, Wilhelm (Hrsg.): Integration – Desintegration. Wiesbaden.

Sauer, Birgit (2004): Staat – Institutionen – Governance. In: Rosenberger, Sieglinde K./ Sauer, Birgit (Hrsg.): Politikwissenschaft und Geschlecht. Wien.
Schefold, Werner (2009): Kästen Lebenslage/Krise der Arbeitsgesellschaft. In: Böhnisch, Lothar/Lenz, Karl/Schröer, Wolfgang (Hrsg.): Sozialisation und Bewältigung. Weinheim und München.
Schefold, Werner (2011): Hilfe als Grundkategorie Sozialer Arbeit. In: Soziale Passagen. H. 3.
Schelsky, Helmut (1962): Die skeptische Generation. Düsseldorf/Köln.
Schelsky, Helmut (1972): Die nivellierte Mittelstandgesellschaft. Köln.
Scherpner, Hans (1963): Theorie der Fürsorge. Göttingen.
Schittenhelm, Karin (1998): Zwischen Unterstützung und Reglementierung. In: neue praxis. Heft 3.
Schmals, Klaus M./Voigt, R. (Hrsg.) (1986): Krise ländlicher Lebenswelten. Frankfurt a. M./New York
Schmid, Josef (2011): Wohlfahrtsstaat. In: Otto, Hans-Uwe/Thiersch, Hans (Hrsg.): Handbuch Soziale Arbeit. München und Basel.
Schnabel, Jan-Wulf (2011): Reorganisation und Subjektivierungen Sozialer Arbeit. Wiesbaden.
Scholz, Sylka (2009): Männer und Männlichkeiten im Spannungsfeld zwischen Erwerbs- und Familienarbeit. In: Aulenbacher, Brigitte/Wetterer, Angelika (Hrsg.): Arbeit. Perspektiven und Diagnosen der Geschlechterforschung. Münster.
Schönbauer, Georg (1994): Handlung und Struktur in Anthony Giddens' „Social Theory". Regensburg.
Schönberger, Klaus (2007): Widerständigkeit der Biografie. Zu den Grenzen der Entgrenzung neuer Konzepte alltäglicher Lebensführung im Übergang vom fordistischen zum postfordistischen Arbeitsparadigma. In: Seifert, Manfred/Götz, Irene/Huber, Birgit (Hrsg.): Flexible Biographien? Frankfurt a. M.
Schramme, Thomas (2006): Gerechtigkeit und soziale Praxis. Frankfurt a. M./New York.
Schröer, Wolfgang/Schweppe, Cornelia (2010): Transmigration und Soziale Arbeit – Ein öffnender Blick auf die Alltagswelten im Kontext von Migration. In: Migration und Soziale Arbeit. Heft 2.
Schröer, Wolfgang/Sting, Stefan (2003): Gespaltene Migration. In: Schröer, Wolfgang/ Sting, Stephan (Hrsg.): Gespaltene Migration. Opladen.
Schubert, Inge (2012): Peer-Beziehungen und Gruppen: Räume zum Experimentieren. In: Liebsch, Katharina (Hrsg.) Jugendsoziologie. Wiesbaden.
Schützeichel, Rainer (2009): Neue Historische Soziologie. In: Kneer, Georg/Schroer, Markus (Hrsg.): Handbuch Soziologische Theorien. Wiesbaden.
Schwingel, Markus (2000): Pierre Bourdieu zur Einführung. Hamburg.
Sen, Amartya (1999): Development as Freedom. New York.
Sen, Amartya (2000): Ökonomie für den Menschen. Wege zu Gerechtigkeit und Solidarität in der Marktwirtschaft. München.
Sennett, Richard (1998): Der flexible Mensch: Die Kultur des neuen Kapitalismus. Berlin.
Sewell, William H. (1992): A Theory of Structure: Duality, Agency and Transformation. In: The American Journal of Sociology. H. 1.
Siegrist, Johannes/Dragano, Nico/Wahrendorf, Morton (2009): Psychosoziale Arbeitsbelastungen und Gesundheit bei älteren Erwerbstätigen: eine europäische Vergleichsstudie. Abschlussbericht zum Projekt S-2007-9974 der Hans-Böckler-Stiftung. Pdf unter www.boeckler.de
Simmel, Georg (1904): Philosophie des Geldes. Leipzig.
Simmel, Georg (1908): Soziologie. Untersuchungen über die Formen der Vergesellschaftung. Leipzig.

Singelnstein, Tobias/Stolle, Peer (2007): Die Sicherheitsgesellschaft. Soziale Kontrolle im 21. Jahrhundert. Wiesbaden.
Solga, Heike (2006): Ausbildungslose und die Radikalisierung ihrer sozialen Ausgrenzung. In: Bude, Heinz/Willisch, Andreas (Hrsg.): Exklusion. Die Debatte über die Überflüssigen. Frankfurt a. M.
Spivak, Gayatri, C. (2008): Can the Subaltern Speak? Wien.
Stauber, Barbara/Walther, Andreas (2002): Junge Erwachsene. In: Schröer, Wolfgang/Struck, Norbert/Wolff, Mechthild (Hrsg.): Handbuch Kinder- und Jugendhilfe. Weinheim und München.
Stauber, Barbara/Walther, Andreas (Hrsg.) (2008): Subjektorientierte Übergangsforschung. Weinheim und München.
Steinert, Erika (1990): Wohnungslose Frauen im Spiegel des Selbst. In: Geiger, Manfred/Steinert, Erika: Alleinstehende Frauen ohne Wohnung. Stuttgart/Berlin/Köln.
Sting, Stephan (2002): Bildung. In: Schröer, Wolfgang/Struck, Norbert/Wolff, Mechthild (Hrsg.): Handbuch Kinder- und Jugendhilfe. Weinheim und München.
Stövesand, Sabine (2010): Gewalt im Geschlechterverhältnis. Wieso, weshalb, was tun? In: Bereswill, Mechthild/Stecklina, Gerd (Hrsg.): Geschlechterperspektiven für Soziale Arbeit. Weinheim und München.
Strittmatter, Franz-Josef (1992): Langzeitarbeitslosigkeit im Wohlfahrtstaat. Nürnberg.
Thieme, Frank (2008): Alter(n) in der alternden Gesellschaft. Wiesbaden.
Thon, Christine (2012): Individualisierte Geschlechterordnungen? Feministische und hegemonie-analytische Kritik eines modernisierungstheoretischen Konzepts In: Moser, Vera/Rendtorff, Barbara (Hrsg.): Riskante Leben? Geschlechterordnungen in der Reflexiven Moderne. Jahrbuch Frauen und Geschlechterforschung in der Erziehungswissenschaft. Opladen, Berlin & Toronto.
Tillmann, Angela (2008): Identitätsspielraum Internet. Weinheim und München.
Touraine, Alain (1978): La voix et le regard. Paris.
Treibel, Anette (1999): Migration in modernen Gesellschaften. Weinheim und München.
Tübinger Institut für frauenpolitische Forschung e. V. (2000): Den Wechsel im Blick – Methodische Ansichten feministischer Sozialforschung. Pfaffenweiler.
Türcke, Christoph (1998): Rückblick aufs Kommende. Altlasten der neuen Weltordnung. Frankfurt a. M. und Wien.
Türk, Klaus (2008). Organisation. In: Baur, Nina u. a. (Hrsg.): Handbuch Soziologie. Wiesbaden.
Völker, Susanne (2004): Hybride Geschlechterpraktiken. Erwerbsorientierungen und Lebensarrangements von Frauen im ostdeutschen Transformationsprozess. Wiesbaden.
Volz, Rainer/Zulehner, Paul (2009): Männer in Bewegung. Baden-Baden.
Walczak, Dagna (2008): Sinus Milieus. Kindle Edition.
Walther, Andreas (2000): Spielräume im Übergang in die Arbeit. Weinheim und München.
Weber, Max (1922): Wirtschaft und Gesellschaft. Tübingen.
Weber-Unger Rotino, Steffi (2011): Psychiatrie. In: Ehlert, Gudrun/Funk, Heide/Stecklina, Gerd (Hrsg.) (2011): Wörterbuch Soziale Arbeit und Geschlecht. Weinheim und München.
Wellgraf, Stefan (2011): Hauptschule: Formationen von Klasse, Ethnizität und Geschlecht. In: Hess, Sabine/Langreiter, Nikola/Timm, Elisabeth (Hrsg.): Intersektionalität Revisited. Bielefeld.
Werlen, Benno/Reutlinger, Christian (2006): Sozialgeographie. In: Kessl, Fabian u. a. (Hrsg): Handbuch Sozialraum. Wiesbaden.
Wetterer, Angelika (1993): Professionalisierung und Geschlechterhierarchie. Kassel.

Wetterer, Angelika (2002): Strategien rhetorischer Modernisierung. Gender Mainstreaming, Managing Diversity und die Professionalisierung der Gender Expertinnen. In: Zeitschrift für Frauenforschung und Geschlechterstudien, Heft 3.
Wetterer, Angelika (Hrsg.) (1992): Profession und Geschlecht. Über die Marginalität von Frauen in hochqualifizierten Berufen. Frankfurt a. M./New York.
White, Sue (2007): Die kritische Befragung der alltäglichen Praxis: Qualitative Erkundung und Soziale Arbeit. In: Miethe, Ingrid/Fischer, Wolfram/Giebeler, Cornelia/Goblirsch, Martina/Riemann, Gerhard (Hrsg.): Rekonstruktion und Intervention. Opladen.
Wimmer, Andreas/Glick-Schiller, Nina (2002): Methodological Nationalism and Beyond: Nation-State Building, Migration, and the Social Sciences. Global Networks 2 (4).
Wimmer, Martina (2002): Bildungsruinen in der Wissensgesellschaft. In: Lohmann, Ingrid/Rilling, Rainer (Hrsg.): Die verkaufte Bildung. Opladen.
Wohlrab-Sahr, Monika (1993): Biographische Unsicherheit. Formen weiblicher Identität in der reflexiven Moderne. Das Beispiel Zeitarbeiterinnen. Opladen.
Wolff, Mechthild (2007): Sexualisierte Gewalt durch Professionelle in Institutionen. In: IzKK-Nachrichten, H. 1.
Wolff, Reinhart (2007): Kinderschutzpraxis und Demokratie: Strategische Herausforderungen aus deutscher Perspektive. In. Verein für Kommunalwissenschaften (Hrsg.) Kinderschutz gemeinsam gestalten. Berlin.
Wulf, Christoph (1996): Alter und Generation. In: Liebau, Eckart/Wulf, Christoph (Hrsg.): Generation. Versuche über eine pädagogische und anthropologische Grundbedingung. Weinheim.
Zeiher, Helga (2004): Zeitbalancen. In: Aus Politik und Zeitgeschichte. B 31-32.
Zinnecker, Jürgen (2000): Kindheit und Jugend als pädagogische Moratiorien. In: Zeitschrift für Pädagogik. Beiheft 24.
Zinnecker, Jürgen/Silbereisen, Rainer K. (1996): Kindheit in Deutschland. Aktueller Survey über Kinder und ihre Eltern. Weinheim und München.